U0959841

权威·前沿·原创

皮书系列为
“十二五”“十三五”国家重点图书出版规划项目

BLUE BOOK

智库成果出版与传播平台

重庆蓝皮书
BLUE BOOK OF CHONGQING

重庆经济社会发展报告（2021）

ANNUAL REPORT ON ECONOMIC AND SOCIAL DEVELOPMENT OF CHONGQING (2021)

重庆社会科学院
重庆市人民政府发展研究中心
主　编 / 张　波
副主编 / 王　胜　蒋朋桥　吴昌凡

社会科学文献出版社
SOCIAL SCIENCES ACADEMIC PRESS (CHINA)

图书在版编目(CIP)数据

重庆经济社会发展报告. 2021 / 张波主编. -- 北京:
社会科学文献出版社, 2021. 1
(重庆蓝皮书)
ISBN 978 - 7 - 5201 - 7731 - 3

Ⅰ. ①重… Ⅱ. ①张… Ⅲ. ①区域经济发展 - 研究报
告 - 重庆 - 2021 Ⅳ. ①F127. 719

中国版本图书馆 CIP 数据核字 (2020) 第 255515 号

重庆蓝皮书
重庆经济社会发展报告(2021)

主　　编 / 张　波
副 主 编 / 王　胜　蒋朋桥　吴昌凡

出 版 人 / 王利民
责任编辑 / 张　媛　王　展　宋　静

出　　版 / 社会科学文献出版社 · 皮书出版分社 (010) 59367127
　　　　　地址: 北京市北三环中路甲 29 号院华龙大厦　邮编: 100029
　　　　　网址: www. ssap. com. cn
发　　行 / 市场营销中心 (010) 59367081　59367083
印　　装 / 三河市东方印刷有限公司

规　　格 / 开 本: 787mm × 1092mm　1/16
　　　　　印 张: 33　字 数: 496 千字
版　　次 / 2021 年 1 月第 1 版　2021 年 1 月第 1 次印刷
书　　号 / ISBN 978 - 7 - 5201 - 7731 - 3
定　　价 / 158. 00 元

摘　要

《重庆蓝皮书》是集综合性、原创性、前瞻性于一体的研究报告。它以重庆经济、社会、文化、生态等各领域的重大理论和现实问题为研究内容，对重庆经济社会发展进行综合分析和科学预测，力求全面、真实地反映重庆经济社会发展的动态趋势。本书由重庆社会科学院组织长期从事重庆经济社会发展研究的专家学者撰写，力求为市委、市政府科学决策提供高品质的智力支持，为制定相关政策提供理性参考，同时为各级政府部门、科研机构、企事业单位和社会公众等提供资讯参考。

本书包括总报告、高质量发展篇、科技创新篇、乡村振兴篇、人才保障篇、文化旅游篇、社会治理篇、成渝地区双城经济圈建设篇和区县篇等9个篇目。总报告分析了在新冠肺炎疫情巨大冲击下重庆市经济社会发展总体状况，并对2021年发展形势进行了预判，提出了可供参考的对策建议。高质量发展篇对重庆市高质量发展形势进行了分析，在此基础上分别从工业与信息化、商务、交通、普惠金融等相关方面进行多角度的分析与研判。科技创新篇着重关注重庆市科技发展总体形势，以及人工智能产业的发展形势。乡村振兴篇主要围绕乡村振兴背景下的绿色发展、扶贫及其长效机制、山区丘陵地区现代农业经营体系构建等方面展开。人才保障篇分析了重庆市人力资源和社会保障总体形势，对党政领导干部素质能力和重庆数字经济人才供需情况进行剖析。文化旅游篇反映了重庆市文化与旅游业融合发展总体情况，并从媒体深度融合和文化贸易视角进行了探讨。社会治理篇分析了重庆卫生健康事业和民政事业发展总体形势，重点关注了养老服务、人口空间结构及基层社会治理创新等问题。成渝地区双城经济圈建设篇围绕产业经济一体化发展的法律规范、合作制度创新、金融一体化建设、产业协同发展等方面进行了深入的分析。区县篇以潼南、黔江、涪陵等为代表，围绕产业结构转型升级、基层社会治理、生态文明建设等具有区域特色的问题进行探讨。

Abstract

Annual Report on Economic and Social Development of Chongqing (2021) is a collection of comprehensive, original and farsighted research reports concerning major theoretical and practical issues in economic, social, cultural, ecological fields of Chongqing. It offers comprehensive analysis of and scientific forecasts for Chongqing's socio-economic development, and reflects dynamic trends of Chongqing's socio-economic development in a real and all-round way. This book is contributed by specialists and scholars who have been engaged in studying socio-economic development of Chongqing for years. It aims at providing high intellectual support for the scientific decision-making of the Party and governmental organizations, serves as rational reference for the public and social policy choice, and provides information for government leaders at all levels, enterprises and the public as well.

This book includes nine chapters: general report, high quality development, scientific and technological innovation, rural revitalization, talent security, cultural tourism, social governance, construction of Chengdu Chongqing double city economic circle and district and county. General report analyze the economic and social development situation of Chongqing under the tremendous impact of the new crown pneumonia outbreak, forecasts the economic and social development situation in 2021, and offers suggestions for the integrated development of Chongqing and Chengdu. The high quality development chapter analyzes and forecasts the high-quality development situation and future trend of Chongqing, and analyzes and forecasts the high-quality development situation of Chongqing from the aspects of industry and informatization, commerce, transportation, and inclusive finance, etc. The chapter of scientific and technological innovation analyzes the development situation of science and technology and artificial intelligence industry in Chongqing, and studies and judges the future development trend. The chapter mainly focuses on the green development, poverty alleviation and long-term mechanism construction, and the construction of modern agricultural management system in mountainous and hilly areas. The chapter of talent guarantee analyzes the development situation of human resources and social security work in Chongqing, analyzes the quality and ability of Party and government leaders and the supply and demand of Chongqing digital economy talents. Cultural tourism reflects the integration of culture and tourism in Chongqing, and discusses from the perspective of deep media integration and open cultural trade. The chapter of social governance analyzes the development situation of health and civil affairs in Chongqing, and forecasts the future trend, focusing on the pension services, population spatial structure and grassroots social governance innovation in the perspective of population aging. The construction of Shuangcheng economic circle in Chengdu Chongqing region focuses on the legal norms of industrial economic integration, institutional innovation of cooperative development, financial integration construction, and industrial coordinated development. District and County chapter, represented by Tongnan, Qianjiang, Fuling and other districts and counties, analyzes and discusses the high-quality development, transformation and upgrading of industrial structure, social governance and other related issues.

目 录

Ⅰ 总报告

Ⅱ 高质量发展篇

Ⅲ 科技创新篇

Ⅳ 乡村振兴篇

Ⅴ 人才保障篇

Ⅵ 文化旅游篇

Ⅶ 社会治理篇

Ⅷ 成渝地区双城经济圈建设篇

Ⅸ 区县篇

CONTENTS

I General Report

Ⅱ High-quality Development

Ⅴ Talent Guarantee

Ⅵ Culture and Tourism

Ⅶ Social Governance

Ⅷ Establishment of Two City Economic Circle in Chengdu-Chongqing Area

Ⅸ Districts

总报告

General Report

B.1
2020年重庆经济运行分析与2021年发展预测

重庆社会科学院　重庆市人民政府发展研究中心*

摘　要：2020年以来，面对新冠肺炎疫情带来的巨大冲击，重庆统筹推进疫情防控和经济社会发展，经济较快实现企稳回暖。2021年，重庆将优化供给结构，构建有效的扩内需机制，完善并落实稳外贸、稳外资政策措施，夯实创新基础、完善体制机制，统一制定和协调成渝双城经济圈产业经济一体化发展政策措施，推动经济高质量发展。

关键词：重庆　经济运行　经济预测

---

* 执笔人：吴安、王小明、何清、刘发成。吴安，重庆社会科学院研究员，研究方向为产业经济、区域经济；王小明，重庆社会科学院研究员，研究方向为产业经济、区域经济；何清，重庆社会科学院研究员，研究方向为财政经济、区域经济；刘发成，重庆社会科学院研究员，研究方向为产业经济、企业法律。

一　2020年重庆经济运行分析

在新冠肺炎疫情冲击下，重庆市认真贯彻落实党中央、国务院部署，统筹推进疫情防控和经济社会发展，落实落细常态化疫情防控举措与加快复工复产复商复市并举，全市经济较快实现企稳回暖的良好发展态势。

前三季度，全市实现地区生产总值17707.1亿元，同比增长2.6%，比第一季度、上半年的增速分别提高9.1个、1.8个百分点，增速由第一季度居各省份第22位提升至并列第5位。分产业看，第一产业增加值1216.91亿元，同比增长3.9%；第二产业增加值7008.62亿元，同比增长3.9%，其中工业增加值4973.74亿元，同比增长4%；第三产业增加值9481.57亿元，同比增长1.2%。相比第一季度，工业、建筑业由负到正的恢复性增长态势明显，累计增速分别提高14.3个、18.1个百分点；批发和零售业、住宿和餐饮业，以及交通运输、仓储和邮政业，降速有所收窄，但仍分别达-2.5%、-8.1%。疫情带来的消费生产方式的变化，使信息传输、软件和信息技术服务业成为增长最快的国民经济门类，前三季度规模以上企业营业收入同比增长28.9%。

（一）工业生产从1～2月顿挫向快速恢复增长转变

前三季度，全市规上工业增加值同比增长4.4%，由1～2月低于全国10.5个百分点，转为高于全国平均水平3.2个百分点，由1～2月居各省份倒数第2位提升至第5位。分月看，受疫情冲击1～2月同比降低24%，3月复工复产以来反弹强劲、增速逐月抬高，3月、4月、5月同比增速分别为7.5%、9.2%、9.7%，分别比全国平均增速高8.6个、5.3个、5.3个百分点；6月、7月、8月、9月更是提高到10%以上，分别为10.6%、10.6%、10.8%、10.5%，分别比全国平均增速高5.8个、5.8个、5.2个、3.8个百分点，其中8月增速居各省份第2位，创重庆2016年9月以来工业月度增速的新高（见图1）。

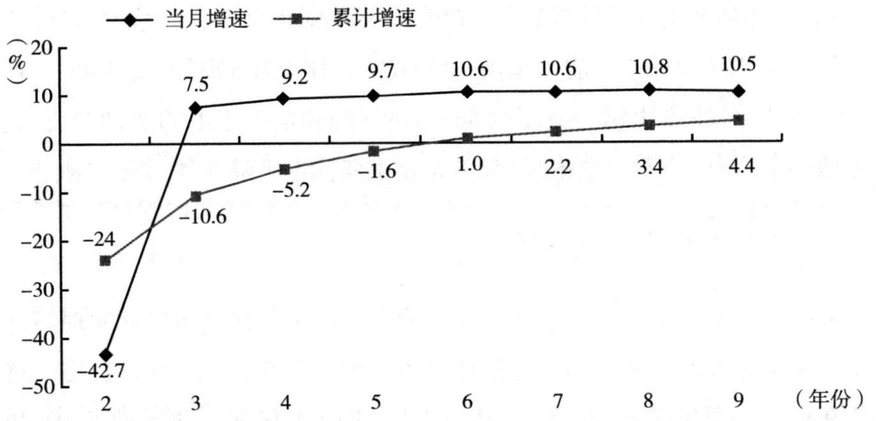

图1　2020 年重庆规模以上工业增加值分月和累计增速

以电子、医药等为主的高技术产业是支撑恢复增长的主引擎，前三季度增加值增速高达 11.3%，比规上工业平均增速高 6.9 个百分点。相比第一季度支柱产业全面下滑，1 ~4 月恢复到电子、医药两个支柱产业实现正增长，1 ~9 月仅摩托车行业出现负增长。电子产业因构建“芯屏器核网”全产业链，不断实现换挡升级，尽管手机产量同比下降 25.3%，但集成电脑、液晶显示屏分别同比增长 36.9%、29.6%，笔记本电脑产量增速也高达 18.3%，推动电子产业成为增长最快的支柱产业。尤为可喜的是，汽车产业增加值在 1 ~7 月结束负增长基础上增速提高到 8.2%，比第一季度增速提高 33 个百分点，比上年同期增速提高 18.1 个百分点；汽车产量由 1 ~8 月的同比下降 1.3% 转为同比增长 10.4%，长安福特、重庆长安 9 月产量出现较大幅度增长，同比分别增长 64.6%、47.03%。材料产业受有色金属冶炼和压延加工业快速增长的拉动，增加值同比增长 4.9%，仅次于电子产业，比第一季度提高 15.4 个百分点。医药产业受益于疫情因素，3 月增加值就实现正增长，1 ~4 月累计实现正增长，5 月起累计增速保持在 2% 以上。

得益于汽车产业的结构调整和电子信息产业的继续大步前行，工业经济效益稳步恢复提升，前三个季度分别实现利润 97.6 亿元、335.2 亿元、393.4 亿元，第二季度开始大幅提升，前三季度累计实现利润 826.2 亿元，同比增长

16.7%，增速列全国各省份第1位。营业收入利润率由第一季度的2.62%逐步恢复到上半年的4.58%、前三季度的5.32%，比上年同期提高0.45个百分点；营业收入成本率由第一季度的86.61%下降到前三季度的85.87%，比上年同期略有下降；资产负债率57.58%，比上年同期下降0.39个百分点。

（二）对外开放步伐不减

面对新冠肺炎疫情对全球的冲击，重庆市从4月起进出口就实现当月正增长且增速高达26.4%，到6月累计进出口增长3.5%，1～9月进出口总值4613.9亿元，同比增长11.4%，其中出口2910.1亿元，同比增长10.3%；进口1703.8亿元，同比增长13.3%。

与高技术产业领涨工业相同，高新技术产品贸易增长较快。1～9月，出口2193.82亿元，同比增长15.9%，占同期重庆出口总额的75.39%。集成电路出口167.68亿元，同比增长31%，连续三年大幅增长；液晶显示板、计量检测分析自控仪器及器具、手机同比增幅均达三位数，分别出口44.24亿元、15.32亿元、95.19亿元，出口金额增速分别高达176.3%、131%、198.5%；笔记本出口1244.1亿元，同比增长15.9%。高新技术产品出口值增速大大高于出口数量的增速，出口产品价值显著提升。高新技术产品进口总值1174.49亿元，同比增长21%，其中集成电路进口770.87亿元，同比增长25.8%；存储部件进口148.29亿元，同比增长4.3%；二极管及类似半导体器件进口19.47亿元，同比增长23.3%；液晶显示板、医疗仪器及器械进口值分别同比增长60.6%、51.7%。

分地区看，1～9月，同中国香港进出口增长最快，超过100%，达123.67%，其中出口增长127.14%；同越南进出口同比增长79.42%，其中进口增长86.01%；同中国台湾进出口同比增长42.27%，其中出口增长48.53%。越南、中国台湾、中国香港在重庆主要贸易对象中的排名，由上年同期的第6、第4、第10位，分别提高到第2、第3、第6位；美国仍是重庆的主要贸易对象；同俄罗斯、法国等欧洲国家的进出口总值增速分别高达38.8%、28.21%，进出口值居重庆主要贸易对象的第14、第13位。贸易额超百亿元的主要贸易对象的进出口总值为3104.99亿元，占全部进出口的67.3%，其中出口1887.9亿元，占全部出口的64.87%；进口1217.09亿元，占全部进口的71.43%。具体情况见表1。

表1　2020年1~9月重庆同主要贸易对象的贸易情况

单位：亿元，%

地区	累计进出口值			累计同期增速		
	进出口	出口	进口	进出口	出口	进口
美国	721.87	691.84	30.02	3.69	4.56	-13.14
越南	376.45	65.06	311.40	79.42	53.41	86.01
中国台湾	369.51	68.06	301.45	42.27	48.53	40.93
韩国	361.08	115.27	245.82	-2.01	-22.03	11.40
德国	321.56	292.52	29.05	3.27	3.35	2.49
中国香港	252.64	252.23	0.41	123.67	127.14	-78.45
日本	193.64	116.03	77.61	11.76	15.00	7.25
马来西亚	164.96	36.09	128.87	-32.84	-45.14	-28.34
荷兰	129.61	123.94	5.67	5.04	3.99	34.61
泰国	113.08	33.42	79.66	-13.76	4.10	-19.56
印度	100.58	93.44	7.15	10.93	6.76	126.41

资料来源：重庆海关。

受国际新冠肺炎疫情持续恶化的影响，“引进来”“走出去”步伐减缓。前三季度实际利用外资66.32亿美元，同比增长1.3%，其中外商直接投资14.45亿美元，同比下降22.5%；接待入境游客11.4万人次，旅游外汇收入0.85亿美元，同比分别大幅下降96.1%、95.2%。前三季度，对外直接投资4.48亿美元，同比增长3.2%；对外承包工程合同额、营业额分别同比下降35.4%、31.7%。

（三）投资回落，消费不畅

投资增速回落，但逐季恢复态势明显，第一季度、上半年累计增速分别

为 -16.1%、0.2%，前三季度累计增速为 2.5%，增速居各省份位次由第一季度的第 25 位提高到第 17 位，比上年增速下滑 3 个百分点。第三季度工业投资增速加快，前三季度同比增长 2.9%，与全市投资增速相比由上半年低 4.6 个百分点变为高 0.4 个百分点，结构性变化较为突出，能源、材料、医药、电子产业投资增幅较大，增速分别高达 26.5%、23.8%、22.1%、14.1%；汽车、装备、摩托车投资下滑幅度较大，同比分别下降 29.5%、15.9%、12.6%。从构成看，设备工器具购置投资同比增长 5.4%，增速比建筑安装工程投资高 5 个百分点，有利于优化资本有机构成、推动技术进步。工业技改投资有 22.3% 的大幅下降。内涵扩大再生产与外延扩大再生产有待同步推进。

消费不畅，社会消费品零售额增速逐季回弹但未改总体下降趋势。前三季度，社会消费品零售总额 8329.58 亿元，同比下降 2.2%。线上交易活跃，限额以上单位实现网上零售额 283.12 亿元，同比增长 44.6%，比上年同期增速高 34.8 个百分点。由餐饮消费特点所决定，新冠肺炎疫情对其影响更大，餐饮收入 1112.86 亿元，同比下降 6.2%，比商品零售降速多 4.6 个百分点。从限额以上法人企业 16 类主要商品零售额看，粮油、食品等 7 类商品实现正增长，其中粮油、食品类增长最快，实现零售额 448.73 亿元，同比增长 10%；文化办公用品类、日用品类、饮料类、中西药品类以及体育娱乐用品类零售额增速都在 5% 以上；汽车类零售额由 1～8 月的负增长转为正增长，同比增长 2.2%。服装、鞋帽、针纺织品等 4 类商品零售额同比下降 10% 以上。

（四）财政收入下滑，金融业发展势头好

因 2020 年支持疫情防控和经济社会发展而出台的税费优惠政策，以及 2019 年年中出台的政策在 2020 年的延续，前三季度重庆市就新增减税降费 454 亿元。受此影响，全市一般公共预算收入 1510.8 亿元，同比下降 6.8%，但比上年同期下滑幅度收窄 0.4 个百分点。税收收入同比下降 11.5%，降幅加大 7.5 个百分点。税收收入中，增值税、契税下降幅度最

大，同比分别下降12.7%、8.6%。一般公共预算支出3277.2亿元，同比下降7.5%，9月对农林水、文化旅游体育与传媒加大了支出力度，同比增速分别由1~8月的1.9%、-5.4%提高到1~9月的12.4%、3.1%，卫生健康、社保和就业支出也分别有1.9%、0.4%的增速。

前三季度，金融业实现增加值1711.1亿元，同比增长5.5%，比地区生产总值增速高2.9个百分点，是增长最快的国民经济门类之一；金融业增加值占地区生产总值的比重高达9.7%。9月末，金融机构人民币存款余额41466.33亿元，同比增长7.8%，比年初增长9.3%；贷款余额39972.27亿元，同比增长13.3%，比年初增长10.3%。住户存款、非金融企业存款增速较快，分别增长13.3%、12.9%，增速同比分别提高0.7个、10.6个百分点；政府存款同比下降7.6%，占人民币存款总额的比重由上年同期的20.18%下降到17.29%。人民币贷款余额中，中长期贷款同比增长13.8%，比短期贷款高2.7个百分点，但增速比上年同期下降1.2个百分点，短期贷款增速则比上年同期提高2.2个百分点；个人贷款及透支仍保持18.5%的高增长。

保险业稳步发展。前三季度，保险保费收入826.58亿元，同比增长11.4%，继续保持较高增速，其中人身险收入649.9亿元，同比增长12.1%，比财产险收入增速高2.2个百分点。保险赔付支出216.15亿元，同比增长6.3%，比上年同期增速提高9.3个百分点，其中财产险支出同比增长7.7%，比人身险支出增速高1.6个百分点。

（五）工业品、消费品价格走势各异

1. 工业生产者价格微降

延续上年增长幅度趋降的态势，2020年以来工业生产者出厂价格出现下降，1~9月累计同比下降1%，比全国少下降1个百分点，其中生产资料价格同比下降1.3%，比全国少下降1.7个百分点；生活资料价格同比下降0.4%，全国为增长0.8%。在生产资料中，原材料工业价格下降幅度最大，为-4%；生活资料中，食品价格有较大幅度提高，同比上涨3.1%。

工业生产者购进价格指数略有下降，1～9月同比下降0.2%，比全国平均少降2.4个百分点，其中农副产品类价格上涨幅度最大，同比上涨11.1%；建筑材料及非金属类、其他工业原材料及半成品类价格持平或略有上涨；化工原料类价格下降幅度最大，同比下降4.6%（见表2）。

表2　1～9月重庆工业生产者价格指数与全国比较

指标	2020年1～9月		2019年1～9月	
	重庆	全国	重庆	全国
工业生产者出厂价格指数	99.0	98.0	100.1	100.0
生产资料	98.7	97.0	100.1	99.7
采掘	98.0	94.0	103.8	103.3
原料	96.0	93.9	98.9	98.0
加工	99.2	98.5	100.2	100
生活资料	99.6	100.8	100.0	100.8
食品	103.1	103.7	102.1	101.9
衣着	99.2	99.2	100.4	101.4
一般日用品	98.7	99.7	100.2	100.5
耐用消费品	98.4	98.2	99.1	99.0
工业生产者购进价格指数	99.8	97.4	100.3	99.7
燃料、动力类	97.0	91.5	100.1	99.3
黑色金属材料类	99.7	99.3	98.8	103
有色金属材料及电线类	99.8	98.2	98.0	97.6
化工原料类	95.4	91.9	100.0	95.8
木材及纸浆类	98.5	97.7	99.5	97.9
建筑材料及非金属类	100.0	100.9	107.1	104.7
其他工业原材料及半成品类	100.4	99.9	100.5	99.8
农副产品类	111.1	106.4	102.0	101.5
纺织原料类	98.2	96.5	99.8	100.1

资料来源：国家统计局、重庆统计局公布的月度数据。

2. 居民消费品价格保持升势

与生产资料价格下降走势不同，居民消费品价格有较大涨幅。1～9月，城市居民消费价格同比上涨3.2%，比上年同期涨幅上升0.9个百分点。受新冠肺炎疫情影响，全球粮食供应紧张，食品价格涨幅最大，同比上涨14.5%，比上年同期的涨幅上升7.2个百分点。按类别看，食品烟酒领涨，同比上涨10.8%，涨幅提高5.6个百分点；医疗保健、其他用品和服务保持涨势，涨幅均有所提升。

（六）居民收入稳步提升

前三季度，重庆全体居民人均可支配收入23539元，居各省份第10位，比上年同期前移1位；同比名义增长6.5%，分别比第一季度、上半年提高5.15个、1.55个百分点，比全国平均增速高2.6个百分点，居各省份第5位，比地区生产总值增速高3.9个百分点，居民收入在国民收入初次分配中的占比进一步提高。城乡、区域居民收入差距进一步缩小，农村常住居民人均可支配收入12265元，居各省份第12位，同比增长7.9%，居各省份第5位，比城镇常住居民人均可支配收入增速高2.5个百分点；两群居民收入增速快于一区，两群17个区县中的13个排各区县居民收入增速前13位。受新冠肺炎疫情影响，全体居民人均消费支出增速有较大幅度下滑，同比增长2.2%，其中城镇居民消费支出同比增长0.2%，比农村居民消费支出增速低6.6个百分点。

二　经济发展存在的主要问题

当今世界正经历百年未有之大变局，新冠肺炎疫情全球暴发，国外疫情蔓延形势依然严峻，经济全球化遭遇逆流，一些国家保护主义和单边主义盛行，国际贸易和投资大幅萎缩。我国疫情防控形势已越过拐点，随着生产生活秩序在全球率先恢复，经济发展态势日益趋好。但面对海外疫情严重、全球经济复苏动力不足、不确定性依然很高等不利局面，重庆市经济发展仍面临内外需不振、产业多点支撑不足、工业生产者价格不利变动、核心零部件及电子元器件进口依赖严重等问题，应引起高度重视并着力破解。

（一）面临内外需不振的压力

面临内外需总体不足和结构性矛盾的双重压力。新冠肺炎疫情暴发以来，内外需通道不畅与经济增速滑落，内外市场需求受到极大抑制。

从总体看，经济面临内外需不足的压力，投资需求与消费需求不振。1～9月，全国、重庆固定资产投资增速比上年同期分别回落4.6个、3个百分点；全国、重庆社会消费品零售额增速比上年同期分别回落15.4个、10.8个百分点，出现不同程度的负增长。从外需看，全球经济和贸易出现大幅下滑，国际货币基金组织、世界银行分别预测，2020年全球经济将同比下降4.36%、5.2%，全球贸易将同比下降10.42%、13.4%。尽管全球经济正在复苏，但全球疫情控制存在不确定性，个别大国的贸易政策存在不确定性，2021年外需的压力很大。

从投资和消费需求的结构上看，全国金属制品、通用设备、专用设备、交通运输设备、电气机械等工业行业固定资产投资，重庆汽车、摩托车、装备制造业固定资产投资和工业技改投资，以及全国汽车、建筑材料、家用电器零售额大幅下降，影响重庆原本占据优势的相关投资品和消费品生产行业的市场拓展与产业升级。

（二）产业多点支撑不足

工业支撑性行业较为单一，仍过分依赖汽车、电子制造业。年产值在1000亿元以上的工业大类行业仅汽车制造业、非金属矿物制品制造业，以及通信设备、计算机及其他电子设备制造业3个（苏州多达11个），重庆作为老工业基地机械工业基础好的优势未能充分发挥，最基础的曾经也是重庆优势产业的机械工业通用设备、专用设备、仪器仪表制造业规模不大，产值均不到苏州的1/3。汽车、电子制造业的增长变动对工业的牵动很大，因此近两年重庆汽车制造业的下滑对重庆工业增长形成很大拖累，而2020年第二、第三季度重庆汽车制造业的大幅反弹又对重庆工业增长由负转正起到决定性作用。从2020年前三季度看，装备制造、消费品制造业增长乏力，其中产值冲击千亿元的通用设备制造业和农副食品加工业增加值分别出现－1.8%、－11.5%的负增长，不利于形成多点支撑的工业产业体系。

新冠肺炎疫情对服务业冲击大，尤其是流通性和消费方式具有聚集性的服务行业尤其严重。随着冬季来临，国际疫情进一步加重，国内防控压力进一步加大，全年服务业发展不容乐观。文旅业作为多个流通性、聚集性行业的集合在国内疫情期间受到冲击最大，在疫情得到控制后复工、达产情况远不及其他行业。据市统计局调查，截至5月20日产能仅恢复到正常生产水平的49%，比全市企业平均水平低26个百分点；据文旅委9月会同多家单位随机抽样的1537家文旅企业调查，48.17%的企业经营出现部分困难，14.84%的企业经营暂时停顿，26.96%的企业面临倒闭风险。2020年上半年旅游业总收入同比下降56%，其中旅游外汇收入同比下降92.3%，随着国际疫情的不断蔓延，1～9月旅游外汇收入降幅扩大到95.2%。从前三季度主要门类增加值看，服务业主要靠金融业支撑，前四大行业中房地产业同比下降0.6%，批发和零售业同比仅增长1%，交通运输、仓储和邮政业同比下降2.5%（突出表现在旅客运输上，运输量同比下降41.7%），住宿和餐饮业、文化娱乐业增加值下跌幅度更大。新兴服务业如信息服务业增长较快，但规模偏小，对经济发展的支撑拉动作用有限。

（三）面临工业生产者价格变动的不利影响

工业生产者价格降低，是市场供大于求的集中体现，但在这个价格变动中，重庆处于相对不利地位。一方面，重庆工业生产者出厂价格指数比购进价格指数低0.8个百分点，全国则是高0.6个百分点，重庆工业生产成本相对较高。另一方面，重庆自然资源短缺，生产资料外购比例较大，燃料、动力类是重庆从市外购进最多的，重庆对其购进价格指数比全国平均水平高5.5个百分点；其次是化学品、金属制品、金属冶炼和压延加工品，相关的化工原料类、黑色金属材料类、有色金属材料及电线类重庆购进价格指数分别比全国高3.5个、0.4个、1.6个百分点，相对抬高了重庆工业企业的经营成本。1～9月，重庆规上工业营业收入成本率为85.87%，比全国平均水平高1.63个百分点；营业收入利润率为5.32%，比全国平均水平低0.56个百分点。

（四）核心零部件、电子元器件存在严重的进口依赖

尤其是电子元器件、计算机零部件及支撑信息技术制造业发展的关键基础材料对外依存度高，在美国加强控制新兴技术的情形下，其严重影响供应链安全。集成电路、存储部件、自动数据处理设备的零部件进口2019年为1127.39亿元，2020年1～9月为967.05亿元，为电子制造业营业收入的1/5以上。其中集成电路2019年进口872.21亿元，2020年1～9月进口770.87亿元，为电子制造业营业收入的1/6以上。这也正是我们实现进口替代的潜力所在。

三　2021年重庆市经济发展分析与预测

2021年是重庆“十四五”新发展时期的开局之年，在新的一年里国内外形势发生重大改变，其中2020年初突发的全球性公共卫生事件带来长期性影响，中美关系更加对立，经济发展环境面临严峻挑战。重庆经济发展将在依托国内市场的基础上，进一步开拓国际合作空间，实现经济平稳增长。

（一）经济增长预测

在对2021年重庆市经济发展进行预测时，选取了地区生产总值、三次产业结构、全社会固定资产投资、社会消费品零售总额、进出口总值五大指标作为分析预测的核心指标，以直辖以来的各个年度数据为分析样本，采用时间序列回归分析方法进行分析，同时以2020年三季度数据为参数修正，提出分析预测结果。

本文采用的经济计量模型如下：

$$Y_t = \alpha_0 + \sum_{i=1}^{n}(\alpha_i \times Y_{t-1}) + \sum_{j=1}^{m}\sum_{k=1}^{n}\beta_{jk} \times X(j,k-s)$$

其中 Y 表示预测的变量，X 为与预测变量相关的有效控制变量，t 表示时间序列；α 和 β 为常数项系数，n、s 为滞后变量阶数，m 为有效控制变量个数。预测结果如表 3 所示。

表 3　2021 年重庆经济增长与产业发展指标预测

年份	地区生产总值		地区生产总值构成(%)			全社会固定资产投资总额（亿元）	社会消费品零售总额（亿元）	进出口总值（亿美元）
	总量（亿元）	增幅（%）	第一产业	第二产业	第三产业			
2008	5899	14.6	9.4	44.9	45.7	4045	2439	95.2
2009	6651	15.1	8.7	45.4	45.9	5318	2878	77.1
2010	8065	17.2	8.1	44.9	47.0	6935	3515	124.3
2011	10161	16.4	7.8	45.0	47.2	7686	4385	292.2
2012	11595	13.6	7.6	45.8	46.6	9380	5141	532
2013	13027	12.3	7.2	46.0	46.8	11205	5946	687
2014	14623	10.9	6.8	46.3	46.9	13224	6763	954
2015	16040	11.0	6.7	44.9	48.4	15480	7668	745
2016	18023	10.7	6.9	43.1	50.0	17361	8728	628
2017	20066	9.3	6.4	42.1	51.5	17441	9769	666
2018	21588	6.0	6.4	41.0	52.6	18662	10705	790
2019	23605	6.3	6.6	40.2	53.2	19725	11632	840
2020（预测）	24800	3.4	6.5	40.2	53.3	20435	12068	925
2021（预测）	26200	4.5	6.4	40.0	53.6	21559	12490	990

资料来源：历年《重庆统计年鉴》。

预测显示，2021 年重庆市经济发展将克服重重困难保持增长，地区生产总值将达到 26200 亿元，重庆经济总量稳定提升，经济发展速度与国内平均水平保持同步；在产业结构方面，第一产业占比持续下降，第二产业占比保持平稳但略有下降，第三产业继续上升，产业结构进一步优化；全社会固定资产投资保持稳定，达到 21559 亿元，为经济增长添加动力；社会消费品零售总额保持稳定，进出口贸易回升较快，在困难形势下总体经济发展保持稳定。

展望2021年经济发展态势，稳中求进动力来自以下方面。

立足于国内经济大循环，积极拓展国际经济合作空间，利用国际国内双循环体系促进重庆发展。通过推进内陆开放高地建设，发挥重庆在实施西部大开发战略中的支撑作用，引进新增资源争取国家支持；以成渝双城经济圈建设为重点，积极融入“一带一路”建设和长江经济带发展，推动全方位开放，培育内陆开放新优势。在开放通道建设上实现全面推进、全面完善，在开放平台建设上优化升级，增强资源集聚能力，强化招商引资，壮大开放主体，支撑开放型经济发展。

继续实施创新驱动发展战略，促进先进制造业与现代服务业高质量发展。促进智能产业、智能制造和智慧城市加速发展，以集成电路、液晶材料、智能终端、物联网设备等领域为突破壮大智能产业，推进智能制造，加快智慧城市建设。巩固提升智能产业、汽车摩托车两大支柱产业集群，培育壮大装备、材料、生物与医药、消费品、能源、技术服务、农副产品加工等产业集群；推进研发设计和制造业有机融合、金融服务和制造业高效融合、现代物流和制造业紧密融合、生产型制造和服务型制造深度融合、平台经济和产业发展创新融合，建设内陆国际金融中心、国际物流枢纽、国际消费中心城市、国际知名文化旅游目的地等。

持续拓展消费需求，优化投资结构。围绕创建国际消费中心城市，实施消费升级行动，促进消费平台转型升级，培育消费新业态新模式，发展服务消费、健康消费、绿色消费和信息消费，巩固消费的基础性作用。积极优化投资结构，继续加大基础设施投资，扩大工业投资和公共服务投资，鼓励民间资本参与重大项目投资，促进外贸外资稳定增长。拓展多元化市场，优化外贸结构，扩大双向投资。

结合重庆未来发展的重要目标进行分析，到2021年重庆经济发展指标在全国的排名将保持稳定，在经济总量指标方面，重庆名列全国31个省（自治区、直辖市）的第16位，同时居西部12个省（自治区、直辖市）的第3位（见表4）。

表4　重庆经济发展指标在全国及西部的排位

年份	经济总量			经济发展水平		
	GDP（亿元）	全国排位	西部排位	人均GDP（元）	全国排位	西部排位
2011年	10161	21	5	35017	12	2
2012年	11595	21	5	39548	11	2
2013年	13027	21	5	44049	11	2
2014年	14623	20	5	49062	11	2
2015年	16040	20	5	53398	10	2
2016年	18023	19	4	59433	10	2
2017年	20066	18	4	65538	10	2
2018年	21588	17	3	69901	11	2
2019年	23605	17	3	75828	9	1
2020年预测	24800	16	3	79110	8	1
2021年预测	26200	16	3	83200	8	1

资料来源：历年《重庆统计年鉴》。

在人均指标方面，重庆位居全国中游和西部前列，2021年重庆市人均地区生产总值在全国居第八位，同时继续在西部保持第一位。

（二）生态建设与环境保护预测

直辖以来重庆市高度重视环境保护和生态建设，在未来发展进程中以建设资源节约型、环境友好型社会为目标，走可持续发展之路，“十四五”期间重庆将践行绿色发展理念。本报告通过工业三废治理、城市污水集中处理率、单位生产总值能源消费量、森林覆盖率四项指标做出预测分析，选取近期年度数据作为分析样本，有重点地反映全市生态建设与环境保护的总体趋势（见表5）。

表 5　2021 年重庆市生态建设与环境保护指标预测

年份	工业“三废”排放处理与综合利用		城市污水集中处理率（%）	森林覆盖率（%）	单位生产总值能源消费量（吨标准煤/万元）
	工业废水达标排放率（%）	工业固体废物综合利用率（%）			
2007		76.7	64.3	32.0	1.33
2008		79.07	74.4	34.0	1.25
2009		79.8	79.5	35.0	1.18
2010		80.4	82.6	37.0	0.94
2011		76.9	85.0	39.0	0.88
2012		81.6	87.2	40.5	0.82
2013	96.4	84.0	88.3	42.0	0.70
2014	97.1	84.2	88.5	43.5	0.63
2015	97.8	84.5	90.5	45.0	0.54
2016	98.0	85.5	92.0	45.5	0.49
2017	98.5	87.0	93.0	46.0	0.43
2018	98.5	87.5	93.5	47.5	0.42
2019	98.6	88.5	94.5	48.0	0.41
2020（预测）	98.6	89.5	94.5	49.0	0.39
2021（预测）	98.8	89.7	94.5	50.0	0.38

资料来源：历年《重庆统计年鉴》。

预测显示，工业“三废”排放处理和综合利用延续良好态势，城市污水集中处理率相对稳定，森林覆盖率预计达到50%，单位地区生产总值能源消费量继续维持较低水平。

2021 年重庆市将继续建设山清水秀美丽之地，努力探索生态优先、绿色发展新路。实施生态优先绿色发展行动计划，筑牢长江上游重要生态屏障，倡导绿色生产生活方式，大力发展循环经济、绿色产业和节能环保产业，全面推进节能降耗，促进可持续发展。

（三）民生发展预测

本报告以就业、收入、城镇化方面三类七项指标进行预测分析，利用经济计量模型，选取直辖以来各个年度数据作为分析样本，有重点地反映重庆民生发展的趋势（见表6）。

表 6　2021 年重庆市民生和谐指标预测

年份	就业		收入				城镇化率（%）
	城镇就业人数（万人）	增长率（%）	城镇常住居民人均可支配收入（元）	增幅（%）	农村常住居民人均可支配收入（元）	增幅（%）	
2011	790	5.6	20249	14.9	6480	22.8	55.0
2012	856	8.2	22968	13.4	7383	14.0	57.0
2013	902	5.4	23058	8.5	8493	13.5	58.3
2014	938	4.0	25147	9.1	9490	11.7	59.6
2015	986	6.4	27239	8.3	10505	10.7	60.9
2016	1022	3.7	29610	8.7	11549	9.9	62.6
2017	1045	2.3	32193	8.5	12638	10.5	64.1
2018	1056	1.1	34889	8.4	13781	9.0	65.5
2019	1068	1.1	37939	8.0	15133	9.2	66.8
2020（预测）	1084	1.5	40215	6.0	16343	8.0	68.0
2021（预测）	1102	1.7	42226	5.0	17520	7.2	

注：资料来源于历年《重庆统计年鉴》，其中就业和收入指标统计口径自 2013 年起有所调整。

预测分析显示，2021 年全市城镇就业人口将超过 1100 万人，就业规模保持稳定增长，以持续扩大就业保障民生发展和促进社会稳定，2021 年伴随国家对中小微企业政策扶持力度的加大和保障就业措施的逐步见效，就业人数保持稳定增长。

在收入改善方面，到 2021 年城镇居民和农村居民的人均可支配收入将分别达到 42226 元和 17520 元，城乡居民收入水平将继续保持稳定增长。随着城镇化进程稳步推进，农村居民数量持续下降，农业生产经营效率不断提升，农村居民收入水平增幅将继续超过城镇居民收入水平增幅，城乡居民收入差距进一步缩小。

根据全市统筹城乡发展的总体目标，针对缩小城乡差距、区域差距的相应指标进行预测分析，预测结果如表 7 所示。

表 7 缩小城乡差距和区域差距的主要指标预测

年份	城乡居民收入比	区域经济总量比
2010	3.62:1	3.5:1
2011	3.39:1	3.4:1
2012	3.11:1	3.3:1
2013	2.71:1	3.3:1
2014	2.65:1	3.37:1
2015	2.59:1	3.4:1
2016	2.56:1	3.5:1
2017	2.55:1	3.4:1
2018	2.53:1	3.4:1
2019	2.51:1	3.38:1
2020(预测)	2.43:1	3.41:1
2021(预测)	2.36:1	3.42:1

注：①主要指标根据重庆市统计局公布数据测算。
②区域经济总量比为调整后主城都市区经济总量与渝东北三峡库区城镇群、渝东南武陵山区城镇群合计经济总量之比。

预测显示，城乡收入差距缩小的趋势较为明显，到 2021 年城乡居民收入比继续下降，地区间经济总量差异仍然存在，主城都市区经济规模迅速提升，渝东北三峡库区城镇群和渝东南武陵山区城镇群的经济总量保持平稳增长。

四 2021年重庆经济发展的对策建议

2021 年是“十四五”规划开局之年，面临国际疫情蔓延、全球经济不振及国际贸易冲突、技术壁垒趋严的不利外部环境，面对重庆经济发展的短板，基于“十四五”经济发展目标方向，围绕促进国内国际双循环、推进成渝地区双城经济圈建设，提出对策建议如下。

（一）优化供给结构，稳固、提升产业链和供应链

要以重庆市高端装备制造、新一代信息技术、大数据、人工智能、新能

源汽车及零部件、新材料等新兴产业以及金属制造、机械装备制造等传统优势产业中的重点企业（产值超10亿元或行业龙头企业）及其上下游产业链和供应链的中小微企业为重点，在双循环经济发展新格局下，优化供给体系结构，实现战略性新兴产业与传统制造产业双线并进，增强产业链、供应链稳定性和竞争力。

在影响未来的大数据智能化、新能源与智联网、生物医药与大健康、高端新型材料、节能环保、高端装备等战略性新兴产业领域，在供给端重点夯实基础设施、拓展产业运用范围和延伸产业链，以创新力培育、补链成群和培育新产品、新产业、新组织为重点，大力完善供给体系的自我循环能力，避免流动性壁垒或非经济因素干扰造成供应链安全问题。在涉及信息安全、生物医药等战略性产业领域，加大政府采购和产品应用场景打造力度，从需求端提升创新型企业的赢利与变现能力，从而调动更多经济行为主体主动参与先进生产力方向和创新创业的积极性。

在传统制造业领域，在供给端以降低融资成本、运行成本、要素使用成本为重点，重点通过大数据智能化、绿色发展、产业体系整合、金融与实体双向支持等方式，在实现提质增效中逐步实现市场出清、转型发展或完善兼并重组。抓住消费升级、区域一体化、更高水平对外开放和融入新的世界消费秩序与结构的契机，着力推动市场规模扩大和新消费方式与业态成长，引导企业转型发展或倒逼企业降低成本、改进效率和提升质量。要梳理市、区（县）重点企业名录及需求清单，全面掌握产业链重点企业、重点项目、重点平台、关键共性技术、制约瓶颈等情况，指导重点企业梳理核心配套企业名录。围绕市、区（县）重点企业及其配套企业，指导各企业梳理人流、物流、资金流、信息流和市场需求不足、生产成本上升、资金周转紧张等方面存在的困难和问题，分别建立问题需求清单。

（二）构建区域有效的扩内需机制

加快构建消费、投资和政府公共支出均衡增长的区域内需体系，形成有效的区域扩内需机制。一是要进一步提振居民消费，在稳中提升收入预期，稳中促进小企业稳就业，并处理好信息化对就业岗位的冲击，建立健全工资增长机制与监管机制，不断提高劳动收入占国民收入的比重，通过初次分配和再分配缩小收入差距，扩大中等收入群体、保障低收入群体，提升其消费支出的支撑能力；进一步完善社会保障制度，增加社会公共产品的供给，尤其是要保障中、低收入居民子女受教育的权利，避免因教育而穷。二是要确保投资稳步增长。应有针对性地推动公共卫生、应急管理、道路交通、信息服务、智慧城市园区、乡村振兴等关键重点领域和薄弱环节投资，要调动民间投资的积极性，把加快调整结构与持续扩大内需结合起来，发挥有效投资效应。三是要充分发挥地方政府公共支出的效能。要进一步推动包括新型基础设施建设在内的“两新一重”建设，特别是加快发展以5G、人工智能、工业互联网、物联网为代表的信息网络基础设施。通过新基建的技术特性和产业链带动特性，增强其乘数倍增效应。通过与传统基础设施深度融合，助力交通、电力、水利、管网、市政等领域向数字化智能化转型，实现新的发展。

（三）完善并落实稳外贸稳外资政策措施

采取具体积极措施，加强和稳住外贸主体，努力稳住和扩大全市进出口贸易。通过稳住外贸主体，稳住产业链供应链，稳住重庆市已具有的国际贸易优势，加大政策支持力度，进一步推动出台和落实出口退税、外贸信贷、出口信保、出口转内销等系列稳企纾困政策，让政策惠及更多外贸企业，鼓励企业创新发展，激发企业活力。根据形势变化，加强政策储备，推动出台新的政策措施。

优化重庆市在国际市场上的布局，努力扩大和发展对外投资经贸与技术文化交流合作。要在巩固传统市场的基础上，开拓新兴市场，深化“一带一路”经贸合作和渝新欧沿线合作。创新办展模式，线上线下结合，办好地方性、全国性和国际化展销会，支持企业建设海外国际营销网络、海外仓。积极扩大进口，办好国际进口贸易博览会，满足全市生产生活需要。发展新业态新模式，加快推进跨境电商、市场采购贸易、跨境电商综合试验区发展，大力支持贸易新业态新模式发展，推动新设电子商务综合试验区落地，做好市场采购贸易方式扩围工作，培育外贸新动能。建设好重庆市出口加工区、保税区（港）、自贸区和两江新区、科学城、经济技术开发区、高新区等开放平台，进一步扩大开放。认真落实《外商投资法》及配套法律规章，优化营商环境，要落实外商投资准入负面清单，修订鼓励外商投资产业目录，吸引更多的外商到重庆投资，稳定外资存量，进一步扩大外资增量。提升城市消费、扩大农村消费和发展服务消费，增强消费对经济发展的基础性作用。

（四）夯实创新基础、完善体制机制

夯实创新基础。重庆工业整体利润率较低，重要原因在于支柱产业尤其是汽车和电子产业关键核心技术受制于人、产业链条不完整、自主品牌影响力小。依托成渝双城经济区建设国家战略，要通过积极推进协同创新提升自主研发水平，不断提高产业核心技术自主化率，尤其是要积极推进关键技术攻关与装备制造的技术创新。一是打好基础，编制高校重点专业在人才、项目和服务上对接智能产业、战略性新兴产业和高技术产业发展的任务清单，提升“双一流”学科建设层次。二是整合企业、研发机构、大学资源共建市场化的制造业创新中心，在智能网联汽车、工业大数据、共性技术服务平台等支持方向打造多家国家级制造业创新中心。三是充分发挥企业创新主体作用，支持企业建立技术创新中心和工业互联网平台，引导中小型科技企业建立产业技术创新联盟，使有研发机构和研发活动的规模以上工业企业数量占比在3年内翻倍。

完善体制机制。一是以治理体系与治理能力现代化为主线，进一步增强供给体系的系统性和统筹能力。主要任务包括编制产业动态优化地图和重点企业培育清单，实施“挂图作战”；明确供求协同发力的重点任务及实施路径，形成任务书、明确时间表，构建对产业结构优化与需求稳定增长的稳定预期，形成推进合力。二是提升供求适配的精准施策能力，如提出可行的先进制造产业集群效益释放方向与实施路径；关注引进项目落地率、开工率和

达产率；对拟突破的重点行业，要与项目“一对一”对接；树立标杆企业，强化示范和推广应用，助力广大中小企业找到发展出路。三是消除影响供求均衡增长的体制约束，如改革政府考核方式，制止地区间恶性招商竞争和低水平重复建设。四是完善与深化有助于供求适配的地方政策改革，如进一步扩大知识产权质押贷款、创新券、绿色债券、未来现金收益抵押、资产证券化等科技金融工具的应用范围；通过改革收入分配制度、推进生产要素市场化改革，切实提升消费者可支配收入，从而为新增长空间提供消费端支撑。五是培育完善大中小微企业协同发展机制，推动大中小微企业在产供销、要素配置、仓储物流、技术交流、信息沟通等方面建立协同发展机制，通过相互采购、配套集成实现抱团发展，依托骨干企业带动中小企业向产业链上下游延伸。

（五）统一制定和协调成渝双城经济圈产业经济一体化发展政策措施

成渝双城经济圈建设，是四川省及重庆市在新的发展阶段的重大战略机遇和挑战。建设成渝双城经济圈，关键要重庆和成都的强强联合，立足于区位优势、产业优势、生态优势、体制优势，在服从服务国家战略中更好地发挥各自作用，协同合作。目前，成渝双城经济圈相关的地方政府、主要单位或部门，应通过签署合作框架协议、战略协议、备忘录以及倡议等，来规范和指引、保证和促进、带动和协同成渝双城经济圈产业经济一体化发展。已签署的各项协议等，对产业经济一体化发展，普遍存在规范性、操作性和统一性、适用性不强的问题，建议双城经济圈相应地方政府通过联合制定统一政策的方式，就成渝双城经济圈产业经济一体化发展形成统一的法律性规范。

根据我国社会主义法律法规体系和立法的相关要求，制定成渝双城经济圈产业经济一体化发展的统一政策法规文件，即统一相关区域产业经济一体化发展的政策规范主体、政策内容和形式，由成渝双城经济圈相关政府共同研究、统一制定和联合发布。

主要规范方式是，根据党中央指示精神，以及国务院和相关部门关于成渝双城经济圈产业经济发展规划、双城经济圈城市发展规划等政策文件，具体研究确定成渝双城经济圈产业经济一体化发展的实施政策，包括产业目录和产业结构、产业链建设、产业布局、产业协作联动发展、共建产业园区等内容，以及涉及区域政府规范和促进双城经济圈一体化发展的目标、义务和责任，以保障政策执行和落实，推动经济社会稳定持续发展。

参考文献

《以畅通国民经济循环为主构建新发展格局——论学习贯彻习近平总书记在经济社会领域专家座谈会上重要讲话》，《人民日报》2020 年 8 月 30 日。

《重庆市 2020 年区县半年度经济工作视频交流会重庆市委书记陈敏尔讲话》，《重庆日报》2020 年 8 月 1 日。

国家发改委：《关于 2019 年国民经济和社会发展计划执行情况与 2020 年国民经济和社会发展计划草案的报告》，2020 年 6 月 1 日。

社科院经济所课题组：《“十四五”规划的发展理念与指导思想》，《经济学动态》2020 年 5 月 8 日。

《成渝城市群发展规划》，国家发展和改革委员会官方网站，2016 年 12 月 21 日。

封面新闻记者代睿：《国家发改委：今年编制成渝双城经济圈规划纲要　培育汽车等产业集群》，2020 年 6 月 1 日。

高质量发展篇

High-quality Development

B.2

2020～2021年重庆高质量发展形势分析与预测

刘嗣方　杨哲昊　李美铮*

摘　要：2020年以来，重庆市委、市政府坚持以习近平新时代中国特色社会主义思想为指导，深入学习贯彻习近平总书记视察重庆重要讲话精神，统筹疫情防控和经济社会发展，全力打好疫情防控、经济恢复、脱贫攻坚、防汛救灾等大仗硬仗，做好"六稳"工作，落实"六保"任务，高质量发展态势稳步向好，"十三五"规划目标任务即将完成，全面建成小康社会胜利在望，为"十四五"良好开局打下坚实基础。但也要看到，经济仍处于恢复增长阶段，还面临不少老难题新挑战。要全面把握新发展阶段，坚定贯彻新发展理念，积极融入新发展格局，加快成渝地区双城经济圈建设，构建现代产业体

* 刘嗣方，中共重庆市委研究室副主任；杨哲昊、李美铮，中共重庆市委研究室。

系，强化大数据智能化创新，促进“一区两群”协调发展，推动更深层次改革、更高水平开放，探索生态优先、绿色发展新路径，打造共建共治共享的社会发展格局，推动高质量发展之路越走越宽广，确保全面建设社会主义现代化开好局、起好步。

关键词： 重庆 新发展理念 新发展格局 双城经济圈 高质量发展

2020年是大战大考、决战决胜的一年，极不平凡也极其特殊。全面建成小康社会即将收官之际，遭遇新冠肺炎疫情冲击和特大洪涝灾害影响，重庆改革发展稳定任务非常艰巨繁重。在以习近平同志为核心的党中央坚强领导下，市委、市政府坚持以习近平新时代中国特色社会主义思想为指引，坚决贯彻落实党中央各项决策部署，全力打好疫情防控、经济恢复、脱贫攻坚、防汛救灾等大仗硬仗，各项工作取得积极进展，经济增长持续恢复反弹，高质量发展态势稳步向好，全面建成小康社会目标如期实现，为全面开启社会主义现代化建设新征程打下坚实基础。

一 2020年重庆高质量发展的总体态势和显著特点

新冠肺炎疫情全球大流行使百年未有之大变局加速演进，经济发展外部环境面临不确定性不稳定性，给重庆完成“十三五”和2020年初既定的目标任务带来极大挑战。面对内外复杂严峻形势，重庆深入贯彻落实习近平总书记对重庆提出的“两点”定位、“两地”“两高”目标、发挥“三个作用”和营造良好政治生态的重要指示要求，坚持稳中求进工作总基调，坚定贯彻新发展理念，因时顺势调整应对策略和措施。一方面，立足当前统筹疫情防控和经济社会发展，扎实做好“六稳”工作、落实“六保”任务，打好“三大攻坚战”，着力稳住经济基本盘。另一方面，着眼长远统筹推动成渝地区双城经济圈建设和部署推进“一区两群”协调发展，及时研究部署汽摩电子、数字经济、服务业、大健康产业发展等专项工作，加快培育新增长极、新增长点，奋力谱写高质量发展新篇章。同时，把加强顶层设计和坚持问计于民统一起来，把握未来发展趋势特征，落实中央“十四五”规划部署要求，科学谋划重庆“十四五”时期发展。全市疫情防控取得重大战略成果，“三大攻坚战”取得决定性进展，恢复经济社会发展取得积极成效。上半年全市 GDP 增长 0.8%，较一季度提高 7.3 个百分点，二季度工业增加值增速保持在9%以上，带动上半年工业增速从年初全国倒数第2位回升至第 12 位。前三季度 GDP 增长 2.6%，延续回升态势，规模以上工业增加值同比增长4.4%，固定资产投资同比增长 2.5%，居民人均可支配收入同比增长 6.5%。全年经济增速前低后高、逐季好转、稳定恢复，主要经济指标完成情况好于疫情发生后的预期。总体上看，呈现以下显著特点。

第一，采取强有力措施快速遏制疫情蔓延势头，迅速建立同疫情防控相适应的经济社会秩序，全市经济增长逐渐企稳回暖并持续转好。面对突如其来的新冠肺炎疫情，坚持人民至上、生命至上，把疫情防控作为头等大事来抓，全力以赴抓好医疗救治面、交通流动面、社区乡村社会面、舆论舆情面“四个工作面”，强化人财物、组织指挥“两大保障”，采取最严格措施打好疫情防控的人民战争、总体战、阻击战，用一个月时间实现确诊病例“零新增”，用近两个月时间实现本地确诊病例、住院病例“双清零”。及时根据疫情形势发展变化精准调度经济运行，分类有序推动复工复产、复市复消、复课复学，在“稳”和“保”的基础上积极进取，夺取了疫情防控和经济社会发展双胜利。着力保居民就业与保市场主体，加大援企稳岗力度，抓好高校毕业生、农民工等重点群体就业工作，把服务企业作为经济工作的重要抓手，在落实中央纾困惠企政策的基础上，出台“一揽子”对冲措施，帮助企业顺利渡过难关。着力保基本民生，做好困难群众的兜底保障，及时足额发放各类救助金和价格临时补贴，切实保障了城乡居民的基本生活。着力保产业链供应链稳定，抓住重点行业、龙头企业、关键环节，协同推进上下游产业和中小企业全面复工复产，通过组建保供联盟、寻找国内替代、推动转产扩能、供应链招商等措施，确保了电子信息、汽车等重点行业产业链供应链相对稳定和产能迅速恢复。着力保粮食能源安全，压实“米袋子”“菜篮子”责任制，稳定粮食种植面积，提速恢复生猪产能，做好煤电油气调度，实现了重要农产品保供稳价，保证了能源稳定供应。着力保基层运转，落实“过紧日子”要求，建立17个区县“三保”专户，推动中央直达资金直接惠企利民。因为应对得法、工作得力，虽然全市经济增长一季度较为困难，但是在二季度扭转下滑趋势、实现由负转正，三季度、四季度持续向好。

第二，紧紧扭住扩大内需这个战略基点，扩大有效投资和扩容升级消费双管齐下，内需驱动经济发展特征更加明显。发挥投资的关键性作用。抢抓实施新一轮西部大开发战略和推动成渝双城经济圈建设，聚焦“两新一重”建设，着力谋划一批重大牵引性基础设施项目，成渝中线、渝西、渝昆、渝万、渝湘等高铁项目以及轨道交通第四轮规划、渝西水资源配置工程等重大项目快速推进，形成更多实物投资量，释放了巨大的投资拉动效应。建成5G网络基站4万多个，在工业互联网平台、大数据中心、超算中心等领域策划启动重大项目487个，总投资4700亿元，其中基础设施累计投资额占总投资的28.8%，同比增长8.1%，成为拉动经济的重要力量。突出消费的基础性作用。抢抓疫情催生的市场机遇，下大力气培育消费市场，及时推出提振消费政策，开展“爱商重庆”系列促销活动。加紧恢复传统消费，发放消费券超5亿元，餐饮业恢复至上年同期的91.7%，社零增速从全国第24位升至第8位。线上消费、直播带货等消费新业态异军突起，开展直播带货6.3万场，实现销售32.3亿元；农村电商快速发展，实现农产品网络零售54.9亿元，增长20%。适时举办文化和旅游发展大会，扶持夜间经济发展，打造特色步行街区，消费政策措施的密集出台和消费软硬环境的切实改善，极大地促进了市场回暖、消费回补、信心回升。

第三，加快推动数字经济与实体经济融合发展，产业结构不断优化升级，发展新旧动能快速转换。着力构建现代产业体系。坚持以供给侧结构性改革为主线，因势利导壮大实体经济，实施制造业高质量发展行动，一手抓汽车、电子信息等支柱产业巩固提升，一手抓新材料、生物医药等战略性新兴产业培育壮大，汽车产业三季度增加值月均增速达 20.8%，电子产业三季度增速达 12.2%，高技术产业、战略性新兴产业增加值同比分别增长 11.3%、11.0%。推动服务业高质量发展，加快建设国际消费中心城市和内陆国际金融中心，推动文旅融合发展和资本化运作，做强做优商贸服务、现代金融、现代物流、技术服务等现代服务业，前三季度第三产业增加值同比增长 1.2%，较一季度提高 4.6 个百分点。推动农业“接二连三”，大力发展现代山地特色高效农业、农产品精深加工、农村电商和乡村旅游，前三季度农业产业增加值同比增长 3.9%。大力推动数字经济与实体经济融合发展。召开全市发展数字经济推进大会，高水平举办 2020 年线上智博会，启动国家数字经济创新发展试验区和新一代人工智能创新发展试验区建设，集中力量建设“智造重镇”“智慧名城”。在全国率先出台加快线上业态线上服务线上管理发展的意见，壮大“芯屏器核网”全产业链，构建“云联数算用”全要素群。前三季度全市数字经济实现增加值超过 4700 亿元，同比增长超过 16%，其中集成电路产业产值、电子信息产业增加值同比增长 36.9%、12.2%。深入挖掘大数据智能化的商用、民用、政用价值，礼嘉智慧公园、智慧广阳岛等重点应用场景相继建成投用，渝快办、渝快融、渝康码等一批应用终端功能持续拓展。加快推进产业数字化、智能化、网络化发展转型，累计实施 2200 个智能化改造项目，建设数字化车间和智能工厂 426 个，推动 5 万多家企业上云上平台。加快推进以大数据智能化为引领的全面创新。采取“一城多园”模式，聚力打造具有全国影响力的科技创新中心。聚焦科学主题，高起点高标准建设西部（重庆）科学城，加快启动科学会堂、科学大道、科学公园、科学谷等标志性项目建设，省部共建超声医学工程国家重点实验室、山区桥梁及隧道工程国家重点实验室揭牌，国家应用数学中心成功获批，重大科技设施取得实质性突破。签约引进清华大学、上海交通大学等世界知名高校 11

所，引进建设联合微电子中心等新型研发机构 43 个。加快两江协同创新区建设，累计吸引 20 多家科研院所入驻。各类创新要素加快集聚，新增研发机构 40 余家、两院院士等高端人才 43 名、科技型企业 4100 余家和国家级孵化平台 17 家，6 个环大学创新生态圈建成创新平台 11 个。出台促进科技成果转化条例，大力优化科技创新生态，科技创新催生发展新动能效应日益凸显。

第四，坚持把支持服务企业发展放在更加突出位置，多措并举优化营商环境，使各类市场主体活力逐步恢复、持续释放。落实减税降费各项政策。出台“支持中小企业共渡难关 20 条”“支持企业复工复产和生产经营 40 条”等政策措施，前三季度新增减税降费超过 410 亿元，惠及纳税人超过 380 万户次，针对民营经济的减免额度占比超 60%。尽管受疫情等不利因素影响，但市场主体规模仍保持增长，新设立民营企业、个体工商户和外商投资企业仍分别同比增长 5.4%、16.6%、22.5%，实现逆势上扬，全市市场主体累计达到 284.5 万户。帮助解决企业发展难题。对标世界银行营商环境评价体系，新推出 47 条“放管服”改革举措，“渝快办”实现审批服务事项进驻全覆盖，累计办件 1.1 亿件，97% 的市级行政许可事项办理“最多跑一次”。开展“民营企业百日走访”活动，积极引导金融单位加强对企业的资金支持，综合运用展期缓息、风险补偿、融资担保等措施，缓解企业融资难、融资贵的问题；抓好电力、天然气等要素保障，帮助企业打通原材料采购、运输、分拨环节“梗阻”，切实降低企业用能、物流等成本。民营企业发展质量效益不断提升，阿里巴巴重庆总部、华为鲲鹏重庆中心等优秀企业落户重庆，民营经济贡献了全市 56.8% 的 GDP、58.5% 的税收、70% 的新增就业。持续深化国资国企改革。加快推进国有投融资企业市场化转型，健全完善现代企业制度，稳步深化混合所有制改革，不断增强国有企业的市场竞争力。截至 9 月底，全市国有企业资产超过 7 万亿元，实现营业收入 6500 多亿元，在推进重大项目建设、重要物资保供、助力脱贫攻坚等方面发挥了重要作用。

第五，携手推动成渝地区双城经济圈建设，部署推动“一区两群”协调发展，城乡区域融合发展步伐显著加快。聚焦一体化推动成渝地区双城经济圈建设。深入学习贯彻习近平总书记在中央财经委第六次会议上的重要讲话精神，召开市委五届七次全会和全市动员大会进行安排部署，抓好项目化、事项化、政策化推进落实，成渝地区双城经济圈建设起步扎实、开局良好、进展顺利。加强同四川的对接合作，建立完善相关工作机制，累计签订合作协议220多份，共同谋划实施重大项目31个，总投资5563亿元，年度计划投资387亿元，目前已相继开工建设20个，累计完成投资260亿元。川渝毗邻地区联动发展提速，两地在基础设施互联互通以及住房公积金互认互贷、成渝交通一卡通、医保异地结算等方面取得实质性突破。聚焦融合化推动“一区两群”协调发展。制定健全“一区两群”协调发展机制的实施意见，分片区召开工作座谈会，促进各片区发挥优势、彰显特色、协同发展。主城都市区从原来的9个区扩大到21个区，形成“一核、一中心、四同城、四个支点、四个桥头堡”五个层级的空间格局，中部历史母城、东部生态之城、西部科学之城、南部人文之城、北部智慧之城的空间布局持续优化，辐射带动作用更加明显。渝东北三峡库区城镇群和渝东南武陵山区城镇群目标定位和发展路径更加清晰，特色效益更为明显，经济结构更趋均衡。完善“一区”与“两群”帮扶机制，区域联动发展更加紧密。聚焦城镇化推动城乡融合发展。统筹抓好乡村振兴和城市提升，促进城乡各美其美、美美与共。精准落实“五个振兴”要求，突出抓好农业发展，扎实推动美丽乡村建设，整治提升农村旧房4.4万户，新建“四好农村路”5999公里。实施“两江四岸”核心区整体提升工程，高水平规划建设长嘉汇大景区、长江文化艺术湾区，注重文化风貌片区保护提升，山水之城、美丽之地的独特魅力日益彰显。

第六，积极融入共建“一带一路”、长江经济带发展，加快建设内陆开放高地，开放发展进入“快车道”、跑出“加速度”。开放通道、口岸功能更加完善。加强出海出境大通道建设，统筹铁公水空四式联运，大力发展通道经济、枢纽经济，加大与通道沿线城市的开放合作力度，释放通道带物流、物流带经贸、经贸带产业效应。果园港鱼嘴铁路货运站集装箱首班班列成功发运，运行时间较原欧亚大陆桥转海运方式缩短 10 天，2020 年 1 ~9 月中欧班列（渝新欧）累计开行突破 1520 班，同比增长 30.7%。西部陆海新通道纽带作用发挥更加充分，铁海联运班列、跨境公路班车、国际铁路联运班列等运输方式日渐成熟，截至 9 月底西部陆海新通道铁海联运服务货品超过 500 个品类，辐射全球 94 个国家和地区的 246 个港口。开放平台能级不断提升。持续做强战略平台、做优功能平台、做实活动平台，抓好中新互联互通项目、重庆自贸试验区、两江新区等 19 个国家级开放平台建设，各类平台集聚辐射能力明显增强。中新互联互通项目累计签约合作项目 230 个，总额约 322.6 亿美元，其中前三季度新签约项目 25 个，总额约 9.78 亿美元。重庆自贸试验区 151 项改革试点任务已全部落实，探索形成 56 项重点改革经验成果在全市复制推广，6 项创新经验案例在全国推广。开放型经济持续发展壮大。出台“稳外贸稳外资 12 条”“利用外资 25 条”，巩固好传统欧美市场，持续深化与东盟的经贸合作，前三季度全市实现外贸进出口 4613.9 亿元，同比增长 11.4%。出台进一步做好利用外资工作若干措施，新设外商投资企业数、合同外资保持增长，实际使用外资位居西部第一。在渝世界 500 强企业达到 287 户，贸易伙伴发展到 224 个国家和地区，国际友好城市达 48 个，交流合作的“朋友圈”不断扩大。坚持以改革推动开放、以开放倒逼改革，重点部署推进国资国企、科技创新、文化体制、监察体制、社会治理体制机制等改革专项，深入推动资源要素市场化配置改革和经营性资产股份合作制改革，以深化改革激发内生动力。

第七，学好用好“两山论”、走深走实“两化路”，坚定走生产发展、生活富裕、生态良好的文明发展道路，山清水秀美丽之地建设取得新进展。筑牢长江上游重要生态屏障。坚持“共抓大保护、不搞大开发”方针，统筹山水林田湖草系统治理，加强长江生态环境系统性保护修复和三峡库区后续工作，高标准推进广阳岛片区开展长江经济带绿色发展示范，严格落实长江十年禁渔措施，“两江四岸”治理提升、“四山”保护提升和生态廊道建设有序推进，国土绿化提升行动累计完成营造林超过 1500 万亩，森林覆盖率提升到58%，长江干流重庆段水质总体为优，纳入国家考核的42个断面水质总体达到Ⅲ类以上的比例为97.6%。打好污染防治攻坚战。打好碧水保卫战，全面落实河长制，全市1.75万余名河长累计巡河190余万人次；开展污水乱排、岸线乱占、河道乱建“三乱”整治专项行动。打好蓝天保卫战，截至9月底空气质量优良天数达250天，同比增加17天。打好净土保卫战，开展“无废城市”建设试点，抓好农用地、工业用地污染治理，土壤质量明显改善。严格对标整改第一轮、第二轮中央生态环保督察反馈突出问题，保护环境、拒绝污染已成为干部群众的思想自觉和行动自觉。推动形成绿色发展方式和生活方式。加快发展生态经济，培育壮大节能环保产业，推动产业生态化转型和智能化改造，进一步降低单位生产总值能耗，目前已建成国家级市级绿色工厂104家。大力开展爱国卫生运动，推动主城区生活垃圾分类实现全覆盖，倡导简约适度、绿色低碳生活方式，着力形成文明健康的生活风尚。

第八，牢固树立以人民为中心的发展思想，全力做好普惠性、基础性、兜底性民生建设，改革发展成果更多更公平惠及广大人民群众。坚决打赢脱贫攻坚战。动员部署脱贫攻坚“收官大决战”，重点聚焦“六个领域”，打好“六场战役”，努力完成剩余脱贫任务，贫困发生率由7.1%降至0.12%，确保如期全面实现脱贫。针对疫情造成部分群众生活困难的情况，落实社会救助和保障标准与物价上涨挂钩联动机制，切实保障群众基本生活。千方百计保障就业。把高校毕业生就业作为重中之重，引导基层就业、增加见习岗位，2020年高校应届毕业生约23.5万人，就业率78.14%。做好农民工返岗复工服务，帮助592万农民工顺利返岗，返岗复工率99.8%。促进贫困劳动力就业，72.3万个有就业意愿、就业能力的贫困劳动力全部实现就业，开发公益性岗位就近安置贫困人口10.3万人。稳步推进各项民生事业。大力推进教育现代化，加快高校“双一流”建设，全市新增11个学科进入世界ESI学科排名前1%，累计达到42个；进一步扩展基础教育优质资源，集团化办学、学区制管理的学校占比达到45%，新增公办幼儿园139所，完成小区配套幼儿园治理752所，“大班额”“入园难”“入园贵”

等问题得到有效缓解。加强公共卫生体系建设，推进突发公共卫生事件应急管理立法，配套建立预防、发现、治疗等处置规范，将医共体“三通”改革试点扩大至25个区县，实现二级以上医院全覆盖，基层疫情处置和救治能力进一步提升。

第九，统筹发展和安全，主动防范化解各类风险挑战，经济社会发展大局保持和谐稳定。2020年是多灾多难之年，各领域风险挑战易发多发。面对更多不确定性不稳定性因素，始终保持战略定力，坚持底线思维，增强忧患意识，精准研判、科学应对可能出现的重大风险挑战。全力以赴防汛救灾。针对过境重庆的长江5号洪水和嘉陵江2号洪水造成的严重汛情，累计投入抢险救灾人员16.8万人次，组织避险转移63万人次，紧急调运10.6万件救灾物资，妥善安置受灾群众，有力保障受灾群众有饭吃、有衣穿、有干净水喝、有病能及时就医、有临时安全住所，全市灾情未伤亡一人、重要江河未溃一堤、重要水库未垮一坝。及时帮助群众灾后重建，开展道路、供水、电力、通信、燃气管道等基础设施恢复重建，加强对企业和农户灾后恢复生产的指导，帮助受灾群众重建家园。着力防范化解经济领域风险。设立100亿元规模的民营企业纾困基金，有效化解企业流动性困难，银行业不良率、小贷不良率、融资担保代偿率均低于全国平均水平。实施确保公共预算平稳运行20条等举措，严格落实政府债务限额管理，目前政府债务余额低于财政部核定政府债务限额。健全房地产长效机制和防范化解房地产市场风险实施方案，全市房地产市场保持平稳健康发展。扎实做好安全稳定工作。深入开展“枫桥经验”重庆实践十项行动，加强涉疫社会矛盾纠纷排查化解，抓好社会治安突出问题整治，打赢打好扫黑除恶专项斗争收官战。全市没有发生影响稳定的重大政治事件、暴力恐怖事件、重大舆情炒作事件，群众信访总量、到市信访人次同比分别下降35%、72%。突出道路交通、建设施工、危化品、高层建筑消防等重点行业领域安全监管和风险隐患排查整治，妥善处置“9·27”松藻煤矿重大安全事故。1~9月全市生产安全事故起数和死亡人数分别下降15.9%、12.6%，为高质量发展营造了良好的安全稳定环境。

二　当前推动重庆高质量发展面临的严峻挑战和重大机遇

2021 年我国将开始实施“十四五”规划。对重庆来讲，“十四五”时期既是老问题新挑战凸显期，也是重大机遇交汇期。当前，重庆经济仍然处于恢复增长阶段，还在消化疫情带来的不利影响，高质量发展面临的内部挑战和外部风险并存、短期矛盾和中长期问题交织，必须以辩证思维冷静看待，积极适应后疫情时代的新情况新变化，准确识变、科学应变、主动求变，谋势而动、顺势而为、乘势而上，在育新机、开新局中把握主动权，推动高质量发展之路越走越宽广。

（一）面临的挑战复杂严峻

一是外部环境不确定性不稳定性明显上升，产业链供应链安全风险进一步增大。国外疫情依然复杂难测，“外防输入”的压力长期存在。外需萎缩对重庆产业链风险传导影响加重，产业项目外迁风险增加，比如拟引进的产业项目有可能因产业链上下游配套不齐全，而外迁东南亚。产业链供应链安全存在潜在风险，部分国家推进供应链多元化，重庆企业在手订单履约率下降，笔电领域硬盘、CPU、内存和手机芯片、显示屏、摄像模组等电子配件仍然存在“断链”“缺链”风险。

二是供给质量不够高、供需矛盾较为突出，尚未形成高水平的动态平衡。经济运行供需循环还不够顺畅，供给体系与消费结构适配性不够强。部分传统产业产能过剩，战略性新兴产业供给不足，新服务、新产品供给偏少，居民对高品质商品和服务的需求难以得到满足，网络海淘现象较为普遍，造成消费需求外流明显。供给侧调整滞后，生产要素难以从无效低端需求领域向有效中高端需求领域调整，新产品和新服务的供给潜力还没有充分释放出来。

三是创新生态需要下大力气优化，创新能力不足仍然是制约高质量发展最突出的短板。以大数据智能化为引领的科技创新正在兴起，新旧动能仍处于过渡交替时期。创新主体相对缺乏，“双一流”高校、国家重点实验室、高端人才和高水平创新团队数量严重偏少，“独角兽”“瞪羚”企业数量不足。创新研发投入长期低于全国平均水平，基础研究和应用基础研究偏弱，核心技术、关键零部件、重大装备受制于人，科技成果转化率偏低，产业链供应链缺乏较强的稳定性和竞争力。

四是企业经营成本较高、盈利能力不足，市场主体活力还没有完全释放出来。全要素生产力效率有待提升，企业投入产出综合效益偏低，企业融资成本普遍偏高，规模以上工业企业的营业成本增速高于收入增速，每百元营业收入中成本占85%以上，利润率跌出5%~20%的合理区间。国际贸易向好态势存在不确定性，物流通道货源增长面临较大压力，企业物流运输成本依然偏高。

五是居民收入增长缓慢且消费意愿不强，一定程度制约了经济加快恢复增长。疫情防控常态化背景下，全市住宿、餐饮、文体、旅游等服务业消费信心恢复较为缓慢，居民消费心理和企业经营心态有所波动，居民人均消费支出占可支配收入比重比往年同期有所下降。城乡居民收入增长乏力，农民工、一线工人等收入减少，居民房贷增加挤压消费支出，制约居民的消费意愿，形成依靠消费驱动的可持续增长动力尚待时日。

六是社会事业发展仍有不少欠账，重点领域矛盾和风险有所积聚。受财政收入增长乏力的影响，一些民生领域资金保障面临较大压力。就业问题较为突出，隐性失业增多，低技能人员失业风险增加，重点人群就业压力依然较大。教育、医疗、文体等公共服务供需矛盾突出，“一老一小”民生保障还有不少短板。疫情导致的商业纠纷、劳动关系矛盾等问题增加。

（二）拥有的机遇前所未有

一是新一轮科技革命和产业变革孕育兴起的机遇，为重庆大数据智能化创新发展提供广阔前景。以5G、人工智能、大数据、区块链等为代表的新一轮信息技术正在加速重构经济版图和产业结构。近三年来重庆实施大数据智能化引领创新驱动发展行动计划，加速集聚数字经济创新要素，加速催生数字经济发展动能，加速壮大数字经济新产业新业态新模式，在大数据智能化创新发展方面走在前列，数字经济发展进入全国第一方阵，符合国家鲜明战略导向并获得大力扶持，有利于重庆推动数字经济与实体经济深度融合，培育形成竞争优势突出的现代产业体系，实现弯道超车、换道领跑。

二是加快融入以畅通国民经济循环为主构建新发展格局的机遇，将极大拓展重庆高质量发展的空间。重庆现阶段投资和需求潜力仍然巨大。加快构建以国内大循环为主体、国内国际双循环相互促进的新发展格局，有助于重庆立足“四个优势”、发挥“三个作用”，深化供给侧结构性改革，推动依靠创新驱动的内涵型增长，布局“两新一重”基础设施建设，深化要素市场化配置改革，全面提高对外开放水平，将开放通道优势、平台优势转化为产业竞争优势，加快建设内陆改革开放新高地，充分利用好国家实施宏观调控跨周期设计和调节，出台一系列疏通经脉、畅通循环且力度大、含金量高的政策措施，加速质量变革、效率变革、动力变革。

三是推动成渝地区双城经济圈建设的机遇，为重庆新形势下促进区域协调发展注入强大动能。今后 5 ~ 10 年，我国发展最大潜能就是都市圈、城市群的强劲发展。全面实施《成渝地区双城经济圈建设规划纲要》，给重庆发展带来诸多政策利好、项目利好，对市场投资、社会消费、公共事业等均有重大战略利好。特别是成渝中线高铁、轨道交通等基础设施提速建设，促进成渝两地之间人流、物流、资金流、信息流更加顺畅，有利于提升川渝协调发展水平和带动能力。推动以人为核心的新型城镇化，未来区县城扩容提质潜力巨大，城乡融合发展动力更足。特别是“一区两群”布局优势持续释放，以稳业安居为方向提升农业转移人口市民化素质、以城市群为主体形态优化城镇化空间布局、以区县城为载体促进大中小城市和小城镇发展迎来新机遇。

四是新时代推进西部大开发形成新格局的机遇，持续助力重庆在西部地区带头开放、带动开放。党中央出台新时代推进西部大开发形成新格局的指导意见，支持重庆发挥综合优势，打造内陆开放高地和开发开放枢纽，加快建设国际门户枢纽城市，进一步凸显重庆的区位优势，有利于重庆在更大范围深化合作，在西部地区更好发挥辐射带动作用。

五是建设高品质生活宜居地的机遇，为重庆推动绿色发展、保障改善民生提供政策支持。全面建成小康社会后，人民群众将更加注重生态质量和生活品质，居民消费需求向发展型和享受型升级，呈现多样化、多层次、多方面的特点，加上国家密集出台相关政策措施，有利于提升发展的绿色分量和生活的幸福指数，以共建共治共享拓展社会发展新局面，更好满足人民群众对美好生活的向往。

三　2021年推动重庆高质量发展的主攻方向和关键举措

2021 年是“十四五”规划实施开局之年，保持经济社会持续健康发展至关重要。“十四五”时期，重庆将由中高速增长阶段进入高质量发展阶段、由中等收入向高收入迈进、由实现全面小康转向全面建设社会主义现代化新征程，经济社会发展呈现新的阶段性特征和重大趋势性变化。高质量发展是体现新发展理念的发展，是能够很好满足人民日益增长的美好生活需要的发展，是重庆发展必须牢牢把握的主题。推动重庆高质量发展，要坚决贯彻党的十九大和十九届三中、四中、五中全会精神，深入贯彻习近平总书记对重庆做出的重要指示要求，全面落实市委五届九次全会安排部署，坚持以人民为中心的发展思想，坚持稳中求进工作总基调，抓住国家实施区域发展战略重大机遇，更加坚定贯彻新发展理念，开拓崇尚创新、注重协调、倡导绿色、厚植开放、推进共享的新境界；更加精准把握新发展阶段的新机遇新挑战，积极融入以国内大循环为主体、国内国际双循环相互促进的新发展格局；更加主动适应社会主要矛盾发展变化，更好满足人民对美好生活的新期待；更加扎实做好“六稳”工作、全面落实“六保”任务，为疫情防控常态化条件下经济高质量发展提供坚实支撑；更加注重增强发展的整体性协调性，聚焦面临的老难题和新挑战，解决好发展不平衡不充分的问题，加快构建现代化经济体系，实现更高质量、更有效率、更加公平、更可持续、更为安全的发展。综合分析，重庆经济发展保持合理的增长速度，既是可行的也是必要的，这样才能为经济行稳致远创造良好条件，在动态调整中推动经济发展实现量的合理增长和质的稳步提升。2021 年预计重庆经济将加快恢复并呈现持续向好趋势，在没有大的外部不确定不稳定性因素影响下，加上 2020 年基数相对较低的因素，2021 年经济增速将稳步回升并保持较大增幅，产业转型升级加快，新旧动能转换加速，高质量发展良好态势将进一步巩固拓展，为实现“十四五”发展和开启全面建设社会主义现代化新征程开好局、起好步。建议从以下几个方面发力。

（一）加快融入以国内大循环为主体、国内国际双循环相互促进的新发展格局

构建新发展格局是党中央根据我国发展阶段、环境、条件变化做出的战略决策。重庆有条件有基础率先探索形成新发展格局，关键要坚持供给侧结构性改革这个战略方向，扭住扩大内需这个战略基点，处理好供给侧与需求侧、内需与外需的关系，使生产、分配、流通、消费更多依托国内市场，提升供给体系对国内需求的适配性，以高质量供给满足日益升级的国内市场需求。抓住“十四五”时期重大机遇，谋划实施一批现代化基础设施投资项目，大力推动传统基础设施改造升级，加快 5G 商用步伐，加强人工智能、工业互联网、物联网等新型基础设施建设，加大城际交通、市政基础设施等投资力度，补齐农村基础设施和公共服务设施建设短板。统筹推进现代流通体系硬件和软件建设，建设现代综合运输体系，疏通制约内循环的流通“堵点”“痛点”，进一步降低企业的要素成本和经营成本。把握消费升级新趋势，加强市场预期引导，挖掘消费需求潜力，支持新型消费政策，增强消费供给能力，加快推动线上线下消费有机融合，大力发展宅经济、无人经济、平台经济、夜经济等新模式。完善收入分配体制机制，拓宽收入渠道，扩大中等收入群体规模，提高居民消费能力，让更多人能消费愿消费。大力拓展国际市场，全面深化服务贸易创新试点，巩固好传统欧美市场，大力开拓东盟市场，持续拓展“一带一路”沿线市场。

（二）大力推动成渝地区双城经济圈建设形成重要增长极

更好地把成渝地区双城经济圈建设与构建新发展格局衔接起来。加快成渝中线高铁、成达万高铁、成渝高铁提速改造等项目建设进度，规划研究重庆经自贡至雅安连接川藏铁路项目，推动泸州、遂宁、达州至重庆等高速公路扩能改造，建立健全川渝两地综合立体交通网，切实提升交通互联互通水平。抓好产业协作共建，围绕汽摩、智能制造、电子信息等优势产业，联合开展产业链招商、线上招商、以商招商，落地实施一批新产业项目，优化提升产业链供应链区域协同能力，加快打造世界级产业集群。推进公共服务共建共享，建立统一的基本公共服务标准，推进川渝两地教育、医疗、就业、养老等公共服务领域协同发展。推进巴蜀文化旅游长廊建设，打造贯通两省市的自然生态体验、红色文学研究等一批精品旅游线路。规划建设一批毗邻地区合作功能平台，聚焦建设万达开川渝统筹发展示范区，发挥万州区域中心城市作用，推动渝东北与川东北地区一体化发展；聚焦建立川南渝西融合发展试验区，探索建立共同的规划管理体制，推动渝西地区与川南地区融合发展。

（三）培育构建市场竞争力强、可持续的现代产业体系

落实“巩固、增强、提升、畅通”八字方针，聚焦主导产业、优势企业、薄弱环节，补短板、锻长板，推动产业基础再造和产业链提升，促进产业集群化、融合化、智能化发展，稳步提升产业链供应链现代化水平。把制造业高质量发展放到更加突出的位置，推动传统产业转型升级，培育战略性新兴产业集群，加快推动汽车向中高端、电动化、智能化、共享化转型，做大做强半导体器件、新型显示、存储芯片等电子信息产业集群，完善工业机器人、数控机床、航空航天等装备制造产业链，加强生物技术药、化学创新药等产品开发。大力提升现代服务业发展能级和竞争力，加快推进内陆国际金融中心建设，大力发展智慧物流、电子商务物流、冷链物流等综合性和专业性物流，提升大都市、大三峡、大武陵旅游品牌影响力，加快发展医药、

医疗器械、健身康体、养生养老、健康管理服务等大健康产业。培育发展现代山地特色高效农业，突出品种品质品牌建设，提升重要农产品供给质量，积极发展乡村旅游、农村电商，深入推进农业一二三产业融合发展。

（四）持续强化大数据智能化引领创新驱动发展

推动高质量发展，必须坚定不移实施创新驱动发展战略，催生新动能新优势，全面激发内生动力活力，实现依靠创新驱动的内涵型增长。要抓住建设国家数字经济创新发展试验区和国家新一代人工智能创新发展试验区契机，推进数字产业化、产业数字化，培育壮大数字经济，加快建设“智造重镇”“智慧名城”。做大做强智能产业，深入开展智能制造、数字化装备普及行动，推动工业互联网标识解析深度融合应用，打造数字化车间和智能工厂，加快形成大数据、人工智能等智能产业集群，构建“芯屏器核网”全产业链和“云联数算用”全要素集群。积极拓展智能应用，聚焦民生服务、城市治理、政府管理等领域，高水平建设两江智慧之城，打造一批具有示范效应的重点应用场景。以西部（重庆）科学城建设为牵引，统筹推进两江协同创新区发展，谋划布局一批大科学装置、大科学设施，抓好科技创新基地、产业创新基地、科技创新联盟建设，进一步改善科技创新生态，聚集高端创新资源要素，加快建设国家（西部）科技创新中心。加大基础研究、应用基础研究投入力度，优化科技创新资源配置，大力培育科技创新型企业，攻克一批“卡脖子”的技术难题。实施更加开放的人才政策，深入实施重庆英才计划，引进培养一批具有国际水平的战略科技人才、科技领军人才、青年科技人才和高水平创新团队，完善创新创业激励政策，让各类人才“近悦远来”。

（五）充分释放城乡区域空间布局优化综合效应

做大做强“一区”，做优做特“两群”，深入开展“一区”结对帮扶“两群”，推动要素有序流动、资源高效配置、产业分工协作，促进各片区发挥优势、彰显特色、协同发展。继续扭住中心城区提升不放松，全力打造城市新名片，推进城市有机更新，加强城市精细化管理，推动与主城新区同城化、融合化发展，加快建设国际化、绿色化、智能化、人文化现代大都市。深入推进以人为核心的新型城镇化，高水平规划建设区县城，规划建设一批产城融合、职住平衡、生态宜居、交通便利的郊区新城。加快培育特色小镇，依托独特自然生态资源和民俗特色文化，因地制宜培育一批具有山地风光、民族风情、地方风物特色的绿色小镇，打造独具巴渝特色的沿江城镇带。接续推进全面脱贫攻坚与乡村振兴有效衔接，将脱贫攻坚工作体系和政策措施统筹纳入乡村振兴，注重巩固扩大脱贫攻坚成果，保护利用好乡村自然风貌和历史文脉，加强农村人居环境综合整治，促进公共服务设施提档升级，建设美丽宜居新乡村，进一步缩小城乡区域发展差距。

（六）强力推动更深层次改革、更高水平开放

蹄疾步稳深化重要领域和关键环节改革，以更大勇气、更实举措破除深层次体制机制障碍，注重改革系统集成、协同高效，为构建新发展格局提供强大动力支撑。加大市场化改革力度，以经济体制改革为重点，深化要素市场化配置改革，建设高标准市场体系，持续深化混合所有制改革、推进现代企业制度建设、健全市场化经营机制，推动土地管理制度改革试点，加大产权保护力度；深入推进政府职能转变，深化“放管服”改革，优化政府管理服务方式，全面推行权力清单、责任清单、负面清单制度，充分发挥“有为政府”作用。加大全面扩大开放力度，充分发挥通道和平台优势，加强出海出境大通道建设，推动各类开放平台完善功能、提升能级，培育更多新增长点。着力优化开放环境，对标世界银行营商环境评价指标体系，实施好外商投资法及配套法规，推动贸易投资自由化便利化，打造市场化法治化国际化营商环境。开放型经济是高质量发展的重要支撑，要加强与共建“一带一路”重点国家和地区战略对接，继续办好智博会、西洽会等重要国际展会，优化外贸结构，提高外资质量，深化国际合作，不断提升开放型经济发展水平。

（七）积极探索形成生态优先、绿色发展新路径

扎实抓好中央生态环保督察反馈问题整改，统筹山水林田湖草系统治理，推动实施一批生态修复重大工程，落实好长江十年禁渔措施，加快打造长江绿色生态廊道，整体性提升生态系统功能，不断筑牢长江上游重要生态屏障。持续打好污染防治攻坚战，深入开展污水乱排、岸线乱占、河道乱建“三乱”整治专项行动，加强固体废物和危险废物整治，加强自然保护地建设监督管理，强化农业面源污染治理，让重庆天更蓝、地更绿、水更清、空气更清新。加快推进产业生态化、生态产业化，秉持“生态＋”“＋生态”理念谋划发展，推动存量产业绿色转型，强化增量产业绿色导向，大力发展循环经济、生态经济、低碳经济。深化生态文明体制改革，完善排污权、碳排放权等交易机制，健全生态环境损害赔偿制度，完善垃圾分类循环利用机制。

（八）着力打造共建共治共享的社会发展格局

主动适应重庆社会结构、社会观念、社会心理、社会行为发生的深刻变化，着力破解社会深层次矛盾和问题，让人民群众的获得感成色更足、幸福感更可持续、安全感更有保障。积极优化财政支出结构，优先落实基本民生、基层运转支出，严控行政运行成本，加大力度盘活存量资金，切实提高财政资金配置和使用效率。突出做好高校毕业生、农民工等重点群体就业工作，改善就业结构，扩大就业总量，完善新就业形态扶持政策，下大力气保持就业形势稳定。始终坚持优先发展教育事业，推进教育领域综合改革，努力办好人民满意教育。切实把文化建设摆在更加突出位置，加强社会主义精神文明建设，繁荣发展文化事业和文化产业。大力发展卫生健康事业，健全公共卫生和疾病预防控制体系，加快建设西部医学中心，深入开展爱国卫生运动，全面提高卫生健康服务质量。着眼解决“一老一小”问题，深化公办养老机构改革，加强智慧养老配套设施建设，支持社会力量发展普惠托幼服务。把握超大城市特点和规律，善于运用法治思维和智能手段解决城市治

理顽症难题，加强防灾减灾能力建设，加快推动城市治理和治理能力现代化。统筹好发展和安全两件大事，动态跟踪和化解断链风险、金融风险、债务风险和房地产风险，发扬斗争精神，着力防范化解社会矛盾风险，切实筑牢高质量发展安全底线。

参考文献

《习近平新时代中国特色社会主义思想学习纲要》，学习出版社、人民出版社，2019。

《习近平谈治国理政》（第三卷），外文出版社，2020。

《中共中央关于制定国民经济和社会发展第十四个五年规划和二〇三五年远景目标的建议》，《人民日报》2020 年 11 月 4 日。

习近平：《决胜全面建成小康社会　夺取新时代中国特色社会主义伟大胜利——在中国共产党第十九次全国代表大会上的报告》，人民出版社，2017。

习近平：《国家中长期经济社会发展战略若干重大问题》，新华社，2020 年 4 月 10 日。

《2020 年前三季度重庆市经济运行情况》，重庆市统计局官网，http：//tjj. cq. gov. cn。

B.3

2020年重庆工业和信息化发展形势及2021年工作思路

重庆市经济和信息化委员会

摘 要： 2020年，重庆工业经济沉着应对各种困难与挑战，坚持一手抓疫情防控，一手抓经济发展，全力保障产业链供应链稳定，工业经济快速恢复稳定并保持增长态势。当前，受全球新一轮科技革命和新冠肺炎疫情叠加的影响，产业变革不断向纵深发展，产业链联动发展、产业融合发展态势越来越明显，制造业发展正处在前所未有的重要历史时期。2021年，重庆工业和信息化工作将以推动制造业高质量发展为主题，以推进产业基础高级化、产业链现代化为主攻方向，深入推进大数据智能化发展战略，着力提升产业链供应链水平，不断增强企业创新能力，加速智能制造扩容拓面，全力建设国家重要先进制造业中心。

关键词： 重庆 工业和信息化 高质量发展 产业链提升

2020年，重庆工业和信息化工作深入贯彻习近平总书记视察重庆重要讲话精神，始终坚持稳中求进工作总基调，以供给侧结构性改革为主线，贯彻新发展理念，大力实施以大数据智能化为引领的创新驱动发展战略行动计划，聚焦高质量、供给侧、智能化持续发力，加快培育智能产业，加速推进智能制造，积极推动工业经济转型升级，全市工业规模不断壮大、结构持续优化、质量稳步提升，企稳向好态势得以巩固，高质量发展态势更加明显。

一 2020年重庆工业和信息化发展情况

前三季度，全市规上工业增加值增长4.4%，高于全国平均水平3.2个百分点；工业投资同比增长2.9%，降幅较一季度收窄23.9个百分点，高于全国平均水平。

（一）扎实推进复工稳产，工业运行企稳向好

全力打好复工复产主动战。按照把时间抢回来、把损失补回来的要求，以重点企业为牵引，梳理“五张清单”，分批分类有序推动100家龙头骨干企业及其600家配套企业、129家生活和医疗物资企业、277家“双百企业”、668家5亿元以上企业和459家“专精特新”企业等5类企业复工复产，全力复苏基本盘。到2月底，全市规模以上工业企业实现全面复工复产。全力推动企业稳产满产。建立“年度目标分解细化到月，经济运行调度精准到周，重点企业服务落实到人”的运行调度工作机制，持续抓好监测预警、问题化解、工作协调、要素保障，取得积极成效。前三季度，电子行业增加值增长12.2%，成为实现恢复性增长的第一支柱。汽车行业增加值增长8.2%，自5月以来单月增加值持续双位数增长，在经历三年调整后迎来高速增长。医药、材料、消费品等产业均实现由负转正，分别增长2.7%、4.9%、0.5%。

（二）全力抓好项目建设，发展后劲蓬勃有力

项目建设提速增效。制定“22+165”年度市级重大工业建设项目清单，健全市级工业投资工作联席会议、重点行业投资工作专班和重点工业投资项目市区联动调度等机制，推动项目快开工、快建设、快投产。前三季度，171个市级重大工业建设项目中71个计划年内开工的项目已开工62

个，开工率87.3%。华兴玻璃、万凯新材料、奥特斯半导体、OPPO手机等一批重点项目序时推进。项目引进加速加力。通过龙头企业带动、创新资源集聚、关联企业配套等途径，积极创新“互联网+招商”，推广云上招商、网络洽谈、视频签约等方式。前三季度，全市工业招商引资正式签约项目920个，同比增长37.7%；其中，10亿元以上项目123个，同比增长41.4%。华润12英寸功率半导体基地、博赛集团年产360万吨特铝新材料、联想5G等一批重大项目成功落户，进一步增强了重点产业发展后劲。

（三）加速智能化变革，智能红利持续释放

智能制造纵深推进。加快推进数字化车间和智能工厂建设，对300家制造业重点企业开展智能制造诊断评估，组织实施1080个智能改造项目，新认定182个数字化车间和28个智能工厂，评选10个智能制造标杆企业，提前完成年度任务目标。工业互联网平台加速布局。重庆顶级节点标识注册量突破3900万，累计解析量达3700余万次，接入二级节点16个、企业节点742个，遴选宗申忽米网等十大平台。全市已集聚197家工业互联网服务企业，服务企业“上云”5万多户。5G建设及应用加快进度。统筹推进5G网络基础设施建设，累计建成5G基站4万余个。组织实施5G+工业互联网先导应用示范引领工程。启动第三届“绽放杯”5G应用征集大赛暨5G技术创新与应用融合（线上）峰会。

（四）聚力优化产业生态，高质量发展步伐加快

加快培育发展新兴产业。智能产业加速发展，“芯屏器核网”补链成群，前三季度，智能产业销售收入实现5628亿元，同比增长11.3%，生物医药、新材料、智能装备等产业强势崛起，带动全市高技术制造业和战略性新兴产业增加值分别增长11.3%、11%，对工业经济增长的贡献率分别为41.1%、58.1%。企业创新水平稳步提升。2345家企业建立研发准备金442.2亿元，增长18.9%。制定《推进全市规模工业企业研发机构三年倍增计划（2020~2022年）》，建成清洁能源动力装备和干净空气新材料及装备

市级制造业创新中心。绿色制造体系不断升级。蓝月亮（重庆）、重庆百亚等 32 家企业成功入选市级第三批绿色工厂，累计建成国家级和市级绿色制造体系示范单位 104 家，其中国家级示范单位 22 家。

（五）加快落实区域战略，协同联动效应初显

成渝地区双城经济圈产业协同发展稳步起势。始终坚持“一盘棋”思想、牢固树立“一体化”理念，深化两地在工信领域务实合作，取得了阶段性成效。签署成渝地区双城经济圈产业协同发展战略合作框架协议，建立常态化对接机制，成立专项工作组和工作专班，制定运作规则，议定合作事项，双城经济圈产业互动发展的四梁八柱初步建立。“一区两群”协同发展格局逐步显现。主城都市区持续发挥重庆市工业主战场作用，前三季度，营业收入完成 14205 亿元，占全市的 50%。渝东北三峡库区实现营业收入 7616 亿元，占全市的 26.8%。渝东南武陵山区实现营业收入 6589 亿元，占全市的 23.2%。

（六）全面强化综合服务，营商环境持续改善

“三服务”专项行动扎实有力。印发《2020 年“三服务”专项行动工作方案》，将专项行动细化为实施发展难题化解、重点项目招商、助推项目建设、中小企业培育和产业扶贫攻坚五大具体行动。前三季度，参加调研人员 648 人次，收集问题 366 个，已办结 321 个。企业发展环境不断优化。对标世界银行营商环境标准，持续推进“放管服”改革。全面落实国家和重庆市系列减税降费政策措施，切实降低企业生产经营成本。深入实施用气报装“六减”和企业办电“三零”“三省”改革，积极打造全国一流用电、用气营商环境。积极推进中小企业商业价值信用贷款改革，累计成功为 1859 家企业预授信 20.3 亿元，放贷平均利率 4.56%。

二　准确把握发展面临的新形势

当前，随着全球疫情的迅速蔓延，国际形势更加复杂严峻，不稳定不确

定因素增多，特别是欧美等主要制造业发达国家及巴西、印度等新兴市场国家的疫情不断加重，全球制造业产业链、供应链和价值链完整性受到了一定影响，给制造业带来了较大的下行压力。同时，受全球新一轮科技革命和新冠肺炎疫情叠加的影响，产业变革不断向纵深发展，制造业已成为国际竞争和大国博弈的“竞技场”，产业链联动发展、产业融合发展态势越来越明显，制造内容、制造形态、制造方式面临巨大变革。

（一）客观看待制造业存在的挑战

一是市场消费需求疲软。虽然随着国内疫情形势好转，生产秩序逐步恢复，但由于需求恢复慢于生产恢复，市场消费尚未完全激活。重大项目建设滞后导致材料、化工、装备行业订单萎缩、库存较高，海外疫情蔓延影响了电子、消费品行业的出口市场。二是产业链供应链保障存在隐忧。受疫情全球蔓延和中美贸易摩擦等多因素叠加影响，以长安福特为代表的部分重点企业供应链、销售链受影响，新车型核心零部件供应不稳定，数控系统、轴承、减速机、高端传感器等装备行业关键核心配件存在断供风险。三是企业生产经营压力仍然较大。部分企业持续处于亏损状态且短期内难以弥补，融资缺口大、生产经营停滞时间长、复工复产资金链紧绷、市场订单持续萎缩等问题依然突出，近九成中小企业现金流只能支撑 3 个月。

（二）把握好制造业面临的机遇

一是智能化转型大势所趋。疫情期间，数字经济不受时空限制的优势凸显，大数据、人工智能、云计算等智能技术对传统产业改造升级的潜能显现出来，制造业企业主动拥抱智能制造的意愿更加强烈，制造业智能化进程进一步加快。重庆作为国内智能化发展的“扛旗者”，这几年打下了坚实的智能化发展基础，有机构预测，未来 3 ~5 年，重庆市以 5G、大数据中心、人工智能、工业互联网等为主的“新基建”投资比重或将达到 15% ~20%，这为重庆加速向数字经济转型、价值链高端转移带来了机遇。二是产业格局加速重构。疫情背景下，现有产业加速变革，在线教育、在线医疗、远程办公、无接触配送、直播零售等新业态加速发展，在物资供需对接、防疫物资统计、产能提升等方面发挥了重要作用，极大地帮助了企业有序复产并降低损失，为传统产业注入新活力，对整个产业发展格局产生了深层次影响。三是成渝地区双城经济圈建设加快推进。推动成渝地区双城经济圈建设，蕴含着深邃的战略内涵和重大的战略机遇，当前发展面临诸多不确定性，更加凸显了实施这一国家战略的重要性和紧迫性。疫情发生以来，成渝地区的中欧班列、西部陆海新通道等国际物流大通道均保持平稳运行，在多国航空、海运、跨境公路按下“暂停键”后，替代效应逐步显现，有力地维护了产业链、供应链稳定，为重庆制造业大发展拓展了更为广阔的空间。

三　2021年重点工作举措

2021 年，全市工业和信息化工作将以推动制造业高质量发展为主题，以推进产业基础高级化、产业链现代化为主攻方向，坚持稳中求进工作总基调，深入推进大数据智能化发展战略，着力提升产业链供应链水平，持续壮大战略性新兴产业规模，加快改造提升传统产业，不断增强企业创新能力，加速智能制造扩容拓面，全面推动成渝地区产业协作，促进工业经济平稳运行，确保“十四五”工业和信息化发展开好头、起好步。

（一）推动重点产业发展，擎起高质量发展顶梁柱

在逆全球化、贸易保护主义抬头、世界市场萎缩的新形势下，我们要进一步深挖国内巨大需求潜力，以国内大循环引领国际循环，从全产业链角度谋划和推进制造业的转型升级，着力提升产业链发展水平，打造具有较强增值能力的产品，增强产业可持续发展能力和整体竞争力。

汽车产业加速向高端化、绿色化、共享化方向发展，以构建完整产业生态为目标，围绕新能源化和智能网联化转型方向，做强做大长安、福特等现有龙头企业，积极引进其他新能源汽车及智能网联汽车主机厂，进一步壮大产业规模；抓好新能源汽车“大小三电”、汽车电子、自动变速器等核心零

部件引进培育，打造完整产业链和供应链；依托汽车产品生产能力，积极发展智慧出行等后端市场和增值服务。

电子产业以完善产业链为关键，加快数字产业化、产业数字化步伐，推动智能化转型，积极发展集成电路、新型显示、智能终端、核心器件、软件信息服务、5G、人工智能等产业，积极构建“芯屏器核网”智能产业链，重点拓展智能终端产品种类，补齐核心零部件和元器件链条，从最前端到终端打通产业链，提升产业链整体水平。加快发展工业互联网、物联网、“智能+”等数字经济业态，壮大新兴信息服务业规模，不断完善产业生态。

装备产业聚焦智能化发展趋势，大力发展智能高端装备，推动六轴机器人、双腕机器人和精密高效磨齿机、精密数控车床、数控加工中心、精密数控滚齿机和数控锻压机等中高档产品研发，优化提升轨道交通装备、工业机器人及数控机床装备产业水平，健全减速器、伺服电机、数控系统等关键配套体系。大力培育航空航天、环保装备等新产业。

消费品产业聚焦“重庆味道”“重庆工艺”“重庆品位”，以品牌建设为重点推动“三品”建设，培育一批美誉度高的本土品牌产品和企业。以深化企业与电商融合为抓手，广泛拓展线上线下销售渠道，扩大产品市场空间。做强做大现有品牌优势明显的特色大宗消费品产业，积极围绕“时尚、智创”等方向，着力发展新兴消费品产业。

医药产业重点推动生物制品、化学创新药和中药等药品研发，强化创新药物引育和关键技术平台建设，构建从源头创新到产业化的全链条体系。加快超声、CT、核磁等大型医疗装备引育，壮大数字化医疗器械产业规模。加大健康食品、运动（康养）用品引进培育力度。加快中药标准化体系建设，推动中药产业现代化发展，努力建设国家生物医药产业集群。

摩托车产业顺应高端化、电动化和智能网联化发展趋势，积极承接国际知名品牌代工和合作研发，加快开发投放250cc排量及以上巡航车、赛车及越野车等中高档摩托车产品，推动高端产品持续放量，提升产业整体竞争力。积极开展新能源摩托车标准研制和产品研发，逐步提升辅助驾驶系统装车比例。加强低速电动车型标准制定，实现规范发展。

材料产业聚焦产业发展、城市建设和国家重大工程实施对原材料的迫切需求，加快调整产品结构，重点推动以中高端铝、高强度钢等为主导的先进金属材料拓功能、提品质，推动以聚氨酯等为主导的化工合成材料出新品、延链条，推动以石墨烯和集成电路材料等为主导的前沿材料提速度、壮规模。

能源产业巩固火力发电机组、风力发电机组、水力发电机组等的优势地位，加快燃气轮机、光伏发电设备产业化步伐，加大油气勘探成套设备、油（气）管输成套设备和LNG成套设备引进培育力度。集合智能电网建设，加快特高压变压器、GIS等输变电设备发展。

（二）优化产业发展路径，打造产业链发展新模式

一是以智能化引领产业链转型升级。智能化变革是利用好、发挥好现有产能最有效最直接的手段，要以智能化加快补齐产业链，促进企业技术进步和降本增效，加强全链条、全渠道、全领域供需调配和精准对接，提升抗风险能力，构筑产业发展的智能化新优势。坚持智能制造示范引领，持续实施一批智能化改造项目，新建一批数字化车间和智能工厂，加快实施“智能制造和工业互联网四个十示范工程”，以点带面推动信息技术与制造业的深度融合，促进产业链由低端向中高端跃升。鼓励产业链龙头企业与互联网平台企业深度合作，做大做强行业级工业互联网平台和综合性工业互联网平台，提高产业链现代化水平。积极推动中小企业“上云上平台”，加快工业现场的生产过程优化、企业运营的管理决策优化、社会化生产的资源优化配置与协同、产品全生命周期的管理与服务优化。加紧“新基建”领域布局，以应用场景为重点加快5G建设进度。

二是以创新驱动提升产业链竞争力。强大的创新驱动是提升劳动生产力和全要素生产率的重要途径，要围绕产业链布局创新链，推动产业链质量变革、效率变革、动力变革。牢牢抓住新一代信息技术大发展的良好机遇，大力推动科技创新，加快关键核心技术攻关，积极培育新动能、激发新活力，让创新成为推动制造业高质量发展的第一动力，支撑引领双循环新发展格

局。紧扣产业链升级推进基础研究，聚力核心基础零部件、关键基础材料、先进基础工艺、产业技术基础“四基”领域，鼓励企业积极使用新技术、新工艺、新装备、新材料改造提升现有产业，力求在关键零部件和产品质量方面取得突破，不断提升产业链水平。开展产品形态创新、产品品质创新、制造工艺创新、商务模式创新、组织管理创新，提高产业核心竞争力。围绕产业链“做精上游、做强中游、做高下游”，以研发机构建设为重点，依托行业龙头企业和重点骨干企业，高质量建设一批制造业创新中心、公共研发服务平台和企业技术创新中心，着力提升研发机构利用效率，做到物尽其用。

三是以协同发展加速产业链高效运转。协同发展是世界大分工趋势下的必然趋势，是构建更加独立、完整、安全的产业链，推动经济高质量发展的重要路径和突破口。积极引导大中小企业形成稳定合作关系，建立紧密协作的产业生态。发挥大型龙头企业在资本、品牌和产供销体系等方面的优势，开放共享资源，突出龙头企业本地采购、大中小企业融通发展等重点环节，构建创新协同、资源共享、供应链互通的企业发展生态。加强成渝双方谋划确定产业规划对接，重点围绕汽车、电子、装备、消费品等产业，促进产业协同互补发展，形成“1 +1 >2”效应。促进产业链、创新链、价值链深度融合，做强长板、补齐短板，加快构建高效分工、错位发展、有序竞争、相互融合的现代产业体系。

四是以绿色化助推产业链可持续发展。产业链绿色转型是实现产业可持续发展的关键环节，要坚持共抓保护、不搞大开发，坚持生态优先、绿色发展，学好用好“两山论”，走深走实“两化路”，确立绿色全产业链的政策导向，推进清洁生产和消费模式，既考虑产业自身发展，也要关注产业链上下游关联产业的绿色含量，全力构建绿色制造业体系。持续加大绿色制造示范单位创建力度，高起点建设绿色工厂，高标准建设绿色园区，增强引领示范效应。积极鼓励企业按照全生命周期的理念，高质量开发绿色产品。统筹考虑材料选用、生产、销售、回收等各个环节，开发具有无害化、节能、环保、高可靠性等特性的绿色设计产品。高水平打造绿色供应链，发挥宗申动力集团国家级绿色供应链示范作用，引导龙头企业推动上下游企业共同提升资源利用效率，实现链上企业绿色化，积极打造更多国家级绿色供应链。

五是以融合发展提升产业链现代化水平。推动先进制造业和现代服务业深度融合是增强制造业核心竞争力、促进产业链优化升级、实现高质量发展的重要途径。要顺应制造业服务化、服务业制造化趋势，深化链条延伸、技术渗透，探索新业态、新模式、新路径，促进制造业和服务业相融相长、耦合共生，推动制造业由价值链低端向高端蝶变。大力发展工业设计，引导企业建设一批工业设计中心，加快第三方工业设计企业发展，提升重庆市工业设计服务能力。促进制造业服务化转型。引导制造业企业由制造环节向研发设计和营销服务两端延伸，鼓励装备、汽车、电子、消费品等制造业发展后市场业务，积极探索发展网络协同研发制造、大规模个性化定制、远程运维等一批新模式。推动服务业企业向制造业转型。重点鼓励现有服务型企业依托自身专利技术、品牌管理、市场分析、销售渠道、物流网络等优势，积极向制造业方向延伸，打造一批新的商业模式和业态。

（三）持续优化营商环境，构建产业发展良好生态

一是持续提高政府服务效能。对标世界银行营商环境标准，持续推进“放管服”改革，做深做实“三服务”专项行动，实现精准对接，以服务链匹配产业链。深化简政放权，加快“证照分离”全覆盖试点改革、投资审批制度改革和工业产品准入制度改革，大力推行“无接触”“一网通办、一次办好”等政务服务，最大限度方便企业。加强放管结合，全面实施市场准入负面清单制度，确保“非禁即入”全面落实；深入推进“互联网＋监管”及“双随机、一公开”监管，提高监管精准化、智能化水平。提升行政效率，对于涉及企业发展的重大事项，根据企业所盼，创新措施、优化流程、提升效率，实现多渠道联动、全流程在线。

二是全面做好要素保障。坚持问题导向、目标导向，持续强化产业链要素保障，立足企业角度，及时帮助企业解决断点堵点卡点，建立与经济高质

量发展相配套的资源、资金、环境等要素支撑保障体系。着力破解资源要素瓶颈，统筹做好企业用电、用气、用工等，切实抓好要素运行调度保障，满足企业正常生产经营需求。全面落实国家减税降费以及重庆市系列政策措施，不断降低企业生产要素、融资、物流成本，为企业减负解困。充分发挥“渝企金服”平台融资服务功能，推进商业价值信用贷款扩容增效，全力做好制造业企业上市储备，协调相关机构增加制造业中长期融资，切实缓解融资难、融资贵问题。

三是不断深化产才融合。城市发展的核心在产业，产业发展的核心在企业，企业发展的核心在人才。要紧紧围绕产业链打造人才链，构建以产引才、以才促产、产才融合的良好生态。充分发挥主导产业集群汇聚高端人才的优势，紧盯重点产业发展目标，加大技术及产业化项目支持力度，将产业链和项目源作为吸引人才的着力点，重点对接与主导产业关联度高的紧缺型产业人才、创新人才和创业人才，实施项目和人才双向选择，提高引才的实用性和对接的成功率。通过有效整合现有产业资源，不断加强产学研、创业园区、科技团队、孵化基地、信息交流等人才平台建设，为创新创业人才的科研成果转化、资本运作等提供优质配套服务，实现放大人才聚合效应的目的。

四是大力推进产业链招商。在全球产业变革和产业链重构的大背景下，产业链招商成为新常态下招商引资的必然要求。要坚持建链、补链、强链的招商理念，通过强力招商引资填补产业链空白与关键环节，引进关联度高、辐射带动能力强的优质项目，形成倍增效应，逐步建立集群化的产业体系。找准重点发展的产业链方向，引进相关产业链中具有核心地位的龙头企业，以此为基础进行辐射与延伸，建立全新的产业链条。在已有产业基础上，围绕现有产业链条的缺失环节，从纵向产业链的角度进行补充式招商，实现产业链向上、下游延伸，打造产业集群。通过寻找产业链条中缺失的高附加值环节，紧抓“微笑曲线”的两端企业，从科技、金融、信息化提升以及品牌引领入手，加强研发设计、品牌营销等产业综合配套服务，打造全产业链，形成产业核心竞争力。

参考文献

《习近平新时代中国特色社会主义思想学习纲要》，学习出版社、人民出版社，2019。

《习近平谈治国理政》（第三卷），外文出版社，2020。

《中共中央关于制定国民经济和社会发展第十四个五年规划和二〇三五年远景目标的建议》，《人民日报》2020年11月4日。

习近平：《决胜全面建成小康社会　夺取新时代中国特色社会主义伟大胜利——在中国共产党第十九次全国代表大会上的报告》，人民出版社，2017。

习近平：《国家中长期经济社会发展战略若干重大问题》，新华社，2020年4月10日。

《2020年前三季度重庆市经济运行情况》，重庆市统计局官网，http：//tjj. cq. gov. cn。

B.4

2020～2021年重庆商务发展形势分析及预测

重庆市商务委员会

摘　要：2020年新冠肺炎疫情冲击，国际经贸形势变化，给商务经济发展带来了严峻挑战。2020年全市商务系统一手抓疫情防控，一手抓商务发展，“两建三化五提升”工作体系扎实推进，“一促两稳”重点工作取得积极进展，商务经济呈现加速回升态势。主要指标逐月回升，“稳”的态势明显、“保”的力度加大、“进”的动能提升。2021年多项区域发展和对外开放战略在渝叠加，自由贸易试验区、中新互联互通示范项目、全面深化服务贸易创新发展试点等一系列相关试点试验，将有力推动重庆改革探索、先行先试，有利于突破商务发展体制机制障碍，促进商务经济持续健康发展，为重庆商务高质量发展带来新的发展机遇期。

关键词：重庆　“一促两稳”　开放战略　商务经济

2020年是一个特殊的年份，新冠肺炎疫情冲击，国际经贸形势变化，给商务经济发展带来了严峻挑战。全市商务系统坚持以习近平新时代中国特色社会主义思想为指导，全面贯彻党的十九大和十九届二中、三中、四中、五中全会精神，深化落实习近平总书记对重庆提出的“两点”定位、“两地”“两高”目标、发挥“三个作用”和营造良好政治生态的重要指示要求，坚决落实市委、市政府工作部署，紧扣全市工作大局，聚焦内陆开放高地、国际消费中心城市和成渝地区双城经济圈建设，统筹推进疫情防控和商务经济高质量发展，取得了较好成效。

一　2020年重庆商务发展情况

2020 年全市商务系统一手抓疫情防控，一手抓商务发展，“两建三化五提升”工作体系扎实推进，“一促两稳”重点工作取得积极进展，商务经济呈现加速回升态势。主要指标逐月回升，“稳”的态势明显、“保”的力度加大、“进”的动能提升。

——消费市场持续回暖。1 ~9 月，全市社会消费品零售总额 8329.6 亿元，同比下降 2.2%，高于全国 5 个百分点，列全国第 4 位，比上半年提升 4 位。其中第三季度社零增长 8%，分别比第一季度、第二季度加快 26.6 个、3.4 个百分点（见图 1）。

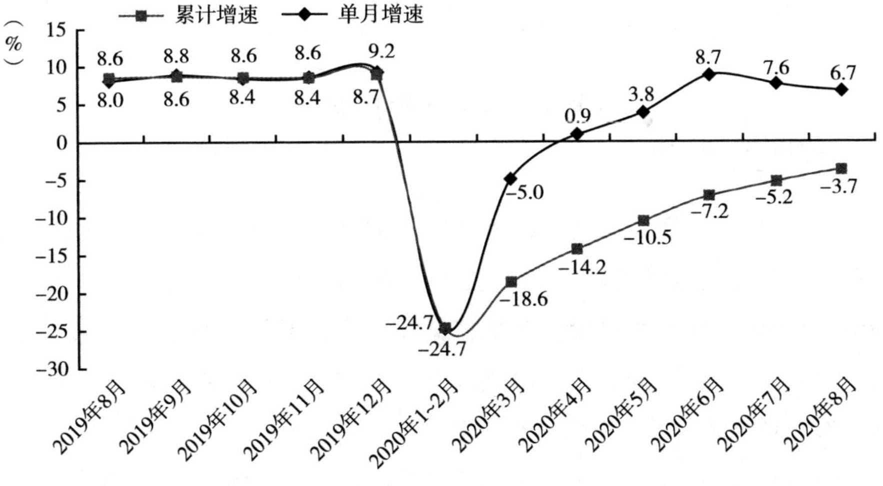

图 1　社零增速运行走势

资料来源：重庆市商务委。

——对外贸易较快增长。1～9月，全市货物贸易进出口4613.9亿元，同比增长11.4%，比1～8月加快1.1个百分点，高于全国10.9个百分点，自4月以来单月增速持续保持两位数增长（见图2）。1～9月，对东盟、欧盟、美国进出口分别增长6%、11.2%、3.7%，对共建“一带一路”国家进出口增长12%。海关特殊监管区域贡献突出，进出口增长19.4%，全市占比70.7%。服务贸易187.3亿美元，同比下降7.5%。

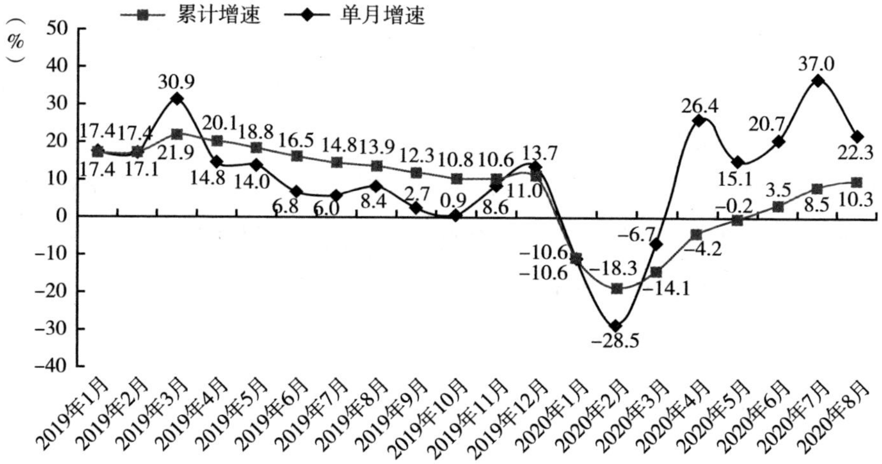

图2　进出口增速运行走势

资料来源：重庆海关。

——双向投资逐步恢复。1～9月实际利用外资66.3亿美元，同比增长1.3%，其中外商直接投资14.5亿美元，位列西部第一。高新技术产业引资占比逐步上升，外商直接投资3.9亿美元，同比增长34%，占全市比重近1/3。“一带一路”外资持续增长，合同外资、实际利用外资分别增长129.1%、16.3%，其中东盟增长211.9%、16.1%。

——自贸区建设取得突破。重庆自贸试验区151项改革试点任务落实率100%，1～9月引进项目564个，合同（协议）总额1463.7亿元。其中，上亿元重大项目97个，合同（协议）金额1224.8亿元。截至9月底，自贸试验区注册企业45812户，占全市比重为9.7%，注册资本总额5374.9亿元，占全市比重为15.1%。重庆自贸试验区集聚了全市约1/5的进出口企业，贡献了全市约70%的进出口贸易总额，吸引了全市超过40%的外商直接投资总额。1~8月全市实际利用外资情况如表1所示。

表1　全市实际利用外资情况

指标	1~8月项目数（个）	同比（%）	1~8月合同额（万美元）	同比（%）	1~8月实际使用额（万美元）	同比（%）
总计	156	25.81	335998	55.96	568410	1.08
外商直接投资	156	25.81	335998	55.96	128894	-21.46
外商其他投资	0	—	0	—	97655	-16.08
对外借款	0	—	0	—	276651	48.87
其他利用外资	0	—	0	—	65210	-32.09

资料来源：重庆市商务委。

——服务业复苏步伐加快。零售餐饮消费均持续回升，商品零售、餐饮收入降幅分别收窄至1.6%、6.2%，比1~8月回升1.3个、2.2个百分点。中秋国庆黄金周助推消费恢复，全市A级旅游景区接待游客同比恢复至86.3%，主要商圈和重点监测商贸企业销售额增长8.3%，比全国高3.4个百分点。全市网络零售额938.4亿元，同比增长12.7%，比全国高2.9个百分点。

2020年以来，重点推动和开展了以下工作。

（一）加强疫情防控和市场保供

成立市疫情防控工作领导小组，加强对生活必需品生产、流通、供应的统筹调度。第一时间发出商务系统抗疫“动员令”，全员进入“战时”状态，建立“1+3+6+6”工作体系，成立专班，从严落实疫情防控主体责任和工作责任。及时制定印发零售、餐饮等15个行业疫情防控指南，指导督促全市商务领域落实疫情防控措施，持续抓紧抓实市场商场等重点场所和进口食品商品等领域的疫情防控工作。在市疫情防控工作领导小组统一指挥下，牵头负责市场保供组工作，建立落实“日监测”制度，完善应急保供体系，协调四川、云南等六省市建立联保联供机制，有力保障了“米袋子”“菜篮子”和“肉盘子”，确保了全市生活必需品供应充足、价格基本平稳。在全国率先启动防疫物资全球采购工作，有力保障了重庆市疫情防控医疗物资供应。组织商贸企业创新开展“渝快送”“团餐”“无接触配送”服务，助力复工复产。

（二）奋力推动消费回补

国际消费中心城市建设提速，统筹推进国际购物、美食、会展、旅游、文化“五大”名城建设和国际消费集聚区打造等“十大工程”，解放碑步行街荣获首批“全国示范步行街”。出台提振消费稳定经济增长、支持洪灾受损商户恢复发展等政策措施，举办“百城万企促消费”全国消费促进月“爱尚重庆”金秋消费节，开展成渝双城联动促销。全市举办大型消费活动700余场，发放消费券面值合计超5亿元，推动消费市场持续回暖。新业态新模式加快发展，重百、永辉等企业依托无人自助收银、智能物流等新技术，线上订单同比增幅近200%；重庆苏宁线上销售占比超过50%；全市限额以上单位网上零售额增长44.6%，比上年同期高34.8个百分点。微信大数据显示，重庆市小店经济活跃度排名全国前三位。新一轮夜间经济提档升级工作启动。

（三）稳住外贸外资基本盘

市委、市政府召开全市外贸外资企业发展座谈会、积极融入“一带一路”加快建设内陆开放高地领导小组会。与四川省签订了共建内陆改革开放高地战略合作协议，内陆开放高地、成渝地区双城经济圈、自贸试验区、陆海新通道和中欧班列（渝新欧）建设取得新进展，特别是自贸试验区在制度创新、营商环境优化、新动能培育、陆上贸易规则探索方面有新的突破。认真落实敏尔书记提出的“七保七稳”工作要求，市政府出台稳外贸稳外资12条、利用外资25条措施，建立重点行业（企业）海外供应链保障协调机制、外贸外资周调度制度，推行外商投资“行政服务管家”制度，全力稳住外贸外资基本盘。抓好惠企政策落实，为外贸企业争取优惠贷款248 亿元。

（四）深入推进自贸试验区建设

重庆自贸试验区围绕投资、贸易、金融、事中事后监管、法治保障，持续深入推进制度创新，2020 年以来已先后实施“水运口岸进出口货物江海联运一体化便利通关新模式”“陆海新通道铁海联运‘一单制’创新”“建设领域‘一本报告管全域’改革”等 8 项重点改革创新，并已形成典型案例上报国务院。截至目前，重庆自贸试验区已探索形成了 56 项重点改革经验成果向全市复制推广，有 6 项创新经验案例在全国推广。自贸试验区充分发挥改革开放新高地作用，坚持培育壮大开放型经济主体，减少限制性措施，有效激发市场主体活力，率先推动区内企业复工复产复销，进出口保持平稳，外资项目陆续顺利落地。自贸试验区建设深入推进，制定了《进一步深化重庆自贸试验区改革开放方案》。积极参与成渝地区双城经济圈建设，与四川省合作共建川渝自贸试验区协同开放示范区，已形成 1 个合作方案、3 张合作清单、50 余项合作事项。

（五）推动服务业恢复发展

统筹推进十大服务业复工复产和恢复发展，协同市发展改革委做好全市推动服务业高质量发展大会筹备工作，出台“1 + 2”政策体系。制定了《重庆市服务业扩大开放综合试点工作方案》，积极争取重庆开展服务业扩大开放综合试点。推动生产性服务业、生活性服务业加快恢复，“三线”新业态新模式创新发展。服务业发展活力增强，中央商务区产业集聚效应增强，总部经济加快发展，LG 乐金显示（欧亚）、博世中国、达能、圆通快递国际贸易跨境快件等分拨中心落户重庆。前三季度，全市服务业实现增加值 9481. 57 亿元，占 GDP 比重 53. 5%，全市纳入 GDP 核算的七大规上服务业行业增速高于全国水平 7. 1 个百分点。服务贸易持续回升，降幅收窄至

7.2%，较1~8月回升0.3个百分点。新业态新模式加快发展，全市跨境电子商务进出口总额45.7亿元，同比增长14.9%，连续8个月保持两位数增长。

（六）大力加强外资引进工作

努力克服疫情对招商工作的不利影响，积极开展云招商，加大外资招引力度，保持外商投资热度，确保疫情防控期间招商引资工作不断档、联系不掉线、项目不落空。举办助力外资企业复工复产暨招商引资政策宣讲会以及欧洲、中国香港、美国、日本等企业线上招商推介会，与世界500强企业点对点视频洽谈。线上招引外资项目增长25.8%，合同外资增长41.5%，促成了怡置公司增资扩股等一批项目，初步达成亚信数字化运营总部、迈胜医疗西南总部等增量项目。用活用足智博会、市长顾问团年会等市内开放平台载体，对接高端资源，加强项目储备，引入沃尔玛（重庆）山姆会员首店项目投资10亿元，首期投资3.5亿元。

（七）巩固拓展商务扶贫工作

牵头推进全市消费扶贫工作，制定印发消费扶贫（含电商扶贫）专项行动方案，召开全市消费扶贫工作培训视频会、工作片区座谈会。组织开展“战疫情、防滞销”消费扶贫专项行动。主要指标达到序时进度。消费扶贫工作得到国务院扶贫办、国家发改委表扬，并向全国推广经验。1~9月贫困区县网络零售额128.1亿元，同比增长11.45%。扎实推进秀山县隘口镇定点攻坚，支持隘口镇电商产业园建设。深化鲁渝东西部扶贫协作。

二　2021年重庆商务发展形势

从国际来看，国际环境更加不稳定不确定，中美战略博弈是牵动变局的关键因素，国际经贸规则面临重构。新一轮科技革命和产业变革迎来从蓄势待发到群体迸发的关键时期，商务经济数字化特征越来越明显。全球化面临的深层矛盾进一步凸显，特别是中美贸易摩擦从关税向科技领域蔓延呈愈演愈烈之势，加之新冠肺炎疫情“黑天鹅”影响，对世界经济产生了前所未有的供给侧和需求端双向冲击，逆全球化和贸易保护主义的趋势短期难以扭转，国际贸易投资规则面临重塑，货物贸易面临较大压力。

从国内来看，我国进入充满挑战的重要战略机遇期，正逐步形成以国内大循环为主体、国内国际双循环相互促进的新发展格局。流通体系在国民经济中发挥着基础性作用，构建新发展格局，必须将建设现代流通体系作为一项重要战略任务来抓。消费结构升级步伐加快，消费品质化、特色化、精细化特征日趋明显，国家提出增强消费对经济发展的基础性作用，政策持续加码以培育和壮大内需市场，未来内需市场的活力和后劲将持续释放。国家进一步完善对外开放战略布局，扎实推进“一带一路”建设，高标准高水平建设自贸试验区，为国际贸易和投资搭建新平台，将在更大范围、更广领域、更多层次推动更高水平的开放发展。

从重庆自身来看，重庆进入重大机遇汇集与风险挑战并存的新阶段，处于全面建成小康社会向开启社会主义现代化建设新征程转变的关键时期。多项区域发展和对外开放战略在渝叠加，为重庆商务高质量发展带来了新的发展机遇期。习近平总书记对重庆做出重要指示要求为重庆市发展指明方向，也对重庆在更大范围、更深层次配置资源，提升产业竞争力和对外辐射能力提出更高要求。成渝双城经济圈建设及“一区两群”协调发展等区域发展战略有力拓展重庆商务经济发展空间。自由贸易试验区、中新互联互通示范项目、全面深化服务贸易创新发展试点等一系列相关试点试验，有力推动重庆改革探索、先行先试，有利于突破商务发展体制机制障碍，促进商务经济持续健康发展。

三　2021年重庆商务发展对策建议

2021 年，面对新冠肺炎疫情的冲击、挑战和考验，全市商务系统深入贯彻习近平总书记关于统筹疫情防控和经济社会发展系列重要讲话精神，扎实做好“六稳”工作，落实“六保”任务，增强“四个意识”、坚定“四个自信”、做到“两个维护”，坚持稳中求进工作总基调，坚持新发展理念，坚持以供给侧结构性改革为主线，坚持以改革开放为动力，全面落实市委、市政府决策部署和商务部要求，深入推进“两建三化五提升”工作体系，加快经济恢复性增长，促进形成更高水平对外开放新格局，推动全市商务高质量发展。

（一）毫不松懈抓好抓实抓细常态化疫情防控

深入贯彻落实党中央、国务院关于统筹推进疫情防控和经济社会发展的重要讲话精神，严格落实市委、市政府疫情防控措施，加强以冷链产品进口环节和商场、超市、批发市场、冻库、餐饮住宿等人员密集场所为重点的营运监管，压实责任、严防死守，持续用力抓好商务系统疫情防控工作。

（二）多措并举促消费

重点抓好“三个一批”工作。研究推出一批政策。加强汽车更新换代、推广新能源汽车、家电以旧换新、精准发放消费券、职工疗休养、引导消费回流和酒店管理等政策创新，尽快出台针对性强的消费促进政策。策划举办一批活动。启动“巴渝新消费”行动，打造具有国际影响力的消费品牌。推进“爱尚重庆”系列促销活动，抓好不夜重庆、汽车惠民、美丽乡村休闲等消费活动，举办火锅文化、商圈购物等特色活动，扩大实物和服务消费，促进餐饮住宿加快复苏，提升汽车、家装、家电和成品油等重点商品消费。筹备国际设计周活动。谋划实施一批项目。推进国际消费中心城市建设，围绕“十大工程”和“五大名城”建设，策划实施一批重点项目。以“两江四岸”为核心，打造国际消费集聚区和高端消费集聚区；以解放碑步行街改造提升为牵引，培育打造一批国际消费商圈、示范步行街、商业新地标、商业综合体；谋划消费分区、境外消费回流方案，优化消费市场产品供给；加快夜间经济提档升级，打造一批夜间经济集聚区、示范区。开展小店经济示范城市创建，培育小店集聚区。加快培育新兴消费，积极发展直播电商等新业态新模式。

（三）千方百计稳外贸

着力保订单，积极应对中美经贸摩擦，制定出台东盟经贸合作规划，举办“云展览”，开展“云展示”“云对接”“云洽谈”“云签约”，稳住企业订单，全力维护产业链供应链稳定。着力拓市场，深耕欧美、日韩等传统市场，大力开拓东盟等“一带一路”新兴市场，主动参与全球产业链重塑，助力企业稳定国际市场份额。着力优结构，促进加工贸易向中高端延伸，做大汽摩、通机、特色农产品等一般贸易产品出口，创新发展市场采购、保税贸易、跨境电商等新业态，积极有效扩大进口。积极争取设立进口促进创新示范区和二手车出口、市场采购贸易试点。着力转内销，加快实施“同线同标同质”工程，积极搭建线上线下、国际国内融合的营销平台，拓宽出口产品内销渠道。要鼓励符合境外投资方向的企业“走出去”，在防止核心技术、核心产业外迁的前提下，支持符合条件的企业开展全球采购、全球生产，主动参与全球产业链重塑。

（四）全力以赴稳外资

抓好政策落实，持续优化营商环境，加快实施新版外商投资准入负面清单，全面落实利用外资25条等政策措施，确保企业应享尽享，确保内资外资平等对待；完善外商投资企业行政管家实施细则和投诉工作办法，加大政策宣传解读和培训力度，“一企一策”助力外贸外资企业破解难题。抓好精准服务，围绕税收、金融、用工等再研究出台一批针对性强的新政策，进一步坚定外商投资重庆的信心；健全外商投资全流程服务体系，完善外商“服务管家”制度，争取在渝外资企业增资扩产。抓好招商引资，依托自贸试验区、经开区等开放平台，用好跨国公司视频连线机制，常态化开展线上招商、云上签约，提高招商精准性有效性，争取一批新项目签约落地。

（五）大力推进服务业开放发展

认真贯彻落实全市推动服务业高质量发展大会精神，推动服务业扩大开放，深化服务贸易创新发展试点，推动试点从两江新区拓展到全市，积极争取国家支持开展服务业扩大开放综合试点。统筹推进现代服务业发展，牵头抓好现代服务业发展各项任务，加快建立现代服务业“5+7+4”统计体系，抓好成渝双城合作现代服务业发展工作。全力抓好居民服务恢复发展、转型发展。积极协调解决旅游、文化、娱乐、住宿、物流等服务企业发展困难，激发市场活力。推动服务贸易创新发展。国家将推动新一轮服务贸易创新发展试点，出台跨境服务贸易负面清单，要吃透相关精神，研究制定重庆市服务贸易发展新措施。

（六）加快建设现代商贸流通体系

坚持以习近平新时代中国特色社会主义思想为指引，贯彻新发展理念，坚持高质量发展，融入新发展格局，扭住扩大内需这个战略基点，深化供给侧结构性改革，以畅通国民经济循环为方向，以“开拓大市场、发展大流通、推进大开放”为重点，以内陆开放高地和国际消费中心城市建设为牵引，坚持改革创新驱动，加快内外市场、城乡区域、线上线下融合，着力构建现代商贸流通五大体系，推动商贸流通全面提速发展。强化内外协同，打造流通平台体系，完善流通设施，开拓国内市场，稳住国际市场。强化主体培育，夯实流通支撑体系，加强骨干企业培育，扶持中小流通企业发展，加强国际国内龙头企业引进。强化降本增效，完善现代物流体系，完善商贸物流体系，优化国际物流网络，补齐保供物流短板。强化跨界融合，构建流通创新体系，用好新技术，发展新业态，创造新模式。强化制度规范，建立流通治理体系，强化流通领域标准化建设，推进绿色发展，优化发展环境。

（七）继续抓好商务扶贫工作

推进消费扶贫，构建各类企业、单位与贫困地区合作交流平台，构建畅通、高效的农产品供应链体系，多渠道解决部分农产品销售难问题；深化实施电商扶贫提升行动计划，开展电商扶贫对接、爱心购等活动，加大贫困地区农特产品营销力度。拓宽鲁渝商务扶贫协作领域，深入推进“渝货进山东”消费扶贫行动，办好“渝货进山东”、产销对接大会等活动。

（八）高位谋划推动商务经济创新发展

深入谋划推进成渝地区双城经济圈建设，加快“一带一路”进出口商品集散中心建设。推动开放型经济体制改革和内贸流通体制改革取得新进展。加大自贸试验区创新力度，加快出台《进一步深化重庆自贸试验区改革开放方案》，争取国家支持建设川渝自贸试验区协同开放示范区。高标准编制“十四五”规划，高质量迎接“十四五”规划开局之年，在全局下思考行动、在一域中担当尽责，拿出具体思路、办法、措施，做好商务发展和内陆开放高地“十四五”规划编制工作，谋划好“十四五”和2021年工作。深刻理解把握外部形势、发展趋势和机遇挑战，以冷静态度看待世界变化，以辩证思维认识新发展阶段的新要求，精准识变、积极应变、主动谋变，找准“十四五”发展的方向感、发力点。统筹推进“一区两群”商务协调发展，抢抓成渝地区双城经济圈建设机遇，提升成渝“双核”城市国际影响力、综合竞争力和辐射带动力。

（九）持之以恒抓好党的建设

巩固深化主题教育成果。增强“四个意识”，坚定“四个自信”，做到“两个维护”，兑现市委“三个确保”政治承诺，持续营造良好的政治生态。加强机关文化建设，打造具有商务特色的文化长廊，弘扬“开放、创新、担当、一流、清廉”的文化。“一流”文化就是要增强争创一流的意识、一流的营商环境、一流的服务、一流的团队、一流的水平、一流的业绩。建立完善制度体系，不断强化党员干部的法治意识、纪律意识、规矩意识、程序意识、规范意识，真正用制度管权管事管人。严格落实全面从严治党的主体责任、第一责任、“一岗双责”，持续开展“以案四说”警示教育。加强作风建设，坚决反对形式主义、官僚主义，敢于担当，主动作为，攻坚克难。

参考文献

《习近平新时代中国特色社会主义思想学习纲要》，学习出版社、人民出版社，2019。

《习近平谈治国理政》（第三卷），外文出版社，2020。

《中共中央关于制定国民经济和社会发展第十四个五年规划和二〇三五年远景目标的建议》，《人民日报》2020 年 11 月 4 日。

习近平：《决胜全面建成小康社会　夺取新时代中国特色社会主义伟大胜利——在中国共产党第十九次全国代表大会上的报告》，人民出版社，2017。

B.5

2020 ~2021年重庆交通发展形势分析及预测

石 光*

摘 要： 2020年以来，面对突如其来的新冠肺炎疫情，全市交通行业坚持一手抓疫情防控、一手抓交通发展，交通建设三年行动计划有序实施，交通投资快速回升，运输生产加快恢复，总体来看，1 ~9月全市交通呈现恢复回升态势。2021年是“十四五”的开局之年，交通发展既面临宏观环境变化带来的新挑战，又拥有多重战略机遇叠加的新利好，交通发展将聚焦成渝地区双城经济圈建设、“一区两群”协调发展等重大机遇，加快构建安全、便捷、高效、绿色、经济的现代化综合交通体系，全力建设西部国际综合交通枢纽。

关键词： 重庆 交通运行 交通基础设施 交通运输

一 2020年1 ~9月重庆交通运行情况

2020 年以来，全市交通行业全面贯彻习近平总书记重要讲话精神，深入落实市委、市政府工作要求，紧扣做好“六稳”工作、落实“六保”任务，统筹抓好疫情防控和交通发展。

* 石光，重庆市交通局研究室一级主任科员。

（一）交通基础设施建设投资概况

交通固定资产投资持续回升。交通投资聚焦交通建设三年行动计划收官，不断放量，持续增长。2020 年全市交通建设计划投资 915 亿元，1～9 月全市交通建设累计完成投资 729.9 亿元，同比增长 14.9%，为年计划的 79.8%，投资进度略超时间进度。

铁路建设有序推进。铁路建设累计完成投资 172.8 亿元，为年度计划的 74.8%。郑万高铁重庆段、渝湘高铁重庆至黔江段等铁路在建项目有序推进，成渝中线、渝万、渝西、渝汉等高铁项目前期工作有序推进。

公路建设加快推进。高速公路累计完成投资 266 亿元，为年度计划的 81.3%。武隆至道真、渝武扩能、铜梁至安岳和江津至泸州北线 4 个项目 194 公里的建设工程开工，永川至泸州、渝广支线等在建项目加快建设，垫江至丰都至武隆、成渝高速拓宽工程等高速公路前期工作加快推进。“四好农村路”累计完成投资 72.4 亿元，为年计划的 111.3%，开工 13050 公里，完工 9530 公里，村民小组通达率、通畅率分别达到 99.4%、90.2%。普通干线公路累计完成投资 173.2 亿元，为年计划的 77.3%，新开工 2596 公里，完工 2500 公里。

港口航道建设进展顺利。水运建设累计完成投资 20.4 亿元，为年度计划的 73%。嘉陵江利泽航运枢纽、果园重大件码头、忠县新生、渠江航道整治工程等项目正在加快推进建设。黄谦码头一期工程等项目前期工作加快推进。

机场建设有序开展。民航建设累计完成投资 14.9 亿元，为年度计划的 59.8%。江北机场 T3B 航站楼及第四跑道可研报告通过行业评审，重庆新机场选址研究基本完成并纳入国家有关规划初稿，武隆仙女山机场基本完工并完成校飞，万州、黔江机场改扩建有序推进。

（二）客货运输概况

1. 旅客运输概况

1～9 月，全市营业性旅客运输持续恢复，完成营业性客运量 2.8 亿人，同比下降 41.7%；完成旅客周转量 450.5 亿人公里，同比下降 41.5%。

铁路方面，全市铁路累计发送旅客3700.5万人，同比下降43.2%；完成旅客周转量92.9亿人公里，同比下降50.5%。暑期完成客运量1130万人，同比下降33.0%。

公路方面，全市公路累计完成客运量2.2亿人，同比下降42.3%；完成公路旅客周转量105.6亿人公里，同比下降46.2%。平均运距47公里，同比减少4公里。

水路方面，8月7日，“长江黄金2号”游轮从重庆朝天门15码头始发前往宜昌茅坪，这是疫情发生后，“重庆—宜昌”三峡旅游首航，受“三峡游”省际航线恢复营运拉动，全市水路旅客运输恢复速度加快，全市水路客运量累计完成365.8万人，同比下降32.2%；完成旅客周转量1.3亿人公里，同比下降67.1%。

机场方面，旅客吞吐量降幅逐季收窄，江北机场成为全国机场中恢复最快的机场之一，因国内疫情防控得力，且暑运和国内跨省游开放，江北机场运输生产主要指标恢复良好，进入8月，航班量和国内航线客运量已超上年同期水平。旅客吞吐量的降幅从上半年的40.6%收窄至9月末的28.4%，总体来看，江北国际机场飞机起降19.2万架次，同比下降19.5%；完成旅客吞吐量2410.9万人次，同比下降28.4%；平均出港客座率78.4%，同比下降6.9个百分点；其中暑运完成旅客吞吐量731万人次，同比下降8.1%。受国际航线大面积停航，以及航空相关的旅游业基本处于停滞状态，市场需求不足的影响，江北国际机场完成国际旅客吞吐量27.3万人次，同比下降89.0%，下降幅度大，且未有明显收窄迹象。

2. 货物运输概况

1~9月，全市货物运输加速增长，全社会累计完成货运量8.7亿吨，同比增长5.3%；完成货物周转量2440.7亿吨公里，同比下降3.6%。

铁路方面，铁路累计完成货运量1395.9万吨，同比增长13.9%；完成货物周转量142.2亿吨公里，同比下降2.3%。大宗货物中，除化肥下降外，煤炭、石油、焦炭、金属矿石、矿建材料均保持增长。

公路方面，全市公路运输从7月开始进入回升快车道，月均增速达

10%以上，总体来看，全市公路货运量累计完成 7.2 亿吨，同比增长 8.0%；完成货物周转量 760.9 亿吨公里，同比增长 7.9%。

水路方面，受长江上下游连续降雨影响，长江连续形成洪峰，从 6 月底至 8 月底因洪水影响，三峡船闸三次关闭通航，累计影响时间超过 30 天，严重影响了船舶的正常运行，受此影响，全市水路货物运输低位运行。总体来看，水路累计完成货运量 1.36 亿吨，同比下降 7.7%；完成货物周转量 1536 亿吨公里，同比下降 8.5%。

机场方面，货邮吞吐量同比略有下降，重庆江北国际机场累计完成货邮吞吐量 28.4 万吨，同比下降 2.0%；平均出港载运率 63.5%，同比下降 4.1 个百分点。其中完成国际货邮吞吐量 9.3 万吨，同比下降 2.8%。

邮政快递①方面，邮政行业业务收入（不包括邮政储蓄银行直接营业收入）累计完成 105.6 亿元，同比增长 13.6%；业务总量完成 139.9 亿元，同比增长 18.7%。快递服务企业业务量完成 4.9 亿件，同比增长 25.7%；业务收入完成 57 亿元，同比增长 15.3%。

（三）高速公路运行概况

1. 车辆运行

1~9 月，全路网车流量共计 21915.28 万辆次，日均 79.69 万辆次，同比下降 0.3%。其中客车日均流量 63.1 万辆次，同比下降 0.9%；货车日均 16.6 万辆次，同比增长 1.7%。一季度受疫情影响，全路网车流量降幅明显，随着疫情得以控制，全路网车流逐渐恢复正常，三季度全路网日均流量为 88.9 万辆次，同比增长 13.3%，其中客车日均流量为 68.6 万辆次，同比增长 12.6%，货车日均 20.3 万辆次，同比增长 15.5%。2020 年 1~9 月高速公路分月客车、货车流量及增速如图 1、图 2 所示。

2020 年 2 月 17 日零时至 5 月 6 日零时，按国务院要求，全国高速公路对所有车辆实施免费。全市高速公路共计减免通行费 35.75 亿元。另外，春

① 邮政行业数据为预计数。

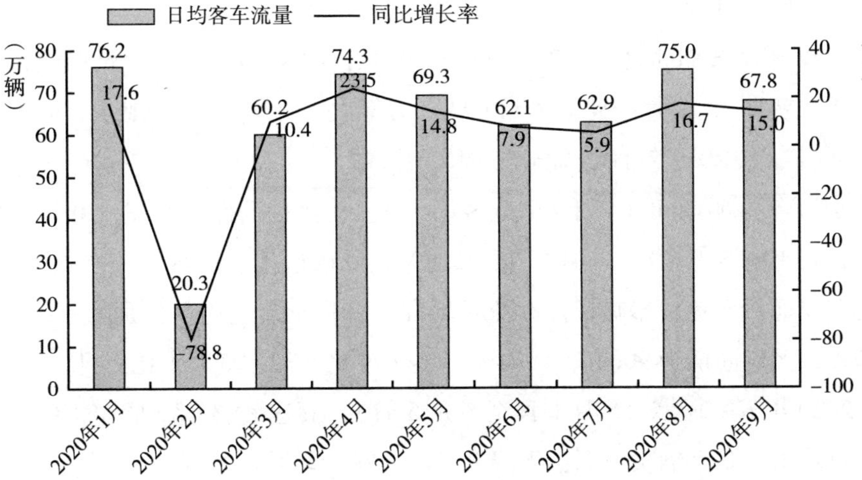

图1　2020年1~9月高速公路分月客车流量及增速

资料来源：2020年三季度重庆市交通经济运行简报。

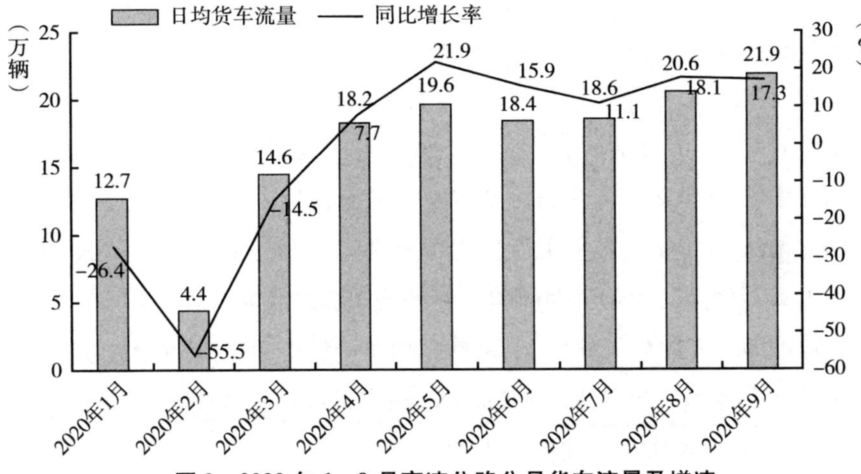

图2　2020年1~9月高速公路分月货车流量及增速

资料来源：2020年三季度重庆市交通经济运行简报。

节小客车免费期延长9天，减免通行费0.65亿元。2020年5月6日零时全市高速公路恢复收费后，一型客车增长明显，大中型客车流量下降显著。一型客车日均流量达65.1万辆次，同比增长2.6%，同时，二型至四型客车日均流量同比分别下降53.9%、19.3%、36.0%。

2. 节假日运行情况

2020 年春节期间（1 月 24 日至 2 月 8 日，共计 16 天，受疫情影响延长了 9 天免费期），高速公路车流量 623.2 万辆次，日均 39.0 万辆次，同比下降 73.4%，较 2019 年日均车流量下降 51.3%。

2020 年清明期间（4 月 4 日至 4 月 6 日），高速公路车流量 310.6 万辆次，日均 103.5 万辆次，同比下降 26.8%。受疫情持续影响客流出行减少，但货车受通行费免费影响反而车流量增加，客货车流量比重分别为 80.5%、19.5%，上年同期为 90.7%、9.4%，客车占比下降，货车占比上升。

2020 年五一假期（5 月 1 日至 5 月 5 日），高速公路车流量 660.0 万辆次，日均 132.0 万辆次，同比下降 9.7%，较平日增长 28.4%。5 月 3 日车流量达 135.5 万辆次，为五一期间单日全路网车流最高峰，同时也是复工复产以来全路网单日车流量的峰值。五一期间，货车流量达 95.7 万辆次，日均 19.1 万辆，同比增长 61.4%，主要是因为高速公路免费政策即将结束，货运车辆在恢复收费前加大了运输频率。

2020 年端午假期（6 月 25 日至 6 月 27 日），高速公路车流量达 297.2 万辆次，日均 99.1 万辆次，同比增长 12.3%。客车日均流量为 85.2 万辆次，同比增长 11.0%，客流出行基本恢复常态；货车日均流量为 13.8 万辆次，同比增长 21.0%。客货车流量比重分别为 86%、14%。6 月 25 日车流量达 111.1 万辆次，为端午期间单日全路网车流最高峰。

暑运期间（7 月至 8 月），全路网日均车流量达 88.5 万辆次，同比增长 12.2%，其中客车日均车流量为 68.9 万辆次，同比增长 11.5%，货车日均车流量为 19.6 万辆次，同比增长 14.6%。

（四）重点通道与枢纽运行概况

1. 重庆车站①

1～9 月重庆车站共计发送旅客 2350.9 万人（日均 8.6 万人），同比

① 重庆车站包含重庆西站、重庆北站、沙坪坝站和重庆站四个火车站。

下降44.9%，到达旅客2401.5万人（日均8.8万人），同比下降43.3%（见表1）。

表1　2020年1~9月重庆车站旅客发到量完成情况

单位：万人，%

车站	旅客发送量		旅客到达量	
	数额	同比	数额	同比
重庆西	900.3	-35.1	924.8	-33.6
沙坪坝	112.7	-46.4	122.9	-44.0
重庆	41.8	-64.1	35.3	-61.6
重庆北	1296.1	-49.2	1318.5	-47.9

资料来源：2020年二季度重庆市交通经济运行简报。

2. 中欧班列（重庆）

1~9月，共开行去回程班列1697列（包括中欧班列1514列，越南班列119列，中亚班列64列），同比增长37%。中欧班列从2020年5月持续发力，连续4月突破200列。

中欧班列积极推动由“点对点”向“枢纽对枢纽”转变，全国中欧班列集结示范工程项目落户重庆，已与华东、华南多个省市形成了区域联动，通过铁铁、铁公联运等方式让货物批量集结到团结村/鱼嘴站，再通过中欧班列发往中亚、欧洲等地区。回程方面，货物通过中欧班列到达团结村/鱼嘴站后，通过铁铁、铁公联运转运到其他省市。

9月1日，全国首趟中欧班列跨境电商B2B出口班列成功发班，标志着重庆开启跨境电商B2B出口新篇章。

3. 陆海贸易新通道

1~9月，陆海新通道累计发运842列，共到发42224个TEU，班列数同比增长27%。其中，上行418列，共到发20938个TEU，班列数同比增长11.5%；下行424列，共到发21286个TEU，班列数同比增长33%。上行外贸货占比16.4%，下行外贸货占比72.1%。外贸货物货值累计约3.5亿美元，内贸货物货值累计约14.3亿元。运输货品主要包括汽车整车及零配件、化工原料及制品、轻工及医药产品（饮料）、生鲜冻货等350余个品类。

1～9月，陆海新通道在货源组织方面较上年同期辐射范围更广，组织形式更加多样化。重庆作为通道运营中心和重要物流枢纽的集聚辐射作用初现，通过组建甘肃、贵州、宁夏、新疆等区域公司，开通重庆集结班列形成区域联动；依托成渝双城经济圈建设，已成立南充集散分拨中心。

4. 东盟陆海联运通道

1～9月，重庆东盟公路班车共计发车1901车次，同比增长161%；运输4277个TEU，同比增长161%；总重约3.27万吨，同比增长314%；总货值约9.42亿元，同比增长121%。其中去程1808车次、同比增长156%，运输4068个TEU、同比增长156%，总重约3.22万吨、同比增长318%，货值约7.55亿元、同比增长88%，主要货物为摩配、机电设备、电子产品、配件等；回程93车次、同比增长323%，运输209个TEU、同比增长318%，总重约0.05万吨、同比增长136%，货值约1.87亿元、同比增长691%，主要货物为电子产品等。

二 2021年重庆交通发展形势判断

“十四五”时期是我国全面建成小康社会、实现第一个百年奋斗目标之后，乘势而上开启全面建设社会主义现代化国家新征程、向第二个百年奋斗目标进军的第一个五年，是全面落实习近平总书记赋予重庆新定位、新使命的第一个五年，是推进成渝地区双城经济圈建设、“一区两群”协调发展的第一个五年，是推进交通强国建设的第一个五年。2021年是“十四五”的开局之年，交通发展面临如下新形势。

（一）宏观环境发生变化，交通发展面临新挑战

当今世界正经历百年未有之大变局，新冠肺炎疫情对全球经济深层次影响正在加深，发展的内外部环境正在发生深刻变化。交通运输作为国民经济中基础性、先导性、战略性产业，2021年的发展面临如下挑战。

国际环境更加不稳定不确定，建设国际性综合交通枢纽面临挑战。世界正处于大发展大变革大调整时期，多极化格局在大国博弈中日渐显现，经济全球化和“逆全球化”相互角力，经贸摩擦、地缘政治风险等不确定性因素增加，尤其是中美博弈成为常态，遏制与反遏制趋于激烈，成为我国发展的首要外部挑战和最大不确定因素。随着全球政治、经济格局和国际秩序的深度调整，加上全球贸易低迷和中美贸易摩擦叠加，重庆对外开放的外部挑战更加错综复杂，国际客货需求将存在不确定性，重庆建设西部国际综合交通枢纽，发挥“一带一路”和长江经济带的联结点作用，打造西部陆海新通道物流和运营组织中心面临严峻的挑战。

新冠肺炎疫情影响持续存在，维护交通安全稳定面临挑战。当前，全国疫情形势总体平稳，但国际地区疫情仍在蔓延，国内部分地区散发病例和聚集性疫情时有发生。“外防输入、内防反弹”将成为疫情防控常态化状态。从近期看，虽然重庆市疫情防控形势持续向好、生产生活秩序加快恢复，但受疫情影响，部分项目工期普遍滞后，必须赶工期、追进度，安全生产压力增大。同时，疫情导致客货运企业经营困难、损失较大，货车、出租车、网约车等从业人员收入下降，维护稳定压力大。从远期看，国际疫情发展存在不确定性，交通防控压力仍然存在，必须始终绷紧防范潜在风险这根弦，统筹做好疫情防控和交通发展各项工作。同时，注重强化交通安全应急保障，尤其是总结新冠肺炎疫情联防联控中综合交通运输的有关成效经验，在特殊时期交通运输应急响应、保畅保运、安全风险分级管控等方面建立长效机制。

发展要素制约加剧，提速交通建设面临挑战。资金方面，“十四五”时期交通运输部车购税资金紧张，用于地方公路的资金总规模较“十三五”时期将有所下降，地方公路建设由中央主导转变为地方主导，不再实施项目库管理，由交通运输部切块下达补助资金，各省（自治区、直辖市）自主分类安排任务、年度考核目标管理等，重庆市争取国家资金支持难度将加大。此外，重庆市剩余高速公路大部分为地方项目，国家没有补助，投资效益难以平衡，招商吸引力弱。“四好农村路”和普通干线公路总里程逐年增加，区县配套资金严重不足，管养资金缺口大。用地、审批方面，受永久基本农田、环境敏感区域、生态红线划定、审批要件繁杂等因素影响，项目顺利开工的前置要件多、需要协调部门多，取得相关意见和许可耗时较长、难度较大。

（二）多重战略机遇叠加，交通发展拥有新利好

2021年，随着供给侧结构性改革深入推进，国家建设国际国内经济双循环、扩大内需战略深入实施，重庆面临的发展机遇之多、含金量之高前所未有，交通发展也面临多重战略机遇，催生更多新要求。

抢抓新一轮深化改革扩大开放的战略机遇。开放是最大的改革，重庆地处“一带一路”和长江经济带的联结点上，是西部陆海新通道物流和运营组织中心，将加快建设内陆开放高地，在推进共建“一带一路”中发挥带动作用。综合交通发展要做好支撑工作，积极融入“双循环”，全力构建东西南北“四向”连通、铁公水空“四式”联运的多向出渝大通道，拓展出海出境通道，深度对接“一带一路”、长江经济带、陆海新通道等国家战略，加快建设西部国际综合交通枢纽，充分发挥重庆沟通南北、承东启西、通江达海的独特区位优势。

抢抓新时代西部大开发的战略机遇。强化举措推进西部大开发形成新格局，是党中央、国务院从全局出发，顺应中国特色社会主义进入新时代、区域协调发展进入新阶段的新要求，统筹国内国际两个大局做出的重大决策部署。重庆是西部大开发的重要战略支点，战略地位重要，将充分利用国内国际两种资源、两个市场，全力推进区域协调发展，努力在推进新时代西部大开发中发挥支撑作用。综合交通发展要做好先行工作，加快构建内畅外联、快捷高效的现代综合交通运输体系，推动更深层次互联互通，有力助推重庆在西部地区带头开发、带动开发。

抢抓成渝地区双城经济圈建设的战略机遇。推动成渝地区双城经济圈建设，是习近平总书记亲自谋划、亲自部署、亲自推动的重大国家战略，是重庆当前和未来一个时期的一项重大政治任务。综合交通发展要紧扣成渝地区

双城经济圈“两中心两地”战略目标，坚持从全局谋划一域、以一域服务全局，集中精力办好自己的事，同心合力办好合作的事，围绕万达开川渝统筹发展示范区、潼南遂宁一体化发展先行区等重点区域，加紧谋划实施一批引领性、带动性和标志性的重大基础设施，推动毗邻地区交通互联互通，努力在推动成渝地区双城经济圈建设中展现新作为、实现新突破。

抢抓“一区两群”协调发展的战略机遇。推进“一区两群”协调发展是贯彻落实习近平总书记重要指示精神、推动成渝地区双城经济圈建设的重要部署，是提升国家中心城市整体竞争力、促进区域协调发展、更好发挥“三个作用”的路径选择。综合交通发展要立足主城都市区、渝东北三峡库区城镇群、渝东南武陵山区城镇群发展定位，强化主城都市区中心城区与同城化发展先行区、支点城市、节点城市的互联互通，打造“一日生活圈”“一小时通勤圈”；强化“一区与两群”、“两群”之间以及区群内部各区县间的互联互通，加快构建发达的快速网、完善的干线网、广泛的基础网，推动“一区两群”协调发展。

（三）行业自身转型提升，交通发展呈现新气象

2021 年重庆将大力推进交通强国建设试点，推动高质量发展、创造高品质生活仍是交通发展的重要主题。伴随城市提升、乡村振兴、科技革命等外部形势变化，综合交通发展将面临转型升级。

建设交通强国试点要求综合交通先行先试。重庆是全国交通强国建设第一批试点城市之一，交通运输部已经批复重庆交通强国建设试点任务，综合交通要聚焦重点领域、优势领域、急需领域或关键环节，围绕内陆国际物流枢纽建设、成渝地区双城经济圈交通一体化发展、站城一体化发展、山水城市交旅融合发展、水运集约绿色发展等方面，选取具有创新性、代表性、典型性、可量化、可考核的试点工程，力争用 1 ~2 年时间取得试点任务的阶段性成果，用 3 ~5 年时间取得相对完善的系统性成果。

推动高质量发展要求转变综合交通发展方式。高质量发展是适应经济发展新常态的主动选择，是贯彻新发展理念的根本体现，是适应我国社会主要

矛盾变化的必然要求，是建设现代化经济体系的必由之路。交通运输高质量发展要积极抢抓以5G、人工智能、大数据等为代表的新一轮技术革命机遇，用足用好新型基础设施建设政策机遇，坚持以供给侧结构性改革为主线，积极探索生态优先、绿色发展新路子，推动交通发展由追求速度规模向更加注重质量效益转变，由各种交通方式相对独立发展向更加注重一体化融合发展转变，由依靠传统要素驱动向更加注重创新驱动转变，加快构建安全、便捷、高效、绿色、经济的现代化综合交通体系，努力推动交通运输质量变革、效率变革、动力变革，有力助推重庆在推进长江经济带绿色发展中发挥示范作用。

创造高品质生活要求加快建设人民满意交通。2021年人民群众对交通的需求将从“走得了”转为“走得好”、“运得出”转为“运得畅”，迫切希望得到更加优质高效的运输服务。综合交通发展必须以满足人民群众对美好生活的向往为追求，聚焦城市提升、乡村振兴两大基本面，坚持以人民为中心的思想，全面认识、超前预判、准确把握、主动适应新时代交通运输服务需求的新变化，推动客运出行由便其行向悦其行转型、货运物流由畅其流向优其流转型、行业管理由管大家向大家管转型，努力提供多样化的交通服务模式，满足多层次的交通出行需求，切实提升人民群众的获得感、幸福感、安全感。

综上判断，2021年综合交通发展有挑战、有机遇，更有转型提质的内生动力，将是重庆建设国际性综合交通枢纽的加速年，要加快补齐交通短板，畅通多向出渝大通道。2021年是推动区域交通协调发展的融合年，要聚焦成渝地区双城经济圈、“一区两群”等战略，加快构建内畅外联的综合交通体系，推动区域交通一体化发展，助推区域协调发展形成新格局。2021年是落实交通强国建设试点的起步年，要立足试点工程，加快形成一批可复制、可推广的经验，在交通强国建设中敢于先行先试、打造重庆样板。2021年是推动交通高质量发展、创造高品质生活的关键年，要深入推进交通供给侧结构性改革，加快建设人民满意交通，满足人民群众对美好生活的向往。

综合分析，如2021年延续当前疫情防控形势，预计全年交通运输经济将在2020年的基础上企稳回升。投资将维持高位。2021年是“十四五”规划的开局之年，预计“十四五”时期的投资超过5000亿元，年度投资将超过1000亿元，投资力度超过“十三五”时期的平均水平。营业性客运稳步回升。随着疫情防控常态化，2021年的旅客出行将进一步恢复，对比2020年，商务、旅游、休闲等出行活动将逐步恢复，全年营业性客运量将比2020年的低谷有所回升。货运、快递形势较好。2021年，随着全市经济活动的进一步活跃，货物运输仍将保持较快增长。

三 2021年重庆交通发展方向

（一）着眼国际国内双循环，打造多向出渝综合运输大通道

东向，构建长江经济带综合立体交通走廊，加快推进长江干线涪陵至朝天门段123公里航道整治工程，推动5000吨级船舶直达重庆，加快推进主城至万州高铁建设，力争开工建设渝汉高铁。西向，提质丝绸之路经济带通道，加快推进成渝铁路（重庆站－江津段）扩能改造，积极推进兰渝高铁前期工作。建成合川至安岳、大足至内江等高速公路。南向，共建西部陆海新通道，加快建设渝昆高铁、渝湘高铁，积极推进渝贵高铁前期工作，释放高铁沿线普通铁路运能，加快推动涪柳铁路建设、川黔铁路改造前期工作，推进渝黔、渝湘高速扩能以及重庆至赤水等高速项目。北向，挖潜渝满俄国际运输通道，加快推进郑万高铁、渝西高铁以及开州—城口—安康等高速公路建设。

（二）着眼成渝地区双城经济圈交通一体化发展，打造4个“1小时交通圈”

建设成渝双核间“1小时”快速交通廊。举全市之力推动成渝中线高铁建设，开工建设成渝高速加宽等射线扩能，缓解成渝双城间重要射线通道交通压力，形成双核间“高铁双通道”和“高速8车道”的复合型快速交通

走廊，支撑双核间“1 小时”通达。建设成渝双核至周边主要城市“1 小时”交通轴。积极谋划重庆至乐山、重庆至广安等城际铁路，提高重庆周边地市的铁路覆盖力度，高铁未覆盖地市通过城际铁路连接，实现重庆至周边主要城市“1 小时”通达。建设成渝地区毗邻城市“1 小时”交通网。以万达开川渝统筹发展示范区、遂潼一体化发展先行区、大足资阳文旅融合发展示范区等一体化示范区为重点，开工建设万州至达州、重庆至赤水至叙永等高速公路，升级改造一批普通国省道，打通瓶颈路和“宽窄路”，实现毗邻城市“1 小时”通达。建设主城都市区“1 小时”通勤圈。加快建设都市快线（市域铁路），提速实施“850 +”城市轨道建设，推动“四网融合”发展，建设轨道上的主城都市区，实现主城都市区“1 小时”通勤。

（三）着眼“一区两群”协调发展，打造市域快速交通循环网

积极谋划两江新区、沙坪坝科学城等重要节点与周边重要区域快速通道，优化区域交通与城市交通无缝衔接，建设完备的城市公交专用网络和独具山城特色的城市路网系统。加速构建“一区”与“两群”之间“高铁双通道、高速公路多通道”体系，推动黔江与万州间、垫江与武隆间等重要区域通道快速连通，加快实现全市相邻 38 个区县间高速公路直连。加快推进渠江重庆段航道整治工程，嘉陵江草街库尾、乌江白马至彭水等航道整治工程，延伸次级支流航道通达深度，提升支流航道互联互通水平。

（四）着眼多种方式融合发展，打造西部国际交通枢纽

建设一流国际航空枢纽。加快建设江北国际机场 T3B 航站楼及第四跑道工程，积极推动重庆新机场前期工作，推动万州五桥、黔江武陵山机场改扩建，积极谋划一批通用机场。优化国际客货运航线，扩大面向欧美、共建“一带一路”国家的航权开放，强化与共建“一带一路”国家、地区的通达性。建设一流港口枢纽体系。加快建设果园港国家物流枢纽和区域性港口多式联运枢纽，高标准推动寸滩邮轮母港和三峡库区沿线旅游码头建设，强化涪陵龙头港、万州新田港等枢纽铁路集疏运体系建设，有效解决“最后一

公里”问题。加强成渝地区航运体系统筹分工协作，推动形成层次分明、功能互补的现代化港口集群。建设一流铁路枢纽。加快实施重庆东站建设和重庆站改造，科学谋划科学城站，推动站城一体化发展，实现枢纽与城市功能完美融合。加快推动“2 +4 +9”铁路物流枢纽建设，提升枢纽运输组织能力，提升国家级铁路枢纽能级，助推内陆国际物流枢纽建设。

（五）着眼高品质生活，打造便捷高效的交通运输服务体系

构建便捷舒适的客运服务体系。积极开行公交化列车，稳步开行城际公交，推动运输服务与旅游产品的深度融合，满足多区间、多时段、多层次出行需求。巩固公交都市建设成果，优化完善公交线网，强化公交与轨道接驳，大力推进公交站场建设，全面推广纯电动公交车辆。稳步提高农村客运车辆通达广度和通达深度。构建高效畅通的货运物流体系。积极推进运输结构调整，推进“公转铁”“公转水”，大力发展多式联运，促进多种运输方式的顺畅衔接和高效中转。继续推进交邮融合发展，构建布局合理、层次分明、结构清晰、功能明确的农村物流节点体系，提升农村物流网络化服务水平。

（六）着眼高质量发展，打造智慧绿色安全交通网络

大力发展智慧交通。推动综合交通运输大数据资源中心、交通运输数据资源开放共享平台建设，推进成渝地区交通数据资源交换系统建设，打造川渝地区交通运输数据资源中心，推动川渝地区交通运输数据资源共享共用。推动出行服务智能化，试点建设智慧高速、智慧航道。大力发展绿色交通。加快淘汰高污染、高耗能交通装备设施，鼓励营运车船标准化、专业化发展。实施交通廊道绿化行动，在铁路、公路沿线大力开展绿化美化行动，在高速公路服务区等附属设施开展美化亮化工程，推进畅安舒美的旅游公路建设，打造美丽交通走廊。大力发展平安交通。强化公路安保工程、危桥及危隧改造、渡口改造和渡改桥工程、公路地质灾害防治等公路安全保障基础设施建设。推进应急救援体系建设，完善交通运行监管监察与应急调度平台功能。

参考文献

中共中央、国务院：《交通强国建设纲要》，2019。

重庆市交通局：《发扬斗争精神、决战三年行动，以圆满收官开启交通强国建设试点新篇章》，2020。

重庆市交通局：《重庆市“十四五”综合交通运输发展规划思路》，2020。

重庆市交通规划勘察设计院有限公司：《2020 年 1 ~ 9 月重庆市交通经济运行简报》，2020。

B.6

重庆普惠金融发展水平测度研究

谢　攀*

摘　要：　普惠金融发展是重庆提升金融推动经济发展能力的有效途径。本文基于重庆普惠金融发展现状，运用熵值法，选取12个指标构建重庆普惠金融发展水平指标体系，并从横向比较与纵向比较两方面对重庆普惠金融发展水平进行研究，发现重庆普惠金融发展过程中存在保险业作用发挥不足、金融基础设施和服务的覆盖率较低、金融服务质量和金融风险防控能力有待提升等问题，并针对性地提出对策建议。

关键词：　重庆　普惠金融　金融服务　熵值法

2015年，国务院印发《推进普惠金融发展规划（2016～2020年）》，将发展普惠金融上升为国家层面的战略。2019年《政府工作报告》也将加强普惠金融服务作为缓解企业融资难融资贵问题的重要手段之一。经过多年实践，我国普惠金融得到了较快发展，呈现参与主体多样化、金融产品与服务不断丰富的特征，较好地支持了实体经济的发展，但仍面临诸如区域发展不均衡、上位法缺失、可持续性不足等问题。构建科学合理的评价指标体系，综合测度我国普惠金融发展水平，对于政府部门制定普惠金融政策，推动我国普惠金融高质量发展，具有较强的理论意义和现实意义。2016年底中国人民银行建立了中国普惠金融指标体系及填报制度，截至

* 谢攀，重庆社会科学院财政与金融研究所助理研究员，主要研究方向为财政金融。

2020年10月，已发布2017年、2018年、2019年《中国普惠金融指标分析报告》，这是在符合我国实际情况的基础上评价普惠金融发展水平的一次有益实践。

重庆市在推进内陆国际金融中心建设的过程中，促进金融业发展一直是重要的发力点之一，相比于其他明确提出建设金融中心的城市如北京、天津、杭州等，传统金融一直是重庆建设内陆国际金融中心的薄弱领域，金融对经济的推动作用有待提升。2018年，重庆市人民政府印发《重庆市推进普惠金融发展工作方案》，提出“到2020年，建立与现代金融中心建设相适应的普惠金融服务和保障体系，普惠金融发展水平居全国中上游水平”的目标，普惠金融在重庆大地上得到了广泛的实践。互联网金融、小额信贷、民间融资等普惠金融业态的发展对传统金融进行了有效补充，大力推进普惠金融，助推实体经济、小微企业发展，成为重庆提升金融推动经济发展能力的有效途径。因此，立足重庆普惠金融发展实际，本文通过构建衡量普惠金融发展水平的指标体系，合理有效地测度重庆普惠金融发展水平，分析存在的问题，并提出促进重庆普惠金融发展的政策建议。

一　重庆普惠金融发展现状

（一）金融机构主体不断增加，整体实力明显增强

截至2019年末，重庆市各类银行业机构总数109家，实现全国性股份制银行全部聚齐，村镇银行区县（除渝中区外）全覆盖。重庆富民银行是中西部第一家民营银行，也是民营银行设立常态化后全国第一家开业的民营银行。机构合计4115家（不含外资银行代表处、邮储代理网点、自助银行）；自助银行3157家；从业人员71736人（不含邮储代理网点人员）。重庆市银行业蓬勃发展的同时，保险业发展也取得了很大进步。截至2019年底，重庆市共有5家保险法人机构，省级分公司53家，保险公司分支机构1356家，保险市场要素和市场功能不断完善，重庆稳稳地站在了中国西部

地区保险总部经济的前列。重庆市金融机构主体不断增加，整体实力不断增强，为推动社会发展、保障经济平稳运行、缓解社会矛盾做出了应有贡献。

（二）金融产品不断丰富，金融服务体系逐渐完善

重庆金融机构积极探索创新金融产品和金融服务，陆续创新推出惠及民生的多样化、特色化、个性化产品。其中，银行业服务小微企业、“三农”的能力不断提升。如中国民生银行重庆分行 2009 年开始大力发展“商贷通”，全力支持小微企业经营发展，依托大数据和互联网，创新推出“流水贷”“网乐贷”“云快贷”等产品。截至 2019 年底，全市中资商业银行发放普惠型小微企业贷款 2548. 24 亿元，贷款户数 42. 73 万户。在服务“三农”方面，重庆银行业金融机构不断健全金融服务组织架构，积极支持三农领域，如重庆三峡银行先后推出打包贷、农保通、林权抵押贷款等贴近农业需求的金融产品，对解决“三农”融资难问题进行了有益探索。截至 2019 年底，重庆市银行业涉农贷款余额 5790. 33 亿元，普惠性涉农贷款余额 765. 99 亿元，精准扶贫贷款余额 1029. 68 亿元。重庆市金融机构大力推进普惠金融发展，在支持“三农”、支持小微企业等方面做出了积极的贡献。

（三）普惠金融事业持续推进

重庆监管当局持续加强对银行业开展普惠金融服务政策引领和监管督导，制定了银行业金融机构推进普惠金融发展的实施意见，明确涉农贷款持续增长及小微贷款“三个不低于”（小微企业贷款增速不低于各项贷款平均增速，小微企业贷款户数不低于上年同期户数，小微企业申贷获得率不低于上年同期水平）目标，强化无还本续贷、尽职免责、不良容忍度等小微金融监管政策，持续改进薄弱领域金融服务。2017 年 1 月 4 日，交通银行重庆分行成立普惠金融事业部；2017 年 8 月，中国农业银行重庆分行成立普惠金融事业部；2017 年 9 月 20 日，中国建设银行重庆分行小企业业务部加挂“普惠金融事业部”牌子，2018 年 12 月 29 日更名为普惠金融事业部（小企业业务部）；2019 年 2 月，中信银行重庆分行成立普惠金融部。重庆市普惠金融事业持续推进，普惠金融得到了较快发展。

二　普惠金融发展水平指标体系构建

本文普惠金融发展水平指标体系包括一级指标和二级指标，指标的选择坚持以下四个原则：一是指标有经济含义，能够反映普惠金融现实发展情况；二是指标具有综合性，能够较为全面地刻画普惠金融发展水平；三是指标具有系统性，一、二级指标应表现出明显的层次特征和逻辑联系；四是指标数据具有可获得性。具体指标体系如表1所示。

表1　普惠金融发展水平指标体系

指标体系	一级指标	二级指标	符号	计算公式
普惠金融发展水平指标体系	金融服务的使用情况	人均个人消费贷款	X_1	个人消费贷款余额/总人口
		个人消费贷款占比	X_2	个人消费贷款余额/总贷款余额
		保险密度	X_3	保险收入/总人口
		保险深度	X_4	保险收入/ GDP
	金融服务的可得性	单位面积金融机构营业网点数	X_5	金融机构营业网点数/行政区土地面积
		单位面积金融机构营业网点从业人数	X_6	金融机构营业网点从业人数/行政区土地面积
		每万人金融机构营业网点数	X_7	金融机构营业网点数/总人口
		每万人金融机构营业网点从业人数	X_8	金融机构营业网点从业人数/总人口
	金融服务的质量	小贷公司贷款余额占比	X_9	小贷公司贷款余额/总贷款余额
		涉农贷款余额占比	X_{10}	涉农贷款余额/总贷款余额
		小型农村金融机构数占比	X_{11}	小型农村金融机构数/营业网点金融机构数
		小型农村金融机构营业网点从业人数占比	X_{12}	小型农村金融机构数营业网点从业人数/营业网点从业人数

（一）一级指标

借鉴中国人民银行“中国普惠金融指标体系”及《重庆市推进普惠金融发展工作方案》的思路，本文选择金融服务的使用情况、金融服务的可得性、金融服务的质量作为一级指标。其中，金融服务的使用情况从银行业与保险业方面综合考量居民使用金融服务的情况；金融服务的可得性主要考察金融基础设施的覆盖率和金融服务的便利程度；金融服务的质量则结合“三农”发展实际和小贷公司情况，衡量金融产品及服务能否较好地满足“三农”及小微企业的需求。

（二）二级指标

1. 金融服务的使用情况

居民是金融服务的使用者，居民对金融服务的使用程度关系到普惠金融的发展。本文用人均个人消费贷款、个人消费贷款占比、保险密度、保险深度等四个二级指标衡量居民对金融服务的使用情况。人均个人消费贷款和个人消费贷款占比反映地区消费水平，保险密度和保险深度反映居民使用保险服务的实际情况。

2. 金融服务的可得性

从金融机构网点数与从业人数两方面选择指标，考虑到区域行政面积、人口数差异，对指标进行了可比化处理，选取单位面积金融机构营业网点数、单位面积金融机构营业网点从业人数、每万人金融机构营业网点数、每万人金融机构营业网点从业人数等四个二级指标考察金融服务的可得性与便利性。

3. 金融服务的质量

普惠金融本身就意味着让金融服务惠及薄弱领域和更多群体，“三农”领域是我国大力发展的领域，小微企业则是普惠金融发展过程中受益较多的群体，本文将两者结合起来，选取小贷公司贷款余额占比、涉农贷款余额占比、小型农村金融机构数占比、小型农村金融机构营业网点从业人数占比等四个二级指综合反映“三农”领域、小微企业的金融服务质量。

三　重庆普惠金融发展水平测度

（一）数据来源及测度方法

1. 数据来源

鉴于部分省份2019年统计年鉴没有发布，本文选择2018年省际截面数据作为横向对比研究样本，选择2012～2018年重庆时序数据作为纵向对比研究样本。由于西藏自治区缺失数据较多，本文的研究范围为除西藏自治区外的中国大陆30个省（自治区、直辖市），样本数据来源于历年《中国统计年鉴》和各省统计年鉴，缺失数据用平均值法补齐。2018年各省普惠金融评价指标数据如表2所示。

2. 测度方法

基于指标体系，本文运用熵值法测算普惠金融发展指数，用以评价普惠金融发展水平，普惠金融发展指数越大，则表明普惠金融发展水平越高。假设有 m 个评价对象，n 个评价指标，X_{ij}表示第 i 个评价对象的第 j 个指标（$i=1，2\cdots m$；$j=1，2\cdots n$），熵值法的具体步骤如下。

第一步，对指标数据 X_{ij}进行标准化处理。本文的指标都是正指标，标准化处理如下：

$$S_{ij} = \frac{X_{ij} - minX_{ij}}{maxX_{ij} - X_{ij}}$$

其中，S_{ij}表示 X_{ij}的标准化，$minX_{ij}$、$maxX_{ij}$分别表示第 j 个指标的最小值、最大值。

第二步，计算标准化数据 S_{ij}的权重：

$$W_{ij} = \frac{S_{ij}}{\sum_{j=1}^{m} S_{ij}}$$

表 2　2018 年省际普惠金融评价指标数据

省份	金融服务的使用情况				金融服务的可得性				金融服务的质量			
	X_1	X_2	X_3	X_4	X_5	X_6	X_7	X_8	X_9	X_{10}	X_{11}	X_{12}
北京	6. 81	0. 220	8293. 10	5. 90	0. 287	7. 054	2. 18	53. 72	0. 0023	0. 034	0. 143	0. 076
天津	4. 53	0. 217	3509. 35	3. 00	0. 266	5. 553	2. 03	42. 43	0. 0039	0. 056	0. 169	0. 123
河北	1. 69	0. 268	2375. 50	5. 00	0. 063	0. 983	1. 57	24. 42	0. 0051	0. 314	0. 412	0. 260
山西	0. 85	0. 126	2218. 00	4. 90	0. 045	0. 792	1. 89	33. 38	0. 0065	0. 399	0. 418	0. 324
内蒙古	1. 27	0. 146	2603. 00	4. 00	0. 005	0. 083	2. 19	38. 87	0. 0109	0. 380	0. 404	0. 276
辽宁	1. 73	0. 171	1956. 50	4. 70	0. 065	1. 235	2. 21	41. 73	0. 0066	0. 186	0. 238	0. 162
吉林	1. 42	0. 203	2329. 40	4. 20	0. 027	0. 523	1. 88	36. 55	0. 0055	0. 290	0. 320	0. 272
黑龙江	0. 96	0. 180	2373. 10	5. 50	0. 014	0. 260	1. 74	31. 12	0. 0053	0. 412	0. 297	0. 249
上海	8. 13	0. 292	5802. 00	4. 00	0. 642	18. 606	1. 68	48. 67	0. 0033	0. 023	0. 091	0. 057
江苏	4. 10	0. 285	4120. 50	3. 60	0. 126	2. 542	1. 61	32. 56	0. 0070	0. 279	0. 253	0. 198
浙江	5. 13	0. 283	3962. 00	4. 00	0. 127	2. 377	2. 31	43. 16	0. 0062	0. 342	0. 320	0. 207
安徽	1. 91	0. 311	1920. 00	4. 00	0. 061	0. 883	1. 34	19. 42	0. 0121	0. 320	0. 368	0. 274
福建	4. 10	0. 357	2744. 00	3. 00	0. 054	1. 000	1. 68	31. 29	0. 0066	0. 272	0. 291	0. 164
江西	1. 79	0. 273	1630. 00	3. 00	0. 043	0. 624	1. 54	22. 41	0. 0077	0. 404	0. 342	0. 258
山东	1. 89	0. 254	2946. 00	4. 00	0. 097	1. 562	1. 52	24. 55	0. 0064	0. 351	0. 327	0. 269

续表

省份	金融服务的使用情况				金融服务的可得性				金融服务的质量			
	X_1	X_2	X_3	X_4	X_5	X_6	X_7	X_8	X_9	X_{10}	X_{11}	X_{12}
河南	1.41	0.284	2356.00	5.00	0.078	1.210	1.36	21.04	0.0046	0.386	0.399	0.279
湖北	1.92	0.256	2490.00	3.70	0.042	0.692	1.32	21.74	0.0070	0.259	0.273	0.244
湖南	1.36	0.259	1829.00	3.40	0.046	0.640	1.42	19.60	0.0029	0.312	0.414	0.298
广东	4.62	0.377	4111.00	4.80	0.096	1.956	1.52	30.96	0.0056	0.087	0.344	0.210
广西	1.60	0.301	1277.00	3.10	0.027	0.381	1.28	18.36	0.0179	0.310	0.375	0.276
海南	2.06	0.244	1959.70	3.80	0.043	0.663	1.61	25.09	0.0085	0.197	0.304	0.253
重庆	3.22	0.318	2599.00	4.00	0.053	0.939	1.42	24.94	0.0504	0.171	0.403	0.201
四川	1.57	0.242	2359.00	4.80	0.029	0.541	1.71	31.52	0.0103	0.307	0.415	0.264
贵州	1.26	0.183	1238.60	3.00	0.029	0.405	1.44	19.83	0.0027	0.441	0.438	0.356
云南	1.12	0.193	1383.10	3.74	0.014	0.202	1.15	16.34	0.0042	0.339	0.410	0.292
陕西	1.63	0.206	2508.50	3.80	0.035	0.516	1.88	27.46	0.0080	0.229	0.405	0.267
甘肃	0.83	0.114	1513.00	5.00	0.012	0.163	1.85	26.08	0.0070	0.355	0.460	0.284
青海	0.74	0.068	1456.00	3.00	0.002	0.026	1.90	30.16	0.0074	0.331	0.329	0.220
宁夏	1.49	0.150	2657.00	5.00	0.020	0.349	1.97	33.68	0.0073	0.320	0.282	0.229
新疆	0.95	0.130	2321.33	4.73	0.002	0.038	1.46	25.05	0.0105	0.393	0.316	0.214

第三步，计算第 j 个指标的熵值：

$$H_{ij} = -k \times \sum_{j=1}^{m} W_{ij} * \text{In}(W_{ij})$$

其中常数 $K=1/\ln(m)$，因此 H_{ij} 的取值范围为 [0，1]。

第四步，计算第 j 个指标的信息效应值：

$$D_{ij} = 1 - H_{ij}$$

第五步，计算各个指标的权重：

$$Q_{ij} = \frac{D_{ij}}{\sum_{j=1}^{m} D_{ij}}$$

第六步，加权计算得到普惠金融发展指数 IFI，如下：

$$IFI_i = \sum_{j=1}^{m} Q_{ij} \times S_{ij}$$

（二）横向对比：2018年各省份普惠金融发展指数测算

如图 1 所示，通过熵值法计算得到 2018 年重庆普惠金融发展指数为 0.2765，在参与比较的 30 个省份中排名第 5，第 1 ~4 名分别为上海、北京、天津、浙江，可以认为，近年来重庆普惠金融得到了较好的发展，普惠金融水平得到显著提升，普惠金融发展指数居于全国中上游水平。需要说明的是，由于普惠金融发展指数是一个相对值，因此不能认为重庆普惠金融发展的绝对水平居于全国前列。

鉴于本文重点分析重庆普惠金融发展，横向层面我们主要比较重庆市与排名前 4 的省份，这样比较是因为第 1 ~4 名均为东部经济较发达省份，普惠金融发展起步早，发展水平较高，能够为重庆进一步推动普惠金融发展提供有益的借鉴和参考。由图 1 可以看出，第 1 ~4 名中，重庆普惠金融发展指数与浙江相差不大，因此是重庆有机会可以追赶的目标。

从金融服务的使用情况来看，2018 年，重庆人均个人消费贷款仅为 3.22 万元，在与其他四个省市的比较中排名最低，排名最高的上海人均个

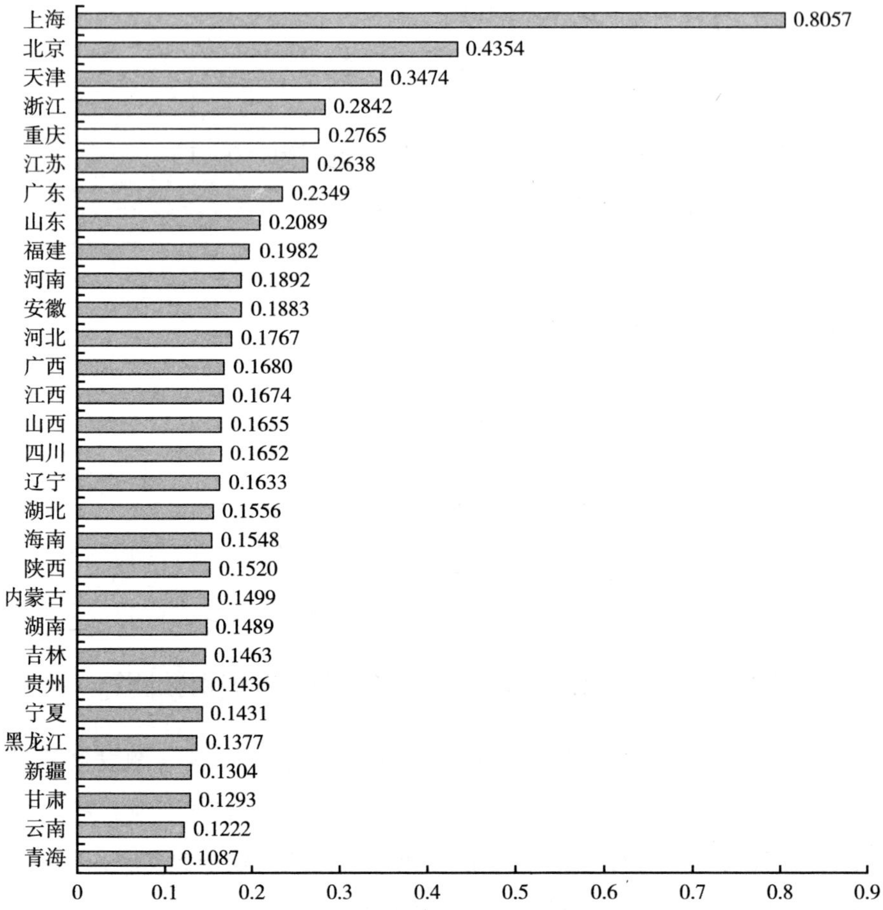

图1　2018 年各省份普惠金融发展指数

人消费贷款为 8.13 万元，可以看出重庆在居民消费水平上基础较为薄弱，近年来，重庆出台多项政策措施促进投资和消费，例如 2015 年 11 月，重庆市人民政府发布《关于促进旅游投资和消费的实施意见》，旨在推动旅游投资和消费实现旅游业的进一步发展。此外，保险密度也是影响金融服务的使用情况的重要方面，2018 年，重庆保险密度为 2599 元/人，不仅远远低于前 4 名省市，也低于全国平均水平的 2694.69 元/人，反映了在金融服务的使用情况方面，重庆的金融产品体系还有待进一步完善。

从金融服务的可得性来看，除了每万人金融机构营业网点数指标上重庆与其他4个省市的差距较小外，其余三个指标远远低于前4名。从与全国的均值比较来看，重庆反映金融服务的可得性的四个指标也并没有明显的优势，重庆金融基础设施的覆盖率和辐射能力有待提升。

从金融服务的质量来看，重庆小贷公司贷款余额占比、小型农村金融机构数占比两个指标均显著优于其他4个省市，小型农村金融机构营业网点从业人数占比、涉农贷款余额占比也仅低于浙江，在这5个省市中排名第二，表明重庆在服务"三农"、小微企业方面表现较好，进一步提升金融服务质量成为推动普惠金融发展水平提升重要动力。

（三）纵向对比：2012～2018年重庆普惠金融发展指数测算

图2为2012～2018年重庆普惠金融发展指数的测度结果，可以看到，重庆普惠金融发展指数整体运行在0.2～0.3区间，总体呈现波动上升的趋势。从具体的发展看，2012～2013年，重庆普惠金融发展水基本持平，普惠金融发展缓慢；2013～2014年明显上升，其后一年出现下降，表明虽然政府对"三农"、小微企业等发展薄弱环节进行了大力扶持，但"融资难、融资贵"问题依然突出，普惠金融发展受到较大影响；2015～2018年，重庆普惠金融发展水平逐年提升，普惠金融政策支持体系进一步完善，金融产品质量和服务质量进一步提高，普惠金融发展水平不断提升。

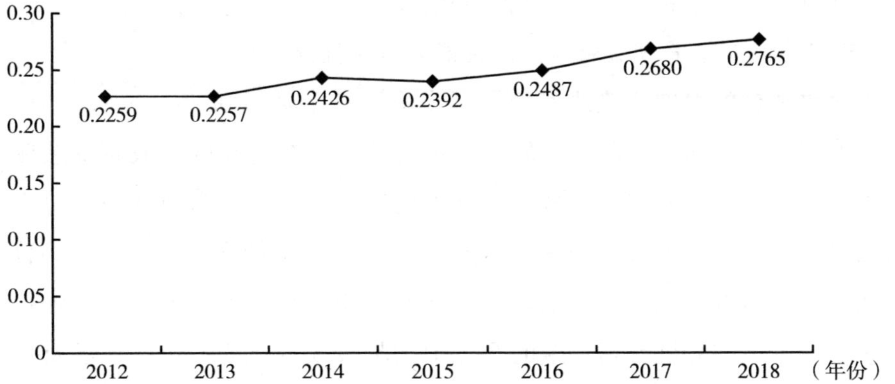

图2　2012～2018年重庆普惠金融发展指数

（四）重庆普惠金融发展反映的问题

1. 重庆保险业推动普惠金融发展的作用没有充分发挥

从保险密度看，2018 年重庆保险密度均低于第 1 ~ 4 名和全国平均水平，从保险深度看，2018 年重庆保险深度为 4%，虽然与上海、浙江持平，但低于全国平均水平的 4.12% 和北京的 5.9%。总体来看，重庆保险业发展水平不高，与先进省份还有较大差距，保险业在经营过程中，受到资金实力和运行效率制约，对“三农”、小微企业的支持力度有限，保险业在推动普惠金融发展水平提升过程中的作用没有得到充分发挥。

2. 金融基础设施和服务的覆盖率仍显不足

从金融服务的可得性的 4 个二级指标来看，每个指标均与全国平均水平有一定差距，重庆金融基础设施和服务的覆盖率特别是在农村地区的覆盖率仍然需要进一步提升。从重庆现实情况来看，在农村地区设立营业网点和分理处的银行业金融机构仅有中国邮政储蓄银行、重庆农村商业银行等少数几家机构，大型商业银行、股份制商业银行在边远区县及乡镇设立支行的也较少，并且这些分支机构大多设立在县一级。截至 2019 年末，重庆城镇化率为 66.8%，意味着至少还有 33.2% 的人口获得金融服务仍有较高的成本，事实上，在边远区县，城镇化率远远不到 60%，以较高人力、物力、时间成本获取金融服务的人口比例必然也更高。

3. 金融服务质量和金融风险防控能力有待提升

普惠金融的发展应该致力于提升金融服务品质及服务“三农”、小微业务发展需要，从金融服务的质量指标上看，虽然每年的涉农贷款余额都在不断增长，但重庆在涉农贷款余额占比等指标上并不具有优势，普惠金融服务“三农”等重要领域和薄弱环节的能力亟须加强。另外，一些普惠金融业务成本低、风险大，加之普惠金融信用体系建设还不完善，银行等普惠金融主体在开展普惠金融的业务中面临较大的风险；边远区县及农村地区的金融知识普及落后，居民的金融素养及对普惠金融产品的认可度不高，抵御金融风险的意识和能力不足，对提升普惠金融的发展水平产生了不利影响。

四　重庆普惠金融发展建议

（一）充分发挥保险业“保护伞”作用

在出台普惠金融发展相关规划时，决策部门应充分考虑保险机制和保险工具的作用，并将其吸纳进制度安排中，充分发挥保险业的保障作用，弥补财政保障的短板与不足。一是鼓励保险机构不断创新保险产品以满足推进普惠金融发展过程中不同群体、不同地域的保险需求，提高普惠保险的理赔效率和公信力；二是通过窗口指导、降低业务门槛等途径，引导社会资本在重庆成立专业化、规范化的保险机构，增强保险机构推动普惠金融发展、服务经济社会进步的能力；三是推动保险产品和服务下沉，尤其是推动农村地区保险服务网络的完善；四是充分照顾到残疾人、低收入群体等重点关注群体的保险需求，扩大普惠保险业务的覆盖面。

（二）推动普惠金融行业平衡发展

一是大力推进农村地区多层次、高覆盖的普惠金融体系建设。目前，重庆边远区县、乡镇及广大农村地区普惠金融机构的覆盖率不高，金融服务获取成本较高，要改变这种情况，应鼓励有实力的银行业金融机构积极开展涉农金融业务，并给予相应的优惠政策支持，形成商业银行、小贷公司、民间融资机构等协调发展的多层次、高覆盖的普惠金融体系。二是推动普惠金融机构在区域分布上的平衡发展。重庆普惠金融机构大多集中在经济较为发达的市区县一级行政单位，分布在乡镇一级的数量较少，而农村居民的比例又较高，因此普惠金融机构在分布上明显不平衡。应鼓励普惠金融机构将分支机构或服务网点延伸到乡镇，或在乡镇一级设立专门负责普惠金融事务的服务网点，以推动普惠金融产品和服务的覆盖率及可得性。

（三）完善普惠金融服务机制

为提升普惠金融服务质量，一是完善普惠金融信用体系，深入贯彻《重庆市人民政府办公厅关于加快推进社会信用体系建设构建以信用为基础的新型监管机制的实施意见》，推动“三农”、小微企业等领域征信制度的完善，有效控制普惠金融业务的信用风险。二是提升监管执法效率，合理合法地处理普惠金融产品和服务消费过程中的争议，严厉打击侵害消费者权益的违规违法行为，加强对消费者权益的保护。三是建立风险补偿机制，逐步将金融机构开展普惠金融业务中风险大、收益低的业务纳入风险补偿机制，消除金融机构开展普惠金融业务的后顾之忧。四是采取线上、线下等多种方式对金融知识进行宣传，尤其是要加强农村地区金融知识宣传，提升居民识别金融欺诈、抵御金融风险的能力，切实提升居民使用金融服务的满意度。

参考文献

《国务院关于印发〈推进普惠金融发展规划（2016～2020年）〉的通知》，http：//www. gov. cn/zhengce/content/2016 -01/15/content_ 10602. htm。

《2017年中国普惠金融指标分析报告》，http：//www. gov. cn/xinwen/2018 -08/13/content_ 5313588. htm。

《重庆市人民政府关于印发〈重庆市推进普惠金融发展工作方案〉的通知》，http：//www. cq. gov. cn/zwgk/zfgb/2018/d4q_ 42890/202001/t20200117_ 4764070. html。

《重庆市人民政府办公厅关于促进旅游投资和消费的实施意见》，http：//www. cq. gov. cn/zsyz/zszc/cyfzl/szfbgt/202001/t20200114_ 4606197. html。

《重庆市人民政府办公厅关于加快推进社会信用体系建设构建以信用为基础的新型监管机制的实施意见》，http：//wap. cq. gov. cn/zwgk/zfgb/2019/d23q/202001/t20200117_ 4765994. html。

科技创新篇

Scientific and Technological Innovation

B.7

2020～2021年重庆科技发展形势分析及预测*

许洪斌

摘　要：　重庆市科技创新迈出了新步伐，取得积极进展：创新评价持续向好、创新投入明显增长、创新产业蓄势勃发、创新平台提质发展、创新主体加速集聚、创新人才不断会聚、创新合作效应凸显、创新创业生态不断优化。但同时，科技创新工作面临的形势更加复杂，必须抢抓新一轮科技革命和产业变革重大发展机遇，牢牢掌握创新发展主动权，坚持把科技创新作为最核心、最关键、最可持续的竞争力，咬住目标、持续发力，加大创新支持力度，优化创新生态环境，奋力推动重庆科技创新跨越式发展，力争基础研究在全国有一席之地、技术创新在全国有鲜明特色，带动重庆市整体创新水平进入全国第一方阵，使

* 许洪斌，重庆市科学技术局党委书记，局长。

创新成为重庆高质量发展的强大动能。

关键词： 重庆 科技创新 科技平台 创新生态

一 2020年重庆科技创新工作成效

重庆市以习近平新时代中国特色社会主义思想为指导，深入学习贯彻党的十九大和十九届二中、三中、四中、五中全会精神，全面贯彻落实习近平总书记对重庆提出的重要指示要求，聚焦“高质量、供给侧、智能化”深度用力，紧扣打好“三大攻坚战”和实施“八项行动计划”，大力实施创新驱动发展战略，在聚资源、强技术、壮主体、育人才、优环境上下功夫，全市科技创新发展势头强劲，科技创新支撑重庆经济结构调整的力量不断积蓄、推动高质量发展的新动能不断增强。

（一）创新评价持续向好

2019 年，重庆综合科技创新水平指数和区域创新能力指数排名全国第 7 位、西部第 1 位（见图 1）。2020 年重庆再次入围“世界知识产权组织 2020 全球创新指数”全球城市创新集群 100 强，排名第 77 位，较 2019 年上升了 11 位；在入围 100 强的 17 个中国城市中排名第 13 位，上升位数排名第 1。在《自然》杂志全球科研指数排名中从 2018 年的第 98 位升至 2020 年的第 79 位，上升了 19 位；在入围 100 强的 21 个中国城市中，上升位数排名第 5。

（二）创新投入明显增长

2019 年，全市研发经费投入 469.57 亿元，比 2018 年增长 14.5%，高于全国增幅 2 个百分点。2019 年，全社会研发经费投入强度为 1.99%，居西部第 2 位（见图 2）。

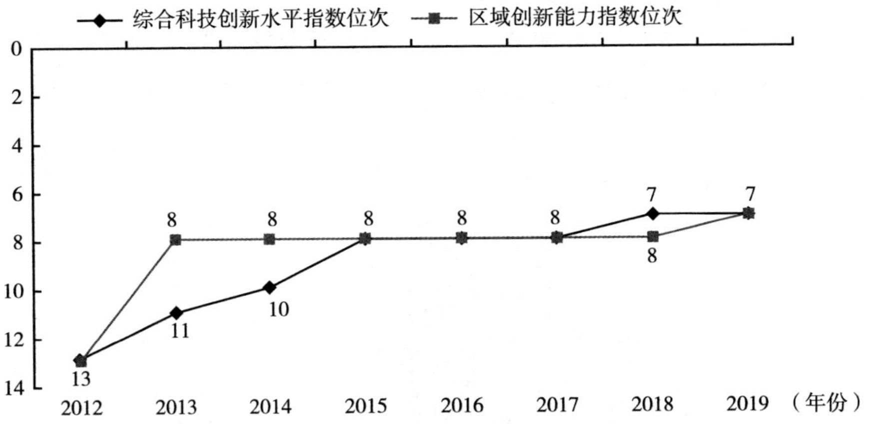

图1　2012～2019年重庆综合科技创新水平指数及区域创新能力指数在全国的位次

资料来源：《中国区域科技创新评价报告》。

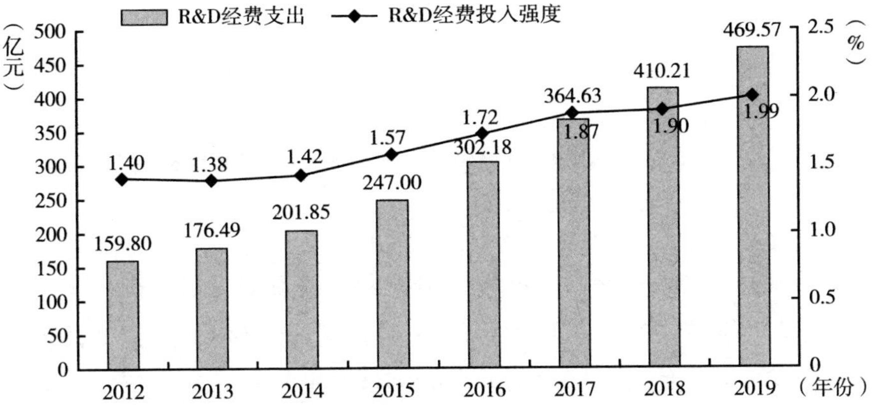

图2　2012～2019年重庆R&D经费支出及投入强度

资料来源：重庆市统计局。

从研发经费投入主体看，2019年，全市企业研发经费投入372.66亿元，比上年增长13.9%，占比79.4%；规模以上工业企业研发投入强度接近1.6%，继续保持西部第一，长安汽车、京东方等排名前十的企业研发投入占全市企业投入总量的22.3%。高等院校优化调整教育经费支出结构用于科技创新，研发经费投入46.25亿元，比上年增长16.7%，占比9.8%。科研机构大力开展应用研究和试验开发，研发经费投入35.11亿元，比上年增长14.5%，占比7.5%。其他研发经费投入为15.55亿元，占比3.3%（见图3）。

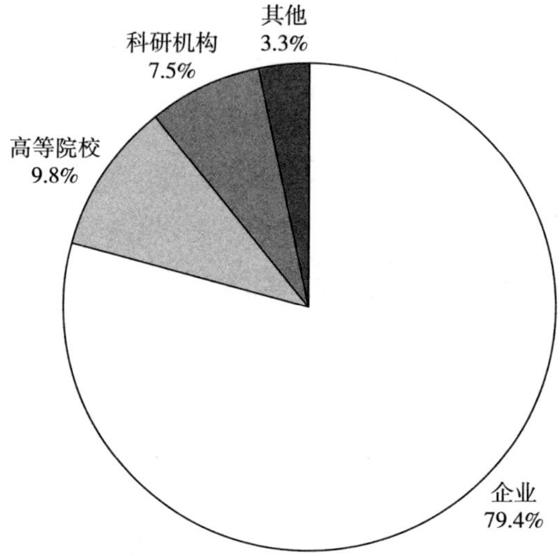

图3　2019年重庆研发经费投入的创新主体构成情况

资料来源：重庆市科学技术局。

从研发经费投入的活动类型看，2019年，基础研究经费投入28.15亿元，比上年增长34.2%，占比为6.0%；应用研究经费投入45.91亿元，比上年下降4.8%，占比为9.8%；试验发展经费投入395.51亿元，比上年增长16.0%，占比为84.2%（见图4）。可见，试验发展仍是重庆市研发活动的主要类型，基础研究虽有大幅度增长，但占比仍然不高。

从研发经费投入的区域分布看，主城都市区研发经费总额为426.32亿元，占比为94.7%，研发投入强度为2.3%；渝东北三峡库区城镇群研发经费总额为19.42亿元，占比为4.3%，研发投入强度为0.36%；渝东南武陵山区城镇群研发经费总额为4.62亿元，占比为1.0%，研发投入强度为0.39%（见图5）。可见，重庆研发经费投入集中在主城都市区。

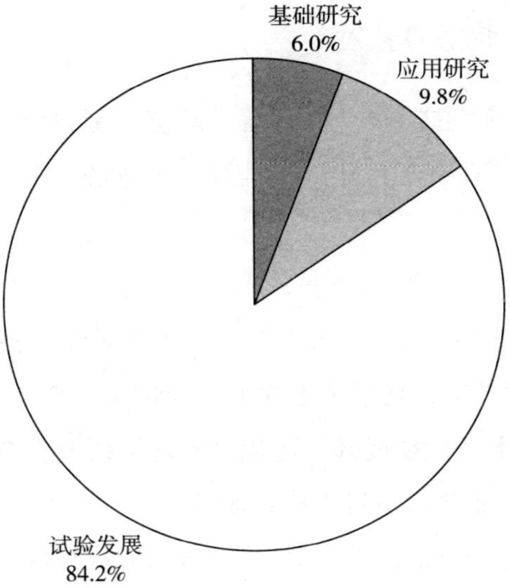

图4　2019年重庆研发经费投入的活动类型情况

资料来源：重庆市科学技术局。

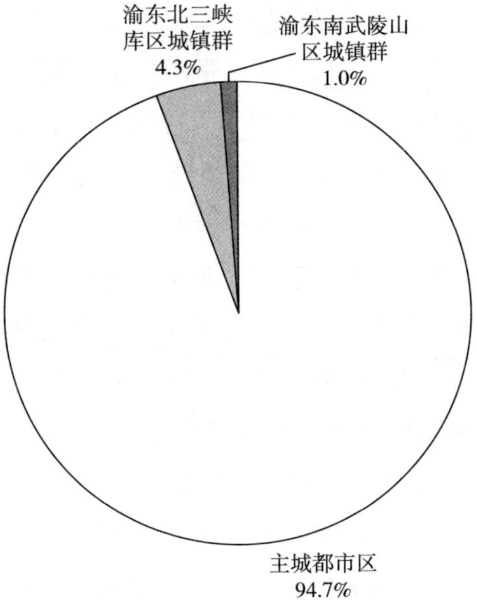

图5　2019年重庆研发经费投入的区域分布情况

资料来源：重庆市科学技术局。

（三）创新产业蓄势勃发

面向经济主战场，围绕产业链部署创新链、围绕创新链布局产业链，提升产业基础能力和产业链现代化水平，维护产业链安全，不断夯实现代化经济体系的科技支撑。

一是高端产业加快发展。全市高技术制造业、战略性新兴产业增加值连续两年增长11%以上，特别是2020年上半年面对新冠肺炎疫情冲击，同比分别增长8.0%和7.7%，高于全市规上工业增速7.0个和6.7个百分点。

二是基础研究水平大幅提升。优化基础前沿研究支持体系，推进科研项目经费“包干制”、非共识项目生成机制等改革，聚焦新一代信息技术、生物医药、资源环境、新能源、新材料、先进制造等领域科学问题，组织实施基础前沿研究项目1293项，在高层钢混结构、脑肿瘤病理、全人抗体小鼠、高血压发病机制等科学领域取得突破，强化了现代建筑、大健康、生物医药技术创新和产业发展的源头供给。

三是核心技术开发能力明显增强。编制《重庆市技术图谱》，改革技术创新项目生成机制，实行重大技术项目张榜招标，聚焦汽车、电子信息、大数据、大健康等重点产业领域“卡脖子”“短板”问题组织实施技术创新项目1379项，全球最小间距显示屏、高速硅基光电子芯片、高塑性镁合金、高精度智能压力变速器等技术领域取得突破。

四是科技奖励实现历史性突破。三年来，获得国家科技奖励23项，其中：国家科技进步特等奖1项、一等奖3项、二等奖16项，国家自然科学奖二等奖1项，国家技术发明奖二等奖2项。2020年，重庆市有12个项目斩获国家科学技术奖，较2018年度实现翻番，其中：国家科技进步一等奖3项、二等奖7项，国家技术发明奖二等奖2项。

五是应用示范推动产业转型。围绕推动互联网、大数据、人工智能同实体经济深度融合，以建设国家新一代人工智能创新发展试验区为抓手，凝练提出首批重大项目73项，启动实施首批试验区重点研发项目30项，谋划科技领域“新基建”项目57项，发布“十大应用场景”，成为首批5G规模组网建设和应用示范城市。加快智慧城市建设，智能中枢核心能力平台、智慧城市运行管理中心、协同办公云平台等重点项目有序推进，加快推动线上业态、线上服务、线上管理发展。推进智能制造应用示范，累计实施智能化改造项目2265项，建成数字化车间和智能工厂426个，示范项目生产效率平均提升70.2%。

（四）创新平台提质发展

遵循创新资源集聚规律，着力打造“一城引领、双轮驱动、多点支撑、板块联动”的创新版图，联动全域创新“赋能”，塑造更多依靠创新驱动、更多发挥先发优势的引领型发展。

一是高标准建设西部（重庆）科学城。紧扣“五个科学”“五个科技”，聚焦科学主题“铸魂”、面向未来发展“筑城”、联动全域创新“赋能”，超瞬态实验装置、中国科学院重庆科学中心、重庆大学科学中心加快推进，中国自然人群资源库重庆中心、北京大学重庆大数据研究院、中铝高端制造研究院等加快落地，北京理工大学、电子科技大学研究院等年内投运，英特尔、IBM、博世工业4.0等一批创新中心不断集聚，300亿元双城经济圈发展基金、20亿元西南首支科技成果转化股权投资基金成功设立，在渝高校、院所谋划提出参与科学城建设项目44个、已签约落地24个。9月11日，召开了西部（重庆）科学城建设动员大会，启动了科学大道、科学谷等总投资1300亿元的79个项目，拉开了大创新、大发展格局。

二是打造两江新区和重庆高新区。加快两江新区创新发展。完善两江协同创新区功能，累计引进哈尔滨工业大学等28家高端创新机构落地建设研发机构。两江新区数字经济产业园成功引进腾讯西南总部、紫光集团、东方红低轨卫星、中软国际等数字经济头部企业，打造数字经济产业联盟物联网产业协同创新中心，累计注册数字经济企业5105家，规模以上数字经济企业产值达到3595亿元。打造重庆高新区升级版。深化高新区管理体制机制改革，构建“一区多园”协同管理体制，打造智能产业创新链，科技型企业累计超过2000家，成功引入中电科集成电路、华为鲲鹏、美国通用等项目 148 个，总投资额超 1200 亿元。

三是强化各类园区“多点”支撑。11 个高新区竞相发展，高新技术企业占全市 30% 以上、工业总产值占全市 40% 以上，芯片、机器人、生物医药、人工智能等新兴产业和新兴业态初步崛起，成为全市高质量发展的新引擎。重庆经开区拓展发展空间，依托中国智谷（重庆）科技园、重庆软件园、重庆 5G 产业园等平台，加速发展大数据智能化产业，物联网基地连续两年被工信部评为五星级国家新型工业化产业示范基地。

四是推动“一区两群”联动创新。根据“一区两群”发展定位，差异化布局创新资源，特色化推动科技创新。每季度召开区县（开发区）科技创新工作调度会，与璧山、北碚、梁平等区开展科技工作会商，充分调动区县推进科技创新工作的积极性，你追我赶、比学赶超的科技创新发展氛围不断增强。荣昌畜牧科技城、璧山科技创新小镇、永川科技生态城、北碚智慧科技走廊、渝北国家农高区、巴南国际免疫研究院、万州科创中心等一批创新平台加快推进，涪陵、潼南、铜梁、大足、合川、长寿、綦江、黔江、梁平、开州等 14 个区加快建设国家级或市级高新区，忠县、垫江、巫溪、酉阳等 22 个区县全力建设国家或市级农业科技园区，奉节县积极创建国家创新型县（市），渝中区块链、大足工业机器人等国家火炬特色产业基地应运而生。

（五）创新主体加速集聚

狠抓创新体系建设，加快集聚创新型企业、研究型大学、一流科研机构，培育科技战略力量，持续增强科技创新能力，大力提升科技创新供给水平。

一是科技企业蓬勃发展。实施科技企业成长工程，出台针对性扶持政策和服务措施，集成人才、平台、资本等创新要素，构建科技型企业培育链，截至 2020 年前三季度，累计培育科技型企业 25719 家，有效期内高新技术企业达到 3689 家，夯实企业在技术创新中的主体作用，成为创新要素集成、科技成果转化的生力军。实施规模工业企业研发机构倍增专项行动，2019

年，有研发活动的企业 2500 家左右、占比 38.6%，有研发机构的企业 1500 家左右、占比 14.9%。

从区域分布看，主城都市区科技型企业 22511 家、占比为 87.53%，有效期内高新技术企业 3491 家、占比为 94.63%；渝东北三峡库区城镇群和渝东南武陵山区城镇群科技型企业 3208 家、占比为 12.47%，有效期内高新技术企业 198 家、占比为 5.37%（见图 6 和图 7）。可见，重庆科技型企业和有效期内高新技术企业主要聚集在主城都市区。

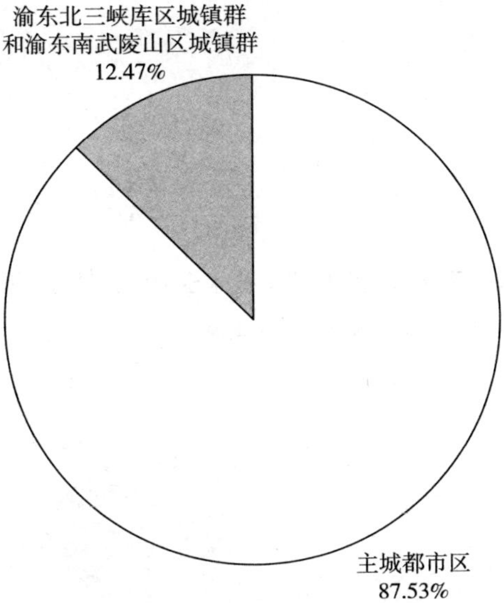

图 6　重庆科技型企业的区域分布情况

资料来源：重庆市科学技术局。

从产业分布看，第一产业科技型企业 3679 家、占比为 15.81%，有效期内高新技术企业 31 家、占比为 0.99%；第二产业科技型企业 10714 家、占比为 46.06%，有效期内高新技术企业 2267 家、占比为 72.50%；第三产业科技型企业 8865 家、占比为 38.13%，有效期内高新技术企业 829 家、占比为 26.51%（见图 8 和图 9）。可见，重庆科技型企业和有效期内高新技术企业主要聚集在第二产业。

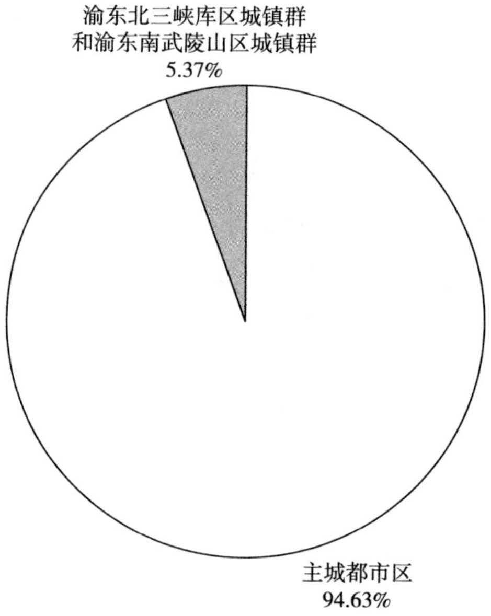

图7　重庆有效期内高新技术企业的区域分布情况

资料来源：重庆市科学技术局。

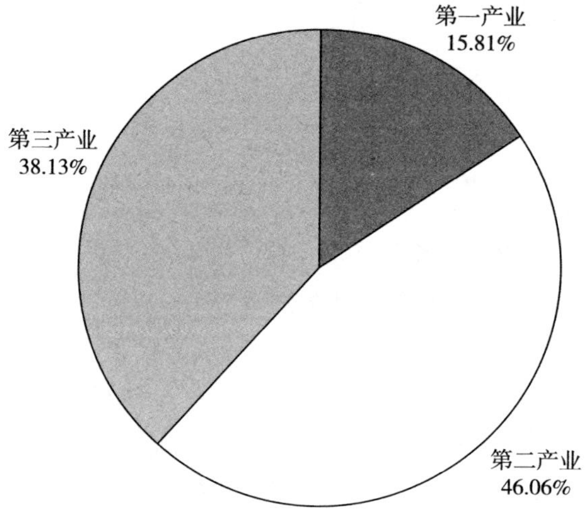

图8　重庆科技型企业的产业分布情况

资料来源：重庆市科学技术局。

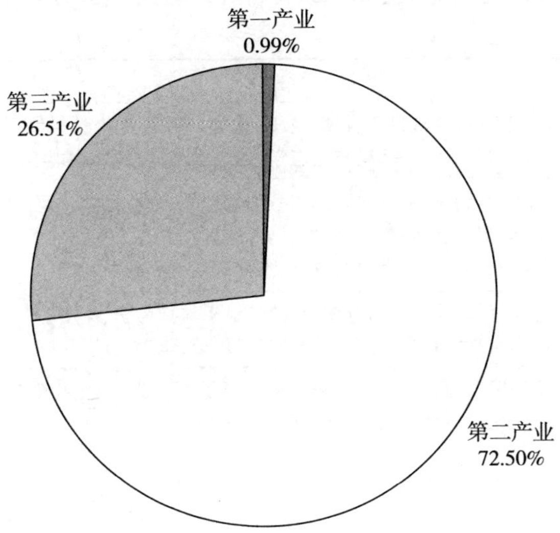

图9　重庆有效期内高新技术企业的产业分布情况

资料来源：重庆市科学技术局。

二是高校科技创新能力增强。投入30亿元推动重庆大学、西南大学“双一流”建设，重点建设世界一流学科4个、国内一流学科15个、市级一流学科43个、市级重点学科200个，全市ESI排名前1%的学科累计达到42个（见表1），比2016年启动“双一流”建设之初增加了33个。重庆大学材料科学首次进入ESI排名前1‰的学科，成为继重庆大学工程学之后第二个进入前千分之一的学科，重庆理工大学、重庆交通大学、重庆师范大学首次有学科进入ESI排名前1%，全市进入ESI学科排名前1%的高校数达到9个。高校研究人员占全市的18%，基础研究经费占全市的62%，承担了全市95%左右的国家自然科学基金项目，累计建成“协同创新中心”48个。聚焦大数据智能化创新，推动7所高校与中国科学院22个院所合作，启动4所新工科、1所新医科高校及17个新型二级学院建设。

表1　全市进入世界ESI排名前1%的学科分布情况

单位：个

学校名称	学科名称	学科数量
重庆大学	工程学、计算机科学、材料科学、化学、数学、生物学与生物化学、临床医学、环境与生态学、植物学与动物学、物理学	10
西南大学	化学、植物学与动物学、药理学与毒理学、农业科学、材料科学、工程学、生物学与生物化学、计算机科学、环境与生态学、神经科学与行为学、数学、精神病学与心理学	12
陆军军医大学	临床医学、药理学与毒理学、神经科学与行为学、免疫学、生物学与生物化学、分子生物学与遗传学、化学	7
重庆医科大学	临床医学、药理学与毒理学、神经科学与行为学、生物学与生物化学、免疫学、分子生物学与遗传学	6
重庆邮电大学	工程学、计算机科学	2
重庆工商大学	工程学、化学	2
重庆交通大学	工程学	1
重庆理工大学	工程学	1
重庆师范大学	工程学	1

资料来源：重庆市教育委员会。

三是新型研发机构加快集聚。实施引进创新资源行动计划，推动国内外知名高校、院所、企业合作，累计引进中国科学院、清华大学、北京大学、上海交通大学等国内外知名创新机构85家。支持在渝科研机构加快发展，中科院重庆研究院取得了金属空间在轨增材制造实验样机等多项成果，市科学技术研究院加快推进易智网、重科智谷、环重科院创新生态圈建设，市畜科院建立国内唯一的无菌猪培育和应用平台，市农科院打造30个科技引领示范村（镇）。

四是高水平创新基地加速落地。加速集聚高端研发平台，累计建成市级以上科技创新基地813个（见表2）、国家级科技创新基地61个，获批国家儿童健康与疾病临床医学研究中心、国家应用数学中心，新增超声医学工程、山区桥梁及隧道工程2个国家重点实验室。推进重大科技基础设施建设，先期启动建设超瞬态实验装置、中国自然人群资源库重庆中心，已在谋划建设长江模拟器、长江上游种质创制大科学装置等。

表2　重庆市级以上科技创新基地情况

单位：个

科技创新基地类型	数量
重点实验室	182
工程技术研究中心	364
企业工程技术研究中心	164
产业技术协同创新中心	31
技术创新中心	24
国家级临床医学研究中心	1
国家工程实验室	1
国地联建工程实验室	14
国家工程研究中心	2
国地联建工程研究中心	17
国家应用数学中心	1
野外科学观测研究站	12
总数	813

资料来源：重庆市科学技术局。

（六）创新人才不断汇聚

发挥人才第一资源作用，实施更加积极、更加开放的人才政策，聚天下英才而用之。

一是加大人才引育力度。大力推进“重庆英才计划”，截止到2020年前三个季度，创新领军人才、创业领军人才、创新创业示范团队等人才项目遴选科技创新人才319人、创新创业示范团队457个。2019年，全市R&D人员达到16.07万人，比上年增加0.96万人。突破外国专业人才年龄、学历或工作经历等限制，引进外国高端人才（A类）1357人，累计为7078名外国人才发放工作许可。累计选派市级科技特派员3156人次，“三区”人才1214人次，重庆市4名科技特派员和3家单位在科技特派员制度推行20周年总结会议上获通报表扬。

二是完善科技创新体制机制。“一企一策”助推联合微电子中心会聚高层次创新人才300余人，遴选璧山康佳光电研究院、巴南国际免疫研究院扩大人才政策试点。深化科技领域“放管服”改革，建立多元化项目组织方式，精简项目管理步骤1/3，项目申报书减少2/3，实行科研项目第三方管理和一个窗口对外，实行全过程科研诚信管理全覆盖，为科研人员松绑减负。修订实施促进科技成果转化条例，出台进一步促进高校科研院所科技成果转化的若干措施，推动成果转化激励政策落地，实行以增加知识价值为导向的分配政策，三年转化科技成果8000余项、激励科研人员2万余人次。建立人才分类评价制度，完善职称评价标准，转变职称评价主体，特殊人才特殊评价，激发科研人员创新活力。

三是强化人才服务保障。优化“人才服务卡”政策落地机制，深入实施人才安居工程，为人才提供住房落户、子女就学、配偶就业、医疗保障等各方面便利。

（七）创新合作效应凸显

突出创新共赢、开放共享理念，以全局视野谋划和推动创新，主动融入“一带一路”倡议、长江经济带等国家战略，积极推进多主体、多层次科技创新合作，不断提升开放创新能力。

一是线上智博会呈现新特色。2020年，重庆智博会集中呈现“线上、创新、独特、精品”四大特色。线上线下同步举办41场论坛、17场大赛，以及16场线下、100多场线上发布活动，围绕智能产业新产品、新技术等发布相关成果；在技术创新方面，利用虚拟现实融合、全息投影等技术，并在新加坡设分会场，打破时空和地域限制，营造实时在线的线上智博会；在彰显特色方面，继续紧扣“智能化，为经济赋能，为生活添彩”主题，聚焦大数据智能化创新战略；在精品展示方面，线下活动在礼嘉智慧公园设“智造重镇”“智慧名城”两个精品展馆，线上活动借助虚拟建模技术，邀请300多家全球知名科技企业在线上进行展览。

二是川渝合作深入推进。抢抓成渝地区双城经济圈建设重大战略机遇，成立川渝协同创新专项工作组，签订科技创新“1+3”合作协议，各出资1000万元联合实施人工智能、大健康领域重点研发项目15项，8000余名科技专家资源实现共享，科研仪器设备共享正在推进，规模50亿元的成渝双城经济圈科创母基金成功组建。协同推进毗邻地区合作，两江新区携手天府新区打造内陆开放门户，重庆高新区与成都高新区建立科技创新合作机制，北碚区与绵阳市签署合作框架协议、大力协同推进绵碚两地高校及科研院所加强交流合作，永川区、荣昌区积极推动建设“泸内荣永”国家高新区产业联盟。

三是国内外创新合作稳步推动。与匈牙利驻重庆总领事馆等单位共同举办2020年匈牙利投资暨创新项目推介会，围绕匈牙利投资环境政策、投资与促进项目、中匈技术转移中心技术创新等项目开展推介活动。按照“1+N”模式共建中科院重庆科学中心，市政府与中科院联合印发会议纪要，确定共同组建领导小组及推进工作办公室，统筹中科院科技资源在渝集聚发展。加快推动北京大学重庆大数据研究院建设，北京大学与重庆高新区管委会已就共建协议达成一致意见，并于年内完成签约；加快推动中国检验检疫科学院与重庆高新区管委会共建中国检验检疫科学院西南分院，拟于年内完成签约。深化东西部扶贫协作，增强科技帮扶能力，与山东省科技厅进一步强化科技交流合作，双方共支持2000万元开展科技扶贫协作，支持两地高校、科研院所、企业等单位在农业科技项目、农村实用技术、农民科技知识培训等方面开展协作，促进适用技术成果转化与推广。

（八）创新创业生态不断优化

厚植创新创业社会土壤，聚众智、汇众力、创众业，充分调动创新主体积极性和社会创造活力，最大限度地释放全社会创新创业创造潜能。

一是孵化重实效。打造重庆大学、西南大学等环大学创新生态圈6个，孵化总面积61.4万平方米，入孵企业1803家、团队1281个，累计孵化毕业企业622家、高新技术企业46家。建设市级以上孵化平台375家（国家级75家），孵化总面积134万平方米，提供工位数15万余个，集聚初创企业和团队15046家/个。

二是示范立品牌。加快推进3个国家“双创”示范基地建设，两江新区、永川区2019年和2020年分别获得国务院通报表彰，猪八戒网成为全国线上线下创新创业孵化领域最具规模和影响力的平台。建设长寿高新区、涪陵工业园区、荣昌高新区等6个国家级双创特色载体。

三是赛事创特色。连续4年举办中国创新创业大赛（重庆赛区），参赛报名项目1866个，21个项目在全国行业总决赛中获优秀奖。成功举办新能源及节能环保行业全国总决赛大足锻打刀具创意设计专业赛等特色赛事。

四是融资有渠道。在全国率先开展知识价值信用贷款改革试点，为4133家科技型企业发放贷款123.17亿元，成为国务院第6次大督查推广的典型经验做法。截至2020年前三季度，重庆市建立的种子、天使、风险投资三支政府引导基金累计组建子基金86支、基金规模248.87亿元，累计投资项目1212个次、投资金额近150亿元。科技创新板挂牌企业223家，推动科技型企业进入多层次资本市场170家（次）。

五是服务铸品质。建设科技资源共享平台，整合科研仪器设备9651台（套）向社会开放共享，通过科技创新券让6795家企业享受科技服务16318余次。建设西部科技金融路演中心，设立区域科技金融服务中心46个，服务企业5580家次。重庆科技服务大市场服务创新主体1.2万个，实现技术交易及服务额120亿元。打造“易智网”，建设“线上+线下”成果转化服务平台，当好技术成果摆渡人。开发“对手通”，运用全球103个国家知识产权数据，服务企业2208家，分析竞争对手企业2667家，推送专利信息340多万项。

二　当前重庆科技创新形势

党的十九届五中全会提出，坚持创新在我国现代化建设全局中的核心地位，把科技自立自强作为国家发展的战略支撑，把科技创新摆在各项规划任务的首位进行专章部署。这是以习近平同志为核心的党中央把握大势、立足当前、着眼长远做出的重大战略抉择。2020 年 1 月，习近平总书记主持召开中央财经委第六次会议，做出了推动成渝地区双城经济圈建设的重大决策部署。2020 年 11 月，中共中央、国务院印发《成渝地区双城经济圈建设规划纲要》，标志着成渝地区增强协同创新发展能力按下快进键，建设具有全国影响力的科技创新中心驶入快车道，对重庆未来发展具有重大而深远的战略意义。

（一）从科技发展态势看，我们必须抢抓新一轮科技革命和产业变革重大发展机遇

当前，新一轮科技革命和产业变革加速演进。科学发现密集高峰期已过，重大科学发现日益稀少，纯基础研究投入产出边际科学收益越来越低，科学前沿步入弦理论、多元宇宙、暗物质等离可观察越来越远的领域。科学研究在微观到宏观各尺度上沿原有路径继续延伸，越来越多的科学研究转向学科间的横向交叉融合，进行知识体系的补充完善。科学研究活动重心向下游应用端移动明显，应用基础科学突破活跃，科学研究的技术手段和组织模式发生重大变化。信息技术、生物技术、新材料技术、先进制造技术、能源技术等新兴技术呈现群体性跃升态势，颠覆性技术创新“归零效应”显现。全球经济进入信息技术革命驱动的结构大转型阶段，融合创新成为经济发展最重要的新引擎新动能。我们必须把握大势、抢抓机遇，强化基础科学和前沿技术研究的前瞻部署，加快突破关键核心技术，抢占科技竞争和未来发展制高点，以科技创新催生新发展动能。

（二）从国际竞争格局看，我们必须牢牢掌握创新主动权、发展主动权

科技创新是推动国家发展的重要动力，也是实现国家安全的重要保障。当前，技术发展呈现前所未有的系统化突破性发展态势，世界已经进入以创新为主导的发展新时代，全球产业分工合作遇到巨大挑战，抢占高科技发展制高点的竞争越发激烈，技术革命正在对全球产业体系、经济发展方式、治

理规则等产生深刻影响。中国科技崛起趋势引发西方国家集体焦虑。从长远看，西方国家对我国科技创新和高端人才引进的封锁打压将成为常态，我国科技创新面临的外部环境将更加严峻。国际环境的深刻变化既是压力也是一种动力，会倒逼我国技术升级、产品升级、产业升级。我们必须增强危机感和紧迫感，保持战略自信和战略定力，迎难而上、主动作为，把这一风险挑战转化为科技发展的重大机遇。

（三）从国内发展大势看，我们必须坚持把科技创新作为最核心、最关键、最可持续的竞争力

实现高质量发展，必须实现依靠创新驱动的内涵型增长。我们更要大力提升自主创新能力，尽快突破关键核心技术。这是关系我国发展全局的重大问题，也是形成国内大循环的关键。我国正处在转变发展方式、优化经济结构、转换增长动力的攻关期，经济下行压力加大，亟须依靠科技创新壮大新动能。我国人均 GDP 已超过 1 万美元，正在向高收入阶段迈进，需求结构将发生重大调整。解决这些结构性问题，满足人民群众对高品质生活的需求，要求科技创新全面融入经济社会发展，为“平衡”和“充分”发展提供强大支撑。同时，应对人口老龄化、防治重大传染病疫情等也对社会治理提出了新的更高要求，如果不能在科技创新上取得重大突破，就难以有效保障国家安全。党中央提出我国科技事业发展的目标，到2020年进入创新型国家行列，到2030年进入创新型国家前列，到新中国成立100年成为世界科技强国。我们必须从进入新时代的历史方位和奋斗目标深刻认识和理解科技创新重大使命和责任，瞄准科技前沿，紧扣发展需求，以更大决心、更大勇气推动科技创新。

（四）从重庆发展需要看，我们必须使创新成为重庆高质量发展的强大动能

科技创新能够为高质量发展提供新的成长空间、关键着力点和重要支撑，是促进实体经济升级、引领高质量发展的核心驱动力。当前，成渝双城经济圈上升为国家战略，成渝两地正在加快建设具有全国影响力的科技创新

中心，打造高质量发展的重要增长极和内陆开放战略高地，推动形成高质量区域经济布局。近年来，市委、市政府高度重视科技创新，大力实施以大数据智能化为引领的创新驱动发展战略，推动全市科技创新持续保持向好势头，科技创新支撑重庆经济结构调整的力量不断积蓄、推动高质量发展的新动能不断增强。但我们要清醒地看到，科技创新仍然是重庆市发展的短板，创新能力不适应高质量发展要求，高端科教资源不足，科技创新能力不强，关键核心技术不多，创新生态环境不优。我们必须以更强的使命感、更大的责任担当，咬住目标、持续发力，加大创新支持力度，优化创新生态环境，奋力推动重庆科技创新跨越式发展，力争基础研究在全国有一席之地、技术创新在全国有鲜明特色，带动重庆市整体创新水平进入全国第一方阵，使创新成为重庆高质量发展的强大动能。

三　2021年重庆科技创新工作重点

全市科技创新系统将坚持以习近平新时代中国特色社会主义思想为指导，全面贯彻党的十九大和十九届二中、三中、四中、五中全会精神，深入学习领会习近平总书记关于科技创新的重要论述和指示批示精神，深入贯彻落实习近平总书记对重庆的重要讲话精神，增强“四个意识”，坚定“四个自信”，坚决做到“两个维护”，从统筹推进“五位一体”总体布局和协调推进“四个全面”战略布局的高度出发，深刻认识新发展特征，坚定贯彻新发展理念，积极融入新发展格局，深入实施创新驱动发展战略，紧扣成渝地区双城经济圈建设和“一区两群”协调发展，坚持以科技创新催生新发展动能的主题主线，突出“四个面向”的战略方向，着力集聚国内外科技创新资源，着力培育战略科技力量，着力打造高效协同的区域创新体系，着力完善科技创新的体制机制，着力激发全社会创新创业创造活力，着力提升科技创新体系化能力，着力构建创新驱动的现代化经济体系和发展模式，加快建设具有全国影响力的科技创新中心。

（一）加快建设战略科技平台

高标准建设西部（重庆）科学城，聚力打造综合性科学中心，全力建设中国科学院重庆科学中心，推动北京大学等布局重庆科学中心，加快重庆大学科学中心建设，大力建设重大科技基础设施、高水平科技创新基地，构建具有重要影响力的科学平台、人才平台、资本平台、交流平台，打通产学研人才链、创新链、产业链、价值链，强化引才聚才育才用才平台功能，促进基础研究、应用研究与产业化对接融通，提升科学创造能力、技术创新能力、成果转化能力、产业生成能力，着力建设科学之城、创新高地，打造成为科学家的家、创业者的城。加快建设两江协同创新区，大力引进国内外顶尖高校、院所，推动建设一批省部级及以上研发平台，加快建设全球低轨卫星移动通信与空间互联网系统，打造两江协同创新科技综合服务平台，完善以产业创新的实际需求为导向的创新研发和产业生成体系。打造重庆高新区升级版，围绕国家自主创新示范区建设，深化高新区管理体制机制改革，以科学城建设为抓手，统筹推进直管园和拓展园发展，加快集聚高水平创新载体，引进培育优质创新主体，会聚创新创业人才团队，加快建设现代化城市、现代化产业、现代化经济，推动重庆高新区综合实力迈入全国一流高新区行列。大力发展科技园区，依托各类高新区培育一批创新型科技园区和创新型特色园区，依托重庆经开区打造信息产业和智能制造高地，积极推动自贸试验区加快发展，加快推动各类开发区和园区创新发展。促进“一区两群”创新联动，按照“一区两群”区域协调发展布局，差异化布局创新资源，特色化推动科技创新，加快推进建设璧山科技创新小镇、永川科技生态城、荣昌畜牧科技城等一批创新平台。

（二）加快打造战略科技力量

建设重大科技基础设施，启动建设超瞬态实验装置、长江模拟器、长江上游种质创制等大科学装置。建设有国际影响力的创新基地，力争在智能汽车、集成电路、轻金属材料、先进感知、生物医药等领域创建国家级创新平台，建设国家应用数学中心等前沿交叉研究平台。实施重大科技项目，加快推进实施中电科12寸硅基芯片、基于5G技术的专用通信系统研发与产业化、全球低轨卫星移动通信与空间互联网系统、华为鲲鹏计算产业生态重庆中心、海康威视重庆科技园、博唯生物肿瘤疫苗、精准生物细胞药物、智翔金泰抗体药物等一批重大科技产业项目，打造更富韧性、更加开放的产业链供应链。建设新型数字基础设施，支持多元主体参与建设数据开放共享平台、公共算力平台、开源工具平台等新型数字基础设施。

（三）加快培育一流创新主体

培育一流高等学校，以“双一流”建设为统揽，支持建设高水平大学和优势学科，推进生命科学、工业互联网、人工智能等新兴学科建设，加快建设科教融合平台。培育一流科研机构，支持中央在渝科研院所、市属科研院所开展重大科技攻关和成果转移转化，推动科研院所市场化转型。实施引进科技创新资源行动计划，深化与国内外知名高校、科研机构和企业合作，引进建设一批旗舰型新型研发机构。培育一流创新企业，加速发展环大学创新生态圈，加快建设大型科技企业孵化器，构建科技型企业培育链，推动规上工业企业研发机构全覆盖，提高大中型工业企业研发活动占比，促进科技型企业增量提质。

（四）加快汇聚高层次创新人才

集聚高端创新人才，深入实施“重庆英才计划”，实施创新领军人才、创业领军人才等人才专项，举办“百万英才兴重庆”引才活动，开展海外高层次人才引进专项行动。优化人才发展政策，完善瞄准高端人才的“塔尖”政策和针对青年人才的“塔基”政策体系，逐步扩大“一企一策”“一院一策”人才政策试点范围，深化人才评价改革，建立人才激励机制。完善人才服务体系，优化“人才服务卡”政策落地机制，为人才提供住房落户、子女入学、配偶就业、医疗保障等方面便利。

（五）加快突破关键核心技术

强化基础研究的前瞻部署，瞄准国家有需要、重庆有能力的领域推进原始创新，加快在新一代信息技术、生物医药、资源环境、新能源、新材料、先进制造等科学领域取得重大突破，力争基础研究在全国有一席之地。围绕产业链部署创新链，瞄准重大产业发展方向推进应用技术研究，在电子信息、人工智能、高端装备、汽车摩托车、新能源、新材料、大健康、现代建筑等重点领域，选若干具有全局性影响、带动性强的重大战略产品、关键共性技术或重大工程，建立关键核心技术联合攻关体制，着力突破核心基础零部件、先进基础工艺、关键基础材料和产业技术瓶颈，突破核心技术、开发硬核产品，力争技术创新在全国有鲜明特色，不断抢占科技竞争和未来产业发展制高点。围绕创新链布局产业链，强力推进科技产业化，以市场需求为导向，大力拓展科技产业应用场景，促进科技创新成果落地转化、向产业化方向发展；大力推进国家新一代人工智能创新发展试验区建设，推动人工智能、自动驾驶等领域新技术的场景化应用。启动一批智能化应用示范项目和改造示范项目，持续抓好汽车、装备制造等产业智能化改造；深入推进智慧城市建设，深度开发大数据智能化技术应用场景，支持建设智慧医疗、智慧交通、智慧安防等公共服务管理平台，推动大数据智能化技术在政务服务、社会治理、民生改善等领域的应用示范，打造“数字重庆”新名片。

（六）加快构建开放协同创新体系

深化成渝地区双城经济圈协同创新，强化“一盘棋”思想，树立一体化理念，发挥协同创新专项工作组统筹协调作用，顶层谋划科技创新中心建设，深入推进川渝科技创新合作，推动高新产业功能互补、设施平台互联、人才技术互通、政策制度互惠。深化重点区域科技创新合作，深化渝黔、渝桂、渝陕等地科技创新合作，加强与长三角地区科技合作，共同打造一批科技创新开放合作项目。融入全球科技创新网络，加快建设“一带一路”科技创新中心和国际技术转移中心。

（七）加快营造优良创新生态

完善激励企业创新政策，推动研发费用加计扣除、研发准备金制度、重大新产品补助等政策落地落实，优化科技型中小微企业创新产品政府采购、首台（套）重大技术装备研发等财税支持政策，发挥企业在技术创新中的主体作用，使企业成为创新要素集成、科技成果转化的生力军，打造科技、教育、产业、金融紧密融合的创新体系。优化科研项目资金管理，健全鼓励支持基础研究、原始创新的体制机制，构建关键核心技术集中攻关机制，实行重点项目攻关"揭榜挂帅"，谁能干就让谁干。创新科技成果转化机制，创建国家科技成果转移转化示范区，深入推进职务科技成果所有权或长期使用权改革试点，支持建设中试熟化平台，大力发展成果交易撮合机构，加快发展技术要素市场，着力培育一批技术经理人，谋划建设"一带一路"科技创新合作区和国际技术转移中心，引进国内外科技成果在渝转化和产业化，让更多科技成果从"实验室"走向"生产线"，打通产学研创新链、产业链、价值链。优化金融要素配置，引进知名创业投资机构，壮大创业投资基金规模，推进知识价值信用贷款改革试点，推动优质科技企业到多层次资本市场融资，促进技术要素与资本要素融合发展。浓厚创新文化氛围，举办"一带一路"科技交流大会，吸引和支持国内外高水平国际学术会议（学术组织）、专业论坛在重庆举办或永久性落地，打造有影响、有品牌、有规模的国内外学术会议；开展"创新达人""创业大咖""创新企业"宣传活动，讲好重庆创新故事，塑造城市创新英雄，营造人人崇尚创新、人人希望创新、人人皆可创新的浓厚氛围。

参考文献

《习近平主持召开中央财经委员会第六次会议强调　抓好黄河流域生态保护和高质量发展　大力推动成渝地区双城经济圈建设》，新华网，2020 年 1 月 3 日。

《传达贯彻习近平总书记在中央财经委员会第六次会议上的重要讲话精神　牢固树立一体化发展理念　扎实推动成渝地区双城经济圈建设》，《重庆日报》2020 年 1 月 7 日。

《习近平：在科学家座谈会上的讲话》，新华网，2020 年 9 月 11 日。

《增强创新这个引领发展的第一动力——论学习贯彻习近平总书记在科学家座谈会上重要讲话》，新华网，2020 年 9 月 13 日。

《深入实施创新驱动发展战略　决胜迈进创新型国家行列》，《旗帜》2020 年 3 月 3 日。

《重庆高标准办好 2020 线上智博会　推动数字经济高质量发展》，《重庆日报》2020 年 8 月 25 日。

《加快建设西部（重庆）科学城　着力打造具有全国影响力的科技创新中心》，《重庆日报》2020 年 9 月 12 日。

《重庆主动服务全国大局　努力发挥“三个作用”》，《求是》2020 年 1 月 16 日。

B.8
2020~2021年重庆人工智能产业发展形势分析与预测*

袁 野 汪书悦 陈燕华 万晓榆**

摘 要： 本报告综合使用政策文本分析、文献研究和专利分析等方法，从产业发展要素、产业链、政策环境和基础研究四个方面剖析和预测重庆市人工智能产业发展形势。研究表明，2020年重庆市人工智能产业生态逐步形成，产业链生态布局还需进一步完善，政策扶持力度较强，同时也存在着人才缺口大、基础研究能力薄弱、产业集聚度不够等短板。随着重庆市2020年《对标国际先进优化营商环境实施方案》等政策的出台，预计2021年人工智能产业发展持续向好。本报告从顶层设计、产业标准、产业链、招商、基础研究等维度提出政策建议，以期推动重庆市人工智能产业高质量发展。

关键词： 重庆 人工智能产业 企业画像 产业链

---

* 本文系国家社会科学基金青年项目“人工智能产业核心技术突破中的创新共同体构建与协同机制研究”（项目编号：20CGL004）、重庆市研究生科研创新项目“重庆市人工智能产业重点发展领域选择与政策设计”（项目编号：CYS19270）、重庆市教育委员会人文社会科学研究重点项目“我国人工智能产业关键核心技术创新突破的路径与政策体系研究”（项目编号：20SKGH059）的阶段性成果。

** 袁野，重庆邮电大学副教授，研究方向为人工智能与技术创新；汪书悦，重庆邮电大学硕士研究生，研究方向为创新生态系统；陈燕华，重庆邮电大学硕士研究生，研究方向为技术创新；万晓榆，重庆邮电大学经济管理学院院长，研究方向为数字经济。

人工智能具备强大的带动作用，是带动西部大开发和长江经济带高质量发展的抓手。人工智能与传统产业融合是顺应全球科技革命和城市化浪潮的战略选择，有助于提升城市发展能级和水平，是重庆市的重点发展方向。习近平总书记在智博会贺信中再次为重庆市推动大数据智能化发展指明了方向。为全面贯彻落实习近平总书记"两点"定位、"两地""两高"战略目标、用好"四大优势"的重要指示要求，发挥大数据智能化产业引领作用，重庆市举全市之力建设西部科学城，助力数字经济转型与高质量发展。

2020 年，重庆市位居中国城市人工智能产业发展第 13 名①，并于 3 月获批国家级人工智能产业创新发展试验区，紧随其后，重庆市人民政府出台《重庆市建设国家新一代人工智能创新发展试验区实施方案》，为重庆市人工智能创新发展试验区划定目标，点明重点任务，提供基础保障。研究重庆市人工智能产业发展现状及趋势，为试验区建设提供有力支撑。

一　2020年重庆人工智能产业整体分析

人工智能产业整体分析聚焦于产业现状、产业生态和人才现状三个维度，其中产业现状包含重庆市人工智能产业规模、增速等；产业生态反映了重庆市人工智能产业是否形成健康有序的生态圈；人才现状表明重庆市人才政策、人才供需等现状。

1. 重庆市人工智能产业现状

重庆市紧抓新一轮科技发展浪潮，人工智能产业正处于加速发展的黄金阶段。依托高新区、两江新区、南岸区等产业集聚区的优势，围绕基础技术、人工智能芯片和应用三大核心环节，加快基于人工智能的计算机深度学习、计算机视听觉、新型人机交互、生物特征识别、智能决策控制等应用技术的研发和产业化。

新冠肺炎疫情之下，人工智能技术应用在人民生活、生产等多个领域，

① 数据来源：36 氪研究院，《2020 年中国城市人工智能发展指数报告》。

为“战疫”做出重大贡献，产业发展逐步恢复，推动产业数字化转型升级。全市高技术制造业[①]增加值同比增长8.0%，高于全市规上工业增速7.0个百分点，较一季度提高9.5个百分点，占规上工业增加值的比重为18.8%[②]。2020年，重庆市智能产业销售收入增长14%，实施智能化改造项目1280个，建成数字化车间和智能工厂140个[③]。投资增长势头良好，高技术产业投资同比增长16.2%，较一季度提高23.5个百分点，高于全市投资增速16.0个百分点。其中，高技术制造业投资同比增长9.5%，高技术服务业投资增长45.1%。

2. 重庆市人工智能产业创新生态

重庆市人工智能产业粗具规模，产业创新生态逐步形成。人工智能呈现跨界融合、多学科综合、高度复杂的特征[④]，关键技术创新需要多方协同参与，各方目标一致，形成开放包容的创新生态，实现价值共创。创新生态包括上游技术开发类企业、中下游产品制造等各类企业、高校及科研院所组成的创新主体层，政府、中介机构、金融机构等构成的创新辅助层以及政策环境、经济环境、人才环境、技术环境等创新环境层。

全市共有开展人工智能产业相关的教学与科研活动的高校、科研院所100余家。同时，重庆市积极推动紫光华智数字工厂、瑞声智能制造产业园等项目开工；促成华为鲲鹏计算产业生态重庆中心、海康威视重庆基地二期等项目落地；持续精准招商，深化与各产业链知名企业合作，在多方参与支持下，初步形成以华为、百度、腾讯、阿里巴巴、科大讯飞、依图网络等为中心的产业生态。

3. 重庆市人工智能产业人才现状

2020年疫情黑天鹅事件给全国企业和从业人员带来较大影响，各级政

---

① 由于重庆市统计局尚未统一人工智能产业统计口径，故参考李旭辉《长江经济带人工智能产业发展动态评价及系统协调度研究》（2020），将人工智能产业数据利用高技术产业数据进行近似替代处理。

② 资料来源：《2020年上半年重庆市经济运行情况》。

③ 资料来源：《2020年重庆市政府工作报告》，选取智能产业数据。

④ 资料来源：《习近平在中共中央政治局第九次集体学习时强调加强领导做好规划明确任务夯实基础推动我国新一代人工智能健康发展》。

府先后出台政策，开展专项活动，推进保就业，助力企业复工复产。重庆市着力打造人才“近悦远来”生态，总体来看，2 月以来，发布 5 项人才政策，支持重庆市广泛吸纳人才，保证高校毕业生就业。值得注意的是，疫情影响下，大多数企业人才需求量小，人才供过于求，但重庆市人工智能产业人才需求存在较大缺口，且人才流失十分严重，留在重庆市工作的人才占比仅约 47.2%。重庆市经信委最新发布的《重庆市制造业人才需求指导目录（2019 ~2022）》显示，预计 2020 ~2022 年，重庆市智能制造产业集群预计人才需求增量为 39740 人①。

为加快破解大数据智能化产业人才瓶颈，2019 年重庆市永川区人民政府联合重庆大学、西南大学等高校和百度、阿里、腾讯共同成立大数据产业人才联盟，构建“政产研学用”创新共同体，服务大数据产业发展，为产业提供人才动力，为人工智能产业发展提供强有力的支撑。2020 年 8 月，重庆市 5 个政府部门联合发布针对大数据智能化人才专项政策，包括搭建引才平台、支持建立见习基地、离岗创业保留人事关系等多项政策。2020 年 9 月荣昌区人力资源服务产业园正式开园，整合资源，为企业和人才提供一站式服务，打开产业聚才、才促产业的新局面。

二 2020年重庆人工智能产业链分析

人工智能产业链复杂度较高，学术界、产业界、政界等通常依据“底层理论 - 上层应用”的逻辑，将其分为基础层、技术层、应用层三个产业链环节。基础层包含算法、算力和数据层；技术层主要以自然语言处理技术、计算机视觉和语音识别为主；应用层范围较广，多为人工智能与传统行业衍生出的 AI + 传统行业，如 AI + 金融、AI + 医疗等。本文使用企查查数据库中的企业数据，数据处理后按产业链进行企业画像（见图 1）。

整体而言，重庆市人工智能产业链较为完备，基本实现各环节全覆盖。重

① 资料来源：《重庆市制造业人才需求指导目录（2019 ~2022）》。

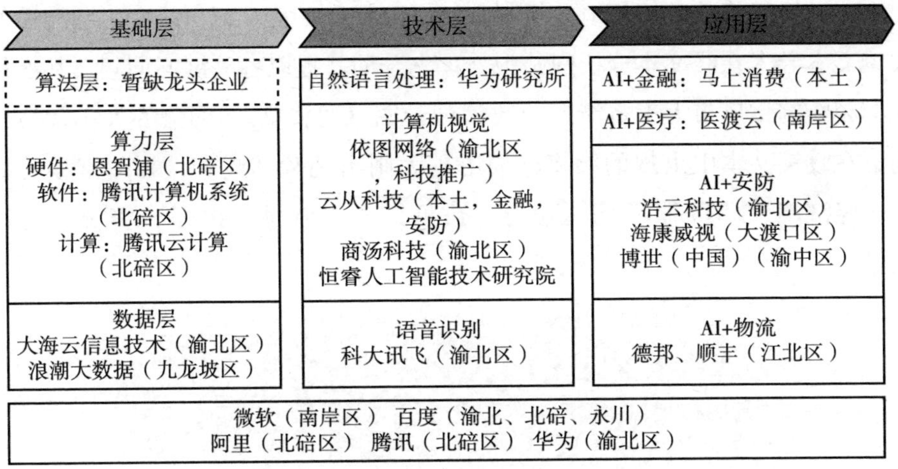

图1　重庆市人工智能企业画像

庆市结合自身汽摩产业、装备制造业等特色优势产业发展人工智能产业，打造“智慧名城”和“智能制造重镇”，不断培育本土特色企业并引入优质龙头企业。就企业所在地区而言，多数分布在北碚区和渝北区，大渡口区、渝中区、南岸区、江北区和九龙坡区亦有涉足，特别是两大AI＋物流企业均集中于江北区。

重庆市现有人工智能企业类型丰富度高，已覆盖软硬件、算力、算法以及大数据等。算法算力和大数据都是人工智能产业发展不可或缺的基础，但重庆市在最核心的算法层企业方面存在一定断层，算法企业的缺失或成为重庆市人工智能产业发展的瓶颈。技术层面，计算机视觉引领作用突出，特别是本土企业云从科技，不仅顺利孵化出恒睿人工智能技术研究院，而且企业影响力逐步扩大，迈入国家队，作为计算机视觉“四小龙”之一，承建国家人工智能基础资源公共服务平台。相比之下，专注自然语言处理和语音识别的企业数量颇少且影响力较低。应用层面，目前重庆市已布局丰富的人工智能应用场景，企业也在安防、物流、医疗等方面发力。

三　2020年重庆人工智能产业政策环境分析

企业画像展现了重庆市人工智能相关企业概况，政策对企业创新具有正向影响，后续将从政策环境分析与基础研究展开。将 6 篇与研究主题相关的政策文本导入在线文本分析网站中，首先分词并提取各关键词词频，其次依据词频绘制重庆市人工智能产业政策词云图（见图 2）。词语的大小代表该词语在政策文本中出现的频率，词语越大则出现频率越高，如关键核心技术、经济圈、芯屏器核网、融合、数据、人工智能、电子、资金、自动化等。

图 2　重庆市人工智能产业政策词云图

2020 年 1 月，中央财经委员会第六次会议首次提出成渝地区双城经济圈战略，推进成渝双城协同发展，形成重要产业增长极。2020 年 3 月，成渝两地同时获批国家级人工智能创新发展试验区，这与国家助力成渝地区双城经济圈建设密不可分。成渝两地应抓住机遇，协同互补发展，加快发挥人工智能等高技术产业的强大带动作用，实施融合应用，打造特色应用场景，带动两地及周边经济发展。

近年来，在各类利好政策支持下，重庆市人工智能产业发展虽保持正向增长，但重庆市乃至中国目前均面临着关键核心技术“卡脖子”问题。为把握自主可控的技术，迈向人工智能发展前列，重庆市出台政策引导各界以算法为核心，以硬件和数据为基础攻关可视交互、智能搜索、认知计算等技术。对比2017年国务院发布的《新一代人工智能发展规划》中明确指出的八大关键技术和重庆市现有企业布局，发现重庆市紧跟国家步伐，积极发布政策，重庆市圈定的关键核心技术与国家规划呈现“大体相近、部分互补”特点。但人工智能产业核心技术尚未实现跨越式突破，部分技术领域企业缺失等问题，需要各责任单位及时跟进并反馈进展。

算法、算力和数据是人工智能产业发展的基石。基础设施方面，重庆市已形成“芯屏器核网”产业集群。“芯”，主攻芯片设计、制造和封装，为人工智能基础层的算力赋能；“屏”和“器”，重点聚焦高清显示屏、智能穿戴、智能音箱等终端，处于人工智能产业应用层，产生大量数据，不断优化算法，形成良性循环；“核”，重点提升智能传感等核心元件；“网”，重点支持车联网、物联网等产业，推进智能网联汽车、AIoT布局，形成智能化生态体系。

数据方面，政策实现了从数据采集、数据标准、数据开放到数据应用等全流程多方位的指导。特别是数据应用方面，智能工厂、智慧医疗、智慧文旅、智能政务等应用场景对数据要求各不相同，如智能工厂要求数据可视化，智慧文旅要求利用大数据实现模拟服务和自动推荐。不过，仍存在着数据开放度不够的问题，重庆市暂未上线数据开放平台，而四川、北京、上海、浙江等均已上线①。

四　2020年重庆人工智能产业基础研究分析

基础研究是所有科学技术的理论和知识源头，是试验开发和应用研究的

① 资料来源：复旦大学开放树林，http：//ifopendata. fudan. edu. cn/。

基础，在经济发展、技术突破中有着举足轻重的作用。人工智能作为复杂多样且智力密集型的产业，其基础研究重要性不言而喻。基础研究产出多以学术论文、发明专利为代表，通过发文量、专利数量等来度量一个领域的科学研究水平。

因此，本文使用人工智能领域论文和专利数据来评估重庆市人工智能产业基础研究发展现状，采集中国知网检索结果中发文量 TOP10 的重庆高校作为研究对象，2017 年为我国人工智发展元年，故以 2017～2020 年 9 月发文数据分析基础研究现状及未来预测。重庆大学、西南大学和重庆邮电大学争当人工智能研究领域排头兵。

截至 2020 年 9 月，重庆大学发文量仅为上年的 59.1%，预计 2020 年整年发文量低于 2019 年；重庆工学院相关研究主要集中在 2001～2008 年，近年尚未见人工智能领域基础研究；余下 7 所高校 2020 年 9 月发文量均已高于同期或即将超越 2019 年发文量（见图 3）。

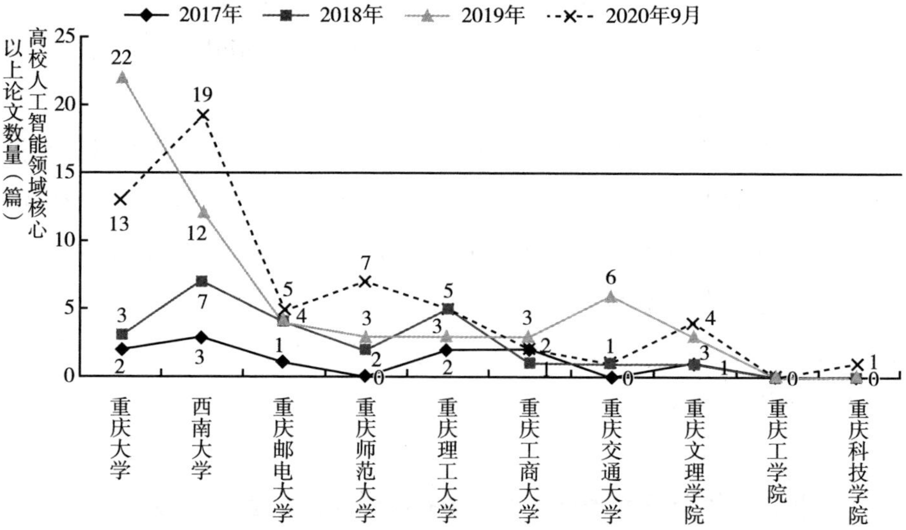

图 3　2017 年至 2020 年 9 月重庆市人工智能研究领域发文量 TOP10 高校年度发文量

研究内容尚未聚焦，分散于各个主题，呈现百花齐放的景象。高居发文量榜首的重庆大学和具备通信、计算机背景的重庆邮电大学主要集中于基础层和技术层的算法、具体技术和解决方案的研究，以西南大学为主力的文科类、师范类学校则将研究聚焦于应用层，即研究人工智能产业如何与各个传统行业融合、产业融合的影响等（见表1）。

表1　重庆市人工智能研究领域发文量TOP10高校总发文量和研究主题

单位：篇

学校	论文数量	研究主题
重庆大学	188	计算机视觉、大数据、知识工程、问题求解、机器人
西南大学	71	AI+教育、计算机视觉、系统设计
重庆邮电大学	40	机器人、政策文本挖掘、计算机视觉
重庆师范大学	20	科幻电影、AI+零售/煤矿
重庆理工大学	20	云计算、AI+农业/财务
重庆工商大学	19	机器人、AI+零售
重庆交通大学	15	AI+交通、AI+土建、决策系统
重庆文理学院	13	AI+出版、治理、路径优化
重庆工学院	11	FPGA、AI+财务/建筑
重庆科技学院	10	专家系统、综述

除论文产出外，知识产权与基础研究密不可分，在某种程度上代表着关键核心技术的自主可控度。就知识产权而言，重庆市拥有自主知识产权的企业稀少，知识产权宽度和广度不够。重庆市人工智能产业链版图中仅7家企业拥有软件著作权，且只有4家企业拥有专利。具体而言，拥有专利的企业已覆盖基础层、技术层和应用层。专利集中度较高，2家企业占据所有专利数量的96%，中科院重庆研究院孵化的专注计算机视觉的云从科技共产出114件专利，其科技创新T值高达52.25。

相对而言，软件著作权在产业链各环节分布较为分散，基础层和技术层的企业拥有97%的软件著作权。相比百度、腾讯、阿里、华为等巨头总公司而言，重庆分公司产出的专利和软件著作权略显不足，这可能与引入时间较短和经营范围不同有所关联（见图4）。

重庆市人工智能产业知识产权尚未形成规模，然而只有实现创新成果的规模化与集成化，才能降低企业研发与成果转化成本。因此，除拓展自身业务外，专注创新研发和成果应用对于企业自身和产业乃至地区发展都具备积极意义。

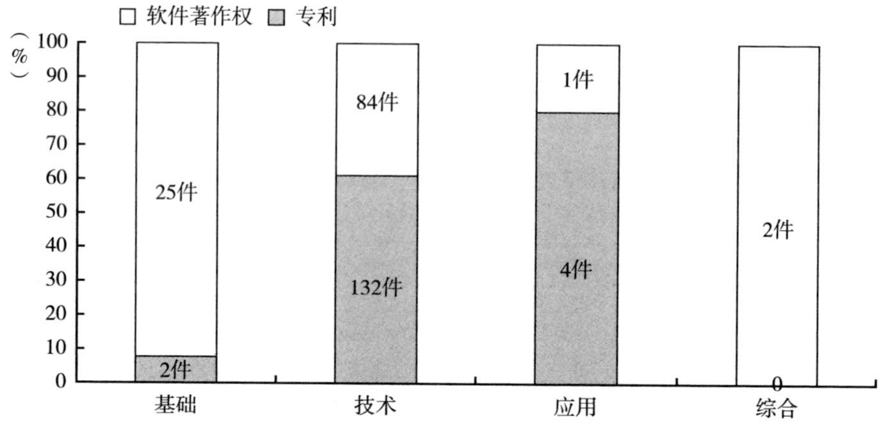

图 4　重庆市人工智能企业知识产权分布

五　发展建议

回顾重庆市 2020 年人工智能产业发展，整体发展势头良好。在新冠肺炎疫情的影响下，产业仍能增加值保持小幅增长，并获批新一代人工智能创新发展试验区。政府紧锣密鼓出台政策，及时为人工智能产业发展指明方向和重点领域，但仍然存在产业链、创新链、创新生态、基础研究支撑力不足等短板。为发挥长效带动作用，实现“智慧名城”目标，未来人工智能产业发展可从以下五个层面考虑。

1. 推动产业标准制定，提高社会认知，培养创新型人才

加强标准顶层设计，强化标准的落地与监督，加快创新技术和应用向标准转化。以马上金融等企业为主力，助力新一代国家人工智能标准体系建设。注重与智能制造、工业互联网、机器人、车联网等相关标准体系的协调配套。深化人工智能标准国际交流与合作，注重国际国内标准协同性，充分发挥标准对人工智能发展的支撑引领作用，为高质量发展保驾护航。同时，举办人工智能理论和应用会议、讲座，开设培训班，面向社会各界各年龄段进行科普，做到全民学习人工智能。另外，加强学科建设，加大对创新型人

才培养的投入力度，打造人才梯队，为企业培养和输送高水平人才。

2. 补全产业链提升价值链，组成并更新企业招商库

一是对标重庆市发展方向，按产业链全面梳理摸排现有企业的经营范围和创新能力等信息，组建企业招商库，实现精准招商。持续关注和评估产业链上各企业经营状况、带动效应和基础创新能力，建立激励机制。二是完善技术层的研发模式，使研发活动的技术导向和市场导向结构更为合理。三是鼓励本土科研机构孵化创新型企业，从源头催化创新。对创新能力强的本土企业，给予一定优待和奖励，并实行企业“传帮带”策略，以点带面，从线到片，逐步形成人工智能创新发展新高地。四是优化产业链空间布局，充分发挥西部（重庆）科学城等区位优势，促进产业集聚，在一定程度上规避单一企业发展的市场风险，增强新兴产业的韧性和抗风险能力。五是通过商业模式创新，提升产业价值链。建立以研发成果商业化为目标的创新平台，整合创新资源，鼓励各创新主体通过创新平台进行开放式研发。

3. 构建高质量创新生态系统，提升产业整体创新效能

在人工智能产业价值链的核心层面、关键技术方面，必须着力构建健康、稳定、可持续发展的创新生态系统，避免受制于人。创新生态系统的构建和治理需要跨主体、跨组织、跨领域，甚至跨区域的多元化网络协同。技术创新流动促进产业创新生态系统中创新主体间的联系由单一方向朝着多边方向转化，从而促进产业创新生态系统融合。政产学研创新主体间应大力协同，共建创新网络，加速技术流动，实现要素畅通，优化资源配置。通过大数据、工业物联网等新型基础设施建设，促进人工智能开放平台对关键核心技术创新生态系统的催化作用，加快建设创新主体间资源流动、协同发展、互惠互利的产业创新生态体系，加速人工智能产业迭代升级。

4. 鼓励基础研究，搭建科技创新能力评测系统

对于人工智能产业而言，重市庆要抓住创新范式转变时期的发展机遇，瞄准世界科技前沿，夯实研究基础，同时加强应用技术研究，从而实现后发追赶与弯道超车。走出适合重庆的创新道路，特别要把原始创新能力和基础研究能力提升摆在更加突出的位置，努力实现更多“从 0 到 1”的突破。鼓

励和引导高校及科研机构以基础研究为导向攻克关键核心技术，支持企业设置独立的研发机构，促进创新成果转化。政府应当充分考虑不同产业链环节和创新主体基础研究的特点，不断提升政府科研投入政策与外资引入政策之间的适配性，增强基础研究和先进技术的耦合度，从而进一步提升本土企业技术再造和自主创新水平。除鼓励基础研究外，需要搭建科技创新能力测评系统，定期判断各个创新主体创新能力高低，为检测、治理和提升创新能力提供新抓手和新依据。重点关注一成不变和发生突变的创新主体，由现象深入本质，表彰创新能力显著增强的主体并树立典型，及时发现创新动力和能力落后主体。

5. 着力建设人工智能产业创新服务中心

围绕西部（重庆）科学城搭建人工智能产业创新服务中心，优化产业创新软环境，增强创新资源和成果转化的整合能力，提升新型研发机构能力水平。一是建设科技服务平台，满足创新服务中心日常和运营需求；二是组建院士专家团队，打造高端智库，提供战略咨询、技术交流、创新成果判定等服务；三是成果转化和孵化中心，依托国家级众创空间、孵化器等载体，构建孵化创新网络体系；四是知识产权服务，主要提供包括知识产权战略咨询、信息分析评议、专利授权许可、专利分析等全流程服务。实现企业研发、科技成果转化的需求与高校、科研机构人才、科技成果等供给的精准匹配，有效链接政府、企业、高校、科研院所等创新共同体，整体提升供需体系质量，增强供给结构对需求变化的适应性，促进各主体融通创新。

参考文献

田娟、朱定局、杨文翰：《基于大数据平台的企业画像研究综述》，《计算机科学》2018 年第 S2 期。

余明桂、范蕊、钟慧洁：《中国产业政策与企业技术创新》，《中国工业经济》2016 年第 12 期。

田倩飞、张志强、任晓亚、张雪：《科技强国基础研究投入 - 产出 - 政策分析及其启示》，《中国科学院院刊》2019 年第 12 期。

李政刚：《我国人工智能产业发展：区域布局、技术趋势及对策建议——以重庆为例》，《工业经济论坛》2017 年第 6 期。

梁林、赵玉帛、刘兵：《国家级新区创新生态系统韧性监测与预警研究》，《中国软科学》2020 年第 7 期。

《国家新一代人工智能标准体系建设指南》，国家市场监督管理总局网站，2020 年 7 月 27 日。

孙早、许薛璐：《前沿技术差距与科学研究的创新效应——基础研究与应用研究谁扮演了更重要的角色》，《中国工业经济》2017 年第 3 期。

袁伟、高继平、于薇、邵英红：《融通创新模式及其支撑体系构建——荷兰人工智能创新中心对我国人工智能领域发展的启示》，《科技进步与对策》2020 年第 17 期。

乡村振兴篇

Rural Revitalization

B.9
2020～2021年重庆乡村振兴形势分析与预测

路　伟*

摘　要：2020年，重庆市委、市政府将乡村振兴与城市提升作为全市全局工作两大基本面，把乡村振兴作为重庆发展的最大潜力、城乡融合作为重庆发展的最高境界。特别是面对突如其来的新冠肺炎疫情，市委、市政府带领各区县、市级各部门统筹抓好疫情防控和“三农”工作，推动乡村振兴迈出了坚实步伐。站在“两个一百年”奋斗目标历史交汇点上，2021年，我们将深入学习贯彻党的十九届五中全会精神，习近平总书记关于“三农”工作重要论述和对重庆重要指示精神，按照市委五届九次全会部署，坚持农业农村优先发展，把确保粮食安全作为首要任务，把农业农村高质量发展作为主

* 路伟，重庆市委农业农村工委书记、重庆市农业农村委主任。

题，把深化农村改革作为根本动力，把强化农业科技创新作为战略支撑，把城乡发展一体化作为主攻方向，全面推进乡村振兴，奋力开启新时代重庆农业农村现代化建设新征程。

关键词： 重庆 乡村振兴 “五个振兴” 农业农村现代化

自党的十九大做出实施乡村振兴战略重大决策部署以来，重庆市委、市政府高度重视，带领全市上下深入学习贯彻习近平总书记关于“三农”工作重要论述和视察重庆重要讲话精神，坚持农业农村优先发展总方针，把乡村振兴与城市提升作为全市全局工作两大基本面，把乡村振兴作为重庆发展的最大潜力、城乡融合作为重庆发展的最高境界。2020 年以来，面对突如其来的新冠肺炎疫情，各区县、市级各部门统筹抓好疫情防控和“三农”工作，以实施乡村振兴十大重点工程为主抓手，坚持既取势更取实，以实干促振兴，推动乡村振兴迈出了坚实步伐。

一 重庆乡村振兴工作取得重要进展

各级各部门认真落实“五个振兴”要求，紧紧围绕实施乡村振兴战略行动计划、乡村振兴战略规划和十大重点工程等一系列部署，强化统筹协调、通力配合，坚持事项化、项目化、清单化推进，三年行动计划部署的 251 项重点任务、71 个重点项目到 2020 年底将全部完成，乡村振兴工作形成以点带面、重点突破、协调推进的良好局面。

（一）乡村产业高质量发展势头强劲

深入实施“十百千”工程，大力推进农业“接二连三”，乡村产业不断做大做强。一是粮食、生猪、蔬菜量足价稳。预计全年粮食种植面积 3025.7 万亩，比上年增加 26.7 万亩；总产量 1085.1 万吨，增加 9.9 万吨，有望创10年来新高。生猪产能持续加快恢复，截至10月末，全市存栏生猪1072.8万头，存栏量超额完成国家下达的850万头年度任务，年底将基本恢复到常年水平。蔬菜产业持续稳定发展，预计蔬菜产量2080万吨，比"十二五"时期末增长21.8%。与此同时，坚持每日汇总分析供应情况、每日监测价格，保障重要农产品价格平稳运行。二是十大特色产业蓬勃发展。加快调整产业结构，进一步优化产业布局，2020年新增柑橘、榨菜等特色产业67万亩，累计达到3100万亩，预计全年十大特色产业链综合产值可达到4500亿元。三是农产品加工加快发展。出台应对疫情支持新型农业经营主体渡难关促发展的政策措施，分级建立涉农企业指导员制度，指导推动主要保供企业复工达产。全市规上农产品加工企业复工率达100%。1~9月，全市农产品加工业总产值2291.11亿元，同比增长2.5%，其中规上农产品加工业总产值1803.21亿元，同比增长2.4%。四是乡村旅游提档升级。优化升级100条乡村旅游精品线路，推动乡村旅游恢复性增长。前三季度，全市乡村休闲旅游业综合收入518亿元，生产经营基本恢复到疫情前水平。五是农村电商增势迅猛。抓住疫情催生的机遇，因势利导加快推进农产品电商发展。农产品网络零售额达89.37亿元，增长33.5%。六是农产品品牌效益明显。成功将"巴味渝珍"纳入新华社民族品牌工程强力打造，累计授权产品512个。

（二）"三乡"人才队伍不断壮大

打好"乡情牌""乡愁牌""事业牌"，用足用好在乡、返乡、入乡人才。一是高素质农民培育力度加大。健全完善教育培训、评选认定、动态管理、扶持激励四个机制，新培育高素质农民2万人，累计达20万人。二是新型农业经营主体加快成长。新培育家庭农场7071个，累计达3.1万个；累计发展农民合作社3.73万个；新增国家级重点龙头企业9家，累计达41家。三是返乡就业创业逐渐升温。加强创业扶持，回引农村劳动力返乡就业创业99.7万人。持续滚动引进9292名本土人才回乡任职。四是农村紧缺人才进一步充实。近3年累计为基层招聘教育、卫生等紧缺专业人才9000余名，招募“三支一扶”人员1472名，选派建筑师、规划师、工程师、艺术家150名。

（三）乡风文明建设加快推进

持续开展“铸魂强根”行动，加快培育文明乡风、良好家风、淳朴民风。一是社会主义核心价值观宣传教育深入开展。累计开展线上线下专题课程1.14万余场次，梦想课堂参与度达54.91%。组织开展“孝善巴渝”主题评议活动1300余场、“家风润万家”活动2460余场次。二是基层文化设施提档升级。累计完成1017个乡镇（街道）、11099个村（社区）综合文化服务中心建设和提升。建成室内电影固定放映厅659个，覆盖率达到68.2%。三是乡土文化保护利用持续加强。完成潼南区千佛寺摩崖造像、云阳县彭氏宗祠等特色乡土文物修缮保护。实施石窟寺、三峡考古大遗址、重庆院子古建筑保护等重点乡土文物保护利用工程，指导各区县至少建成1个乡情陈列馆。四是移风易俗扎实推进。深入开展乡村移风易俗“十抵制十提倡”行动，劝阻大操大办、违规敛财等行为1.26万次。开展最美家庭、孝善立德等活动371场次。

（四）农村生态环境持续向好

积极践行绿水青山就是金山银山“两山论”，走深走实产业生态化、生态产业化“两化路”。一是农村人居环境整治成效明显。大力开展农村人居环境“五沿带动、全域整治”行动，组织450万党员干部群众参加村庄清洁行动，累计完成改厕102.6万户，卫生厕所普及率达82%；累计完成乡镇污水管网建设4543公里；加强农村生活垃圾整治力度，行政村生活垃圾有效治理率达99.9%；建成宜居村庄431个。二是长江禁捕退捕工作扎实推进。已全面完成国家核定的5342艘渔船、10489名渔民的退捕任务，实现三年任务两年完成。三是化肥农药实现双减量。大力推进化肥农药减量化行动，健全化肥农药减量调查评估机制，有机肥推广示范面积达28.92万亩。四是农业生产废弃物资源化利用力度加大。全市畜禽粪污、秸秆资源化综合利用率分别达到 84%、86%，废弃农膜回收率达到 87.7%。五是生态循环农业有序推进。大力实施水产绿色健康养殖，推广“一改五化”技术 26 万亩，建成稻渔综合种养模式示范基地 26 个 2 万余亩。

（五）乡村治理有力有效

围绕建设善治乡村，不断健全党组织领导的自治、法治、德治相结合的乡村治理体系。一是基层党组织建设持续深化。累计排查软弱涣散村党组织 3320 个，调整充实村党组织书记 1427 人。大力推行村“两委”班子成员交叉任职，全市村书记、主任“一肩挑”比例达 79.3%。二是基层法治建设强力推进。深化“枫桥经验”重庆实践十项行动，推进“法润乡村—服务乡村振兴战略”行动，推广“老马工作法”等，群众法治意识明显增强，守法用法氛围日益浓厚。三是村民自治能力不断增强。100% 的村（社区）修订完善村规民约。建立村民议事会、红白理事会等各类群众组织，目前“三会”已覆盖 97% 的行政村。四是平安乡村建设深入推进。在农村地区投入警力 7400 余人、警辅力量 5100 余人。扫黑除恶专项斗争纵深推进，抓获农村地区涉黑恶犯罪嫌疑人 634 人，破获农村地区涉黑恶团伙案件 1209 起。

（六）农村改革多点突破

以农村土地制度改革为牵引深化农村改革，激发乡村发展动力活力。一是农村承包地“三权分置”稳步推进。截至 2019 年底，全市土地流转面积 1529 万亩，流转率为 4.1%；土地规模经营面积 1299 万亩，经营集中度为 37.5%。二是农村“三变”改革试点扩面深化。试点村总数达 591 个，累计入股耕地、林地 86 万亩，盘活经营性资产 4.1 亿元、闲置农房 3645 套，97.8 万农民变股东。三是农村集体产权制度改革整市试点全面完成。全市 8809 个村、68801 个组完成集体资产股份合作制改革，累计确认集体经济组织成员 3773 万人次。四是农村宅基地改革稳慎推进。累计交易“地票”33.56 万亩、657.32 亿元，40 余万农户通过“地票”制度实现宅基地资产处置变现。五是村级集体经济加快发展。截至 2020 年第三季度，全市

91.6%的村实现有经营收入，31.7%的村经营收入达5万元以上，累计分红6800余万元。六是农村“三社”融合发展取得实效。截至2020年第三季度，基层社与农民合作社股份融合1253家、产业融合1402家，稳定产销对接597家。2019年，重庆农商行为1093家农民合作社提供贷款5.57亿元。

（七）农村基础设施和公共服务显著改善

围绕城乡基础设施互联互通和城乡公共服务均等化目标，加快补齐农村基础设施和公共服务突出短板。一是路水电等基础设施日益完善。2020年建成“四好农村路”8787公里，新开工水源工程10座，新建及改造农村电网1400余公里，村民小组通达率100%，自来水普及率提高到80.5%，供电可靠率达99.8%。二是“智慧农业·数字乡村”建设工程加快实施。在11个区县建设100万余亩柑橘精准化灌溉系统，建成农业物联网示范基地26个、智能化养殖示范基地3000亩和示范场2个。三是高标准农田建设和农田宜机化改造加快推进。以“两区”为重点大力推进“七化”高标准农田示范项目和万亩级“宜机化+全程机械化+综合农事服务”生产示范基地建设，累计建成高标准农田1236万亩、实施宜机化改造70万亩。四是农村公共服务短板加快补齐。城乡居民养老保险和医疗保险实现跨区域、跨险种衔接，参保率稳定在95%，城乡低保标准差距缩小到1∶0.8。

（八）脱贫攻坚取得决定性成效

始终把脱贫攻坚作为全面建成小康社会的底线任务和标志性指标，高位推动、尽锐出战。一是贫困区县全部脱贫摘帽。全市14个国家级贫困区县、4个市级贫困区县全部脱贫摘帽，1919个贫困村全部出列，累计动态识别（含贫困家庭人口增加）的190.6万建档立卡贫困人口全部脱贫。二是“两不愁三保障”突出问题动态清零。组织20余万干部开展4轮排查摸底、2次脱贫攻坚“回头看”，持续开展脱贫措施“户户清”行动，实现动态排查发现问题全面清零。三是18个深度贫困乡镇发展难题有效破解。培育市级乡村旅游示范乡镇55个、示范村点254个，带动贫困人口33万人。四是脱贫成果持续巩固。深入开展产业扶贫十大专项行动、脱贫攻坚“百日大会战”等，已累计发展扶贫特色产业基地700余万亩，产业到户46.7万户，贫困户覆盖率达90%。

与此同时，推动乡村振兴试验示范逐步显效。乡村振兴“6+5”试验示范和20个重点示范镇村工作加快推进，“长寿慢城”、梁平区“百里星宿”等项目已经开园，其他示范镇村已列出开园时间、开园主题等。

二　重庆市推进乡村振兴面临的发展形势

习近平总书记指出，进入新发展阶段，国内外环境的深刻变化既带来一系列新机遇，也带来一系列新挑战，危机并存、危中有机、危可转机。2021年是我国全面建成小康社会、实现第一个百年奋斗目标之后，乘势而上开启全面建设社会主义现代化国家新征程、向第二个百年奋斗目标进军的开局之年。站在“两个大局”的历史关口，处于“两个一百年”奋斗目标历史交汇点，重庆乡村振兴要在危机中育新机、于变局中开新局，需要迎接新挑战、把握新机遇。

（一）乡村振兴面临“五大挑战”

1. 重要农产品保供压力增大

从外部看，新冠肺炎疫情仍在全球持续蔓延，已有10多个国家大幅限制粮食出口，农产品供应链的稳定性、可靠性受到冲击。从内部看，农业总量不足和结构性问题并存，自然风险、生物安全风险、市场风险叠加，供给保障能力仍需进一步巩固。

2. 乡村人才回引难、培育难

当前，城市对乡村人才的吸附效应仍然较强，年轻专业人员离开基层工作岗位的情况不少。部分城市退休人员、党员干部、经济文化能人等有下乡意愿，但由于交通、住房、医疗等方面条件限制，很多人在乡村待不久。乡村基层缺人手、少人才、留不住人的问题较为普遍。

3. 返贫致贫风险不容小视

当前，我国现行标准下农村贫困人口绝大多数实现脱贫，但脱贫人口中仍有近200万人存在返贫风险，边缘人口中有近300万人存在致贫风险。重庆市部分已脱贫人口持续增收基础还不牢固，返贫风险依然存在，还需要高度重视并建立防贫返贫长效机制。

4. 农业农村投资资金筹措困难

地方财政收支矛盾突出，特别是基层“三保”压力较大，用于“三农”的增量资金不多。长期困扰农业农村发展的融资难、融资贵问题尚未有效破解。不少社会资本缺乏进入农业农村的动力。

5. 补上农业农村现代化短板任务艰巨

全面建成小康社会之后，城乡发展不平衡、乡村发展不充分仍是社会主要矛盾的主要表现。与快速推进的工业化、城镇化相比，农业农村发展步伐明显滞后，城乡基础设施、公共服务、社会治理等方面都还存在着巨大的差距，农业农村仍是社会主义现代化建设的突出短板。

（二）乡村振兴面临“五大机遇”

1. 构建新发展格局赋予新的战略机遇

加快形成以国内大循环为主体、国内国际双循环相互促进的新发展格局，是以习近平同志为核心的党中央审时度势做出的一个重大战略决策，也将是“十四五”期间我们在经济社会发展，特别是在经济发展方面的一个重大的战略。扩大内需畅通国内大循环，基础在“三农”，潜力后劲也在“三农”。扩大内需战略的深入实施，必将激活农业农村巨大市场，乡村消费增长将加力加快，广袤的农村市场必将成为扩大内需的亮点。

2. 国家宏观调控带来新的政策机遇

中央实施更加积极有为的财政政策，大幅扩大地方政府专项债券发行规模，有利于进一步扩大农业有效投资，推动农业优结构、增后劲。国家“两新一重”建设力度持续加大，给扩大农业农村有效投资带来重大利好，有利于加快补齐农业农村现代化发展短板。中共中央办公厅、国务院办公厅

《关于调整完善土地出让收入使用范围优先支持乡村振兴的意见》的出台，必将大力度调整土地出让收益城乡分配格局，为实施乡村振兴战略提供稳定可靠的资金来源。

3. 大数据智能化创造新的时代机遇

近年来，重庆市集中力量建设国家数字经济创新发展试验区，打造"制造重镇""智慧名城"，大数据智能化发展优势日益显现。大数据智能化在农业生产管理经营领域广泛应用，已取得明显成效。未来，以人工智能、大数据、5G 等为代表的新一轮信息技术将为农业农村转型发展深度赋能，智慧农业、数字乡村潜力巨大。

4. 重大区域发展战略提供新的合作机遇

新时代西部大开发、长江经济带绿色发展、成渝地区双城经济圈建设等国家重大区域发展战略深入推进，必将推动东中西部农业农村区域协同发展。全市"一区两群"区域协调发展，有利于各片区发挥农业农村比较优势，彰显各自特色、协调发展。

5. 新冠肺炎疫情催生新的转型机遇

疫情给农业农村发展带来挑战的同时，也推动中医药、农产品电商、冷链物流等新产业新业态快速发展。例如，疫情使人们的健康意识日益增强，在农副食品消费上更加注重健康、养生、保健，特别是对药食同源等养生保健型农产品消费大幅增长。又如，由于疫情防控需要，全面推进畜禽集中屠宰，逐步减少畜禽长距离调运，引导人们由活禽交易向冰鲜禽肉交易转变，为畜禽加工业、冷链物流业发展提供了良机。

（三）坚持以辩证思维把握新发展阶段的"三农"定位

虽然当前农产品供给、农民工就业等受到国际经贸形势影响，给农业农村发展带来短期干扰，但从长远看我国经济稳中向好、长期向好的基本趋势没有改变，乡村振兴面临的机遇大于挑战。基于此，我们对 2021 年及今后一个时期"三农"发展有以下几点认识。一是发展地位更"重"。身处全球粮食危机的关键节点，农业农村"压舱石"和"战略后院"地位将更加凸显，要求我们必须稳住农业基本盘，切实保障重要农产品供给。二是发展潜力更“大”。置于构建“双循环”新发展格局，占重庆辖区面积95%的农村具有广阔空间，要求我们必须把广大农村全面融入新发展格局，使其成为重庆发展的最大潜力。三是发展要求更“高”。重庆新型工业化、信息化、城镇化纵深发展，农业农村现代化建设要迎头追赶，要求我们加快补短板、锻长板、筑底板。四是发展路径更“广”。精准脱贫将全面转向乡村振兴，要求我们谋划实施一批重大工程、重大项目、重大改革、重大政策、重大事项。五是发展前景更“好”。城乡融合发展驶入快车道，要求我们建立健全城乡基础设施、产业发展、公共服务一体化发展新机制，最终实现城乡各美其美、美美与共。

三　2021年重庆实施乡村振兴战略的重点任务

2021年，我们将认真贯彻落实党的十九届五中全会精神，深入学习贯彻习近平总书记关于“三农”工作重要论述和对重庆重要指示精神，按照市委五届九次全会部署，坚持农业农村优先发展，把确保粮食安全作为首要任务，把农业农村高质量发展作为主题，把深化农村改革作为根本动力，把强化农业科技创新作为战略支撑，把城乡发展一体化作为主攻方向，全面推进乡村振兴，奋力开启新时代重庆农业农村现代化建设新征程。力争全年第一产业增加值增速继续超过全国平均水平、农村常住居民人均可支配收入增长与经济发展基本同步。

（一）切实加强重要农产品稳产保供

紧盯粮食、生猪、蔬菜“三张”任务清单，着力稳住农业“基本盘”。一是压紧压实“米袋子”“菜篮子”责任制，强化粮食安全区县长责任制考核，严格落实耕地地力保护和种粮大户补贴政策，推动粮食生产功能区全部种粮，利用撂荒地、农业科技等提高粮食产能。二是推进以生猪为重点的畜牧业加快转型升级，加快生猪产能恢复，支持提升规模养殖场设施装备机械化、智能化水平，持续推动畜牧业绿色循环发展。三是量质并举保障蔬菜稳定供应，加快推进蔬菜基地标准化改造，大力发展速生蔬菜，引进、选育新品种，加强田间管理。四是毫不松懈做好防灾减灾和重大动物植物疫病防控，健全重要农产品市场价格分析预警机制。

（二）加快推进乡村产业提质增效

产业兴旺是乡村振兴的重点，是解决农村一切问题的前提，必须下大力气推进乡村产业高质量发展。一是在调结构上下功夫。做优做强“多品种、小规模、高品质、好价钱”现代山地特色高效农业。加力发展农产品精深加工和乡村旅游、农村电商等新产业、新业态，推进一二三产业融合发展，全产业链提升农业效益。与此同时，高标准推进 20 个重点现代农业产业园建设。二是在提品质上下功夫。加强特色优质种质资源保护，大力选育推广优良品种。引导各类农业经营主体建设标准化生产基地，推进全程标准化生产。健全农产品质量分级及产地准出、市场准入制度，实现全产业链监管。三是在树品牌上下功夫。持续打造以“巴味渝珍”为龙头的品牌体系，培育汇达柠檬等 5 个国家级龙头企业品牌，打造涪陵榨菜等 50 个区域公用品牌。分行业培育“三峡”系列品牌，重点发展三峡柑橘品牌。四是在强科技上下功夫。加强农业科技创新，聚焦育种、农机装备等关键领域开展联合攻关，突破一批关键核心技术。大力推进产学研深度融合，加快农业科技成果转化应用。深入实施“智慧农业·数字乡村”建设工程。

（三）扎实推动乡村人才振兴

聚焦“三乡”人才培育，持续壮大乡村人才队伍。一是大力培育在乡人才。深入实施高素质农民培育工程，大力开展职业农民职称评定，培育扶持一批农业职业经理人、经纪人。将在乡人群纳入农村实用人才培养体系，加大培训力度，提升他们服务乡村振兴的能力和水平。二是持续回引人才返乡。加强返乡创业园建设，支持本地返乡农民工、高校毕业生、退役士兵等回乡创业创新。加强信息发布与交易平台建设，为返乡人员创业就业提供便利服务。三是加力引导人才入乡。支持企业家、医生、教师等各类人才，通过投资兴业、行医办学等方式，服务乡村振兴。持续实施高校毕业生“三支一扶”、高校毕业生基层成长、大学生志愿服务西部等计划。深入推进“三师一家”下乡服务工作。

（四）持续繁荣发展乡村文化

坚持在“铸魂强根”上精准发力，培植文明乡风、传承乡村文脉、重塑乡村文化，焕发乡村文明新气象。一是深化乡村思想道德建设。大力开展文明村镇、文明家庭创建活动，深入开展“美丽乡村·善美巴渝”“家风润万家”等主题活动，持续开展乡村移风易俗行动。深化公民道德建设，大力推进梦想课堂、“乡贤善治”等实践活动。二是深入挖掘传承优秀乡土文化。加强传统村落、历史文化名镇名村保护与活化利用。实施农耕文化传承保护工程，加强农耕文化遗产挖掘、利用。实施乡村非物质文化遗产保护传承项目，支持传承发展乡村地区传统表演艺术、工艺、医药等非物质文化遗产。三是优化升级乡村文化供给。加快建设重庆智慧文化和文旅公共服务云平台。加强区县“三馆一站”建设，逐步向乡村延伸。增强区域服务配送功能，推进基层综合文化服务中心全覆盖。创新文化下乡内容和形式，提高文化下乡活动质量。

（五）大力推进农业农村绿色发展

坚持学好用好“两山论”，走深走实“两化路”，努力实现产业兴百姓富生态美有机统一。一是成片推进农村人居环境改善。深入实施“五沿带动、全域整治”行动，全面开展“五清理一活动”专项行动，压茬推进“千村宜居”计划。加快推动成渝毗邻地区农村人居环境联控联治先导区建设、巴蜀美丽宜居乡村示范带建设。二是持续推进长江禁捕退捕。妥善做好退捕渔民生计保障。开展专项打击整治行动和常态化护渔清江行动。三是加强农业环境污染防治。全面推进畜牧养殖粪污、废弃农膜、农作物秸秆等资源化利用。加大农用地土壤污染防治力度，持续推进化肥农药减量行动。四是创新生态农业发展新模式。继续实施生态农业创新试点，推广畜沼果（菜）等生态循环农业模式。加快示范推广水产生态健康养殖技术。

（六）着力维护农村社会和谐稳定

坚持自治、法治、德治相结合，持续推进乡村治理能力和治理体系现代化。一是完善乡村治理体制机制。健全村级组织职能关系。全面推进村“两委”班子成员交叉任职，落实“四议两公开”制度。深化实施村党组织带头人整体优化提升行动，持续整顿软弱涣散村党组织。二是提升乡村自治能力。健全村民自治机制，完善村级事务制度。丰富议事协商形式，提升村级协商工作效率。深入实施村级事务阳光工程，完善党务、村务、财务公开制度。强化积分制推广应用。三是加强乡村法治能力建设。大力开展乡村法治宣传教育，推行“一村一法律顾问”制度。深入推进扫黑除恶专项斗争，加强农村交通等安全隐患排查和专项治理，完善矛盾纠纷排查调处化解机制。四是推进乡村德治能力建设。加强社会主义核心价值观教育，弘扬传统美德。健全村规民约激励约束机制，完善乡村信用体系。与此同时，大力推进乡村治理示范乡（镇）、村建设。

（七）深化农业农村改革

坚持以土地制度改革为主线，加强改革系统集成，增强农业农村发展活力。一是深化农村土地制度改革。稳步推进合川区第二轮土地承包到期后延包试点。完善农村集体经营性建设用地配套制度。稳慎推进农村宅基地、土地征收制度改革。二是扩面深化农村“三变”改革试点。系统总结经验，在条件成熟的乡镇整建制推进，重点在政策配套、主体培育、风险防范、产权交易、利益联结等方面持续探索深化。三是深化农村集体产权制度改革。加强集体资产监督管理。深入推进集体资产股份制改革。探索发展壮大村级集体经济组织的有效路径。四是改革完善农业支持保护制度。创新完善农业支持保护政策体系，强化绿色生态导向。建立健全化解农业自然风险和市场风险的农业保险制度。创新财政支农资金使用管理方式。五是持续深化

“三社”融合发展。推进供销社、合作社以股份方式相互加入，实现融合发展；推进信用社（重庆农村商业银行）等金融机构依托供销社开展普惠金融服务，打通农村金融服务“最后一公里”。

（八）加快补上农村基础设施和公共服务短板

坚持以人民为中心的发展思想，加快改善乡村基础设施条件，着力增加农村公共服务供给。一是完善基础设施网络体系。聚焦交通、水利、能源、信息等方面的“堵点”“痛点”，加快推进“四好农村路”建设、农村居民饮水巩固提升、农村电网改造、“信息乡村”建设等项目工程。二是健全公共服务保障体系。深入实施乡村教育提升工程、健康乡村工程、社会保障织网工程、养老服务进村工程等，加快推进城乡基本公共服务均等化。三是提升农业综合生产能力。全面落实“藏粮于地”战略，结合“两区”划定，扎实推进高标准农田建设。依托重点水源工程，加强农业灌溉渠系建设。加快推进丘陵山区“宜机化”改造。四是健全设施运行管护机制。明晰农村公共基础设施产权，落实主体责任、管护责任和监管责任，建立管护机制、明确管护标准、落实管护力量。

（九）扎实推进重大专项建设

重大专项是中央和重庆市委、市政府安排部署的硬任务，必须持之以恒抓紧抓好。一是加快推进成渝现代高效特色农业带建设。以沿线、沿江（河）、沿界为主轴，以成都、重庆两个中心城市之间连绵带为重点，以毗邻地区为先导，联动川西、川北、万达开、渝东南四片，培育高产高效粮油等九大产业集群，建设国家农业高新技术开发区等八项重点工程（平台）。二是加快推进国家城乡融合发展试验区重庆西部片区建设。因地制宜探索符合试验区实际、各具特色的改革路径和城乡融合发展模式，加快搭建城乡产业协同发展等两大平台，健全城乡有序流动的人口迁徙等三项制度。三是加快推进“一区两群”农业农村协同发展。大力推进主城都市区现代都市农业发展，加快建成城乡融合发展先行区，辐射带动“两群”农业农村发展。

推进“两群”大力发展绿色农业，建设美丽乡村，与“一区”联动发展，形成优势互补、协同高效的发展格局。

（十）加强脱贫攻坚与乡村振兴有效衔接

坚持把脱贫攻坚与乡村振兴有效衔接的各项工作摆上重要议事日程，加快推进脱贫攻坚工作向乡村振兴工作平稳过渡。一是加强“四个衔接”。在规划衔接上，精准对接脱贫攻坚三年行动计划与乡村振兴战略规划；在政策衔接上，研究制定2020年后减贫政策；在工作衔接上，加强脱贫攻坚和乡村振兴在领导机构、体制机制等方面的有效衔接；在保障衔接上，充分调动党政组织、改革创新、科技支撑、市场、人才、群众“六个力量”。二是抓好“一巩固”“六统筹”。探索建立解决相对贫困、防止返贫的动态监测和帮扶机制，巩固扩大脱贫攻坚成果；强化统筹协调，推进农村基础设施建设、乡村产业发展等六大重点任务。三是探索推进衔接试点。建立“季调度、半年督查、年终考核”工作机制，扎实推进“3＋18＋18”衔接试点，总结形成一批可复制可推广的衔接工作经验做法。

（十一）深化实施乡村振兴试验示范

坚持示范引领，以点带面、由点及面推进乡村全面振兴。一是滚动推进20个乡村振兴示范镇村建设。每个示范镇村每年安排500万元，重点支持基础设施建设、特色产业发展、农村人居环境整治等项目，努力把示范镇村建成“一村一品”特色村、产业融合发展示范村、走深走实“两化路”先行村。二是加强经验总结与宣传推广。坚持边探索边总结边推广，渐次推出一批示范镇村，形成一批制度成果。加大宣传推介力度，以典型示范带动面上发展。鼓励示范镇村组建示范联盟，形成互促共进、比学赶超的良好局面。三是强化考核督导。完善示范镇村资金、项目审核和年度绩效评价机制。加大督导力度，强化结果运用，采取通报、约谈、取消专项投入、撤销示范资格等措施，全面提升示范镇村建设水平。

参考文献

《习近平新时代中国特色社会主义思想学习纲要》，学习出版社、人民出版社，2019。

《习近平谈治国理政》（第三卷），外文出版社，2020。

《中共中央关于制定国民经济和社会发展第十四个五年规划和二〇三五年远景目标的建议》，《人民日报》2020 年 11 月 4 日。

习近平：《决胜全面建成小康社会　夺取新时代中国特色社会主义伟大胜利——在中国共产党第十九次全国代表大会上的报告》，人民出版社，2017。

B.10

2020～2021年重庆扶贫形势分析与预测

重庆市扶贫开发办公室

摘　要：　党的十九大以来，重庆市委、市政府带领全市各级各部门深学笃用习近平总书记关于扶贫工作重要论述和视察重庆重要讲话精神，坚决贯彻党中央、国务院决策部署，始终把脱贫攻坚作为重大政治任务和第一民生工程，大力度、高频度推动脱贫攻坚责任落实、政策落实、工作落实。2020年，全市上下深入学习贯彻落实习近平总书记在决战决胜脱贫攻坚座谈会上重要讲话精神，以“更大决心、更强力度”和“不停顿、不大意、不放松”的决胜姿态，统筹推进“战贫”与“战疫”“战灾”，决战决胜脱贫攻坚，“两不愁三保障”全面实现，“两个确保”顺利完成，脱贫攻坚取得显著成效。

关键词：　重庆　脱贫攻坚　决战决胜

一　重庆脱贫攻坚总体情况

重庆集大城市、大农村、大山区、大库区和少数民族地区于一体，脱贫攻坚任务不轻。党的十九大以来，市委、市政府带领全市各级各部门深学笃用习近平总书记关于扶贫工作重要论述和视察重庆重要讲话精神，坚决贯彻党中央、国务院决策部署和国务院扶贫办工作要求，对标对表落实《中共中央国务院关于打赢脱贫攻坚战的决定》《中共中央国务院关于打赢脱贫攻坚战三年行动的指导意见》等部署，始终把脱贫攻坚作为重大政治任务和第一民生工程，作为全面建成小康社会的底线任务和标志性指标，强化政治担当、强化思想武装、强化精准方略、强化尽锐出战、强化问题导向，大力度、高频度推动脱贫攻坚责任落实、政策落实、工作落实，脱贫攻坚取得显著成效。

2019 年4 月15 日至17 日，习近平总书记亲临重庆视察指导，对重庆脱贫攻坚工作给予充分肯定。总书记指出，“党的十九大以来，重庆聚焦深度贫困地区脱贫攻坚，脱贫成效是显著的”，“重庆的脱贫攻坚工作，我心里是托底的”。全市上下牢记总书记嘱托，感恩奋进、顽强作战。党的十九大以来，全市党员干部脱贫攻坚的政治意识、责任意识、担当意识前所未有，脱贫攻坚举措、投入的资金、投入的精力前所未有，全市发生的变化、取得的成效、老百姓的获得感幸福感安全感前所未有。经过“8 年精准扶贫、5 年脱贫攻坚”，彻底改变了贫困地区的面貌，极大改善了生产生活条件，显著提高了群众生活质量，“两不愁三保障”全面实现，“两个确保”顺利完成。

（一）历史性消除了绝对贫困

14 个国家扶贫开发工作重点区县、4 个市级扶贫开发工作重点区县全部脱贫摘帽，1919 个贫困村脱贫出列，累计动态识别（含贫困家庭人口增加）的190. 6 万建档立卡贫困人口全部脱贫，所有贫困群众实现“两不愁”真不愁、“三保障”全保障。地处武陵山、秦巴山集中连片特困地区的12 个区县摆脱贫困，18 个市级深度贫困乡镇发生翻天覆地的变化，区域性整体贫困得到有效解决。

（二）大幅提高了贫困群众收入水平

14 个国家扶贫开发工作重点区县农村常住居民人均可支配收入由2014 年的8044 元增加到2019 年的13832 元，年均增长11. 7%，比同期全市、全国平均增幅分别高1.6个、2.5个百分点。建档立卡贫困人口人均纯收入由2014年的4920元增加到2020年的11581元，年均增长15.34%。

（三）极大改善了农村生产生活生态条件

新修建农村公路8.4万公里，农村公路通车里程超过16万公里。实施农村饮水安全巩固提升工程1.9万余处，农村集中供水率达88%、自来水普及率达86%，农村人口供水入户比例达97.5%。完成贫困人口易地扶贫搬迁25.2万人，改造农村危房30.9万户。建成村卫生室10209个，农村5230所义务教育阶段学校全部达标。所有贫困村通宽带、4G信号全覆盖，农村电网供电可靠率达99.8%。

（四）明显加快了贫困地区经济社会发展

“十三五”时期，14个国家扶贫开发工作重点区县、4个市级扶贫开发工作重点区县GDP年均增长8.2%，比全市平均增速长0.1个百分点。每个贫困区县培育1个以上扶贫主导产业，共新发展柑橘、榨菜、中药材、茶叶等扶贫产业2151万亩，包括18个贫困区县843万亩。农业产业结构有效调整，产业发展水平和贫困地区产业聚集度明显提升。

（五）有效提升了农村基层治理能力

严格落实“五级书记抓扶贫”责任制，开展“四级书记遍访”行动，5800个驻乡驻村工作队、2.27万名驻村工作队员、20余万名结对帮扶干部扎根一线，回引本土人才1.57万名，基层党组织战斗堡垒作用明显增强，基层干部素质能力有效提升，党在农村的执政基础不断夯实。全面构建专项扶贫、行业扶贫、社会扶贫“三位一体”大扶贫格局，各级党委和政府以及社会各方面协同发力、合力攻坚，东部西部守望相助、协作攻坚，形成了强大合力。

（六）显著提振了干部群众精气神

广大党员干部吃苦耐劳、不怕牺牲，舍小家、为大家，用苦干实干演绎了一场场战天斗地的艰苦壮举，谱写了一曲曲感天动地的奋斗之歌，书写了一个个改天换地的英雄故事，涌现出杨骅、周康云、严克美、王贞六等一大批扎根基层、甘于奉献、带头致富的先进典型，毛相林被中宣部授予“时代楷模”称号，充分彰显了共产党人的使命担当和牺牲奉献。全市累计表彰脱贫攻坚先进集体249个、先进个人499名，荣获全国脱贫攻坚奖的先进集体2个、先进个人12名，4100多名优秀扶贫干部在脱贫攻坚中得到提拔重用。

二　2020年重庆脱贫攻坚工作情况

2020年，全市上下深入学习贯彻落实习近平总书记在决战决胜脱贫攻坚座谈会上重要讲话精神，以“更大决心、更强力度”和“不停顿、不大意、不放松”的决胜姿态，聚焦统筹推进“战贫”与“战疫”“战灾”，咬定目标、强化责任，脱贫攻坚的力度、资金投入的强度、政策保障的厚度、社会参与的广度、工作开展的热度持续加强，以强劲态势向脱贫攻坚发起总攻。

（一）深入学习贯彻习近平总书记在决战决胜脱贫攻坚座谈会上重要讲话和系列重要指示精神，始终保持“更大决心、更强力度”决战决胜姿态

召开市委五届八次、九次全会，深入学习贯彻习近平总书记在决战决胜脱贫攻坚座谈会上重要讲话精神，对打好脱贫攻坚收官战及巩固拓展脱贫攻坚成果进行谋划部署。先后召开市委常委会会议17次、市政府常务会议19次、市扶贫开发领导小组会议5次，制度化研究推进脱贫攻坚工作。印发《关于认真学习宣传贯彻习近平总书记在决战决胜脱贫攻坚座谈会上重要讲话精神坚决如期高质量打赢脱贫攻坚战的通知》，明确25项具体任务，清单化推进工作。分片区召开渝东北三峡库区城镇群、渝东南武陵山区城镇群、主城都市区脱贫攻坚现场推进会，分行业召开产业扶贫、消费扶贫、易

地扶贫搬迁后续扶持、乡村旅游扶贫、健康扶贫等工作推进会，持续推动各项工作落实落地。紧扣学习贯彻习近平总书记重要讲话精神，分级分类开展扶贫干部培训15万人次。第一时间学习贯彻习近平总书记12月3日在中央政治局常委会会议上重要讲话精神，一鼓作气抓收官。

（二）统筹推进“战贫”与“战疫”“战灾”，认真答好脱贫攻坚“加试题”

市委、市政府成立化解疫情灾情影响专项小组，建立周评估、月报告、月通报制度，出台70余条政策措施，全力化解疫情灾情对脱贫攻坚不利影响，未出现因疫因灾致贫返贫情况。一是贫困劳动力实现稳岗就业。落实从“家门口”到“厂门口”全程跟踪服务，实现务工就业75.1万人，较上年增加5.2万人；开发公益性岗位就近安置贫困人口9.8万人，较上年增加4.1万人；创办扶贫车间436个，吸纳贫困人口就业3973人。二是涉贫龙头企业全面开工复工。出台支持新型农业经营主体渡难关促发展12条政策举措，998家涉贫龙头企业全部开工复工，90%以上达产达效。12032个扶贫项目全部开工，“两不愁三保障”项目全面完成。三是贫困地区滞销农畜产品全部销售。大力开展消费扶贫行动，投放消费扶贫智能专柜1717台。建成重庆消费扶贫馆和中国西部消费扶贫中心。建成线上线下消费扶贫企业及地方馆54个、消费扶贫专区333个。建立滞销农产品信息动态收集发布机制，开展直播带货、公益消费扶贫等活动。疫情期间滞销农畜产品1.37亿元全部销售，全市共销售扶贫产品55.4亿元。四是帮扶工作扎实有效开展。组织20余万名帮扶干部创新开展精准帮扶，驻乡驻村工作队和第一书记及时到岗到位。对确诊新冠肺炎贫困人口按低保标准2倍发放临时救助金，为贫困人口提供疫情商业保险，免费发放防疫物资，确保贫困群众基本生活不受影响。落实专项资金，及时解决受灾贫困户饮水安全问题6321户、住房安全问题689户，将灾害造成特殊困难的5户22人纳入监测户、边缘户进行重点帮扶。

（三）接续推进定点攻坚战、百日大会战、收官大决战“三大战役”，动态解决“两不愁三保障”问题并巩固提升

一是打好定点攻坚战。市委、市政府主要领导带头，22 位市领导深入 18 个深度贫困乡镇、100 个贫困村开展定点攻坚，形成以上率下、全力冲刺的强劲态势。二是打好百日大会战。4 月至 7 月，围绕会战剩余贫困、疫情影响、问题整改、成果巩固、普查基础、数据质量等六项重点，组织近 9 万名干部，组建自查评估小组 1.7 万个，逐村逐户逐项走访、自查、评估，全面查漏补缺、强弱补短。三是打好收官大决战。9 月至 12 月，聚焦责任落实、政策落地、脱贫质量、问题整改、数据质量、圆满交卷等六个方面，逐项对标交账。市扶贫开发领导小组对“收官大决战”每月进行一次视频调度，保持响鼓重锤，确保圆满收官。

（四）扎实开展脱贫攻坚总攻“十大专项行动”，推动脱贫攻坚提质增效

大力实施健康医疗扶贫、产业扶贫、就业扶贫、消费扶贫、乡村旅游扶贫、扶贫小额信贷及金融扶贫、易地扶贫搬迁后续扶持、生态扶贫、社会救助兜底、“志智双扶”等脱贫攻坚总攻“十大专项行动”，逐一制定方案，确定任务清单，实行定期调度。健康医疗扶贫专项行动惠及贫困人口 156 万人次。全市扶贫产业覆盖有劳动能力贫困户 90% 以上。新开发乡村旅游点 74 个，乡村旅游重点村旅游从业人员 3.41 万人。累计发放扶贫小额贷款 89 亿元，贫困户获贷率达 52.96%。易地扶贫搬迁集中安置点特色产业覆盖搬迁贫困户 3890 户 14175 人，覆盖率达 93.3%，10.5 万搬迁劳动力稳定就业。吸纳贫困人员参与生态保护和建设 10 余万人次，森林生态效益补偿等惠及贫困户 34.6 万户。深化移风易俗“十抵制十提倡”，开展贫困劳动力实用技术及技能培训 23.6 万人次。将符合条件的 25 万人纳入低保保障，实施特困供养 1.26 万人。

（五）始终坚持问题导向，全面整改落实脱贫攻坚各类问题

一体推进中央脱贫攻坚专项巡视“回头看”、国家脱贫攻坚成效考核、国家脱贫攻坚普查、国家督查发现问题和“不忘初心、牢记使命”主题教育检视问题以及各类排查、审计、检查发现问题整改。一是从市级改起、从市领导做起。市委建立“领导小组 + 专项小组 + 定点包干”整改工作责任制，成立整改工作领导小组，市委、市政府主要领导分别担任组长、副组长，7 位市领导为成员，下设 10 个专项小组。先后召开整改领导小组会议 3 次，整改工作办公室会议 16 次，压茬推进整改落实工作。二是事项化、清单化、对象化推进整改。分别制定整改方案，建立问题、任务、责任“三个清单”，做到定人定责、定目标定时间、定任务定标准。坚持市、区县、乡镇、村“四级联动”，建立整改调度、监督、核验机制，开发整改工作信息平台，强化跟踪督导，确保整改质量。三是举一反三、标本兼治抓整改。开展整改“回头看”，对照其他省的问题举一反三，逐项检视，彻底整改，制定和修改完善政策制度 14 项。截至目前，整改任务全面完成。

（六）深化东西部扶贫协作和中央单位定点扶贫，完善大扶贫工作格局

一是鲁渝扶贫协作任务全部提前超额完成。召开鲁渝扶贫协作联席会议 2 次，市委主要领导出席会议，市政府主要领导带队到山东对接推动。市委、市政府先后 5 次研究部署深化扶贫协作工作。山东省落实财政援助资金 7.17 亿元，实施帮扶项目 385 个，引进 42 家企业在我市贫困区县投资 6.4 亿元。引导社会捐赠 1.56 亿元。开展“十万吨渝货进山东”“十万山东人游重庆”行动，山东帮助我市销售农特产品 4.06 亿元、山东来渝游客达 91.59 万人次。帮助贫困劳动力转移就业或就近就业 5068 人。选派 56 名党政干部和 312 名专技人才到山东挂职锻炼，双方共同举办党政干部培训班 74 期，培训 5560 人次。遴选 140 名村党组织书记赴山东随岗锻炼。二是中央单位定点扶贫持续加力。召开中央单位定点扶贫重庆工作座谈会、中组部

赴渝挂职干部座谈会、中央单位定点扶贫挂职干部座谈会。9家中央单位投入帮扶资金2.53亿元，引进帮扶资金1.91亿元，帮助培训基层干部10412名、技术人员13598名；采购贫困地区农产品3746.2万元，帮助销售贫困地区农产品7954.8万元。

（七）把防止返贫摆在突出位置，有效巩固拓展脱贫成果

一是严格落实“四个不摘”要求。保持贫困区县党政正职和分管负责同志分工稳定，6名贫困县县委书记晋升一级巡视员，继续担任现职。市与区县签订巩固成果责任书。落实财政专项扶贫资金67.4亿元，增长11.9%，其中市级资金22.9亿元，增长19.2%。统筹推进重点区县与非重点区县、贫困村与非贫困村帮扶发展。二是健全落实防止返贫监测和帮扶机制。制定《关于建立防止返贫监测和帮扶机制的实施意见》，建立三级监测体系，实现“一对一”监测，及时跟进落实产业、就业及综合保障等帮扶举措。三是加强扶贫资产管理运营。制定《关于加强扶贫资产管理工作的意见（试行）》，以区县为单位全面开展扶贫资产清理核查、分类登记，明晰产权，探索多种管护模式。

（八）精心开展脱贫攻坚普查，全面检验脱贫成效

一是领导有力。成立市、区县、乡镇三级脱贫攻坚普查领导小组。市委主要领导亲自审定《脱贫攻坚普查工作方案》，赴黔江区实地调研指导普查工作。市政府主要领导出席全市脱贫攻坚普查工作电视电话会议并作动员部署。二是组织有序。设立综合协调、业务指导、数据处理、宣传信息、质量监督、数据审验等6个工作小组，抽调力量集中办公，建立“日计划、周调度、月小结”工作机制，确保工作到人、责任到岗。选调4280名普查人员组建16个普查工作组，依法规范、有序、安全推进现场登记。三是推进有效。圆满完成16个区县、36.2万贫困户国家普查任务，对另外17个区县、5.2万户贫困户开展市级专项调查，国家普查和市级专项调查覆盖全部有扶贫开发任务的区县、全市86%的贫困户，实现普查工作“零差错”、数据质量“零问题”，得到国家普查办充分肯定。

（九）深入开展总结宣传研究，讲好重庆脱贫攻坚故事

一是全面总结。成立工作专班，开展全面系统总结，建立脱贫攻坚典型案例库，拍摄“1+18”脱贫攻坚纪实专题片。二是广泛宣传。精心组织习近平总书记视察重庆一周年系列宣传活动，《人民日报》、新华社等中央媒体原创重点报道我市扶贫领域新闻500余篇；市级媒体开设“砥砺奋进、决战脱贫”专题宣传，原创报道全市扶贫领域新闻2.4万余篇。举办脱贫攻坚系列主题新闻发布会14场次。三是深入研究。启动“十四五”巩固拓展脱贫攻坚成果规划编制工作。与四川省扶贫开发局签署《川渝扶贫领域合作框架协议》，推进川渝扶贫合作，助力成渝地区双城经济圈建设。

（十）深化抓党建促脱贫攻坚，推动脱贫攻坚不断走深走实

一是加强基层组织建设和干部队伍建设。全覆盖研判乡镇、村班子，培养储备村级后备力量2.1万名。健全扶贫干部激励关爱机制，提拔重用脱贫攻坚一线干部1768名。开展脱贫攻坚先进典型评选表彰，召开全市脱贫攻坚表彰大会，组织开展国家、市级脱贫攻坚先进事迹巡回报告会99场次。动态排查整顿软弱涣散村党组织，将100个脱贫攻坚定点攻坚村党组织纳入软弱涣散基层党组织进行整顿。二是实行最严格的督查巡查制度。组建16个由正厅局级干部任组长的督查巡查组开展常态化督查巡查，分级全覆盖开展扶贫专项审计，建立及时发现问题、主动自查自纠工作机制。三是深化扶贫领域腐败和作风问题专项治理。扎实开展扶贫领域“以案四说”“以案四改”，扶贫领域违法违规案件量呈下降趋势。2020年以来，全市查纠扶贫领域腐败和作风问题427件702人，同比分别下降76%、73%。

三　2021年重庆扶贫工作思路

坚持以习近平新时代中国特色社会主义思想为指导，深入学习贯彻党的十九届五中全会精神，认真学习贯彻习近平总书记12月3日在中央政治局

常委会会议上重要讲话精神，按照市委五届九次全会部署，巩固拓展脱贫攻坚成果，抓好脱贫攻坚总结宣传，扎实做好巩固拓展脱贫攻坚成果同乡村振兴有效衔接。

一是全力巩固拓展脱贫攻坚成果。精心编制“十四五”巩固拓展脱贫攻坚成果规划。严格落实“四个不摘”要求，保持现有帮扶政策、资金支持、帮扶力量总体稳定。健全落实防止返贫监测和帮扶机制，确保脱贫户不返贫、边缘户不致贫。持续发展壮大扶贫产业，完善利益联结机制，促进脱贫人口稳定就业。深化消费扶贫，用好“三专一平台”，拓展销售渠道，创新流通方式，促进稳定销售。强化易地搬迁后续扶持，确保搬迁群众稳得住、有产业、有就业、逐步致富。健全扶贫资金资产项目管理运营机制，确保可持续发挥效益。深化东西部协作，落实“一区两群”对口协作机制。以现有社会保障体系为依托，完善农村低收入人口帮扶机制，规范管理公益岗位。

二是着力抓好脱贫攻坚总结宣传。分级分区域全面系统总结脱贫攻坚实践成果、制度成果、理论成果，提炼伟大脱贫攻坚精神。开展脱贫攻坚精神宣传宣讲，组织开展脱贫攻坚成果展，创作以脱贫攻坚为主题的文艺作品，讲好脱贫攻坚故事。编写《重庆脱贫攻坚蓝皮书》。

三是深入研究、做好巩固拓展脱贫攻坚成果同乡村振兴有效衔接工作。修改完善巩固拓展脱贫攻坚成果同乡村振兴衔接的实施意见，推动领导体制、发展规划、政策投入、考核机制等有效衔接。开展农村低收入人口帮扶政策专题调研，研究农村低收入人口认定条件、帮扶政策和帮扶机制。把巩固脱贫成果、防止返贫作为乡村振兴首要任务，全面、分类推进乡村振兴。健全推动农村可持续发展体制机制，建立完善边缘乡镇、边缘村乡村振兴帮扶机制和政策措施，增强其巩固脱贫成果内生发展能力。

参考文献

《习近平总书记在决战决胜脱贫攻坚座谈会上的讲话》，新华网，2020年3月6日。

B.11

后小康社会山区丘陵地区构建现代农业经营体系的形势与任务

——以重庆为例

丁忠兵*

摘　要：山区丘陵地区是我国特色农业发展的重点地区，加快构建现代农业经营体系，大力发展现代特色农业，意义重大。近年来，在国家一系列重大战略政策支持下，我国山区丘陵地区现代农业经营体系构建取得了积极成效，但也存在新型农业经营主体实力较弱，融资、用工、用地难度大、成本高等突出问题。后小康社会，随着国际国内形势的深刻变化，我国山区丘陵地区构建现代农业经营体系的条件更加成熟，要求更加紧迫，意义更加重大。基于此，后小康社会我国山区丘陵地区构建现代农业经营体系的目标任务要从增收导向向增产、增效、增收并重转变，从以发展特色农业为主向以发展现代农业为主转变，从以兼业农民为主向以职业农民为主转变。具体的政策建议是坚持市场化方向构建现代农业经营体系，平等扶持各类新型农业经营主体，加强农业经营主体的联合与合作，因地制宜创新农业经营模式。

关键词：重庆　山区丘陵地区　现代农业经营体系　特色农业

* 丁忠兵，研究员，博士，重庆社会科学院改革杂志社副总编辑，研究方向为农村组织与制度、农民合作社、农产品电商。

中国是多山的国家，山区丘陵（泛指山地、丘陵以及较崎岖的高原地区）面积占国土总面积的2/3以上，居住着全国1/3的人口，集中了全国43%的耕地、98%的森林资源和大部分矿产资源，是我国特色农业发展的重点地区。后小康社会，山区丘陵地区加快构建现代农业经营体系，大力发展现代特色农业，对于拓展我国农业发展空间、保障国家粮食安全、推动乡村振兴，意义重大。

一　文献综述

农业经营体系是在农村基本经营制度的基础上，顺应农业农村发展形势的变化，通过自发或政府引导，形成的农产品生产、加工、销售和生产服务性主体及其关系的总和。构建、调整、优化农业经营体系既是生产关系适应生产力发展的内在要求，也是生产关系适应生产力发展的外在体现。

近年来，以习近平为核心的党中央高度重视农业经营体系的构建与优化。党的十八大报告明确提出要“构建集约化、专业化、组织化、社会化相结合的新型农业经营体系”，党的十九大报告进一步提出要“构建现代农业产业体系、生产体系、经营体系”。2018年9月，习近平总书记在主持中共十九届中央政治局第八次集体学习时讲话指出，“人均一亩三分地、户均不过十亩田”，是我国许多地方农业的真实写照。这样的资源禀赋决定了我们不可能各地都像欧美那样搞大规模农业、大机械作业，多数地区要通过健全农业社会化服务体系，实现小规模农户和现代农业发展有机衔接。当前和今后一个时期，要突出抓好农民合作社和家庭农场两类经营主体发展，赋予双层经营体制新的内涵，不断提高经营效率。这些重大战略、方针、论断为新时期我国农业经营体系的构建与优化提供了方向指引。

在学术界，学者们对我国各地农业经营体系建设的丰富实践经验进行了梳理总结，对我国构建新型农业经营体系、现代农业经营体系面临的困难问题进行了较深入分析，并提出了不少具有针对性、前瞻性的意见建议。郑风田、焦万慧提出，现阶段中国构建新型农业经营体系的基本思路应当是在保障农民根本利益的前提下，实施种养专业化、生产组织化、服务社会化等一系列改革，促进农业集约化生产经营，切实增强农村活力，提高农民收入，繁荣农村经济。姜长云提出，构建新型农业经营体系需要培育充满活力、富有竞争力和创新能力的新型农业经营主体，发展引领有效、支撑得力、网络发展的农业生产性服务业，形成分工协作、优势互补、链接高效的现代农业产业组织体系，按照构建新型农业产业体系的要求加快制度创新和政策创新。黄祖辉、傅琳琳指出，新型农业经营体系应该是现代农业产业体系、组织（主体）体系、制度体系和网络体系的集合体。产业组织与组织制度的选择和安排是新型农业经营体系的关键。张红宇指出，结合新型农业经营主体成长的内部、外部环境因素来看，中国特色现代农业经营体系将表现出分层化、规模化、专业化、协同化、企业化和规范化的发展取向。赵军洁、张建胜回顾总结了新中国成立 70 多年来的农村改革历程，将我国农业经营体系的改革和完善划分为四个阶段，提出构建新型农业经营体系需要注重以家庭经营为基础创新农业经营方式、引导新型经营主体通过多种形式带动小农户共同发展、支持多种经营主体融合发展以提升农业产业链和价值链现代化水平。张晓山认为，小农户与现代农业有机衔接问题是现代农业发展面临的四大新挑战之一，在农产品的生产端和消费端都存在一些亟待解决的问题。

总体来看，当前无论是党和国家领导层还是学术界，对于构建现代农业经营体系重大意义的认识比较到位，对后小康社会我国山区丘陵地区构建现代农业经营体系具有重要指导意义和重大参考价值。

二　山区丘陵地区构建现代农业经营体系的现状

构建现代农业经营体系，培育新型农业经营主体，发展多种形式适度规模经营，是推进农业现代化、实现乡村全面振兴的必然要求。近年来，党中央、国务院就新型农业经营主体培育、小农户与现代农业有机衔接、建立现代农业经营体系等方面做出了一系列重大战略部署，推动包括山区丘陵地区在内的广大农村地区初步形成以农户家庭经营为基础、合作与联合为纽带、社会化服务为支撑的立体式复合型现代农业经营体系。

相关资料显示，截至2018年底，全国各类新型农业经营主体和服务主体总量超过300万家，其中家庭农场近60万家，依法登记的农民合作社达到217.3万家，从事农业生产托管的社会化服务组织达到37万个。全国家庭农场经营土地面积达到1.62亿亩，3.5万家农民合作社创办加工实体，近2万家农民合作社发展农村电子商务，7000多家农民合作社进军休闲农业和乡村旅游。全国各类家庭农场年销售农产品总值1946.2亿元，农民合作社平均为每个成员二次分配1400多元，农业生产托管服务组织服务对象达到4630万个（户）。越来越多的新型农业经营主体和服务主体与小农户建立起了紧密的利益联结机制，正逐步把小农户引入现代农业发展轨道。

在山区丘陵地区，各级政府为推动构建现代农业经营体系，制定实施了一系列支持政策，加大资金投入，推动当地现代农业经营体系构建取得积极成效。以重庆为例，近年来全市农村承包地“三权分置”改革扎实推进，农村集体产权制度改革全面实施，农村“三变”改革及“三社融合”发展取得突破性进展，为培育新型农业经营主体、构建现代农业经营体系、激发市场活力、增强发展动力发挥了积极作用。相关报告显示，2020年，全市新增家庭农场7071个，累计达到3.1万个；累计发展农民合作社3.66万个；新培育高素质农民2万人，累计达到20万人。全市有8809个村、68801个组完成集体资产股份合作制改革。新增“三变”改革试点村454个，总数达到591个，入股耕地、林地86万亩，97.8万名农民当上股东。重庆市供销社作为重庆“三社”融合发展牵头单位，坚持把推进“三社”融合发展与深化供销合作社综合改革有机结合，不断夯实为农服务基层组织，加强农村流通服务体系建设，创新为农服务方式和手段，已成为全市农业社会化服务体系的骨干力量。截至2019年11月，全市供销社系统已改造基层社631个，涉农乡镇覆盖率达到78.1%；发展农村综合服务社3565个，行政村覆盖率达到44.6%；领办创办农民专业合作社26181个，占全市总量的74.5%；组建市和区县级农合联36个，农民合作社服务中心签约服务农业经营主体4681个。

当然，从现代农业发展的要求来看，我国山区丘陵地区构建现代农业经营体系也还存在不少困难和问题，突出表现在家庭农场普遍处于发展起步阶段，经营规模偏小，集约化水平偏低；农民合作社运行的规范化水平总体仍然偏低，服务带动能力偏弱；各类新型农业经营主体融资难、融资贵问题仍较突出，土地流转成本高、雇工难、用工贵问题较为普遍。

三 后小康社会山区丘陵地区构建现代农业经营体系面临的新形势

后小康社会，世界仍处于“百年未有之大变局”，我国经济社会发展面临的机遇、风险与挑战并存，对山区丘陵地区加快构建现代农业经营体系提出了更紧迫的要求。第一，以人工智能、大数据、云计算、物联网、区块链等为代表的新一代信息技术蓬勃兴起，以中国为代表的一批新兴经济体快速成长，为构建更加公平合理的国际政治经济新秩序创造了条件。第二，美国作为长期主导国际秩序和国际规则的世界唯一超级大国，置通行国际规则于不顾，奉行“美国优先”的单边主义，依靠其科技、经济和军事实力大肆挥舞制裁、关税大棒，不断“毁约”“退群”和干涉他国内政，对中国经济、科技、国防、外交进行全方位打压，严重冲击世界秩序和国际多边体制，也给中国发展制造较多障碍。第三，新冠肺炎疫情尚未在全球范围得到有效遏制，全球经济复苏面临较大风险和挑战，中国开放型经济发展还存在一定的不确定性。后小康社会，山区丘陵地区加快构建现代农业经营体系不仅关乎当地的农民增收、农业发展和农村繁荣，还关乎增强我国经济发展韧性及保障国家的粮食安全和经济安全，任务艰巨，意义重大。

后小康社会，我国进入全面建设社会主义现代化国家新征程，经济社会发展水平和国家治理能力显著提升，为山区丘陵地区构建现代农业经营体系创造了有利条件。总体来看，通过 70 多年的建设发展和 40 多年的改革开放，中国特色社会主义市场经济体制基本建立和完善，中国的经济实力、科技实力、军事实力大幅提升，文化软实力显著增强，跻身创新型国家前列。

国家治理体系和治理能力现代化取得重大进展，法治国家、法治政府、法治社会初步建成，人民平等参与、平等发展权利得到有效保障。人民生活水平显著提高，绝对贫困问题有效解决，城乡差距、区域差距不断缩小，基本公共服务均等化初步实现，共建、共治、共享的社会发展格局基本形成。较完善的制度环境、较雄厚的经济技术基础、较稳定和谐的社会氛围，为我国山区丘陵地区构建现代农业经营体系创造了良好的外部条件。

后小康社会，我国山区丘陵地区经济社会发展的基础和条件较大改善，承担的发展任务更加艰巨，迫切需要加快构建现代农业经营体系，助推当地现代农业发展迈上新台阶。第一，随着农村社会保障体系建立完善及城镇化进程的较快推进，山区丘陵地区的农村人口结构、农民家庭收入结构发生了深刻变化，农民从事非农工作、农村发展非农产业已成常态，构建现代农业经营体系的要求更加迫切。第二，我国山区丘陵地区的农村基础设施持续改善，农业生产的规模化、机械化、智能化水平不断提高，构建现代农业经营体系的条件更加成熟。第三，受新冠肺炎疫情和美国全方位打压的影响，我国保障粮食安全、经济安全、国家安全的形势趋紧，山区丘陵地区作为我国重要农产品生产的重要后备空间，其构建现代农业经营体系的意义更加重大。

四　后小康社会山区丘陵地区构建现代农业经营体系的新任务

后小康社会，面对新的国际国内形势及内部经济社会结构的深刻变化，我国山区丘陵地区构建现代农业经营体系的目标任务也有必要做相应调整。

一是从增收导向向增产、增效、增收并重转变。长期以来，受人多地少、农民收入渠道窄、收入水平较低、农村社会保障体系不完善等因素影响，我国农业生产不仅具有经济功能，还承担着重要的社会保障功能，稳步增加农民收入一直是我国“三农”工作的重中之重，更是山区丘陵地区农业经营体系构建的首要考虑因素。受此影响，我国山区丘陵地区的农业生产经营活动较侧重于农民权益保护，在推动农地适度规模经营过程中始终坚持审慎原则，社会资本、其他市场主体参与农业发展的积极性受到一定程度抑制。后小康社会，随着农村社会保障体系的完善和农业经营收入占农民家庭收入比重的下降，山区丘陵地区的绝大多数农民已摆脱对土地的依赖，为农业生产经营方式的创新创造了前提条件。山区丘陵地区的农业生产经营活动除了要考虑为农民增加收入目标外，还应同等考虑增加农业产出和提高农业生产经营效益，以吸引更多的社会力量参与山区丘陵地区农业发展，推动实现更高水平的农民增收。

二是从以发展特色农业为主向以发展现代农业为主转变。受地块零碎、交通水利等基础设施较差等因素制约，我国山区丘陵地区在农业的规模化生产上存在较大劣势，在水稻、小麦、高粱、玉米、棉花等大田作物的商品化生产方面难以形成竞争优势，在长期的自然选择和市场竞争中逐渐形成了以特色产业为主导的农业产业结构和生产经营体系。进入后小康社会，我国主要农产品总量不足的矛盾将进一步缓解，但优质农产品供应不足的矛盾将更加突出。在此背景下，山区丘陵地区生产的农产品仅有特色还不足以保证获得消费者与市场的认可，只有既具特色又具较高品质的农产品才可能在激烈的竞争中获得广阔的市场空间。为此，山区丘陵地区需要在生产经营体系上进行重大创新，要在因地制宜基础上引入先进农业生产要素，发展现代农业，对育种、播种、施肥、田间管理、收割的全过程进行精细化管理，确保所生产的农产品质量安全、品质优良，并通过申请“两品一标”认证、电商、直播、采摘等方式实现优质特色农产品的优质优价。

三是从以兼业农民为主向以职业农民为主转变。改革开放 40 多年来，随着城市经济的快速发展和户籍政策的逐步放开，大规模农村剩余劳动力流向城市，形成了规模庞大的农民工群体，为我国工业化、城镇化的快速推进提供了巨大的人口红利，但同时也导致我国山区丘陵地区农村出现了较为严重的耕地撂荒、空心化、人口老龄化问题，年轻人外出打工挣钱、留守老年人在家种地成为山区丘陵地区农村的普遍生产生活模式，60 岁上下的留守老人成为山区丘陵地区农业生产的主力军。进入后小康社会，随着兼业农民年龄的进一步增长及市场对农产品品质要求的不断提高，以老人为主体的兼业农民将很难适应以绿色化、机械化、信息化、市场化为方向的现代农业发展要求，我国山区丘陵地区靠留守老人兼业维系的农业生产经营模式将难以为继。为此，我国山区丘陵地区要在巩固农村基本经营制度的基础上，加快推进承包地“三权分置”改革，推动农村耕地向专业大户、家庭农场集中。同时加大职业农民培育力度，推动当地农业生产经营由以兼业农民为主向以职业农民为主转变。

五　后小康社会山区丘陵地区构建现代农业经营体系的政策举措

后小康社会，我国山区丘陵地区构建现代农业经营体系、发展现代农业的意义更加重大，要求更加紧迫，同时也面临一系列新的机遇与挑战。在此，我们就后小康社会我国山区丘陵地区构建现代农业经营体系提出以下几点政策建议。

一是坚持市场化方向构建现代农业经营体系。充分发挥市场的决定性作用和更好发挥政府作用，是山区丘陵地区构建现代农业经营体系的基本遵循。要加快建立和完善农村土地、资本、人才等要素市场体系，降低市场交易成本，扩大市场覆盖范围，为构建现代农业经营体系提供充足的要素保障。加大山区丘陵地区农村信息化建设力度，构建公益性与经营性相结合的信息服务体系，为各类市场主体的土地流转、劳动力雇佣、融资筹资、农资采购、技术服务、市场销售、生产协同、产业合作等生产经营活动提供相应的信息支撑。要明确政府边界，重点在规划引导、政策支持、市场监管、法治保障等方面发挥作用，尽可能避免通过“整建制行政推动土地流转”“高额补贴土地流转”等行政方式推动当地的土地流转和规模化经营，防止政府对微观经营活动的不当干预及对市场机制的扭曲破坏。

二是平等扶持发展各类新型农业经营主体。在我国的山区丘陵地区，农业涉及的产业类别很多，不同产业都有其相对适宜的农业生产经营主体。如土地密集型的粮食生产，家庭农场、合作社是较适宜的生产经营主体。劳动、技术密集型的大棚蔬菜种植，小农户、家庭农场、公司是较适宜的生产经营主体。资本、技术密集型的养殖业，家庭农场、公司是较适宜的生产经营主体。土地、技术密集型的林果业，较适合家庭农场、公司经营。而农民专业合作社作为农产品的生产经营者或者农业生产经营服务的提供者、利用者组成的互助性经济组织，在各类农业产业中都有其较大作为空间。基于此，政府对各类新型农业经营主体的扶持政策应尽可能公开、公平，引导各类新型农业生产经营主体在各自适宜的产业领域、生产环节发挥作用，让各类市场主体在市场竞争中实现优胜劣汰。要防止一些市场主体为套取扶持资金而成立一些虚假合作社、虚假家庭农场，要避免新型农业经营主体产生政策依赖症。

三是加强农业经营主体的联合与合作。受耕地资源及基础设施条件等因素的限制，后小康社会我国山区丘陵地区的农业生产仍将在较长时期以小规模农业为主，单位生产成本的降低和劳动生产率的提升都面临较大困难。基于此，山区丘陵地区构建现代农业经营体系，迫切需要加强各类农业经营主体之间的联合与合作，扩大生产规模、服务规模，降低生产服务的单位成本，增强市场博弈能力。一方面，要加强各类农业生产经营主体的横向联合，通过协会、合作社、联合社等组织载体，集体采购农资或生产服务，共同开拓产品市场，提升稳定供货能力，降低生产经营成本，增强市场竞争力。另一方面，要加强农业产业链各类生产经营主体的纵向联合，通过参股、签订购销合同、订单生产等多种形式实现农产品生产者、农资供应者、农业生产技术服务者、农产品加工销售者等各类市场主体之间的联合、协同，降低中间成本，提升生产经营效益，增加生产经营收入。

四是因地制宜创新农业经营模式。我国的山区丘陵地区面积大，地域覆盖广，不同地区的自然气候条件存在较大差异，由此导致不同地区的农业产业结构、农业生产方式存在较大差异。后小康社会，山区丘陵地区创新农业经营模式需要紧密结合各地实际，因地制宜，注重实效。一般来讲，对于土地资源较好、以粮食生产为主的地区，四川崇州“土地股份合作社 + 农业职业经理人 + 农业综合服务”的农业共营制模式值得借鉴。对于以蔬菜种植为主的山区农业而言，“小农户＋合作社＋龙头企业”模式值得借鉴。对于以林果业为主的山区农业而言，“家庭农场＋合作社＋龙头企业”模式值得借鉴。对于以养殖业为主的山区农业而言，“龙头企业＋合作社＋家庭农场、农户”模式值得借鉴。另外，山区丘陵地区的农业模式创新还应考虑当地的市场主体发育状况及经济社会发展水平。在经济较发达、新型农业经营主体发育较充分的地区，应更好发挥龙头企业引领带动作用。在经济欠发达、新型农业经营主体发育迟缓的地区，应更多发挥合作社、家庭农场的示范带动作用，更加注重推动小农户与现代农业有机衔接。

参考文献

袁世全、冯涛主编《中国百科大辞典》，华夏出版社，1990。

邓绶林主编《地学辞典》，河北教育出版社，1992。

《习近平谈治国理政》（第三卷），外文出版社，2020。

郑风田、焦万慧：《前提设定、农民权益与中国新型农业经营体系的“新四化”》，《改革》2013 年第 3 期。

姜长云：《关于构建新型农业经营体系的思考——如何实现中国农业产业链、价值链的转型升级》，《人民论坛·学术前沿》2014 年第 1 期。

黄祖辉、傅琳琳：《新型农业经营体系的内涵与建构》，《学术月刊》2015 年第7 期。

张红宇：《中国现代农业经营体系的制度特征与发展取向》，《中国农村经济》2018 年第 1 期。

赵军洁、张建胜：《新中国 70 年农业经营体系改革回顾和政策展望》，《经济纵横》2019 年第 8 期。

张晓山：《推进农业现代化面临新形势新任务》，《人民日报》2019 年 5 月 13 日，第 9 版。

唐青阳主编《重庆经济社会发展报告（2020）》，社会科学文献出版社，2020。

谢琳、钟文晶、罗必良：《“农业共营制”：理论逻辑、实践价值与拓展空间——基于崇州实践的思考》，《农村经济》2014 年第 11 期。

B.12
以有机农业助推重庆绿色发展：经验借鉴与路径优化*

张晓月**

摘　要：在资源约束、环境污染、生态退化等问题日益影响可持续发展的当下，绿色是我国永续发展的必要条件和必然选择。有机农业发展是农业生产方式绿色转型和生态环境保护耦合发展的重要途径。作为国家重要中心城市、长江上游地区经济中心的重庆，发展以物质能量内部循环、零污染、高品质为特点的有机农业，因地制宜、因势利导，深入贯彻习近平生态文明思想和“两山”理论，在重庆的“大山区”践行“生态优先、绿色发展”之路，不仅有助于实现高质量发展、创造高品质生活，而且有利于发挥好长江上游生态屏障功能和长江经济带绿色发展示范作用。

关键词：重庆　有机农业　绿色发展

改革开放以来，我国经济取得长足增长，但这种增长主要依赖投资增加和物质投入，因此也导致了有限资源和能源的过度消耗和大量浪费，从而使我国生态环境面临恶化、自然资源日益短缺等挑战。我们党和政府意

* 本文系国家社会科学基金项目“基于大数据挖掘的西部地区乡村旅游扩大有效供给研究”（项目编号：17XJY012）的阶段性成果。

** 张晓月，重庆社会科学院国际商贸与物流研究所编审，研究方向为乡村振兴、生态农业发展。

识到尊重和维护生态环境的重要性。党的十七大报告明确提出把建设生态文明作为全面建设小康社会的新要求。党的十七届五中全会明确要求“树立绿色、低碳发展理念”。党的十八大把生态文明建设放在突出地位，与经济建设、政治建设、文化建设、社会建设一起形成“五位一体”的中国特色社会主义事业总体布局，把建设生态文明提到“中华民族永续发展的千年大计，关系人民福祉，关乎民族未来”的高度。习近平总书记在2018年全国生态环境保护大会上的重要讲话指出，要加快形成绿色发展方式，从源头上防治环境污染。实现绿色发展关键在于产业生态化、生态产业化，而推动有机农业发展是农业生产方式绿色转型和生态环境保护耦合发展的重要途径。

重庆自1997年直辖以来，各方面发展取得了显著成就。中央赋予重庆国家重要中心城市、长江上游地区经济中心等定位。本文认为重庆发展以物质能量内部循环、零污染、高品质为特点的有机农业，因地制宜、因势利导，深入贯彻习近平生态文明思想和“两山”理论，在重庆的“大山区”践行“生态优先、绿色发展”之路，不仅有助于重庆实现高质量发展、创造高品质生活，而且有利于重庆发挥好长江上游生态屏障功能和长江经济带绿色发展示范作用。

一 我国有机农业生产的典型案例及其经验借鉴

作为2019年全国农民合作社典型案例，陕西省安康市平利县充分利用本地桑树资源和蚕桑养殖传统，通过专业合作，将村民组织起来发展绿色循环经济，既促进了农民增收、实现了致富，又美化了乡村环境，还促进了乡村特色种植和乡村旅游。探索出“蚕桑养殖—蚕沙肥田—桑枝培菌—桑芋间套”的路子，实现了传统农业可持续、绿色发展。

（一）因地制宜，重启蚕桑养殖业

安康历来以蚕桑之乡闻名。安康市平利县养殖专业合作社成立于2014

年。在合作社的带动示范下，周边村庄也加入栽桑养蚕、种养结合循环再利用的生产模式中，全年养蚕 300 多张，桑树种植面积达 1000 多亩。成片的绿色桑园、清洁的空气和天然桑葚采摘吸引了大量城市居民来此观光、休闲，村民们不用外出打工，实现了家门口就业，不仅增加了收入，也护住了乡村的绿水青山。

（二）变废为宝，利用蚕沙促增收

在合作社的带动下，种桑养蚕规模不断扩大，2015 年种桑面积已突破 2000 亩，桑蚕户发展到 300 余户，同时每年产生了 2 吨多蚕沙等污染垃圾。为了变废为宝，合作社进行分类处理：五龄以上的蚕沙销售给一家蚕沙枕厂商作为其生产原材料；五龄以下的蚕沙以及其他畜禽类排泄物，经过收集、挖坑、封闭、发酵处理后变成有机肥料回到桑园。这些变废为宝的做法不仅杜绝了污染、优化了环境、改良了土壤，还将传统蚕桑养殖业延伸到蚕沙枕的生产，增加了农民的收入。

（三）技术创新，点“枝”成金菌飘香

接下来，合作社又在桑园每年产生的 2000 多吨桑枝上想办法。传统桑枝是农户的柴火，但随着燃气灶等现代灶具的普及，柴火灶已经很少用了。于是桑枝或被随意堆放或露天焚烧，为了确定桑枝价值以及科学利用桑枝价值，合作社聘请了技术人员进行检验。

检验数据表明，桑枝含有 50% 的纤维素、19% 的木质素、5% 的粗蛋白，同时含有黄酮类化合物、多酚类化合物、生物碱等成分，具有较高的药用价值，适合作为优质原料用于食用菌栽培。结合桑枝成分构成，合作社创新设计出了桑枝食用菌培养基配比方案，完成了桑枝菌的加工和生产试验，投放到市场后产生了明显的经济效益。同时，桑枝栽培食用菌后的废料成为有机肥料回到桑园中，实现物质的循环利用。以上做法再度变废为宝，把传统蚕桑养殖业扩大到食用菌的生产，增加了蚕桑业的附加值，延长了产业链，并优化了农村居住环境，实现农民家门口就业和增收致富。

（四）实践探索，桑芋间套新路子

实践出真知。合作社继续探索如何提高土地利用率增加农户收入。实践发现，魔芋耐阴喜湿、植株不高、叶片稀少，其种植土壤、温度等生长环境和桑树的生长环境大致相同。在桑园套种魔芋，相得益彰。这种“一地两用”的套种模式有效地提高了土地利用率，直接增加了农户农业收入，芋干加工等生产线又为农户在农闲时间提供了打零工机会，增加了农户的非农收入。

上述典型案例表明，一方面，有机农业促进了人类生产与生态环境的和谐，通过发酵堆肥等方法把蚕沙变成有机肥，通过技术创新利用桑枝培养食用菌，不仅有效地保护了土地、水等自然资源，而且生产出健康环保的农产品，还美化了乡村人居环境，并提高了农民的收入。另一方面，有机农业有效防治农业生产的面源污染问题、改良土壤结构，促进了休闲采摘和农村观光业等第三产业的发展，把生态资源优势转变为经济优势，加快了农业结构调整和产业融合，构建了循环经济和绿色增长点，从而实现农业生产的可持续、绿色发展。

二　重庆有机农业生产现状及发展困境

原环境保护部开展了国家有机食品生产基地的考核，全国共有 176 个基地获命名，生产总面积约 11.2 万公顷。具体分布情况大致如下：浙江 28 个，新疆（含兵团）18 个，安徽 15 个，山东 14 个，江苏 14 个，辽宁 13 个，吉林 10 个，黑龙江 9 个，云南、江西各 8 个，湖北 6 个，四川、贵州各 5 个，青海、内蒙古、广西各 4 个，重庆 3 个，上海、甘肃各 2 个，北京、山西、宁夏、河南各 1 个。从数量来看，重庆位居第 17，相对重庆广大地域而言，重庆有机食品生产基地明显偏少。重庆有机农业面临的发展困境表现为以下几个方面。

（一）重庆有机农业生产缺少有长期规划的土地

对有机农业生产来说，土地是最基础、最核心的要素。如前所述，有机农业生产的前提是土地自身要有一个由品种多样的、数量足够的微生物构成的良性的生态系统。如果土地已经板结、硬化，农民至少要花两三年时间以休耕或追加有机肥的方法实现土地的有机转换，然后进行有机耕种和生产，并保护土地的可持续性生产，所以拥有一块可以长期稳定生产的土地对农民来说是最根本的保证。然而，调查显示，一方面，重庆作为长江上游中心城市，各种基础建设、城市建设有序开展，受地租上涨预期的影响，农民大多不愿签订长期的土地流转合同，致使有意从事有机农业的生产者不能做长期规划和投资；另一方面，由于重庆城镇化步伐的加快，农村土地特别是城乡接合地带的土地经常因为城镇化建设需要而被征用。

（二）重庆从事有机农业生产的劳动力相对缺少

调研发现，目前重庆有机农业生产面临的另一个问题是缺少稳定的劳动力，原因如下。一是重庆农村青壮年劳动力输出较多，重庆农村人口仍以留守群体为主，普遍缺乏青壮年劳动力，有劳动经验的劳动力更少，农场需要花一两年时间让劳动者熟悉生产劳作与流程。二是人们对农民这一职业仍然存在偏见，认同度较低，年轻人从事农业生产面临较大的心理压力以及组建家庭、下一代教育等现实问题。好不容易培养出来的年轻人常常因为家庭、婚恋等原因离开农业生产。三是有机农业是精耕细作的农业，需要大量的劳动力投入。在人手不足和不稳定的情况下，农民只能靠延长劳动时间来完成农业生产中播种、除虫、收割等工作，因此，农民的劳动强度普遍较大，农忙季节的工作强度更大，长此以往，不利于有机农业的持续生产和发展。

（三）重庆有机农业生产组织化程度较低

调查表明，目前重庆有机农业的从业人数较少，且比较分散，大多处于单打独斗的状态。另外，目前我国农产品按一般农产品、无公害产品、绿色食品和有机产品四个等级划分，分别有不同的生产标准，后三种农产品统称为安全农产品，但很容易混为一谈。有机产品可获得有机认证，但目前有机认证机构本身的公信力尚没有被普遍认可，而且有机认证程序繁杂、费用较高，这在很大程度上制约了重庆有机农业的长远发展。

（四）重庆有机农业生产基础设施相对滞后

有机生产基地常常选择邻山近水的生态环境较好的农村地区，但这些地区相对偏僻，乡村路网、信息通信等基础设施还有待完善，而农民无法依靠自身力量进行投资建设，这在很大程度上制约了有机农产品生产、运输和销售。重庆有机农业生产除了需要土地、人力等生产要素之外，另一个至关重要的环节是流通运输环节。调研数据表明，重庆城区面积大、地域广，目前生鲜类农产品的物流成本占价格的30%～40%，有的高达50%。亟须完善、创新农业配套设施以有效减少有机农产品的运输、物流成本，提高有机农产品的竞争力。

三　重庆有机农业生产发展的路径优化

从产业发展实践来看，有机农业发展对生态环境与社会经济存在显著正外部性；从市场需求来看，西南地区，特别是成渝两地的中等收入阶层对有机产品的消费需求日益增长。因此，要大力发展重庆有机农业以促进重庆绿色发展，其实施路径包括以下几个方面。

（一）创新土地使用、流转机制，规划重庆有机农业基地，确保生产的稳定性

一要严格依法保护农民经过合法途径流转取得的土地使用权。二是考虑到城镇化加速对土地的现实需求，政府部门应该对有机农业基地进行长期规划，专门规划连片土地，特别是已经撂荒的成片土地，作为有机农业的生产

基地，让农民在这块土地上长期、稳定地从事有机农业生产。三是提高有机农业生产土地的征收费用，以补偿有机农业用地较高的培育成本；同时尽量减少有机农业用地被征收的可能。

（二）创新人力资源供给制度，确保重庆有机农业生产劳动力的长期、有效供给

要形成有效的有机农业劳动力补充机制，一是要搞活城乡双向劳动力流动机制。要给有从事有机农业生产意愿的城市离退休人员、退伍军人、城市务工人员以及大学毕业生等群体回乡务农提供途径和通道。特别是在国际形势变幻莫测、经济普遍低迷、城市就业压力陡增以及全球粮食危机风险加大的情况下，完善城乡劳动力双向流动机制，尤其是为城市务工人员以及大学毕业生等群体回流农村从事有机农业生产提供可能。

二是各职业技术学校、农林类高等院校等要加强对有机农业种植方式等专业技能的教育与培训，特别要注重参与有机农业生产实践，在实践中积累经验，在学习中理解、体悟有机农业生产的途径和通道。

三是全面加强新时代劳动教育。我们所有人往前推三代，99%来自乡村，都是从事农业生产劳动的农民。社会有不同的职业分工和劳动分工，但劳动本身没有高低贵贱，都值得尊重与热爱。在新时代，要全面加强劳动教育，践行马克思主义劳动观，尊重劳动人民，体认一切美好生活来自劳动创造，崇尚创新、奉献的劳动精神。

（三）创新农业合作社，提高重庆有机农业生产的组织化程度

在新时代，要全面加大柑橘、柚子、中草药等经济作物等的种植力度，制订连片发展规划，发挥合作规模效应。二是实现整体营销，减少营销成本，同时提高市场谈判能力。三是在合作社内提供有机农产品的自我认证和相互认证以减少认证费用，促进市场认同。四是延伸有机农业的产业链，让有机农业生产与第二、第三产业融合，形成有机农业产业链，有效提升有机农产品附加值，提高有机农业抗风险的能力。

（四）创新农业配套设施，实现重庆有机农产品流通的数字化、网络化、智能化

一要继续完善农业生产传统配套设施，实现网络化、智能化农业生产。二要创新农业配套设施，在农村加强5G、物联网等新型基础设施建设，减少物流成本，缩短运输时间，保证生鲜农产品运输物流链的畅通，实现有机农产品数字化、网络化、智能化流通和运输。

参考文献

国家质量监督检验检疫总局、国家标准化管理委员会：《有机产品 GB/T 19630—2011》，中国标准出版社，2011。

Seufert V., Ramankutty N., Foley J. A., "Comparing the Yields of Organic and Conventional Agriculture", *Nature*, 2012 (485).

崔和瑞：《基于循环经济理论的区域农业可持续发展模式研究》，《农业现代化研究》2004年第2期。

姜春云：《走绿色有机农业之路》，《求是》2010年第18期。

张弛、席运官、田然：《发达国家有机产业技术服务体系分析及对中国的启示》，《农学学报》2015年第5期.

张弛、席运官、孔源等：《生态环境视角下有机农业发展助推环境保护与绿色发展（1994～2019）》，《农业资源与环境学报》2019年第6期。

陆玖译注《吕氏春秋（下）》，中华书局，2011。

人才保障篇

Talent Guarantee

B.13

重庆人力资源和社会保障发展形势分析及预测

重庆市人力资源和社会保障局

摘　要：2020年，重庆实施就业优先战略和积极就业政策，着力稳就业保居民就业，就业局势保持总体稳定；从制度公平、方式创新、资源优化、群众满意上破解社保领域改革难题，持续完善统筹城乡社保体系；围绕科教兴市和人才强市行动计划，加快推进人才队伍建设，人才支持发展作用进一步发挥；坚持底线思维，防治结合，劳动者合法权益得到切实保障；积极开展人社扶贫，助力全市脱贫攻坚有力有效；深化行风建设，群众满意度进一步提升。

关键词：就业　社保　人才人事　劳动关系　扶贫

重庆市人力资源和社会保障系统在市委、市政府的坚强领导下，深学笃用习近平新时代中国特色社会主义思想，深入贯彻习近平总书记重要讲话重要指示精神，坚决落实党中央、国务院决策部署，坚持稳中求进工作总基调，把稳就业保居民就业作为重中之重，一手抓疫情防控，一手抓复工复产，大力推进就业、社保、人才人事、和谐劳动关系、脱贫攻坚、人社行风建设等工作，着力稳增长、促改革、调结构、惠民生、防风险，积极推动人力社保领域各项工作落实落地。

一　着力稳就业保居民就业，就业局势保持总体稳定

牢牢把握实现更充分和更高质量就业的总目标，坚持就业优先战略和积极就业政策，全市就业局势总体稳定、稳中有进、稳中向好。

一是主要指标达到进度要求。“十三五”以来，全市城镇新增就业346万人，完成“十三五”时期新增就业300万人以上的目标任务；城镇登记失业率、调查失业率控制在较低水平，2020年1～9月，全市城镇新增就业49.2万人，完成全年50万人目标任务的98.4%，完成原定60万人目标任务的82%；城镇调查失业率预计5.1%左右，低于控制目标。近年来，每年高校毕业生年底就业率保持在93%以上，高于计划目标3个百分点以上。截至2020年9月，累计发放创业担保贷款224.6亿元，已超200亿元目标任务；新建市级创业孵化基地62家，累计建成92家，完成100家目标任务的92%，预计年底顺利达到100家。

二是稳重点群体就业效应明显。全市高校毕业生人数由2016年的20.75万人增加到2020年的23.5万人。实施就业创业促进计划和基层成长计划，设立大学生就业创业公共服务中心，2016～2019年，毕业生年底就业率均保持在93%以上，累计向10.2万名贫困毕业生发放在校求职就业创业补贴8127.8万元。形成“人社＋教育＋其他市级部门＋高校＋区县”五方联动机制，截至8月末，2020年全市普通高校毕业生总体就业率达85.1%。促进贫困劳动力转移就业，建立贫困劳动力信息共享机制，开展就

业技能培训，举办“春风行动”等招聘活动，深入推进鲁渝劳务扶贫协作，截至2020年9月底，全市贫困劳动力就业实现“应转尽转”。统筹其他群体就业，截至2020年9月底，累计帮扶61.64万名就业困难人员实现就业，零就业家庭实现动态清零。全力保障退捕渔民转产安置，目前安置率达91.5%。

三是创业带动就业发展态势良好。整合创业孵化载体政策资源，全市市级创业孵化基地总量达92家，累计孵化企业1.5万余户，带动就业11.1万余人，孵化大学生创业项目5700余户。建立创业导师准入、培训、激励及退出机制，优化调整创业担保贷款政策，截至2020年9月末，全市累计发放创业担保贷款224.64亿元，扶持创业16.5万人。组建重庆市创业联盟，举办三届“渝创渝新”创业大赛、峰会等系列活动170余场。

四是劳动者职业技能得到提升。采取在线直播、视频录播等形式为劳动者开展技能培训、创业培训等各类培训。2016年至2020年9月，累计开展职业技能培训106.59万人次，发放职业培训补贴10.26亿元。累计设立土家菜及土特产制作等200余个特色职业（工种），截至2020年9月末，开展特色职业（工种）培训15.7万人次。鼓励企业等用人单位吸纳贫困劳动力等开展以工代训。

五是公共就业服务体系日益完善。破除户籍壁垒，将农村户籍、市外户籍劳动者纳入就业失业登记范围，就业服务和就业政策实现城乡统筹。简化办理流程，全面开通线上失业登记、申领失业保险金、就业补贴申办平台，方便群众网上和“掌上办事”。推进线上求职招聘。开展“重庆英才·职等您来”公共就业人才网络直播招聘，截至9月底，共有3万余家用人单位提供25.7万个岗位同步开展线上招聘，吸引336.8万人在线观看参与，1.4万人实现就业。

二　深化社保领域改革，统筹城乡社保体系持续完善

以推进社保制度全覆盖、稳步提高社保待遇、确保社保基金安全可持续

为重点，注重从制度公平、方式创新、资源优化、群众满意上破解难题，推动我市社保体系建设实现了覆盖城乡、人人享有的目标。

一是制度建设实现新发展。完善城乡居民养老保险政策，通过13档分档缴费、政府梯次补助，构建起“多缴多得、长缴多得”激励机制。将超龄人员纳入城乡居民基本养老保险参保范围，将农村户籍人员纳入城镇职工养老保险体系，同等享有基本社会保障。实施失业保险稳岗补贴、稳岗返还政策。机关事业单位养老保险改革持续深化，职业年金制度全面建立。

二是参保覆盖显现新成效。实现全民参保登记全市全覆盖，比国家要求提前一年完成全市初次登记工作。截至2020年9月末，全市城乡养老、失业和工伤保险参保人数分别达到2341万人、530万人和710万人，分别比“十二五”末增加381万人、90万人和282万人，城乡养老保险参保人数完成“十三五”规划目标2100万的111.5%，城乡养老保险参保率巩固稳定在95%以上。推进建筑业按项目参加工伤保险“同舟计划”，建筑业从业人员参保率稳定在99%左右。

三是深化改革释放新动能。推进机关事业单位养老保险制度改革，实现全市2.1万户参保单位、113万参保人员全覆盖，41万退休人员养老待遇实行社会化发放。五年来，连续实施多轮社保降费减负组合政策，累计为企业减负超千亿元。2020年1~9月，养老、失业、工伤三险累计降费减负234亿元，其中针对新冠肺炎疫情阶段性减免缓社保费政策为17.8万户单位减免157.3亿元，切实减轻了实体经济负担。

四是民生保障攀升新高度。连续16年调整增加企业退休人员基本养老金，连续5年同步调整机关事业单位养老保险待遇。建立城乡居民基本养老保险待遇确定和基础养老金正常调整机制。工伤待遇标准逐步调整增加。

五是经办管理响应新期待。部市共建的中国社会保险公共服务标准化示范基地于2017年正式投入使用。“重庆掌上12333”、“023”社保在线服务平台、自助服务一体机等多元服务渠道为群众提供“7×24”小时移动互联服务。社保卡持卡人数达到3653万人，实现参保人员全覆盖，累计签发电子社保卡550万余张。

三　围绕经济社会发展需要，加快推进人才队伍建设

紧密围绕实施科教兴市和人才强市行动计划，营造“近悦远来”人才环境，推动人才工作力度从弱到强，人才体制机制从旧到新，人才队伍由小到大。全市专业技术人才总量达到185.6万人（其中高级职称18.7万人、中级职称74.2万人、初级职称92.7万人）、高技能人才达到102.53万人。高层次人才中，两院院士15人、国家引进海外高层次人才计划专家128人、“万人计划”专家101人、“百千万人才工程”国家级人选119人、国家有突出贡献中青年专家100人、享受国务院政府特殊津贴专家2644人、中华技能大奖10人、全国技术能手219人。

一是建立完善人才发展体制。按照《重庆市科教兴市和人才强市行动计划（2018～2020年）》及“重庆英才计划”，出台《重庆英才计划实施办法（试行）》及5个子项目实施方案，评选首批重庆英才389人、团队95个。增强重庆英才大会品牌效应，2018年以市委、市政府名义举办2018重庆国际人才创新创业洽谈会，签约引进人才268人、项目163个；2019年重庆国际人才创新创业洽谈会更名为重庆英才大会，签约引进人才683名、项目248个。举办“百万英才兴重庆”引才活动，近年来全市开展引才活动500余场，引进各类人才2万余人。

二是完善人才培养选拔机制。加强专技人才队伍建设，办好国家级、市级高级研修班，设立“博士后自然科学基金专项”，实施博士后“倍增计划”，开展博士后创新人才支持计划，实施重庆市留学回国人员创业创新支持计划。加强技能人才队伍建设，实施“巴渝工匠”2020计划，开展职业技能提升行动，年培训50万人次；成功争取到“一带一路”世界技能大赛永久落户重庆，重庆选手代表中国参加世界技能大赛累计取得6金7银2铜9优胜佳绩；全市累计建成国家级和市级高技能人才培训基地37个、技能

大师工作室186家、世赛集训基地46个；中国·重庆职业技能公共实训中心建成运营，中国（重庆）康养高技能人才实训基地、世界技能大赛重庆研修中心成功挂牌。

三是深化人才评价机制改革。全面深化职称制度改革，制定出台《重庆市深化职称制度改革的实施意见》。有序下放职称评审权，充分发挥用人主体在职称评审中的主导作用。畅通特殊人才职称评定“绿色通道”，近500人通过“绿色通道”取得高级职称。制定出台分类推进人才评价机制改革实施方案，在10个重点领域将人才细分为38个类别进行评价。推进职业资格改革，取消职业资格许可、认定434项，取消率达70.2%，发布职业资格目录清单。完善“定向评价、定向使用”机制，考试政策向基层人才倾斜，累计出台19项具体措施推动乡村人才振兴。

四是优化人才激励保障机制。优化高校人事管理，实现职称评审、岗位管理和公开招聘权限“三个下放”，对高校专业技术岗位结构比例实行动态调整，支持高校按需设岗、按岗聘用。探索建立事业单位岗位聘用考核机制，支持试点单位适度评聘分开，对聘期期满人员采取“全体起立，重新入座”方式，在岗位聘用中实现了能上能下。完善绩效工资调整机制，明确20项收入项目不纳入单位绩效工资总量管理，放开绩效工资构成比例限制，允许单位采取灵活多样的分配办法。

五是营造“近悦远来”人才发展环境。落实人才服务证制度，建成高层次人才“一站式”服务平台，累计发放人才服务证3376张。建立重庆英才服务体系，服务事项由“8+1”项扩展到了“10+7”项。启动“重庆市杰出人才奖”首批评审工作。推出“人才贷”及相关金融服务。

四　切实保障劳动者合法权益，劳动关系保持和谐稳定

坚持底线思维，注重从源头上预防化解侵害劳动者权益的突出问题，切实构建社会安定基础。2020年以来，全市人力社保系统不断完善市区两级协调劳动关系三方委员会机制，推动协调劳动关系三方机制向基层一线延

伸，目前已建立各级三方组织 392 个。开展劳动关系和谐企业创建，累计评定和谐劳动关系企业 3395 户。推进劳动人事争议调解仲裁规范化、标准化、专业化、信息化建设，累计出台仲裁办案相关制度 11 项，建立裁审衔接机制，调解组织实现乡镇（街道）全覆盖，仲裁委员会和仲裁院实现区县全覆盖，仲裁累计立案受理劳动人事争议案件 15.25 万件，年均结案率 95% 以上，终局裁决率从 28.84% 提升到 48.9%。加强劳动保障监察执法，《重庆市劳动保障监察条例》公布实施，建立企业劳动保障守法诚信等级评价制度和用人单位劳动保障违法行为失信惩戒制度，深化“两网化”建设，三级网格覆盖到全市所有乡镇（街道）；出台全面治理拖欠农民工工资问题实施意见，建立实施“两金三制”制度（农民工工资保障金、应急周转金以及实名制管理、农民工工资专用账户、银行代发制度），完善由劳务输出区县政府、人力社保、司法、工会等单位协同处理的重大维权机制，通过专项执法检查累计追讨工资等待遇 7.1 亿元，全市未发生由欠薪等劳动纠纷引发的恶性事件，切实保障了劳动者合法权益，维护了社会稳定大局。

五　决战决胜，大力推动人社扶贫

围绕“精准”下功夫，统筹推进就业扶贫增收入、技能扶贫强素质、社保扶贫保生活、人才人事扶贫促发展、对口扶贫增实效，出台打赢人力社保脱贫攻坚战政策措施 27 条，建立完善局脱贫攻坚、问题整改两个领导小组，成立 7 个专项工作组，建立“局党组成员包片区 +33 个处室（单位）包区县”人社扶贫工作机制。开发信息采集系统，摸清全市有劳动能力的 114 万贫困人员就业状况和就业需求，帮扶 73.1 万名贫困劳动力就业。向贫困劳动力发放就业创业政策资金 7.61 亿元，惠及贫困劳动力 27.85 万人。就业扶贫累计覆盖贫困人口 46.1 万户 116 万人。创建就业扶贫示范车间 381 个，吸纳贫困人员就业 3584 人。按需培训易地扶贫搬迁人员 27291 人次。深化鲁渝劳务扶贫协作，14 个重点区县转移贫困人口到山东就业 2799 人，山东帮扶就地就近就业9159人。截至9月末，全市各部门开发公益性岗位结存安置贫困劳动力9.4万人。创新开展“劳动最光荣、幸福靠奋斗”宣讲活动，营造脱贫攻坚良好舆论氛围。开发200余个特色职业（工种），培训贫困劳动力6.9万人次。强化社保扶贫，全市建档立卡贫困人员参保130.9万人、领待33万人，参保率、领待率、代缴率达到三个100%。充分发挥人才对脱贫攻坚的支撑作用，全市在岗服务“三支一扶”人员1021人，在扶贫岗位上和从事扶贫工作的占54.5%；遴选45个专家服务团队赴贫困区县开展扶贫对接。同时，扎实开展对口帮扶开州区大进镇、岳溪镇、满月镇工作，落实各类帮扶资金1012余万元。

六　提升效能，深入开展人社行风建设

持续推进“清、减、压”工作，编制形成三级政务服务事项目录清单197项、政务服务事项办事指南210份，开展证明事项告知承诺制试点，公布取消各类证明材料195项，办事材料平均精简比例达60%以上，法定办理时限平均压缩比例近80%，市级94.9%、区县95.8%的审批和公共服务事项实现“一次不跑”和“只跑一次”。常态化推动练兵比武活动，积极开展“日日学周周练月月比”活动，全市参加人数1.4万人，做到了编制内外、前台后台工作人员全覆盖，突出理论与实操相结合，有序推进技能比武活动。部署落实“人社服务快办行动”，围绕“打包办、提速办、简便办、满意办”目标，已实现“打包办”事项1个、“提速办”事项4个。加强问题整改，持续开展“人社局长走流程”活动，累计专项整治各类行风问题近800件。

尽管全市人力社保作取得了积极成效，但受新冠肺炎疫情和经济下行双重影响，事业发展面临一些困难和问题。就业方面，城镇新增就业人数达序时进度，但仍低于往年同期，高校毕业生就业形势依然复杂严峻。全市城镇新增就业完成率达到序时进度，但就业人数较去年同期下降。社保方面，随着“减、免、缓、降、返”政策全面实施，基金收支平衡压力较大。劳动

关系方面，疫情对部分用人单位特别是部分中小微企业的生产经营产生不利影响，易引发裁员、拖欠工资等问题，劳动争议案件增多。下一步，全市人力社保系统将以习近平新时代中国特色社会主义思想为指导，按照党中央、国务院关于做好“六稳”工作、落实“六保”任务决策部署，以及市委、市政府工作安排，努力克服新冠肺炎带来的不利影响，全面落实稳就业、保民生举措，推动全市人力社保工作取得新进展，为全面建成小康社会、决战决胜脱贫攻坚发挥应有作用、做出应有贡献。

——稳目标。重点是稳住就业工作目标，全力稳就业、保居民就业。一是稳主体。全力抓好前期各项政策的落地见效，及时贯彻落实企业社保降费延期至年底等各项惠企惠民政策，减轻企业负担。二是增容量。强化财政、金融等经济政策与就业政策的协同联动，大力支持发展吸纳就业能力强的服务业、中小微企业、劳动密集型产业。聚焦线上业态、线上服务、线上管理，出台更多支持灵活就业政策措施，积极开展新经济、新业态等就业工作新增长极培育研究，加强网络直播、网红带货、电子竞技、视频运营等专项职业能力开发，每周推出“直播招人招才”活动，不断拓宽就业新渠道，做大就业容量。三是保重点。加快兑现国有企事业单位招聘、基层项目招录等扩招措施，确保应届高校毕业生年底就业率达到90%以上。加强农民工外出务工跟踪服务，确保农民工就业稳得住、有质量。发挥失业保险基金兜底线作用，切实保障失业人员基本生活。加强困难人员就业援助，确保零就业家庭动态清零。四是促提升。认真落实中央及我市创新创业有关政策，打造“渝创渝新”等创业服务品牌，鼓励各类市场和社会力量投入资源，为大学生提供更多创业机会和平台。以深入实施职业技能提升行动为抓手，加快推进“以工代训稳岗计划”，精准对接新就业形态发展需求，加大新职业人员培训力度，积极探索培训绩效评估，不断增强职业技能培训的针对性、时效性。五是防风险。加强失业风险监测，保障特困人员有基本生活保障，完善失业风险应对预案，强化联动处置机制，压实稳就业工作责任，提高风险防范处置能力。同时，加强研究，做好应对，积极防范全市失业保险基金风险。

——抓重点。一是积极发挥社保“稳定器”作用。落实好延长阶段性减免社保费政策，加强部门联动，尽快落地兑现新的延长阶段性减免企业社会保险费政策，预计全年减免218亿元。强化扩面征缴，继续实施全民参保计划，有序推进基金投资运营，加强基金运行监测和风险管控，严厉打击违规享受减免政策行为，确保基金安全。二是有力推进人才人事工作。推动出台“塔尖”“塔基”人才政策，制定《重庆英才服务管理办法（试行）》实施细则，完善重庆市职称评审管理办法等制度，进一步细化完善一线医务人员岗位支持措施，出台重庆市英才计划入选人才薪酬激励措施。深入开展“百万英才兴重庆”引才活动，精心办好2020重庆英才大会。全力备战第46届世界技能大赛，筹备第二届“一带一路”国际技能大赛。三是全力打赢人社脱贫攻坚战。聚焦全面脱贫目标任务，集中优势兵力，深入开展“百日大会战”“扶贫大普查”，全力攻坚克难。聚焦促进贫困群众脱贫，推进扶贫车间可持续发展，深化鲁渝劳务扶贫协作。聚焦增强贫困人员素质，加大技能扶贫力度，落实技工院校免费就读政策。聚焦提高群众保障水平，巩固为未脱贫人员代缴城乡居民养老保险费、超龄贫困人员享受城乡居民养老保险待遇政策落实成效。聚焦提供扶贫智力支撑，完善贫困地区事业单位公开招聘政策，进一步加大专家服务贫困区县基层力度。

——保稳定。全力做好国务院拖欠农民工工资实地核查组迎检准备工作，抓好《保障农民工工资支付条例》贯彻落实，实现“依法治欠”。以工程建设领域等易发生欠薪行为行业为重点，组织根治欠薪夏季专项行动和冬季攻坚行动。加强“两金三制”等制度落实，清理规范工程建设领域市场秩序，加强行政执法与刑事司法的衔接，严厉打击恶意欠薪行为。加强重大劳动保障违法行为社会公布、拖欠农民工工资“黑名单”、企业守法诚信登记评价等工作，构建工资支付诚信评价体系。

——增效能。持续抓好人社行风建设，扎实组织开展技能比武活动，积极参加人力资源和社会保障部组织的技能比武全国赛。深入查找全市人力社保系统存在的各类行风突出问题，加强整合市级人社政务服务大厅业务，推行综合柜员制，优化升级信息系统，健全行风问题长效整改机制。加快落实

"人社服务快办行动"，实现企业和群众办理10个打包"一件事一次办"，10个以上高频服务事项在规定办理时限基础上提速50%。

参考文献

《习近平新时代中国特色社会主义思想学习纲要》，学习出版社、人民出版社，2019。

B.14
复合型党政领导干部素质能力模型：重庆案例*

孟东方**

摘　要：中国特色社会主义进入了新时代，培养和造就一支能够肩负起新时代执政重任、适应新时代要求的干部队伍至关重要。提升复合型党政领导干部素质能力是关键一环，建构党政领导干部素质能力模型是建设复合型党政领导干部队伍的基础。从当前来看，复合型党政领导干部素质能力，应包括政治力、学习力、领导力、执行力、亲民力、法治力、创新力、驾驭力和健康力。在具体的实践中需要根据党政领导干部素质能力要求，不断提高后备干部队伍建设的针对性，不断提高干部选拔任用考察的精准度，不断提高干部考核评价的准确性，不断提高干部教育培训的实效性。

关键词：党政领导干部　复合型　素质能力　模型开发

党政领导干部素质能力提升是一个长期的复杂的过程，更是一个系统工程。建构党政领导干部素质能力模型是建设复合型党政领导干部队伍的基础。课题组着眼于“提升施政本领”目标，在对重庆市党政领导干部队伍

* 本文系重庆市社会科学规划项目“新时代打造重庆市‘头雁干部队伍研究’”和重庆市重大决策咨询课题“复合型党政领导干部素质能力模型开发研究”的阶段性成果。

** 孟东方，重庆师范大学校长，教授，研究方向为马克思主义理论与实践。

建设面临的形势及现状分析的基础上，开发复合型党政领导干部素质能力模型，为各级党委及组织人事部门加强党政领导干部队伍建设提供决策参考。

一　复合型党政领导干部素质能力的内涵

习近平总书记在参加十三届全国人大一次会议重庆代表团审议时强调，我们的党政领导干部都应该成为复合型干部，不管在什么岗位工作都要具备基本的知识体系，法律就是其中基本组成部分，对各方面基础性知识，大家都得掌握、不可偏废，在此基础上做到术业有专攻。这是习近平总书记站在新的历史起点上，对新时代党政领导干部队伍建设提出的新要求。

党的十八大以来，习近平总书记在不同场合对党政领导干部提出了明确要求。在2013年6月全国组织工作会议上提出“信念坚定、为民服务、勤政务实、敢于担当、清正廉洁”20字好干部标准；在2015年1月同中央党校第一期县委书记研修班学员进行座谈时强调做“心中有党、心中有民、心中有责、心中有戒”的“四有”干部；在2015年12月全国党校工作会议上强调，实现第一个百年奋斗目标、全面建成小康社会，进而实现第二个百年奋斗目标、实现中华民族伟大复兴的中国梦，关键在于培养造就一支具有铁一般信仰、铁一般信念、铁一般纪律、铁一般担当的干部队伍；在2018年7月全国组织工作会上指出，要“着力培养忠诚干净担当的高素质干部”。习近平总书记的重要讲话既丰富了党的干部队伍建设思想，又深化了复合型党政领导干部素质能力的内涵。

复合型党政领导干部主要是指“理想信念坚定、理论功底扎实、政治能力过硬、知识体系完备、执政本领高强”，具有复合型知识、复合型能力、复合型思维的综合性人才。从政治素质维度来讲，应具备扎实的理论功底，政治站位高、信念坚定；从知识结构维度来讲，应具备基本的知识体系以及相应的专业知识，能够融会贯通、触类旁通；从能力体系维度来讲，应具备应对新时代新形势新挑战，领导和推动中国特色社会主义事业的领导能力和综合本领；从思维方法维度来讲，应善于运用马克思主义立场、观点、方法认识问题、分析问题、解决问题。

复合型党政领导干部素质能力应该包括五个方面。一是理论知识牢固。掌握马克思列宁主义、毛泽东思想、邓小平理论、“三个代表”重要思想、科学发展观和习近平新时代中国特色社会主义思想，特别是全面系统掌握习近平新时代中国特色社会主义思想的核心要义、深刻内涵、实践要求。二是理想信念坚定。深刻领会党章党规的内容，牢记党的宗旨，自觉做共产主义远大理想和中国特色社会主义共同理想的坚定信仰者和忠实实践者。三是政治能力过硬。牢固树立“四个意识”，坚定“四个自信”，自觉做到坚决维护习近平总书记核心地位、坚决维护党中央权威和集中统一领导。四是执政本领高强。具备学习、政治领导、改革创新、科学发展、依法执政、群众工作、狠抓落实、驾驭风险等八项本领。五是基本知识完备。具备经济、文化、法律、科技、历史、互联网、现代金融、社会治理等方面知识。

二　复合型党政领导干部素质能力模型构建

（一）复合型党政领导干部素质能力模型

模型可包括概念模型、数学模型和物理模型，是所研究的系统、过程、事物或概念的一种表达形式，也可指根据实验、图样放大或缩小而制作的样品。其中，概念模型是把各类对象的关系用概念与概念之间的关系来表述，用文字和符号突出表达对象的主要特征和联系。数学模型是指将现实问题归结为相应的数学问题，并在此基础上利用数学的概念、方法和理论进行深入的分析和研究，从而从定性或定量的角度来刻画实际问题，并为解决现实问题提供精确的数据或可靠的指导。

针对复合型党政领导干部素质能力模型开发问题，课题组提出两阶段模型构建的思路。首先在复合型党政领导干部素质能力模型开发阶段，构建复合型党政领导干部素质能力的概念模型，以揭示复合型党政领导干部素质能力的内涵，明晰复合型党政领导干部素质能力的核心内容。然后，在复合型党政领导干部素质能力模型运用阶段，构建复合型党政领导干部素质能力测评评价模型，给出复合型党政领导干部素质能力模型的运用路径指导。

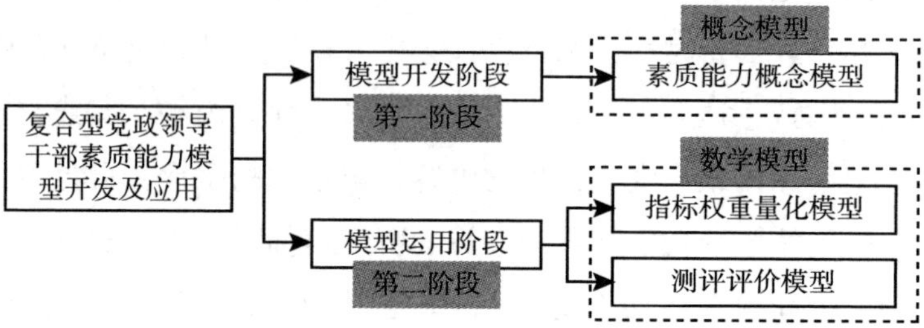

图1　复合型党政领导干部素质能力模型研究思路

（二）复合型党政领导干部素质能力模型开发

素质反映领导干部内在修养，是一种静态表现；能力是素质的一种外显形态，这种形态是可查可考的。领导干部素质能力综合表现出领导力，其结果表现为领导效力。领导效力是素质与能力的最终表现形态。领导干部素质能力可用领导力来表达，“力”是领导干部素质、能力、成效“三位一体”的有机统一。

习近平总书记在十九大报告中指出，领导十三亿多人的社会主义大国，我们党既要政治过硬，又要本领高强。复合型党政领导干部素质能力结构指标体系由根本能力、基本能力、关键能力、保障能力四个维度构成，表现为“十个力”：政治力、学习力、领导力、执行力、亲民力、法治力、创新力、发展力、驾驭力、健康力。政治力主要对应“既要政治过硬，又要本领高强”中的“政治过硬”；学习力主要对应八大本领中的“学习本领”；领导力主要对应八大本领中的“政治领导本领”；执行力主要对应八大本领中的“狠抓落实本领”；亲民力主要对应八大本领中的“群众工作本领”；法治力主要对应八大本领中的“依法执政本领”；创新力主要对应八大本领中的“改革创新本领”；发展力主要对应八大本领中的“科学发展本领”；驾驭力主要对应八大本领中的“驾驭风险本领”；健康力主要是对干部健康的身心素质的要求。其中，政治力决定政治方向，是根本能力；学习力、领导力、执行力、亲民力、法治力是基础能力；创新力、发展力、驾驭力是关键能力；健康力是基本保障，是保障能力。党政领导干部素质能力结构指标体系见表1。

表1　党政领导干部素质能力结构指标体系

素质能力维度	一级指标素质能力构成	二级指标素质能力要素	三级指标观测点	成效评价			
根本能力	政治力	理想信念	坚定共产主义和社会主义信念，坚定马克思主义信仰；牢固树立“四个意识”和“四个自信”	好	较好	一般	差
		政治立场	牢固树立宗旨意识，坚持党性原则，坚定政治信念；增强政治意识，站稳政治立场，严守政治纪律	好	较好	一般	差
		政治素质	有较高的马克思主义理论修养、政治修养、道德修养、作风修养和纪律观念	好	较好	一般	差
		政治能力	把握方向、把握大势、把握全局，保持政治定力、驾驭政治局面、防范政治风险的能力	好	较好	一般	差
基础能力	学习力	学习动力	有强烈学习需要、学习情感和学习兴趣	好	较好	一般	差
		学习毅力	自觉地确定学习目标，克服困难	好	较好	一般	差
		学习方法	博学之，审问之，慎思之，明辨之，笃行之	好	较好	一般	差
		学习能力	运用所接受的新知识和信息分析问题、认识问题、解决问题的能力	好	较好	一般	差
	领导力	政治纪律	坚决维护党中央权威和集中统一领导，维护党的团结；遵循组织程序，服从组织决定，管好亲属和身边工作人员	好	较好	一般	差

续表

素质能力维度	一级指标素质能力构成	二级指标素质能力要素	三级指标观测点	成效评价			
基础能力	领导力	政治规矩	自觉遵守党章、党的纪律、国家法律、优良传统和工作惯例	好	较好	一般	差
		战略思维	高瞻远瞩、统揽全局、善于把握事物发展总体趋势和方向;战略判断准,战略谋划科学,战略赢得主动	好	较好	一般	差
		辩证思维	用唯物辩证法观察事物、分析问题、解决问题的科学思维,认识矛盾、分析矛盾、解决矛盾的能力,抓住关键、找准重点、洞察事物发展规律的能力	好	较好	一般	差
		综合决策	正确的评估能力,精确的预测能力,准确的决断能力	好	较好	一般	差
		驾驭全局	高瞻远瞩、总揽全局,抓住重点、统筹兼顾,立足当前、放眼长远	好	较好	一般	差
	执行力	真抓敢抓善抓常抓	抓常、抓细、抓长上下功夫;领导工作要实,任务责任要实,工作保障要实,督查验收要实	好	较好	一般	差
		埋头苦干	求真务实、埋头苦干、不事张扬、默默奉献;出实策、鼓实劲、办实事,不图虚名,不务虚功	好	较好	一般	差
		勇于担当	实事求是、求真务实;善始善终、善作善成;把准方向、敢于担当;亲力亲为、抓实工作	好	较好	一般	差
		攻坚克难	重要改革亲自部署、重大方案亲自把关,关键环节亲自协调、落实情况亲自督察,扑下身子,狠抓落实	好	较好	一般	差
	亲民力	帮助群众	增强群众法律意识、防范意识、自治意识,帮助群众自我管理、自我服务、自我完善	好	较好	一般	差

续表

素质能力维度	一级指标素质能力构成	二级指标素质能力要素	三级指标观测点	成效评价			
基础能力	亲民力	服务群众	坚持全心全意为人民服务的根本宗旨，自觉贯彻党的群众路线，心系群众、为民造福	好	较好	一般	差
		组织群众	深入群众，疏导群众，依靠群众，引领群众；善于运用媒体宣讲政策主张、引导社会情绪、动员人民群众	好	较好	一般	差
	法治力	法治意识	带头学法、模范守法，信仰与崇敬宪法和法律，增强依法执政、依法行政意识	好	较好	一般	差
		法治思维	崇尚法治、尊重法律，善于运用法律手段解决问题和推进工作；带头维护宪法和法律权威，自觉依法办事	强	较强	一般	差
		法治方式	自觉守法、坚决护法，自觉做到有法可依、有法必依、执法必严、违法必究	强	较强	一般	差
		法治能力	牢固树立法治意识和法治观念，模范遵守法律，自觉依法执政、依法行政、依法决策	强	较强	一般	差
关键能力	创新力	创新精神	保持锐意创新的勇气、敢为人先的锐气、蓬勃向上的朝气，勇于创新，善于创新	强	较强	一般	差
		创新思维	突破思维定势，强化问题导向，注重理念创新、思路创新、制度创新和方式创新	强	较强	一般	差
		创新能力	研究新情况，解决新问题，创造新经验，开创新局面	强	较强	一般	差
		改革意识	保持锐意进取的精神风貌，自觉运用改革思维结合实际创造性谋划和推动工作	强	较强	一般	差

续表

素质能力维度	一级指标素质能力构成	二级指标素质能力要素	三级指标观测点	成效评价			
关键能力	创新力	改革能力	亲力亲为抓改革,弘扬实事求是、求真务实精神,理解改革、谋划改革、落实改革,不断提高领导、谋划、推动、落实改革的能力和水平	强	较强	一般	差
	发展力	统筹协调	善于运用唯物辩证法认识和处理问题,既统揽全局、统筹规划,又在重点突破中推动工作协调发展	强	较强	一般	差
		开拓创新	善于根据事物发展的客观规律推动思维创新、方法创新、实践创新、制度创新,创造性地开展工作	强	较强	一般	差
		知人善任	善于发现人才,正确识别人才,科学评价人才,合理使用人才	强	较强	一般	差
		应对风险	善于对可能出现的风险进行科学预判和超前准备,增强临机处置能力,化风险为机遇,化被动为主动	强	较强	一般	差
		维护稳定	善于见微知著,增强维护稳定的果断性,及时化解矛盾纠纷,妥善处理群体性事件	强	较强	一般	差
		同媒体打交道	尊重新闻舆论的传播规律,正确引导社会舆论,要与媒体保持密切联系,自觉接受舆论监督	强	较强	一般	差
	驾驭力	风险识别	扎实做好调查摸排和分析研判工作,梳理可能引发的风险,准确识别风险来源和风险点	强	较强	一般	差
		风险评估	充分发挥专业机构、专业人才等评估力量的作用,科学评估风险的等级	强	较强	一般	差

续表

素质能力维度	一级指标素质能力构成	二级指标素质能力要素	三级指标观测点	成效评价			
关键能力	驾驭力	防范风险	健全风险评估体系和风险预警机制，加强对风险源的调查研判，提高动态监测、实时预警能力	强	较强	一般	差
		化解风险	根据预警机制，抓住重点，解决关键问题，化解主要矛盾，牢牢把握主动权	强	较强	一般	差
保障能力	健康力	身体健康	有胜任工作的健康体魄，思维敏捷、精力充沛，有良好生活习惯	强	较强	一般	差
		心理健康	性格完美、智力正常、认知正确、情感适当、意志合理、态度积极、行为恰当、适应良好	强	较强	一般	差
		精神状态	有良好精神状态和健康心态，有高尚的道德情操和健康生活情趣，不断提升工作精气神	强	较强	一般	差

（三）不同层级领导干部素质能力指标权重

复合型党政领导干部素质能力结构是党政领导干部的通用指标体系。课题组在重庆市委组织部的领导下，对重庆市的干部采取问卷调查、召开座谈会、个别访谈等方式，在不同层级、不同岗位的人员范围开展了深入调研。调研结果反映，因重庆市不同层级的领导干部岗位职责要求不同，对其素质能力要求也是不同的。总体而言，重庆市厅局级党政领导干部作为高级别干部，其素质能力更加侧重于领导力、驾驭力、创新力和发展力等。重庆市县处级党政领导干部的素质能力侧重于驾驭力、发展力、学习力，同时也要具备一定的领导力和创新力。对重庆市乡科级党政领导干部的要求则主要是贯彻落实上级精神，服从上级工作安排，重在依法依规抓好贯彻落实和服务，侧重于执行力、学习力、法治力。

1. 重庆市厅局级党政领导干部素质能力指标权重

表 2　重庆市厅局级党政领导干部素质能力指标权重

测评指标	政治力	学习力	领导力	执行力	亲民力	法治力	创新力	发展力	驾驭力	健康力
权重	0.164	0.088	0.135	0.077	0.066	0.075	0.086	0.096	0.129	0.084
排序	1	5	2	8	10	9	6	4	3	7

2. 重庆市县处级党政领导干部素质能力指标权重

表 3　重庆市县处级党政领导干部素质能力指标权重

测评指标	政治力	学习力	领导力	执行力	亲民力	法治力	创新力	发展力	驾驭力	健康力
权重	0.143	0.101	0.092	0.127	0.077	0.081	0.092	0.092	0.094	0.101
排序	1	3	6	2	10	9	7	8	5	4

3. 重庆市乡科级党政领导干部素质能力指标权重

表 4　重庆市乡科级党政领导干部素质能力指标权重

测评指标	政治力	学习力	领导力	执行力	亲民力	法治力	创新力	发展力	驾驭力	健康力
权重	0.110	0.143	0.068	0.171	0.082	0.087	0.089	0.081	0.066	0.103
排序	3	2	9	1	7	6	5	8	10	4

三　复合型党政领导干部素质能力模型运用过程

复合型党政领导干部素质能力模型的构建为量化复合型党政领导干部素质能力水平提供了有效路径。在此，为做到理论与实践相结合，实现复合型党政领导干部素质能力模型的落地，对复合型党政领导干部素质能力模型的运用过程进行阐述。复合型党政领导干部素质能力模型的运用过程如图 2 所示。

复合型党政领导干部素质能力模型的运用过程主要是对复合型党政领导干部（被测评对象）进行量化测评，因此，构建复合型党政领导干部素质

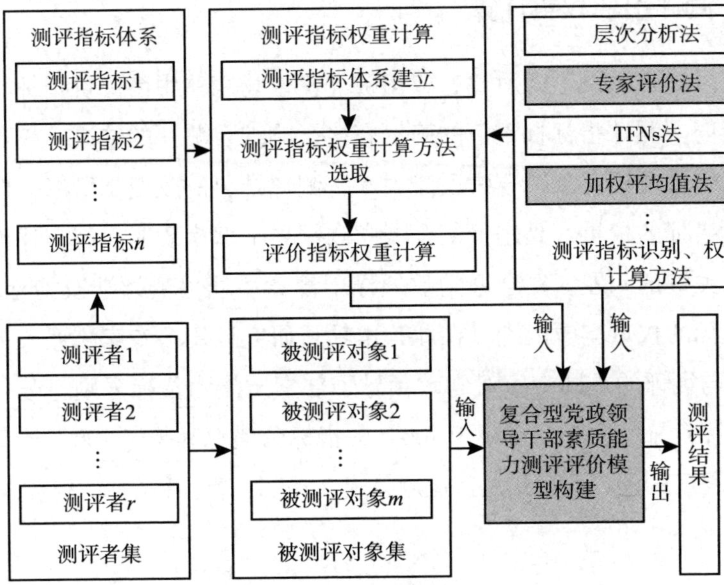

图 2　复合型党政领导干部素质能力测评评价运用过程

能力的量化测评评价模型是关键一环。复合型党政领导干部素质能力测评评价模型构建主要包括以下几部分内容：复合型党政领导干部素质能力测评专家范围的确定、复合型党政领导干部素质能力测评指标体系构建、复合型党政领导干部素质能力测评指标权重计算、复合型党政领导干部素质能力测评评价模型构建等。

（一）测评专家范围确定

测评人员范围的确定是有效开展复合型党政领导干部素质能力测评的重要内容。课题组采取问卷调查、个别访谈、召开座谈会等方式，分别选取党政领导干部代表、干部人事部门负责人代表、纪检监察部门负责人代表、专家学者代表、职工代表等作为测评专家，对重庆市不同层级（厅局级、县处级、乡科级）的党政领导干部素质能力进行了测评。参与测评的人员范围不同，其测评的权重也不同。

（二）测评指标权重计算

权重是以某种数量形式对比、权衡被评价事物总体中诸评价指标相对重要程度的量值。测评指标权重值的确定直接影响综合测评的结果，权重值的变动可能引起被测评对象综合素质能力水平测评结果的改变。所以，合理地确定各测评指标的权重，是进行复合型党政领导干部素质能力综合评价能否成功的最为关键的问题。复合型党政领导干部素质能力测评涉及指标较多，不同测评指标的权重有所区别，在此，本项目研究运用多专家测评人员的评价方法，参与测评的不同专家对党政领导干部素质能力指标分别打分，且每个评价指标评价分值大于 0 且小于 100，各指标分值总和等于 100，从而确定对指标重要程度的评价信息，然后运用公式（1）计算测评指标的权重值。

$$\text{测评指标 } S_j \text{ 的权重 } W_{S_j} = \frac{\sum_{i=1}^{m}(\alpha_1 A_{1j} + \alpha_2 A_{2j} + \cdots + \alpha_m A_{mj})}{100} \tag{1}$$

式中，S_j（$1 \leqslant j \leqslant n$）表示第 j 个测评指标，W_{Sj}表示测评指标 S_j的权重，η_i（$1 \leqslant i \leqslant m$）表示第 i 位测评者的权重，A_{ij}（$1 \leqslant i \leqslant m$，$1 \leqslant j \leqslant n$）表示第 i 位测评者对第 j 个测评指标的评分值。

本项目中，被测评对象可分为厅局级、县处级、乡科级干部三个层级，共有政治力（S_1）、学习力（S_2）、领导力（S_3）、执行力（S_4）、亲民力（S_5）、法治力（S_6）、创新力（S_7）、发展力（S_8）、驾驭力（S_9）、健康力（S_{10}）等 10 项测评指标。现有 E_1、E_2、E_3、E_4、E_5共 5 类测评群体，权重分别为$\eta_1 = 0.2$，$\eta_2 = 0.2$，$\eta_3 = 0.3$，$\eta_4 = 0.2$，$\eta_5 = 0.1$，5 类测评群体分别对不同测评对象（厅局级、县处级、乡科级）10 项测评指标的重要度进行评价，并获得评价信息表。具体分析过程如下。

1. 以重庆市厅局级领导干部为测评对象，对该测评对象下的测评指标权重进行计算

采用问卷调查等方法，收集 5 位测评专家在以重庆市厅局级领导干部为测评对象背景下对 10 项测评指标的评分值，评分信息见表 5。

表 5　复合型党政领导干部素质能力评价指标评分信息（重庆市厅局级）

序号	指标 S_j	分值 A_{ij}				
		E_1	E_2	E_3	E_4	E_5
1	政治力	12	15	20	10	30
2	学习力	10	10	8	10	4
3	领导力	15	15	12	12	15
4	执行力	8	5	10	8	5
5	亲民力	8	5	6	8	6
6	法治力	8	10	6	8	5
7	创新力	10	5	8	12	8
8	发展力	10	10	8	12	8
9	驾驭力	12	15	12	12	15
10	健康力	7	10	10	8	4
总分		100	100	100	100	100

打分说明：测评群体 E_1、E_2、E_3、E_4、E_5 分别对上述 10 项指标进行打分，每项分值应大于 0 小于 100，且 10 项指标分值总和等于 100。

根据公式（1），计算测评指标 S_1、S_2、S_3、S_4、S_5、S_6、S_7、S_8、S_9、S_{10} 的权重信息如下：

$$W_{S_1}=\frac{0.2\times12+0.2\times15+0.3\times20+0.2\times10+0.1\times30}{100}=0.164$$

$$W_{S_2}=\frac{0.2\times10+0.2\times10+0.3\times8+0.2\times10+0.1\times4}{100}=0.088$$

$$W_{S_3}=\frac{0.2\times15+0.2\times15+0.3\times12+0.2\times12+0.1\times15}{100}=0.135$$

$$W_{S_4}=\frac{0.2\times8+0.2\times5+0.3\times10+0.2\times8+0.1\times5}{100}=0.077$$

$$W_{S_5}=\frac{0.2\times8+0.2\times5+0.3\times6+0.2\times8+0.1\times6}{100}=0.066$$

$$W_{S_6}=\frac{0.2\times8+0.2\times10+0.3\times6+0.2\times8+0.1\times5}{100}=0.075$$

$$W_{S_7} = \frac{0.2 \times 10 + 0.2 \times 5 + 0.3 \times 8 + 0.2 \times 12 + 0.1 \times 8}{100} = 0.086$$

$$W_{S_8} = \frac{0.2 \times 10 + 0.2 \times 10 + 0.3 \times 8 + 0.2 \times 12 + 0.1 \times 8}{100} = 0.096$$

$$W_{S_9} = \frac{0.2 \times 12 + 0.2 \times 15 + 0.3 \times 12 + 0.2 \times 12 + 0.1 \times 15}{100} = 0.129$$

$$W_{S_{10}} = \frac{0.2 \times 7 + 0.2 \times 10 + 0.3 \times 10 + 0.2 \times 8 + 0.1 \times 4}{100} = 0.084$$

综上，以重庆市厅局级领导干部为测评对象，对该测评对象的测评指标权重的计算结果如表 6 所示。

表 6　复合型党政领导干部素质能力评价指标权重（重庆市厅局级）

测评指标	政治力	学习力	领导力	执行力	亲民力	法治力	创新力	发展力	驾驭力	健康力
权重	0.164	0.088	0.135	0.077	0.066	0.075	0.086	0.096	0.129	0.084
排序	1	5	2	8	10	9	6	4	3	7

2. 以重庆市县处级领导干部为测评对象，对该测评对象下的测评指标权重进行计算

采用问卷调查等方法，收集 5 位测评专家在以重庆市县处级领导干部为测评对象背景下对 10 项测评指标的评分值，评分信息见表 7。

表 7　复合型党政领导干部素质能力评价指标评分信息（重庆市县处级）

序号	指标 S_j	分值 A_{ij}				
		E_1	E_2	E_3	E_4	E_5
1	政治力	12	10	18	10	25
2	学习力	10	10	10	13	5
3	领导力	8	10	10	8	10
4	执行力	14	10	12	14	15
5	亲民力	7	10	8	7	5
6	法治力	8	10	8	8	5
7	创新力	10	10	6	12	10

续表

序号	指标 S_j	分值 A_{ij}				
		E_1	E_2	E_3	E_4	E_5
8	发展力	11	10	6	11	10
9	驾驭力	10	10	10	7	10
10	健康力	10	10	12	10	5
总分		100	100	100	100	100

打分说明：测评群体 E_1、E_2、E_3、E_4、E_5分别对上述 10 项指标进行打分，每项分值应大于 0 小于 100，且 10 项指标分值总和等于 100。

根据公式（1），计算测评指标 S_1、S_2、S_3、S_4、S_5、S_6、S_7、S_8、S_9、S_{10}的权重信息如下：

$$W_{S_1} = \frac{0.2 \times 12 + 0.2 \times 10 + 0.3 \times 18 + 0.2 \times 10 + 0.1 \times 25}{100} = 0.143$$

$$W_{S_2} = \frac{0.2 \times 10 + 0.2 \times 10 + 0.3 \times 10 + 0.2 \times 13 + 0.1 \times 5}{100} = 0.101$$

$$W_{S_3} = \frac{0.2 \times 8 + 0.2 \times 10 + 0.3 \times 10 + 0.2 \times 8 + 0.1 \times 10}{100} = 0.092$$

$$W_{S_4} = \frac{0.2 \times 14 + 0.2 \times 10 + 0.3 \times 12 + 0.2 \times 14 + 0.1 \times 15}{100} = 0.127$$

$$W_{S_5} = \frac{0.2 \times 7 + 0.2 \times 10 + 0.3 \times 8 + 0.2 \times 7 + 0.1 \times 5}{100} = 0.077$$

$$W_{S_6} = \frac{0.2 \times 8 + 0.2 \times 10 + 0.3 \times 8 + 0.2 \times 8 + 0.1 \times 5}{100} = 0.081$$

$$W_{S_7} = \frac{0.2 \times 10 + 0.2 \times 10 + 0.3 \times 6 + 0.2 \times 12 + 0.1 \times 10}{100} = 0.092$$

$$W_{S_8} = \frac{0.2 \times 11 + 0.2 \times 10 + 0.3 \times 6 + 0.2 \times 11 + 0.1 \times 10}{100} = 0.092$$

$$W_{S_9} = \frac{0.2 \times 10 + 0.2 \times 10 + 0.3 \times 12 + 0.2 \times 10 + 0.1 \times 5}{100} = 0.094$$

$$W_{S_{10}} = \frac{0.2 \times 10 + 0.2 \times 10 + 0.3 \times 12 + 0.2 \times 10 + 0.1 \times 5}{100} = 0.101$$

综上，以重庆市县处级领导干部为测评对象，对该测评对象的测评指标权重的计算结果如表 8 所示。

表 8　复合型党政领导干部素质能力评价指标权重（重庆市县处级）

测评指标	政治力	学习力	领导力	执行力	亲民力	法治力	创新力	发展力	驾驭力	健康力
权重	0.143	0.101	0.092	0.127	0.077	0.081	0.092	0.092	0.094	0.101
排序	1	3	6	2	10	9	7	8	5	4

3. 以重庆市乡科级领导干部为测评对象，对该测评对象的测评指标权重进行计算

采用问卷调查法，收集 5 位测评专家在以重庆市乡科级领导干部为测评对象背景下对 10 项测评指标的评分值，评分信息见表 9。

表 9　复合型党政领导干部素质能力评价指标评分信息（重庆市乡科级）

序号	指标 S_j	分值 A_{ij}				
		E_1	E_2	E_3	E_4	E_5
1	政治力	12	10	12	10	10
2	学习力	10	15	18	12	15
3	领导力	7	10	5	7	5
4	执行力	14	15	19	13	30
5	亲民力	10	5	10	6	10
6	法治力	8	10	10	8	5
7	创新力	9	15	4	12	5
8	发展力	10	10	4	12	5
9	驾驭力	10	5	5	8	5
10	健康力	10	5	13	12	10
总分		100	100	100	100	100

打分说明：测评群体 E_1、E_2、E_3、E_4、E_5 分别对上述 10 项指标进行打分，每项分值应大于 0 小于 100，且 10 项指标分值总和等于 100。

根据公式（1），计算测评指标 S_1、S_2、S_3、S_4、S_5、S_6、S_7、S_8、S_9、S_{10}的权重信息如下：

$$W_{S_1}=\frac{0.2\times12+0.2\times10+0.3\times12+0.2\times10+0.1\times10}{100}=0.110$$

$$W_{S_2}=\frac{0.2\times10+0.2\times15+0.3\times18+0.2\times12+0.1\times15}{100}=0.143$$

$$W_{S_3}=\frac{0.2\times7+0.2\times10+0.3\times5+0.2\times7+0.1\times5}{100}=0.068$$

$$W_{S_4}=\frac{0.2\times14+0.2\times15+0.3\times19+0.2\times13+0.1\times30}{100}=0.171$$

$$W_{S_5}=\frac{0.2\times10+0.2\times5+0.3\times10+0.2\times6+0.1\times10}{100}=0.082$$

$$W_{S_6}=\frac{0.2\times8+0.2\times10+0.3\times10+0.2\times8+0.1\times5}{100}=0.087$$

$$W_{S_7}=\frac{0.2\times9+0.2\times15+0.3\times4+0.2\times12+0.1\times5}{100}=0.089$$

$$W_{S_8}=\frac{0.2\times10+0.2\times10+0.3\times4+0.2\times12+0.1\times5}{100}=0.081$$

$$W_{S_9}=\frac{0.2\times10+0.2\times5+0.3\times5+0.2\times8+0.1\times5}{100}=0.066$$

$$W_{S_{10}}=\frac{0.2\times10+0.2\times5+0.3\times13+0.2\times12+0.1\times10}{100}=0.103$$

综上，以“重庆市乡科级”领导干部为测评对象，对该测评对象的测评指标权重计算结果如表 10 所示。

表 10　复合型党政领导干部素质能力评价指标权重（重庆市乡科级）

测评指标	政治力	学习力	领导力	执行力	亲民力	法治力	创新力	发展力	驾驭力	健康力
权重	0.110	0.143	0.068	0.171	0.082	0.087	0.089	0.081	0.066	0.103
排序	3	2	9	1	7	6	5	8	10	4

（三）测评评价模型构建

对复合型党政领导干部素质能力测评评价模型的构建及应用进行以下说明。

第一，复合型党政领导干部素质能力测评评价指标体系共确立了10个指标，即政治力（S_1）、学习力（S_2）、领导力（S_3）、执行力（S_4）、亲民力（S_5）、法治力（S_6）、创新力（S_7）、发展力（S_8）、驾驭力（S_9）、健康力（S_{10}）。

第二，通过对上述测评指标权重进行分析，可得到各测评指标的权重值为W =（W_{S1}，W_{S2}，W_{S3}，W_{S4}，W_{S5}，W_{S6}，W_{S7}，W_{S8}，W_{S9}，W_{S10}），且各测评指标权重相加之和为1，$\sum_{j=1}^{10} W_{Sj} = 1$。

第三，假设被测评对象总人数为y个，测评专家有n个（如领导干部代表、干部人事部门负责人代表、纪检监察部门负责人代表、专家学者代表、干部职工代表等），按照表11的评价规则，测评专家G_i（$i \in [1, n]$）依据上述10项指标对某一测评对象Y_l（$l \in [1, y]$）进行综合评价，并在此基础上进行测评信息数据的收集，形成的评价信息（见表12）。

表11　评价规则

评价等级	评价分值
优秀	90～100分
良好	80～89分
中等	70～79分
及格	60～69分
不及格	<60分

表12　测评专家G_i对被对测评对象Y_l的评价信息

测评者G	测评指标体系S									
	政治力S_1	学习力S_2	领导力S_3	执行力S_4	亲民力S_5	法治力S_6	创新力S_7	发展力S_8	驾驭力S_9	健康力S_{10}
测评者G_1	A_{1l1}	A_{1l2}	A_{1l3}	A_{1l4}	A_{1l5}	A_{1l6}	A_{1l7}	A_{1l8}	A_{1l9}	A_{1l10}
测评者G_2	A_{2l1}	A_{2l2}	A_{2l3}	A_{2l4}	A_{2l5}	A_{2l6}	A_{2l7}	A_{2l8}	A_{2l9}	A_{2l10}
测评者G_3	A_{3l1}	A_{3l2}	A_{3l3}	A_{3l4}	A_{3l5}	A_{3l6}	A_{3l7}	A_{3l8}	A_{3l9}	A_{3l10}

续表

测评者 G	测评指标体系 S									
	政治力 S_1	学习力 S_2	领导力 S_3	执行力 S_4	亲民力 S_5	法治力 S_6	创新力 S_7	发展力 S_8	驾驭力 S_9	健康力 S_{10}
测评者 G_4	A_{4l1}	A_{4l2}	A_{4l3}	A_{4l4}	A_{4l5}	A_{4l6}	A_{4l7}	A_{4l8}	A_{4l9}	A_{4l10}
测评者 G_5	A_{5l1}	A_{5l2}	A_{5l3}	A_{5l4}	A_{5l5}	A_{5l6}	A_{5l7}	A_{5l8}	A_{5l9}	A_{5l10}
测评者 G_6	A_{6l1}	A_{6l2}	A_{6l3}	A_{6l4}	A_{6l5}	A_{6l6}	A_{6l7}	A_{6l8}	A_{6l9}	A_{6l10}
⋮	…	…	…	…	…	…	…	…	…	…
测评者 $G_{(i-1)}$	$A_{(i-1)l1}$	$A_{(i-1)l2}$	$A_{(i-1)l3}$	$A_{(i-1)l4}$	$A_{(i-1)l5}$	$A_{(i-1)l6}$	$A_{(i-1)l7}$	$A_{(i-1)l8}$	$A_{(i-1)l9}$	$A_{(i-1)l10}$
测评者 G_i	A_{il1}	A_{il2}	A_{il3}	A_{il4}	A_{il5}	A_{il6}	A_{il7}	A_{il8}	A_{il9}	A_{il10}

打分说明：测评专家 G_1、G_2、G_3、…、G_i按照表 11 的评分规则，分别对测评对象在各评价指标方面的表现进行打分。

第四，采用加权平均值法对被测评对象的综合评价分值 U_{ilj}（$i\in[1, m]$，$j\in[1, n]$，$l\in[1, y]$）进行计算。假定测评专家 G_i的权重分别为 $\eta=(\eta_1, \eta_2, \eta_3, \cdots, \eta_i)$，结合假定测评专家 G_i的指标评价分值信息，可按照公式（2）计算测评专家 G_i对被测评对象 Y_l的综合评价分值。

$$U_{il} = \sum_{j=1}^{10} A_{ilj} W_j \tag{2}$$

第五，综合考虑所有测评专家的评价信息，计算被测评对象 Y_l的综合加权平均得分，如公式（3）所示：

$$U_l = \eta_i \sum_{i=1}^{n} U_{il} \tag{3}$$

第六，采用上述评价方法，可有效得到各被测评对象的素质能力水平综合评价得分 $U=(U_1, U_2, \cdots, U_l)$。

示例：在本项目中，被测评对象可分为重庆市厅局级干部、重庆市县处级干部、重庆市乡科级干部三个层级，共确定了政治力（S_1）、学习力（S_2）、领导力（S_3）、执行力（S_4）、亲民力（S_5）、法治力（S_6）、创新力（S_7）、发展力（S_8）、驾驭力（S_9）、健康力（S_{10}）等10项测评指标，测评指标权重$W=(W_{S1}, W_{S2}, W_{S3}, W_{S4}, W_{S5}, W_{S6}, W_{S7}, W_{S8}, W_{S9}, W_{S10})$。在此，以重庆市厅局级领导干部测评为例，采用加权平均值法，对各被测评对象的综合素质能力水平评价过程进行说明。

现有干部职工代表（G_1）、干部人事部门负责人代表（G_2）、领导干部代表（G_3）、纪检监察部门负责人代表（G_4）、专家学者代表（G_5）共5位测评专家，5位测评专家的权重分别为$\eta_{G1}=0.2$，$\eta_{G2}=0.2$，$\eta_{G3}=0.3$，$\eta_{G4}=0.2$，$\eta_{G5}=0.1$，通过前述内容的研究，已确定了重庆市厅局级领导干部为测评对象背景下，其测评指标的权重值分别为$W=(W_{S1}, W_{S2}, W_{S3}, W_{S4}, W_{S5}, W_{S6}, W_{S7}, W_{S8}, W_{S9}, W_{S10})=(0.164, 0.088, 0.135, 0.077, 0.066, 0.075, 0.086, 0.096, 0.129, 0.084)$。对此，5位测评专家依据表11的评价规则，分别对被测评对象Y_1在各测评指标方面的表现进行评价打分，评价信息见表13。

表13　测评专家G_i对被测评对象Y_1的评价信息

测评群体 G	测评指标体系 S									
	政治力 S_1	学习力 S_2	领导力 S_3	执行力 S_4	亲民力 S_5	法治力 S_6	创新力 S_7	发展力 S_8	驾驭力 S_9	健康力 S_{10}
测评群体 G_1	92	86	90	80	78	82	80	75	78	82
测评群体 G_2	95	90	85	85	70	82	86	88	80	75
测评群体 G_3	90	83	82	75	90	80	78	80	80	80
测评群体 G_4	94	95	85	95	92	95	85	92	85	70
测评群体 G_5	80	75	82	85	80	76	77	75	81	80

打分说明：测评专家G_1、G_2、G_3、G_4、G_5按照表11的评分规则，分别对被测评对象在各评价指标方面的表现进行打分。

根据公式（2），测评专家 G_1、G_2、G_3、G_4、G_5 对被测评对象 Y_1 的综合加权评价得分分别为：

$$\begin{aligned}U_{11} &= 0.164\times 92+0.088\times 86+0.135\times 90+0.077\times 80+0.066\times 78\\&+0.075\times 82+0.086\times 80+0.096\times 75+0.129\times 78+0.084\times 82\\&=83.294\end{aligned}$$

$$\begin{aligned}U_{21} &= 0.164\times 95+0.088\times 90+0.135\times 85+0.077\times 85+0.066\times 70\\&+0.075\times 82+0.086\times 86+0.096\times 88+0.129\times 80+0.084\times 75\\&=84.754\end{aligned}$$

$$\begin{aligned}U_{31} &= 0.164\times 90+0.088\times 83+0.135\times 82+0.077\times 75+0.066\times 90\\&+0.075\times 80+0.086\times 78+0.096\times 80+0.129\times 80+0.084\times 80\\&=82.277\end{aligned}$$

$$\begin{aligned}U_{41} &= 0.164\times 94+0.088\times 95+0.135\times 85+0.077\times 95+0.066\times 92\\&+0.075\times 95+0.086\times 85+0.096\times 92+0.129\times 85+0.084\times 70\\&=88.750\end{aligned}$$

$$\begin{aligned}U_{51} &= 0.164\times 80+0.088\times 75+0.135\times 82+0.077\times 85+0.066\times 80\\&+0.075\times 76+0.086\times 77+0.096\times 75+0.129\times 81+0.084\times 80\\&=79.306\end{aligned}$$

根据公式（3），综合考虑所有测评专家的评价信息，采用加权平均值法，计算被测评对象 Y_1 的素质能力水平的综合评价得分为：

$$\begin{aligned}U_1 &= 0.2\times 83.294+0.2\times 84.754+0.3\times 82.277+0.2\times 88.750+0.1\times 79.306\\&=83.973\end{aligned}$$

因此，$U_1=83.973$ 即为被测评对象 Y_1 的素质能力评分，且 $80<U_1<89$，参照表 11 评分规则，可知该被测评对象素质能力水平属于“良好”。

类似地，采用上述评价步骤和思路，可以对其他重庆市厅局级领导干部进行综合素质能力测评。

四　复合型党政领导干部素质能力模型运用价值

理论研究的目的在于应用。党政领导干部素质能力模型的建立，为提高后备干部队伍建设的针对性、干部选拔任用考察的精准度、干部考核评价的准确性、干部教育培训的实效性等提供了坚实有力的基础。

（一）根据党政领导干部素质能力要求，不断提高后备干部队伍建设的针对性

针对党政领导干部素质能力，坚持素质能力与岗位适配、注重工作实绩的原则，抓好干部队伍的源头活水，切实提高后备干部队伍建设的针对性，严把入口关，发现储备一批优秀后备干部。一是坚持标准，严把“质量关”。充分运用党政领导干部素质能力模型，制定后备干部队伍选拔工作方案，针对厅局级、县处级、乡科级等不同层级后备干部素质能力要求，设置相应条件，细化素质能力标准，发现选拔一批数量多、质量高、结构优的后备干部。二是补齐短板，严把“培养关”。针对厅局级、县处级、乡科级等不同层级后备干部素质能力要求，梳理发现后备干部素质能力缺陷，按照缺什么补什么的原则，加强对后备干部队伍教育培训，补齐素质能力短板。三是动态调整，严把“管理关”。建立后备干部档案，制定后备干部管理办法，结合后备干部换届考核、届中考核、年度考核、平常了解等，对后备干部进行及时跟踪、动态管理，建立后备干部晋升退出机制，定期进行调整和补充，确保后备干部队伍始终保持合理的结构和较高的质量，保持源头“一池活水”。

（二）根据党政领导干部素质能力要求，不断提高干部选拔任用考察的精准度

依据不同层级干部素质能力模型，不断完善干部考察内容，改进干部考察方法，找准干部考察重点，提高干部考察精准度。一是根据不同层级干部素质能力要求分级构建干部考察体系。结合干部管理体制、素质能力要求、工作实绩要求，找出不同层级干部素质能力核心指标和关键指标，突出干部考察重点，逐步构建科学、准确、系统的“字典式”干部素质能力标准体系，为选准干部提供基础标准。二是根据不同层级干部素质能力要求增强干部考察精准度。形象直观、有差别地为干部立体“画像”，反映干部个性化的素质能力特点，避免传统考察“千人一面”的现象。三是根据不同层级干部素质能力要求改进干部考察方法。对照不同层级干部素质能力标准体

系，在传统考察方式的基础上建立与干部素质能力模型相对应的多特征、多视角、多方法的立体式考察体系，实现对不同层次干部素质能力全面客观的测评，发现干部素质能力指标高低，综合反映干部优点、不足，为选准干部提供有效手段。

（三）根据党政领导干部素质能力要求，不断提高干部考核评价的准确性

坚持以工作实绩为核心，不断创新干部考核评价机制，健全完善干部考核评价体系，推进干部考核工作的科学化、民主化、制度化，为选人用人、教育培训、奖惩激励提供科学依据。一是科学设置考核评价指标，解决好“考评什么”的问题。合理划分考核对象（厅局级干部、县处级干部、乡科级干部，或者地方党政干部、部门党政干部），按照不同考核对象进行科学分组。根据不同层级干部素质能力模型，以考核干部工作实绩为重点，科学设置考核内容，细化量化考核指标，充分体现干部考核评价的个性化和差异性。二是科学确定考核评价主体，解决好“由什么人考评”的问题。坚持扩大民主、尊重民意，根据不同考核对象，把与考评对象联系较密切、知情度较高的人员作为参与考评主体，有效解决考评中“不了解”“不清楚”等问题。坚持扩大考核评价主体的代表性，注重把相关人员、“两代表一委员”、服务对象等代表性强的人员作为参与考评主体，构建多层次、多视角的立体式的考核评价体系。三是科学确定考核评价方法，解决好“如何考评”的问题。根据不同层级干部素质能力模型，对不同层级干部进行合理分类，采取不同的考评方法。考核评价中，坚持“三个相结合”。即坚持定量考核与定性考核相结合，把定性分析作为定量分析的基本前提，把定量分析作为定性分析的科学依据，注重以定性标准量化细化考核内容和考核指标；坚持结果与过程相结合，把平时考核作为定期考核的有益补充和重要依据，建立平时考核台账；坚持素质能力与工作实绩相结合，把干部的素质能力作为工作实绩的手段，把工作实绩作为干部素质能力的结果，通过干部素质能力提升推动工作开展。

（四）根据党政领导干部素质能力要求，不断提高干部教育培训的实效性

针对干部素质能力要求进行培训需求分析，有针对性地设计开发课程模块，确定培训内容及方式，不断提高干部教育培训的实效性。一是根据不同层级干部素质能力模型确定培训需求和目标。坚持以干部为主体、以问题为导向，采取科学方法，全面了解干部素质能力现状，发现查找干部素质能力方面存在的突出问题，深入分析干部培训需求，确定干部培训目标，为干部教育培训工作提供科学依据。二是根据不同层级干部素质能力模型开发培训课程模块。根据干部素质能力要求和干部培训目标，依据干部素质能力的相关性、培训目标与培训内容的交叉性、培训工作流程的连续性和完整性等，按照教学的逻辑对模型重新进行拆分与合并，优化设计素质能力培训课程模块。三是根据不同层级干部素质能力模型确定培训内容与形式。针对不同层级干部素质能力提升需要解决的一些关键的具体问题，将相关的学科理论成果、政策法规、典型经验、实践探索等进行统筹整合，确定培训内容和与之相对应的培训方式，为干部教育培训提供有效支撑。四是根据不同层级干部素质能力模型开展培训效果评估。对照干部素质能力模型，对培训效果进行综合评估，根据评估结果不断修正培训目标，完善培训内容，改进培训方式，进一步提高干部教育培训的针对性和实效性。通过周期性轮训，不断提高干部素质能力。

参考文献

秦杨勇：《能力素质模型设计五步法》，鹭江出版社，2009。

高敬：《领导干部核心能力提升》，国家行政学院出版社，2013。

方振邦、罗海元：《党政领导干部考核评价》，中国人民大学出版社，2019。

B.15

重庆市数字经济人才供需研究*

张 洪　万晓榆**

摘　要： 千秋基业，人才为本。人才是第一资源，在科学、社会、经济高质量发展中起着关键性作用。本文通过采集2019年9月至2020年7月重庆市数字经济供需人才数据，进行重庆市数字经济供需人才画像，分析重庆市人才发展形势。调查结果显示，2020年重庆市数字经济人才政策体系建设良好，人才发展势头向好，但政策环境、人才供需等方面仍存在不足，造成人才供给与人才需求存在一定的路径失配。对此，本文从产业发展、学科布局、人才交流及评价机制等方面提出了重庆市数字经济人才发展思路，旨在为相关政府部门制定产业、人才政策提供决策参考。

关键词： 数字经济　人才画像　人才供需

当前，数字经济已经成为我国经济发展的新引擎，国家层面和地方层面都给予了极大重视。2020 年 5 月 22 日，国务院总理李克强在《政府工作报告》中提出，国家层面需要打造数字经济新优势。重庆市正深入贯彻落实习近平总书记重要讲话和全国两会精神，深入推进大数据智能化创新发展，

---

* 本文系 2020 年度重庆市技术预见与制度创新专项人才工作研究课题“重庆市数字经济人才供需研究”（项目编号：2020RCKT07）的成果。

** 张洪，重庆邮电大学经济管理学院讲师，研究方向为信息网络经济；万晓榆，重庆邮电大学经济管理学院院长，研究方向为数字经济。

加快产业数字化、数字产业化，推动传统产业转型升级，拓展智能化应用场景，促进数字经济和实体经济深度融合，培育壮大新的增长点。人才作为数字经济发展的基础和主体，是推动生态体系创新和产业发展的第一资源，是驱动数字经济发展的关键要素。因此，数字经济人才供需情况也成为政府、高校、企业及人才本身等多方关注的焦点。本文对重庆市数字经济人才供给和人才需求现状进行剖析，为重庆市相关高校和企业改善人才供需状况提供参考，为相关政府部门制定产业、人才政策提供决策依据。

一　数字经济及数字经济人才界定

从 2016 年 G20 杭州峰会《二十国集团数字经济发展与合作倡议》定义数字经济，再经过中国信息通信研究院近年来的《中国数字经济发展白皮书》探讨，基本上形成了对数字经济特征的共识。数字经济的关键点是数据成为重要的生产要素，以数字化技术为驱动力，以信息技术网络为载体，产生新型经济形态。

目前，数字经济人才没有一个标准的定义。杨梽永认为数字经济人才是“服务于数字经济领域，负责数字产业化和产业数字化发展的中高层管理人才，以及具有 ICT 专业技能的人力资源的统称”，并将数字经济划分为三个层次，分别归类于数字经济核心产业、数字经济关联产业以及其他产业。《贵州省数字经济人才发展白皮书（2019）》认为数字经济人才分为数字产业化人才与产业数字化人才两大类。BCG（波士顿咨询）在《迈向 2035：攻克数字经济下的人才战》中认为，数字经济人才为行业业务与数字技术 + 网络的跨界人才。清华大学和领英相关报告认为，数字经济人才需具备 ICT 专业技能和 ICT 补充技能。

总体来说，数字经济及数字经济人才的定义依然在发展变化中。综合借鉴前述研究结论，并考虑到数字经济的技术、网络特性，本研究认为数字经济人才应具备 ICT 相关专业技术，并能为产业数字化提供重要支撑。具体来看，本研究定义的数字经济人才为具备数字经济核心产业领域大数据智能化

12 个智能产业的 32 个相关专业①及涉及市场营销、电子商务、行业信息化等相关专业背景人才。

二　研究方法和数据来源

根据需要分析的数据特征，运用用户画像的方法对重庆市数字经济人才供需状况进行分析，深度挖掘政府、企业和高校在数字经济人才建设中所面临的问题，并有针对性地提出人才供需平衡发展建议。用户画像的构建一般包括用户基本属性、用户兴趣以及具体应用场景下的属性，不同领域场景下的构建维度也不一样。如在手机用户画像方面，张慷以用户基础信息、套餐信息、终端信息、业务订购信息等构建了手机用户画像；在人才画像方面，高扬以基本属性、研究兴趣、学术影响力三个维度构建杰出人才画像，并通过统计分析揭示智能制造杰出人才的群体特征；在金融领域，赵飞鸿根据用户的基础信息、资产信息、交易记录、平台活动轨迹等行为数据，通过云计算进行金融类客户画像。本文主要从供给和需求两个方面对重庆市数字经济人才的发展现状进行画像分析。

重庆市数字经济供给人才指重庆市各高等院校、高职院校围绕数字经济核心产业领域大数据智能化 12 个智能产业的 32 个相关专业以及市场营销、电子商务、行业信息化等相关专业所培养的 2020 届博士、硕士、本科、专科等各层次应届毕业生。供给人才数据来源于重庆市大学中专毕业生就业指导服务中心，包括学历层次、专业类别、就业流向等 12 个维度，共计 63603 条数据。另外，重庆市数字经济需求人才指重庆市各高校院所、科研机构等事业单位以及企业单位对数字经济人才的需求能力，本文以各企业业、事业单位招聘数据来反映需求能力：事业单位数据来源于重庆市 2019 年 9 月至 2020 年 7 月期间 65 所高等、高职院校以及各区县事业单位招聘考

① 资料来源：《重庆市教育委员会关于开展本科高校大数据智能化类特色专业建设项目申报工作的通知》（渝教高函〔2018〕41 号）。

试网公布的人才招聘信息；企业数据是借助 Python 语言抓取的 2019 年 9 月至 2020 年 7 月智联招聘、前程无忧、BOSS 直聘等网站发布的现代信息技术相关岗位的人才招聘信息，抓取字段包括岗位名称、经验要求、学历要求等 9 个维度，经过数据清洗最终得到有效数据 39869 条。

此外，基于重庆市以数字经济为引领的创新驱动发展战略行动计划和本科高校大数据智能化特色专业划分等政策文件，参考肖俊夫、盛楠、赵伟等学者对科技创新型人才的分类标准，结合数字经济人才的专业背景及职业属性，并体现现代数字网络技术的核心驱动作用，将数字经济人才划分为核心数字技术人才、数字融合类人才、数字化营销人才和数字化运营人才，分析不同岗位类别的人才发展情况。其中，核心数字技术人才指从事现代数字信息技术研发、基础理论研究等方面工作的人才；数字融合类人才指在行业中引入核心数字技术，研发行业领域新方法、新技术、新应用、新产品的人才；数字化营销人才推广行业领域新方法、新技术、新应用、新产品，并提供实际解决方案；数字化运营人才指以数字网络技术为基础，提升企业运营效率的应用型、复合型管理人才。

三　研究分析与结果

（一）2020年重庆市数字经济整体分析

数字经济整体分析主要包括产业现状和人才现状两个部分，其中产业现状反映了重庆市数字经济人才的就业环境、市场规模等，人才现状反映了重庆市数字经济人才政策环境、人才培育和人才引进现状。

1. 产业现状

2019 年 10 月 20 日，《国家数字经济创新发展试验区实施方案》正式确定重庆市为首批“国家数字经济创新发展试验区”之一。重庆市坚持把大数据智能化创新作为推动高质量发展的战略选择，深入实施以大数据智能化为引领的创新驱动发展战略行动计划，加快数字产业化、产业数字化，推动数字经济和实体经济深度融合，正集中力量建设“智造重镇”和“智慧名城”。

整体来看，2019 年重庆市数字经济增加值达到 5250 亿元，同比增长 15.9%，相关企业达 15000 余家，高技术制造业和战略性新兴产业增加值分别增长 12.6%、11.6%，实施智能化改造项目 1280 个，建成数字化车间和智能工厂 140 个。预计到 2022 年，数字经济核心产业增加值年均增长 20% 以上，跻身全国数字经济第一方阵前列。2020 年上半年，数字经济加速壮大，新经济、新业态逆势增长，经济结构出现积极变化，新旧动能转换速度加快，传统产业转型升级提速，线上业态、线上服务、线上管理加快发展，涌现出一批直播带货等新业态、“无人银行”等智能化应用新场景以及区块链工程师、互联网营销师、在线学习服务师等新职业。疫情防控助推数字经济、生物医药等产业发展壮大，5G、工业互联网等新型基础设施加快传统产业数字化转型，产业高端化、绿色化、智能化、融合化发展趋势更加明显。战略性新兴制造业增加值增长 7.7%，数字经济增加值增长超过 10%。①

2. 人才现状

人才政策环境方面，为加强海内外优秀人才集聚，在过去的四年里，重庆市相继出台了一系列人才政策，形成了较为完备的人才政策体系，如 2017 年的《重庆市引进海内外英才“鸿雁计划”实施办法》，2018 年的《重庆市以大数据智能化为引领的创新驱动发展战略行动计划（2018～2020 年)》，2019 年出台的《重庆英才计划实施办法（试行)》等相关人才优惠政策，2020 年的《重庆市支持大数据智能化产业人才发展若干政策措施》《重庆市大数据智能化人才分类评价实施方案》等（见表 1）。近年来全国数字经济发展迅速，现有人才不能满足数字经济发展的需要，各地对数字经济人才竞争激烈。

---

① 资料来源：《重庆市以大数据智能化为引领的创新驱动发展战略行动计划（2018～2020 年)》《重庆市人民政府关于 2020 年 1～6 月国民经济和社会发展计划执行情况的报告》《2019 年重庆市经济运行情况》。

表1　2017～2020年重庆市发布的人才引进优惠政策

年份	重庆市人才政策
2017	《重庆市引进海内外英才"鸿雁计划"实施办法》
	《重庆市院士专家工作站建设管理办法》
	《重庆市特殊人才职称评定办法》
2018	《重庆市科教兴市和人才强市行动计划(2018～2020)》
	《重庆市以大数据智能化为引领的创新驱动发展战略行动计划(2018～2020年)》
	《重庆市留学人员回国创业创新支持计划实施办法》
2019	《关于开辟"绿色通道"引进事业单位高层次紧缺人才的通知》
	《"巴渝工匠2020"计划实施方案》
	《重庆市分类推进人才评价机制改革的实施方案》
	《重庆英才计划实施办法(试行)》
	《重庆英才·优秀科学家项目实施方案(试行)》
	《重庆英才·名家名师项目实施方案(试行)》
	《重庆英才·创新创业领军人才项目实施方案(试行)》
	《重庆英才·技术技能领军人才项目实施方案(试行)》
	《重庆英才·青年拔尖人才项目实施方案(试行)》
	《重庆市引进科技创新资源行动计划(2019～2022年)》
2020	《关于加快博士后事业创新发展的若干措施》
	《关于在工程技术领域实现高技能人才与工程技术人才职业发展贯通的实施意见(试行)》
	《重庆市支持大数据智能化产业人才发展若干政策措施》
	《重庆市大数据智能化人才分类评价实施方案》
	《重庆英才服务管理办法(试行)》

人才培养方面，重庆市教育委员会重点围绕机器人、大数据、人工智能、物联网等12个智能产业对人才培养的需求，针对大数据智能化本科专业进行立项建设①，推动大数据智能化专业设置、人才培养与产业岗位群

① 资料来源：《重庆市教育委员会关于开展本科高校大数据智能化类特色专业建设项目申报工作的通知》（渝教高函〔2018〕41号）。

（链）对接，培养满足地方经济社会发展需要的高素质人才。“重庆数字经济产教融合人才发展联盟”则致力于通过产教融合升级、人才服务升级，促进重庆数字经济产业不断聚集、发展、升级和进阶。重庆市政府组织实施“匠心逐梦工程”“技能培训重点平台建设工程”“技师国际交流工程”等人才培育项目，不断创新体制机制，加大人才培养力度。

人才引进方面，重庆市近年来重点引进两院院士、“长江学者”“杰青”以及各类国家级人才奖项、国家级人才计划入选者。其中，在海外高层次人才引进方面，主要为海外取得博士学位并在知名高等院校、科研机构、金融机构、世界500强企业等单位具备两年以上工作经历的高层次人才，以及国（境）外经济金融、科教文卫知名专家。截至2019年底，重庆市引进国家“万人计划”18人、科睿唯安全球高被引科学家10人、爱思唯尔中国高被引学者53人、科技部创新人才推进计划3人、博士后创新人才支持计划7人。

（二）2020年重庆市数字经济人才供给大数据分析

人才供给数据分析主要围绕2020年重庆市数字经济人才供给的学历分布、专业对口就业转化率、各类人才热点专业以及人才就业去向四个方面进行分析。

总体来看，2020年重庆市数字经济相关专业毕业学生63603人，实际就业人数为41428人。重庆市数字经济相关专业的高校毕业生中，本、专科生学历占比达92.6%，远高于硕士及以上学历。具体来看，实际从事四类领域工作的人才中，核心数字技术人才仅占2.83%，远低于其他三类人才，如图1所示。核心数字技术人才中，本科生占比为30.82%，硕士及以上学历人才占66%左右，学历结构中本科学历占比偏高，且数据表明博士学历人才绝大多数进入高校就业，因此企业中博士层次人才太少，这对于重庆市数字经济领域中核心数字技术研究顺利推进较为不利。数字化营销人才和数字融合类人才中本科学历占主要部分，而数字化运营人才中，专科占比达到63.98%，说明实际就业中，参与运营管理服务的人才层次偏低，如图2所示。

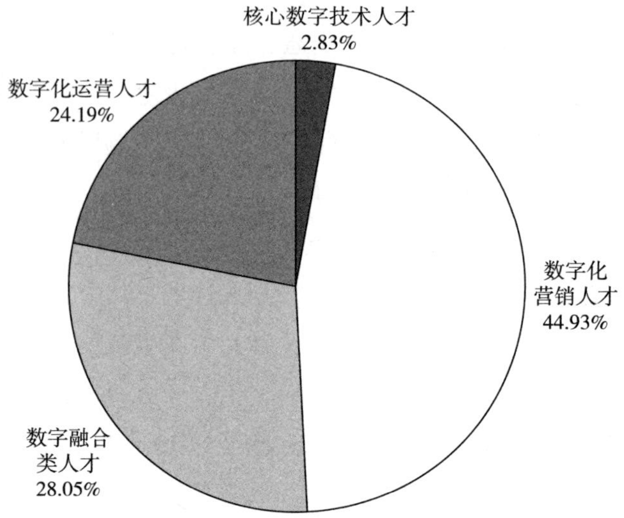

图 1 重庆市数字经济供给人才四类领域分布

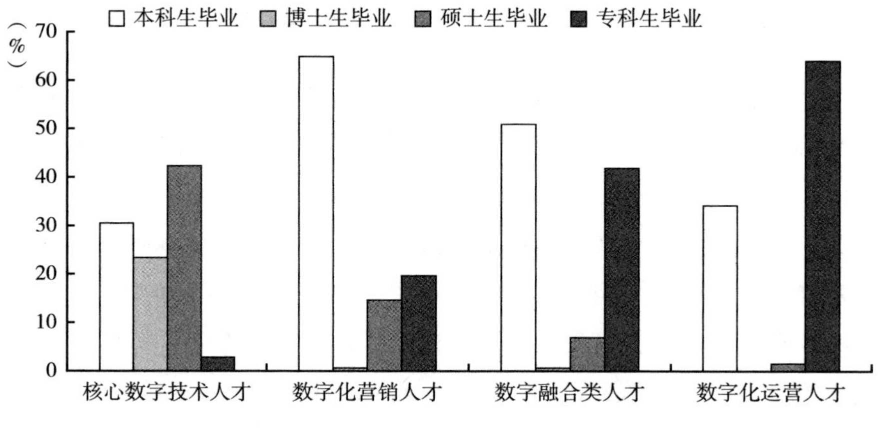

图 2 重庆市数字经济供给人才学历分布

大部分数字经济专业毕业生就业转化率低于 50%[①]。图 3 给出了数字经济相关专业就业人数 TOP 20 的专业，以及各专业的就业转化率，可以看出

① 转化率 = 该专业中进入企业人数/该专业总毕业人数。

仅有电子与通信工程和机械工程专业转化率大于 50%。图 4 给出了毕业人数大于 50 人的相关专业中就业转化率 TOP20 的专业情况，其中，控制科学与工程、控制工程、信息与通信工程、电子与通信工程、仪器科学与技术、机械工程、计算机技术、材料科学与工程等专业转化率能够大于 70%。

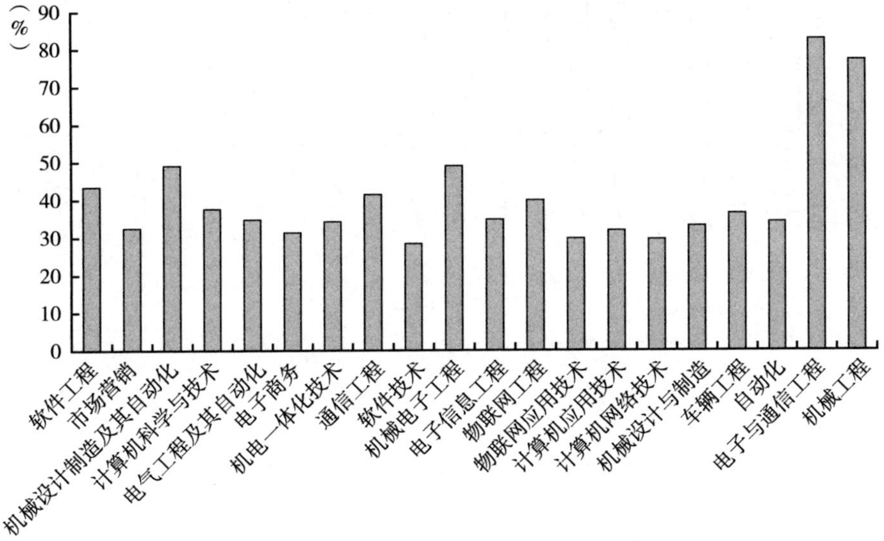

图 3　进入数字经济企业人数 TOP 20 的各专业转化率

重庆市数字经济人才涵盖的专业相对集中，4 类供给人才专业主要分布在计算机科学与技术、软件工程等专业，这充分展现人才培养与重庆市作为老工业基地的重点产业分布情况相吻合的特点，如图 5 所示。

从 2020 年重庆市数字经济相关专业应届毕业生行业分布来看，信息传输、软件和信息技术服务业，制造业和建筑业位居前三。此外，人才流向由第二产业逐渐过渡至第三产业，建筑行业吸引力有所下降，新兴服务业对人才的吸引能力显著增强，如图 6 所示。

出于生源地、生活成本和职场压力等原因，2020 年数字经济相关专业应届毕业生的就业地区主要为重庆市，占比达 64.46%；其次是四川省，占比达 10.89%；再次是广东省，占比达 3.75%。依据分布密集程度高低排

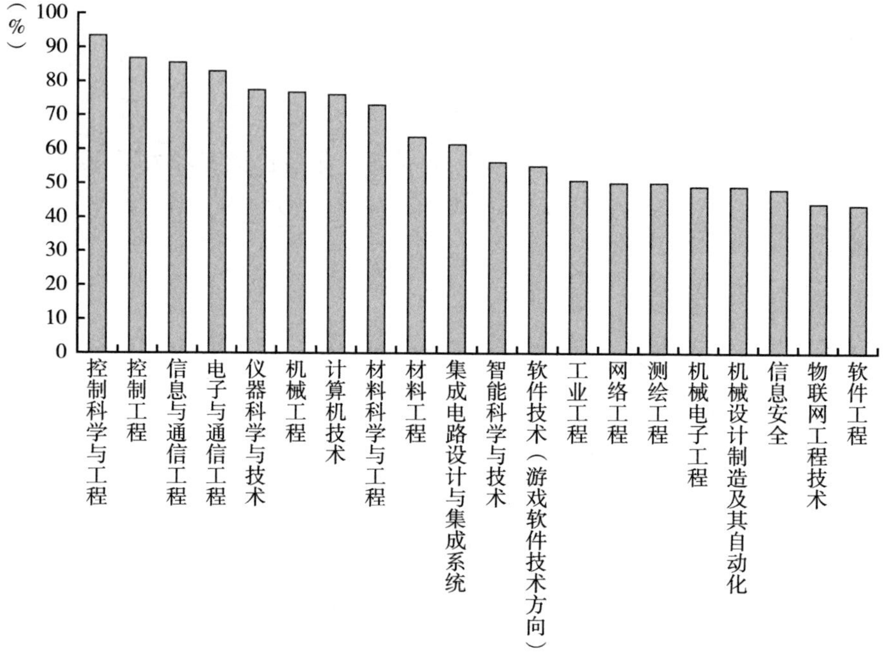

图4　进入数字经济企业专业转化率 TOP20

序，TOP 20 依次为重庆、四川、广东、浙江、贵州、湖北、江苏、河南、陕西、云南、湖南、安徽、新疆、山东、河北、甘肃、福建、广西、上海、江西（见图7）。

数据显示，在重庆市数字经济相关专业的毕业生中，有 15319 名重庆籍毕业生进入数字经济相关岗位，其中有 10551 名学生留在重庆，留存率达 68.87%；6711 名非重庆籍毕业生进入数字经济相关岗位，其中 1870 名学生留在重庆，留存率为 27.86%（见图 8）。可以看出重庆本地生源留重庆就业意愿更高，由此可见，近年来重庆相继出台的一系列人才优惠政策效果显著。在就业领域方面，除机械制造、建筑、交通等重庆支柱产业外，互联网、大数据、智能装备、新能源汽车等数字经济产业，也受到越来越多毕业生的青睐。

如图 9 所示，重庆市高校数字经济人才中博士毕业生的就业地区占比排序依次是重庆 > 四川 > 广东 > 北京 > 浙江；重庆市高校数字经济人才中

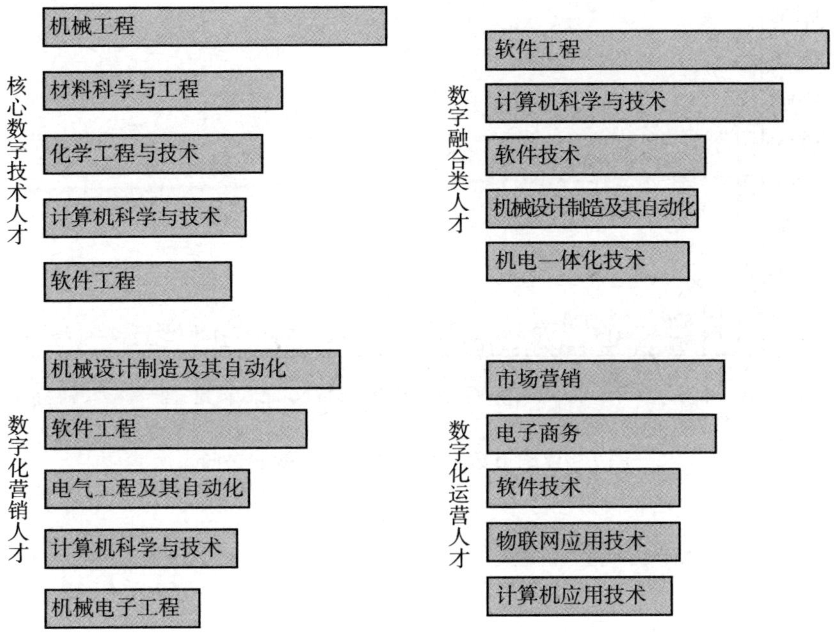

图5　各类人才专业分布 TOP 5

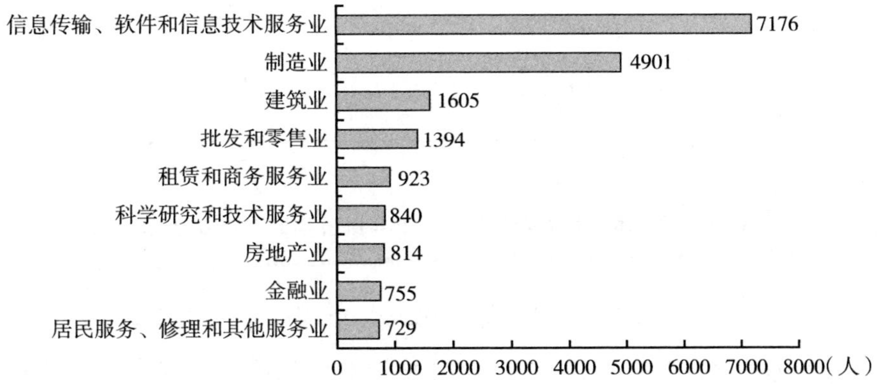

图6　2020 年重庆市数字经济相关专业应届毕业生行业分布

硕士毕业生的就业分布情况占比排序依次是重庆 > 四川 > 广东 > 浙江 > 北京；重庆市高校数字经济人才中本科毕业生的就业地区占比排序依次是重

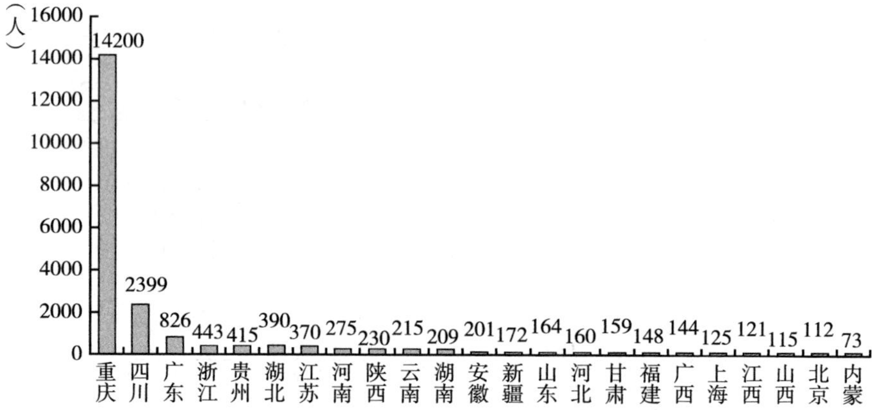

图 7　重庆市数字经济供给人才就业去向

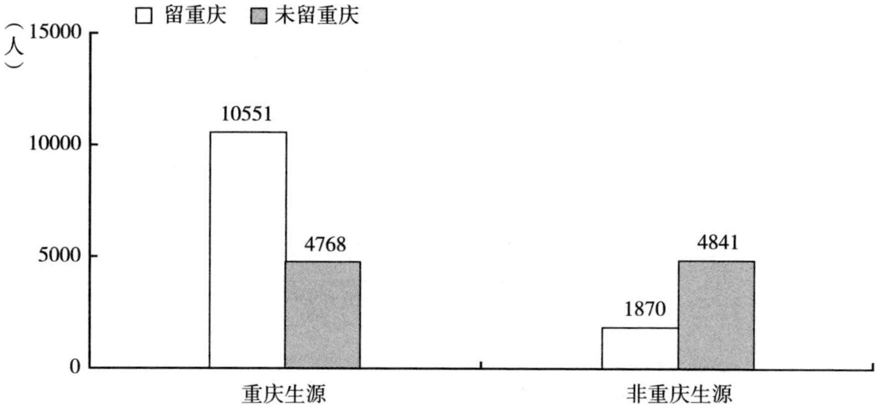

图 8　重庆本地生源及外地生源数字经济供给人才留存情况

庆 > 四川 > 广东 > 浙江 > 北京。综合来看，重庆市本科毕业生和博士毕业生留渝就业意愿较高，而硕士毕业生留渝意愿较低。主要存在两方面原因：一是重庆市企业对于数字经济人才的需求多为本科学历；二是重庆市对于人才的政策供给保障偏向于“塔尖人才”和“强基人才”，腰部人才政策不足。受限于落户条件、福利引进、薪资水平等因素，重庆市数字经济人才竞争力较弱。

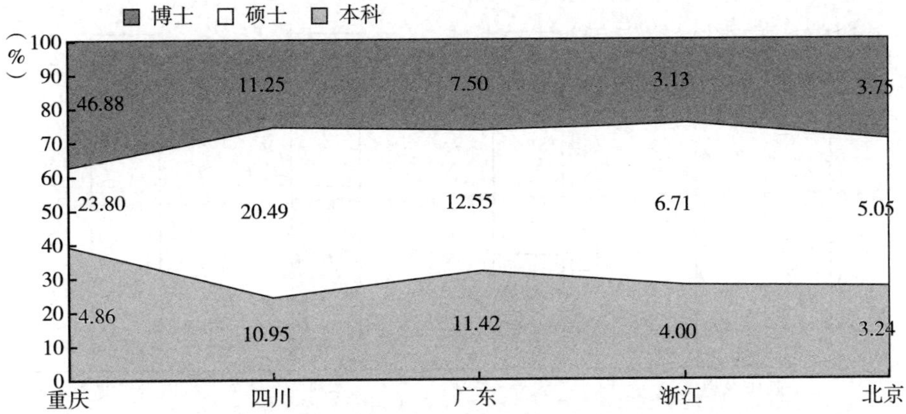

图9　重庆市高校不同学历毕业生就业地区分布情况

（三）2020年重庆市数字经济需求人才大数据分析

需求人才大数据分析主要围绕重庆市数字经济企业对各类人才的学历要求、专业要求、工作经验要求以及对人才能力和技能的要求展开，为教育机构培育人才提供借鉴。

图 10 是重庆市数字经济企业对各类人才的学历需求分布情况，从图中可以看出，学历不是主要门槛，超过半成企业对于数字经济人才学历要求为本科。企业人才学历需求以本科及以上学历为主，大专学历其次，高中及以下学历较少。这表明数字经济领域学历不是主要门槛，大多数企业对于人才学历要求不高，更看重人才实际操作能力，相关企业在高新技术产品研发及应用方面有进步提升空间。

图 11 反映了重庆数字经济人才的工作经验，可以看出，企业对于数字经济人才的工作经验要求普遍为两年以内。49% 的企业对工作经验没有要求，38% 的企业有 1 ~2 年的工作经验要求。可能的原因是数字经济作为近年来高速发展的新兴产业，更需要人才脱离原有传统的框架，具有创新思想，另外数字化转型尚处于初级阶段，具有丰富工作经验的人才存量本身较少，因此企业对于工作经验的要求相对宽松。

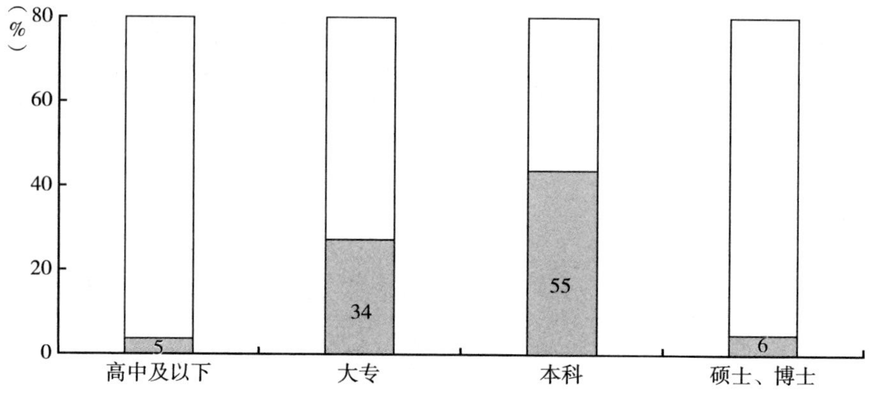

图 10　重庆市企业对数字经济人才学历需求分布

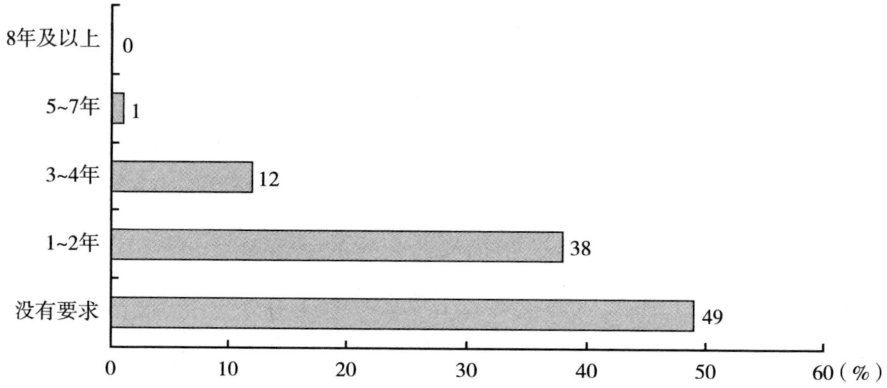

图 11　重庆市企业对数字经济人才工作经验要求情况

从专业需求来看，重庆市数字经济相关企业对于计算机类专业毕业生需求量较大。企业更加偏好计算机类专业的人才，其次为通信、电子信息、机械、电气工程专业的人才，如图 12 所示。

如图 13 所示，从企业对数字经济人才的能力要求看，数据分析能力和系统开发、管理能力是企业最看重的能力。近四成的企业需要相应人才具有系统开发管理能力和数据分析能力。从岗位核心技能需求来看，企业最为看重数据分析能力，而计算机技术、产品、经验、设计等都是数字经济相关人

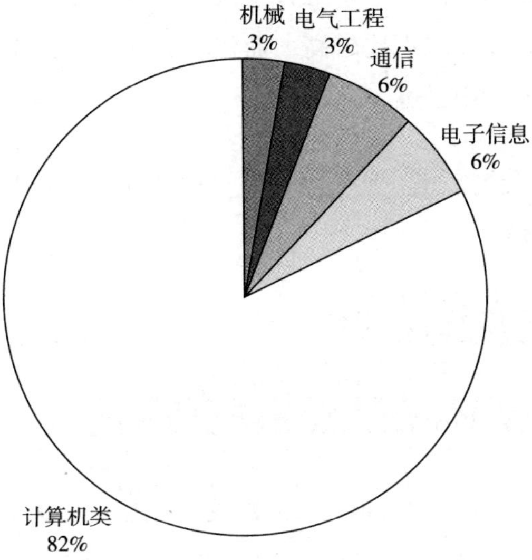

图 12　重庆市企业对数字经济人才专业需求分布

才应具备的基本能力。此外，部分岗位还需要相关人才具有一定的销售、沟通、团队协作和文档处理等基本能力。

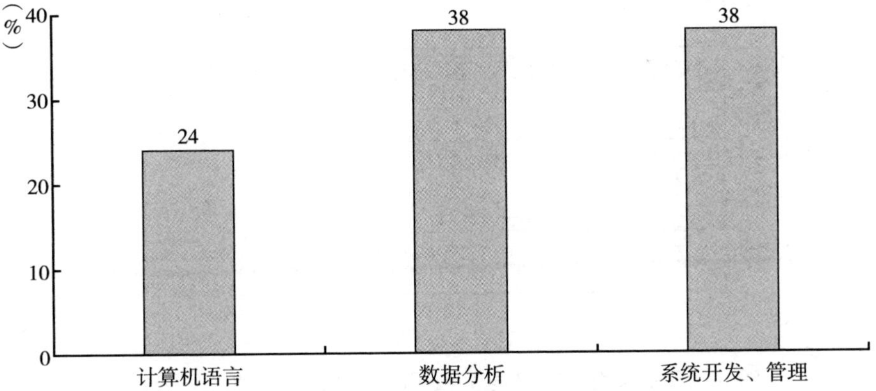

图 13　重庆市企业对数字经济人才能力需求情况

图 14 给出了重庆市数字经济相关企业对于四类人才的学历、经验需求。企业对四类人才工作经验的要求均以 1～4 年为主。学历需求方面，四类人

才中本科需求占比均最高；数字融合类人才、数字化营销人才、数字化运营人才中专科层次人才需求占比较高；而核心数字技术人才要求硕士、博士学历的比例在四类人才中最高，达31%。

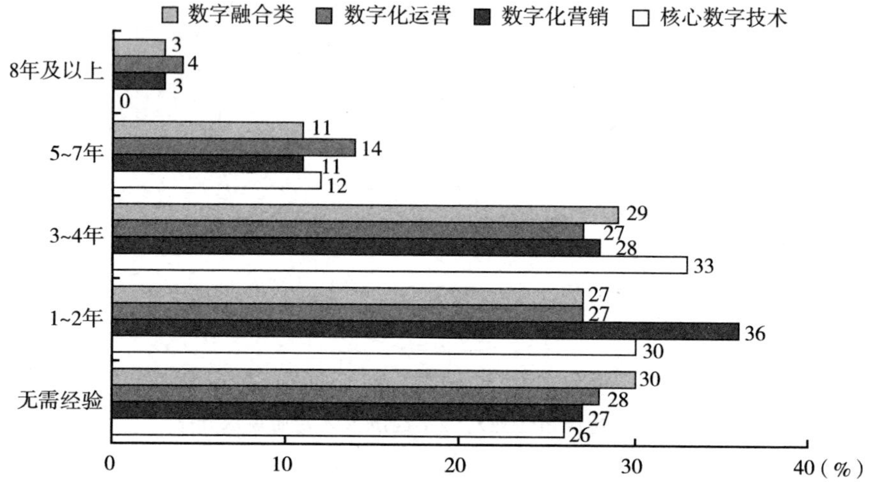

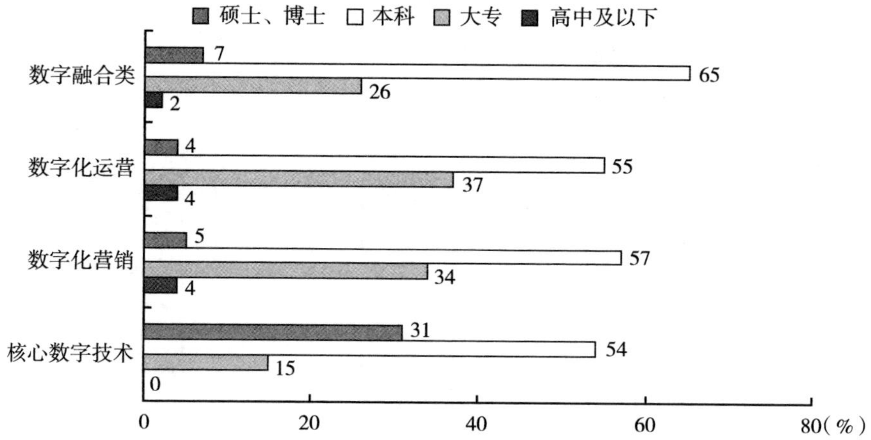

图14　重庆市企业对四类数字经济人才的工作经验及学历需求

能力需求方面，核心数字技术人才需求以研究能力、开发能力为主，并且需要掌握算法设计、数据分析、系统开发等专业能力，加强基础研究和技术研发，有助于增强原始创新能力。核心数字技术人才注重专业的理论知识和科学方法的结合，不仅要掌握相关理论知识和研究工具，也需要具备一定的实践技能，主要分布在自动化、人工智能、机器学习、计算机、互联网、区块链、金融等领域。

数字融合类人才能力方面不仅注重软件开发能力，对沟通协调能力也有一定要求。数据分析能力、开发能力、设计能力是对数字融合类人才能力的主要要求，在此基础上，数字融合类人才需要熟练掌握数据处理、系统的开发维护管理以及计算机语言编程。数字经济领域的数字融合类人才的特征表现为，在相关的应用中，能够熟练使用数据库软件进行研发优化维护、产品开发和项目运营。

数字化营销人才对维护管理、测试运维能力以及沟通协调、团队合作能力的综合性要求较高。数字化营销人才的特征表现为将研究出来的新技术、新产品等运用于工程实践中，其应具备数据处理、系统开发、产品设计维护等专业能力。目前，计算机、软件、物联网等领域对数字化营销人才需求较多。

对于数字化运营人才，首要要求就是管理能力。数字经济领域的数字化运营人才主要是具有开拓创新精神和指导实践能力的应用型、复合型管理人才，强调注重组织能力、协调能力和沟通能力，以做好沟通与团队的协调工作。同时，对其数据处理和分析、系统开发和维护等专业能力也有一定要求，其应掌握信息化分析和智能处理相关的技能。

四　数字经济学科专业现状

大数据智能化是数字经济领域的重要驱动力，大数据智能化专业设置及招生情况是数字经济人才培养中极其重要的环节，鉴于专业分类的规范性，本部分侧重探讨大数据智能化相关学科专业情况。

自 2016 年起，全国范围内本科院校开始逐步开设大数据智能化相关专业，第一批开设院校为北京大学、中南大学和对外经济贸易大学；2017 年，全国大数据智能化相关专业开设院校数量上升为 35 所，2018 年上升至 283

所。从全国来看，河南开设大数据智能化相关专业的院校数量最多，其次为北京，再次为东南沿海省市，四川和重庆排名较为靠后。此外，2020 年重庆市大数据智能化相关专业本科生招生人数为 14540 人，硕士招生人数为 6065 人，博士招生人数为 355 人。相比之下，硕博士等高端人才培养数量较本科生差距较大。

通过对重庆市博士后科研流动站的调查统计发现，重庆市共有国家级博士后科研流动站 83 个，其中高校大数据智能化相关专业博士后科研流动站 8 个。重庆大学有 6 个博士后科研流动站，分别为电气工程、控制科学与工程、计算机科学与技术、信息与通信工程、电子科学与技术、仪器科学与技术；重庆邮电大学有 2 个博士后科研流动站，分别为信息与通信工程和计算机科学与技术。目前，重庆市正在持续加大博士后资助力度，重庆市英才计划“青年拔尖人才”向博士后倾斜，设立博士后创新创业园并为其提供政策咨询、创业辅助、创业孵化、融资对接等服务，出台激励政策促进博士后科研成果转化。同时，支持博士后发起学术性社会组织，搭建学术交流平台，定期组织学术交流论坛、博士后沙龙、博士后科技服务等活动。

在博士点设置方面，重庆市共有高校大数据智能化相关一级学科博士点 11 个。重庆大学有 6 个大数据智能化专业相关博士点；西南大学有 3 个大数据智能化相关专业博士点；重庆邮电大学有 2 个大数据智能化专业相关博士点。值得注意的是，为培养更多专业的高素质大数据智能化人才，重庆市各高校分别设立大数据智能化学院，如重庆大学和西南大学分别设有大数据与软件学院、人工智能学院等，依托软件工程、统计学、心理学和计算机科学与工程等博士点进行大数据智能化高端人才培养。

在大数据智能化相关专业的硕士培养方面，重庆市高校大数据智能化相关硕士专业共有 60 个。其中，重庆大学和重庆邮电大学在大数据智能化相关硕士专业设置数量上位居前列。此外，西南大学、重庆理工大学、重庆师范大学、重庆工商大学和重庆科技学院均设有大数据智能化相关硕士专业，紧跟科技前沿，为重庆市大数据智能化发展持续注入活力，推动重庆市大数据智能化人才培养进程（见图 15）。同时可以看出，近年来重庆市大数据智能化发展起步迅速、势头良好，但与北京市高校大数据智能化相关硕士专业数量 221 个相比，重庆市在大数据智能化高素质人才培养方面仍存在差距，重庆市各高校在大数据智能化高端人才培养方面仍须进一步发力。

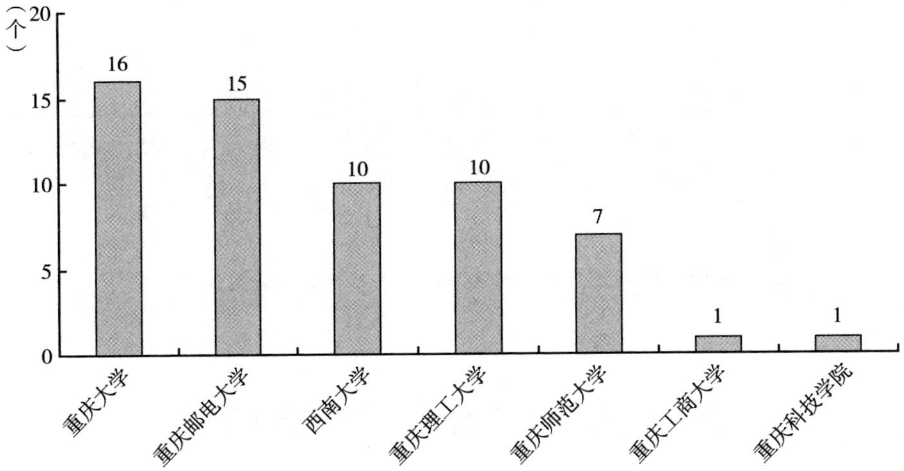

图 15　重庆高校大数据智能化相关硕士专业设置情况

调查重庆市各高校大数据智能化相关专业本科生培养情况发现，重庆市高校大数据智能化相关本科专业共有 74 个，重庆大学和西南大学在大数据智能化本科专业设置数量方面居于前列。值得注意的是，重庆大学成立的大数据与软件学院、西南大学成立的人工智能学院、重庆工商大学成立的人工智能学院和重庆理工大学成立的两江人工智能学院等，均是重庆市高校为提升大数据智能化科研实力、保证大数据智能化人才培养质量、突出专业特色而采取的重要举措（见图 16）。同时，重庆市各高校在进行大数据智能化相关专业本科生招生工作时，多数高校采用大类招生方式，给予学生足够的选择空间和余地，更好地做到因材施教和术业有专攻，保证大数据智能化相关专业本科生的培养质量和培养效率。

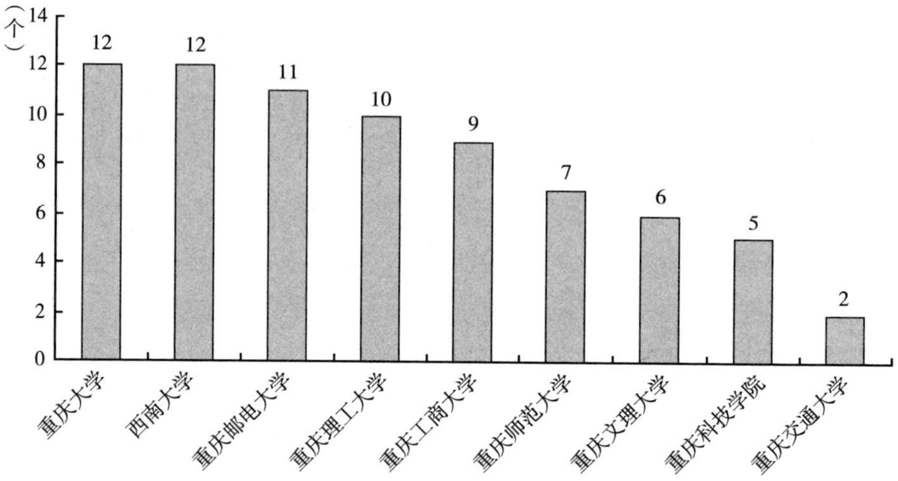

图 16　重庆高校大数据智能化相关本科专业设置情况

五　重庆市数字经济人才发展建议

综合前述，2020 年重庆市数字经济人才政策体系建设更加完善，人才发展势头向好，但人才供给与人才需求存在一定的匹配偏差。

人才供给方面，本地高校数字经济学科建设还需要进一步加大经费支持力度、进行学科优化和培养方案的调整，相当一部分数字经济专业人才未能进入数字经济产业中，在学历层次方面与需求存在一定失配，中高端人才供给仍显不足，本地培养的人才流失较为严重。人才需求方面，企业对四类人才工作经验要求不高，学历要求为本科占比远高于其他层次。

针对相应不足，结合国际国内形势，提出以下建议。

（一）掌握自主知识产权，重视基础研究

一是优化人才供需层次，由于庞大的传统工业基础，重庆市数字经济发展更侧重应用开发，更加偏向于技术开发和应用方向，从需求端限制了基础

型研究人才的产出，要改变重应用轻理论的风气，从政府到企业，鼓励企业吸纳基础型研究人才进行自主创新、自主研发。

二是针对性培养基础型研究人才，应该重视培养模式创新。基础型研究人才不同于应用型研究人才，要不断推进实践基础上的理论创新，高校教育要抛弃为“科研 GDP 增光”的思想，不搞大项目，不搞大团队，减少“帽子”及附带利益。

三是以问题为导向，不断分析科研新成果的特点和变化，产生的新问题，进而提出解决措施，促进更新成果的出现，培养学生的创新和批判性思维。

（二）加大人才培养，优化学科布局

一是以当前行业重要的科技革新技术作为导向，侧重基础学科，尤其是增加数字经济领域博士点、硕士点数量和招生人数。

二是促进重庆市数字经济产业向高端发展，注重引进行业领先企业的研发部门在重庆落地，积极鼓励重庆市各大高等院校重点围绕新兴技术、颠覆性技术和关键核心技术创新融合的领域，优化整合相关交叉学科，落实行业技术龙头与高校的“产学研用”，加快培养战略性新兴产业发展所需的紧缺人才。

三是明确要求市属其他高校对传统专业进行“互联网＋”改造，围绕十大重点领域 23 个优先发展方向和“互联网＋”行动计划涉及的 11 个重点领域，建立跨学科、跨产业、跨领域的交叉培养模式，力求培养出适应“互联网＋”时代的复合型人才。

（三）促进人才交流，加强成渝合作

一是共同推进“双一流”建设，共同争取更多国家“双一流”学科，推动两地“双一流”高校与省市政府之间的战略合作，鼓励校校结对共建“双一流”学科，使成渝地区形成西部数字经济人才教育高地，形成核心的人才吸引力，保障成渝地区的人才储备和人才供给。

二是推动建设环成渝高校创新生态圈，支撑西部科技创新中心建设，联合培养基础学科拔尖人才，推动成渝高校学生跨校交流与培养。

三是支持行业企业、科研院所与高等学校联合建立创新型科技人才“三方双向”交流兼职制度，推行产学研联合培养人才的“双导师制”，培养创新型科技人才和团队。

四是引进高端人力资源服务企业，完善企业人才供应链设计、运行及评价机制，搭建高校与企业人才规划、供需平台，企业与企业之间人才培训交流平台，切实消除人才供需失配，满足企业人才及时培训需求，以市场化促进重庆市数字经济人才市场的繁荣。

（四）完善人才评价和激励机制

一是学习先进省市成功经验，结合重庆市发展的特点和优势，按照产业分类和重庆市产业转型升级所需的智能人才、技能人才要求，以经济结构占比、产业产出结果和人才实际贡献为导向，推动注重输入性要素评估向注重输出性结果评估转移，引入多元评价主体，针对不同类型、不同层次、不同行业的特点和对人才的不同需求，引入企业、行业协会、中介组织等多元主体评价。分行业、分产业、分领域建立操作性强、持续动态和可落地的多元人才评价标准体系。

二是发挥协同体的积极性和创造性，面向市场，引导全社会多渠道、多层次增加人才培养投入，形成以财政投入为引导、企业投入为主体、社会投入为补充、优惠政策作扶持的全社会人才培养激励机制，进一步激发人才的主动性和创造性。

参考文献

杨梽永：《数字经济人才建设新思路》，《软件和集成电路》2020 年第 5 期。

波士顿咨询公司（BCG）：《迈向 2035：4 亿数字经济就业的未来》，2017 年 1 月。

清华大学、领英：《中国经济的数字化转型：人才与就业中国数字人才现状与趋势研究报告》，2017 年 11 月。

张慷：《手机用户画像在大数据平台的实现方案》，《信息通信》2014 年第 2 期。

高扬、池雪花、章成志、孔捷：《杰出人才精准画像构建研究——以智能制造领域为例》，《图书馆论坛》2019 年第 39 卷第 6 期。

赵飞鸿：《基于金融类客户画像的二分 K 均值算法分析研究与应用》，中国科学院大学硕士学位论文，2016。

吴拓、傅文奇：《基于招聘信息的我国图书馆人才需求调查与分析》，《国家图书馆学刊》2018 年第 27 卷第 6 期。

王辉、夏金铃：《高校“一带一路”非通用语人才培养与市场需求调查研究》，《外语电化教学》2019 年第 1 期。

肖俊夫、林勇：《经济转型发展中科技人才分型与协同作用机制研究》，《科技进步与对策》2015 年第 32 卷第 8 期。

盛楠、孟凡祥、姜滨、李维桢：《创新驱动战略下科技人才评价体系建设研究》，《科研管理》2016 年第 37 卷第 S1 期。

赵伟、包献华、屈宝强、林芬芬：《创新型科技人才分类评价指标体系构建》，《科技进步与对策》2013 年第 30 卷第 16 期。

文化旅游篇

Culture and Tourism

B.16
2020～2021年重庆文化与旅游业发展形势分析及预测

刘　旗*

摘　要：重庆市文化旅游系统以习近平新时代中国特色社会主义思想为指导，深入贯彻党的十九大和十九届二中、三中、四中、五中全会和总书记视察重庆重要讲话精神，按照总书记对重庆提出的“两点”定位、“两地”“两高”目标、发挥“三个作用”和营造良好政治生态的重要指示要求，坚决落实习近平总书记在教育文化卫生体育领域专家代表座谈会上的重要指示，在市委、市政府坚强领导下，按照一手抓新冠肺炎疫情防控，一手抓文旅融合发展思路，文旅行业呈现回稳向上的复苏态势，长期向好的基本面没有改变，内生向上的趋势正在显现。以成渝地区双城经济圈建设和“一区两群”协调

* 刘旗，重庆市文化和旅游发展委员会党委书记、主任。

发展为契机，不断推动“文化强市”“世界知名旅游目的地”建设，全面唱响“山水之城·美丽之地”，让八方游客在重庆“行千里·致广大”。

关键词：重庆　双城经济圈　一区两群　文旅发展

一　2020年全市文化与旅游业主要指标情况

重庆市旅游业虽受疫情影响严重，但随着“后疫情时代”的到来，重庆的“火爆”程度依旧有增无减，2020年9月美团研究院发布全国热门旅游目的地城市榜单，重庆排名第一。

1. 全市旅游资源情况

全年成功创建评定A级旅游景区40个，全市旅游景区达到262个，其中5A级景区10个、4A级景区118个。旅行社715家，旅游星级饭店163家。

2. 全市旅游接待及收入情况

2020年前三季度，全市接待境内外游客24641.01万人次，实现旅游总收入2252.92亿元，同比分别下降45.55%和42.98%。其中：接待入境游客11.40万人次，旅游外汇收入8548万美元，同比分别下降96.05%和95.21%。

3. 全市文化与旅游产业情况

2020年前三季度，全市文化产业增加值651.72亿元，同比下降3.5%。旅游产业增加值671.91亿元，同比下降9.6%。

4. “一区两群”文化与旅游产业情况

2020年前三季度，主城都市区旅游产业增加值506.09亿元，同比下降10.5%，文化产业增加值568.60亿元，同比下降2.5%；渝东北三峡库区城镇群旅游产业增加值116.05亿元，同比下降3.2%，文化产业增加值60.45亿元，同比下降8.7%；渝东南武陵山区城镇群旅游产业增加值49.77亿元，同比下降13.8%，文化产业增加值22.67亿元，同比下降12.4%。

5. 国庆旅游接待及过夜住宿情况

国庆8天长假，全市A级旅游景区接待游客1108.6万人次，同比恢复86.3%；过夜住宿人数189.91万人，同比恢复82.2%。

二 2020年全市文化与旅游业亮点工作

（一）紧扣成渝地区双城经济圈，加快巴蜀文化旅游走廊建设

一是坚持“一盘棋”推进。建立完善各层级工作机制，畅通常态化沟通渠道，会同四川省文旅厅先后召开2次专项工作联席会议，形成了巴蜀文化旅游走廊建设工作方案、2020年工作重点、共同争取国家支持重点事项等机制文件，与四川省文旅厅签订4项战略合作协议，双向联动聚合发力。

二是坚持文旅项目推动。争取国家设立“巴蜀文化旅游走廊国家改革试验区”，落地实施重大文旅项目等19项重大事项。实施“成渝地·巴蜀情”区域文旅品牌培育工程，共同筹办第六届中国诗歌节，大力开发文旅+大熊猫、文旅+影视、文旅+数字动漫等新文旅业态，培育“巴蜀文脉”人文旅游、“巴蜀风韵”民俗旅游、“巴蜀脊梁”红色旅游、“巴山蜀水”生态康养等十大巴蜀特色优势产业集群。

三是坚持市场主体联动。支持川渝市场主体整合两地特色文化旅游资源，推动洪崖洞和宽窄巷子、金佛山和都江堰等地标级景区达成战略合作；推进两地文化旅游企业共同开展广元澳维鲲鹏小镇、曾家山荣乐国际生态康养度假区等旅游合作项目；共同发布跨省区的精品旅游线路70余条，联合主办“巴蜀文化旅游走廊自由行”活动，组织重庆市所有区县分3批深入四川17个地市开展重庆文旅“大篷车”巡游路演，实现优势互补、客源互送、市场共享。

四是坚持公共服务一体化。联袂打造“智游天府”和“惠游重庆”公共服务平台，集“吃住行游购娱”功能于一体，以移动终端（手机）为载

体，通过 App、小程序、微信公众号，为公众提供旅游、文化、公共服务三大类 16 项服务。打通平台数据壁垒，实现游客身份和健康信息互通共享及跨平台核验认证，目前，川渝游客可凭借“一码”游览两地 660 余家景区和文化旅游场馆。

五是推进成渝广播电视合作。开展成渝地区双城经济圈宣传联动报道，通过 IPTV 平台、手机平台等新媒体开展城市及文化旅游形象推广，围绕重大现实、重大革命、重大历史题材，整合两地编剧、制片人、导演、演员等资源，联合拍摄制作反映巴蜀文化特色的电视剧、纪录片等精品力作和优秀网络视听节目，推进两地毗邻市、区（县）应急广播互联协作，共同争取国家广电总局支持，开展成渝地区双城经济圈智慧广电实验区建设。

（二）着眼“一区两群”协调发展，文旅空间框架基本成型

一是主城都市区品质提档升级。落实《重庆市主城区“两江四岸”核心区整体提升实施方案》，完成《重庆“长嘉汇”大景区线路专项方案》。围绕建设“长嘉汇”大景区，加快长江艺术湾区、山城步道文旅提升项目工作进度。完成《重庆市温泉康养旅游产业发展总体规划》初稿，打造以北碚为核心的“世界温泉谷”集群。优化《红岩革命文物保护传承工程实施方案》。完善红岩公园建设规划，破解红岩村周边旧房拆迁、环境整治、中央党校红岩教学基地选址等难题。实施中美合作所集中营旧址部分建筑、八路军重庆办事处旧址部分建筑、国民政府外事处旧址等文物建筑修缮保护工程。推进城市提升行动、重庆红色旅游系列景区内基础设施升级改造项目。按照广阳岛片区规划实施方案，完成广阳岛抗战遗址修缮及周边环境整治工作，新开工南岸区弹子石摩崖造像、渝中区大田湾体育场等城市提升重点文物保护项目。

二是渝东北三峡库区多点发力。《“大三峡”旅游一体化发展总体规划》加快编制，正依据成渝地区双城经济圈、“一区两群”建设等重大部署优化规划，制定 2020 年长江三峡旅游一体化宣传营销方案，建立长江三峡一体化宣传营销基金。形成《第十一届中国长江三峡国际旅游节活动总体方

案》，启动第三届世界大河歌会、长江三峡区域旅游合作渝鄂轮值主席会议、第二十一届垫江牡丹文化节等节会筹备工作。重点支持在“三峡库心”“长江盆景”文旅规划、品牌创建、全域旅游、宣传营销、文物保护传承等方面突破切入，推动“三峡库心”文化旅游发展。推出“两峡一峰”等新型旅游产品。奉节白帝城·瞿塘峡、巫山巫峡·神女、丰都名山等景区5A级创建步伐加快，万州三峡平湖、巫溪柏杨河巫咸文化等景区4A级创建推进有力，云阳龙缸、城口亢谷等腹地景区加速升级，丰都南天湖、梁平百里竹海等旅游度假区品牌形象更加优化，“三峡之巅”等文旅融合新景区闪亮推出。三峡游轮实现市域内正常运营，创新推出“黄金金街”游轮旅游产品。

三是渝东南武陵山区全面破题。向文化和旅游部申报建设渝东南武陵山区文化产业和旅游产业融合发展示范区。协助市委宣传部完成融合发展示范区创建组织框架，将创建融合发展示范区纳入“一区两群”重要内容。委托中国旅游研究院编制《渝东南武陵山区文旅融合发展示范区规划》。会同市发展改革委等市级部门起草了《渝东南武陵山区城镇群文旅融合发展先行先试行动方案（2020～2022年）》，牵头实施“文旅融合”行动，明确了建设乌江画廊旅游示范带、建设武陵山区民俗风情生态旅游示范区、丰富文旅融合产品业态等3大项12小项工作任务，指导渝东南区县依托“武隆—彭水—黔江—酉阳”乌江画廊旅游示范带和“石柱—彭水—黔江—酉阳—秀山”武陵山区民俗风情生态旅游示范区，以武隆喀斯特、酉阳桃花源、石柱黄水等旅游区为引领，差异化打造5A级景区或景区集群。

（三）奋力推动高质量发展，文旅融合发展新动能切实增强

一是资源开发不断优化。彭水阿依河景区成功评定5A级景区，黔江濯水景区、武陵山大裂谷完成5A级景区创建任务，评定A级旅游景区16个，其中5A级景区1个，4A级景区4个。173家星级饭店开业160家，开业率92.5%。万盛经开区、渝中区、黔江区评定为首批市级全域旅游示范区。推进第二批国家级、市级全域旅游示范区申报创建工作。抓好旅游资源普查并

汇编全市五级优质旅游资源图集。与去哪儿网达成战略合作协议，合力打造文旅线路和产品。与四川美术学院、重庆旅游集团、重庆日报报业集团达成“重庆好礼”品牌体系打造战略合作协议。完成2020“重庆好礼”旅游商品（文创产品）设计大赛总体方案。向文化和旅游部推荐申报丰都南天湖等5家国家级旅游度假区。

二是重大项目稳妥推进。修订《市级文化产业示范园区、基地评选管理办法》，督促南滨路创建国家级文化产业示范园区扎实整改。借力重庆银行文旅特色支行，共支持64家文旅企业、发放文旅贷款约45.35亿元，投资文旅企业92.59亿元。9个市级重大文旅项目如期推进主体工程施工，累计完成投资11亿元。扎实推进三千年文旅城、“一带一路”国际文旅艺术城、凤凰山寨、金科华纳威秀影城、融创重庆影都、重庆非遗街、重庆文旅装备制造产业园等重点招商项目策划包装和项目落地。建立市级重大文旅项目推进机制，持续推进74个市级重大项目建设，完成投资53.68亿元。重点推进重庆青少年活动中心、重庆有线智慧广电数据中心一期、国际马戏城二期、三峡文物科技保护基地等在建重大项目。重庆广播电视发射新塔开工建设，非遗博览园等重大项目深化前期工作。共完成旅游固定资产投资469.94亿元。

三是融合水平持续提高。完成文化和旅游业发展“十四五”规划初稿，争取将重大政策和项目纳入国家“十四五”规划纲要和全市“十四五”规划。加快推进“一区两群”文化旅游发展战略研究。建立线上文化和旅游产业现状统计报表系统。文化和旅游科技创新工程推荐5个，国家社会科学基金艺术学项目入选5个，文化和旅游装备技术提升优秀案例入选1个，文化和旅游研究信息化专项入选1个。建立委系统“云长制”，加快重庆市智慧文旅广电云建设，初步完成应急管理系统、预约管理系统管理平台功能建设。完善重庆市旅游行业商品、安全等地方标准。制定夜间文旅消费集聚区建设试点实施方案，启动夜间文旅消费集聚区试点申报创建。启动第五届重庆文化旅游惠民消费季（线上夏季）暨2020年夏季旅游发布活动，向市民发放2亿元文旅惠民补贴“大礼包”。通过各项主题活动提升产品热度和销量，“晒旅游精品·晒文创产品”（“双晒”）大型文旅推介活动再次起航，全媒体传播量超27亿人次，稿件阅读总量9.3亿人次，区县长“双晒”直播观看量3.5亿人次。

（四）坚持以人民为中心，防控疫情与文旅发展实现统筹推进

一是全力以赴抓好疫情防控。全市启动重大突发公共卫生事件一级响应后，迅速启动预案并暂停群众性文旅活动，取消营业性演出2264场，关闭公共文化服务场所12264家，暂停11098家文化市场经营场和旅游企业经营，253家A级景区、27艘游轮、676家旅行社及在线旅游企业暂停经营团队旅游、出境游及“机票+酒店”旅游产品，173家星级以上酒店暂停经营宴会活动。文化市场综合执法机构出动执法人员4.2万人次，巡查经营主体14.2万余家次，查处擅自营业违规行为71起。积极协调并保障6988名境外重庆籍游客安全返渝，处置投诉4000余次，涉及合同金额1.3亿元；妥善处理信访、集访、负面舆情200多件次。组织委属艺术单位创作推出抗疫主题文艺作品1200余件，依托主流媒体及新媒体平台广泛传播，在重庆美术馆举办春回巴渝——2020重庆市抗疫主题美术作品展，汇聚起共同抗击疫情的磅礴力量。华龙网评论《疫情面前每个人都是防线》被中央网信办全网推荐。《他在火神山医院苦战了36小时》等71部作品被中宣部“学习强国”App首页推送。

二是全力以赴推进复工复产。深入贯彻习近平总书记统筹抓好疫情防控与经济社会发展的重要指示，在切实做好疫情防控工作的前提下，全力推动文旅企业、项目等复工复产。认真落实《重庆市支持企业复工复产和生产经营若干政策措施》等政策，帮助文旅企业享受金融、财政等优惠政策，降低生产经营成本，加快促进文旅行业恢复重振。及时掌握全市首批受疫情影响严重、有融资需求的文旅企业400余家，出台落实新冠肺炎疫情期间中小微企业贷款贴息政策措施。会同市委宣传部出台《应对新冠肺炎疫情影响支持文旅企业平稳健康发展的政策措施》《应对新冠肺炎疫情影响重庆影视拍摄管理服务措施》，推动影视行业复工复产。抓好常态化防控，按照

"限量、预约、错峰"要求，出台做好疫情防控和文化市场有序开放经营、旅行社企业复工工作指南、加强旅游景区疫情防控和预约管理、高质量提升完善全市 A 级旅游景区智慧体系等政策措施。

三是纾困企业"保生存"效果明显。疫情发生以来，全市文旅系统积极为文旅企业落实各级各类纾困政策，为 4370 家文旅企业落实金融支持类政策，其中市、区（县）两级财政共为 123 家文旅企业落实贷款贴息 1031.66 万元，为 207 家文旅企业落实地方政府专项债券支持 10 亿元；各地金融机构共为 874 家文旅企业新增贷款 41.6 亿元，为 1395 家文旅企业续贷续保 10.9 亿元，为 1771 家文旅企业降低贷款利息共 3.2 亿元，并确保了无断贷抽贷。为 13024 家文旅企业落实财税纾困类政策，其中为 10440 家文旅企业减免税收 1.9 亿元，为 2584 家文旅企业延长亏损结转年限。为 45309 家文旅企业落实降低生产经营成本类政策，其中减征 15590 家文旅企业 12.5 万名职工的医疗、养老、失业和工伤保险费 5.9 亿元；为 7448 家文旅企业减免房屋租金 1.1 亿元；减收 19439 家企业水、电、气费 9.3 亿元；为 2832 家文旅企业缓缴、减免城市基础设施配套费 1.4 亿元。向 530 余家旅行社退还质量保证金，退还质保金总额 1.28 亿元。减免 410 家旅行社 2020 年旅行社责任保险费用，涉及减免金额 200 余万元。文旅企业数量和从业人员数量整体上未出现大的波动，并有效减缓了企业的资金压力，为产业复苏回暖保存了有生力量、奠定了坚实基础。

（五）努力创造高品质生活，文旅公共服务惠民性持续提升

一是服务内容更加丰富。43 家图书馆、41 家文化馆积极开展"重庆文图数字集群服务"，实现市、区（县）两级线上服务全覆盖。公共图书馆系统开展"共克时艰 · 喜马拉雅 VIP 免费送"等线上活动 120 余项，开辟"抗疫专题"数据库和电子书柜，提供电子书 25 万本、有声书和视频资源 30 万小时。"重庆群众文化云"免费提供 500 门优质网络艺术课程，上线数字资源 40.6 万个，用户达 88.5 万名，累计访问量 4600 余万次；面向社会开展疫情防控主题原创作品征集活动，收到文艺作品 220 件，歌曲《白衣

天使》等经典作品被中宣部“学习强国”平台向全国推广。

二是共建共享更见实效。服务于成渝地区双城经济圈建设，加快推进两地文旅公共服务共建共享一体化进程。目前，两地已签订成渝地区文化和旅游公共服务协同发展合作、重庆图书馆四川省图书馆成都图书馆建立成渝区域公共图书馆联盟等协议。成立成渝地区公共图书馆联盟、成渝区域文化馆联盟，共推两大重点工程，共育三大重点品牌，共建巴蜀文化旅游公共服务融合高质量发展示范区。2020 年 6 月，市人大常委会通过《重庆市实施〈中华人民共和国公共文化服务保障法〉办法》，服务体系、供给能力、机制建设进入法治化、规范化的良性发展轨道。

三是服务方式更为多元。市青少年活动中心完成土石方工程 85%。区县文图两馆加快升级改造，新建区县图书馆分馆 43 个、文化馆分馆 48 个、24 小时图书馆 8 个，璧山图书馆新馆投用，长寿图书馆新馆完成主体工程，梁平文图两馆改扩建及区少儿图书馆新建工程年内完工。组织召开第四批示范区（项目）创建工作推进会。“巴渝文旅云”完善数字文旅服务资源，开设“杂技云艺馆”专区，新开发大小屏区县文旅产品，精心打造“云上文旅馆”。区县完成 A 级景区旅游厕所清理统计和百度地图定位。推进文化和旅游公共服务机构功能融合，渝中区图书馆等 7 个单位成功入选文化和旅游部试点名单，重庆市入选量位居全国第一。

（六）推动广电创新发展，正面舆论引导力传播力更富实效

一是管理措施体现精准化。严格执行三级审查制度，认真落实播前审查和重播重审。《用影像致敬 2019，以初心守望 2020》获一季度全国优秀广播电视新闻作品。《重庆新闻联播》推出“众志成城、防控疫情”专栏，共发布疫情相关报道 6872 条，央视播发重庆防控疫情等新闻 122 条。全国“两会”期间，利用 5G 技术，首次推出“‘两会’云访谈”。引导各播出机构制作广播、电视公益广告 193 个，每天播出相关公益宣传片 4435 次。向总局推荐电视类公益广告优秀作品 8 件、广播类公益广告优秀作品 8 件、优秀传播机构 8 个、优秀组织机构 2 个。推进品牌化建设，引导播出机构精办、

优办频率频道。开展养生类节目专项整治、保健品广告专项整治。开展广告督促整改5次，发布违法违规广告通报11次，责令整改、停播违规广告64条、未备案养生类节目3档。推进打击非法安装地面卫星接收设施行动。

二是保障能力突出安全性。完成春节、全国“两会”等累计14天的重要保障任务。建立5G干扰广电卫星接收信号协调机制，协调推进广播电视卫星接收台站技术改造93个。扎实做好“黑广播”监测工作。利用覆盖全市的应急广播和村村响广播终端7万只喇叭开展疫情宣传防控，应急广播平台累计播发5.64万小时。应急广播体系建设扎实推进，3个区县全部建成，6个区县基本建成，17个区县加快建设。启动地面数字电视700兆赫频率迁移和无线数字化覆盖优化升级。有线电视累计实现6212个行政村光缆通达，建成骨干光缆网5400公里。广电部门管理和服务的直播卫星用户98.93万户。重庆有线智慧广电数据中心基础设施开工建设，智慧社区完成40个区县覆盖。

三是媒体融合呈现加速度。区县融媒体中心全面推进，26个区县挂牌成立融媒体中心。开展2020年度广播电视媒体融合典型案例、先导单位、成长项目征集和评选，征集17个项目，向国家新闻出版广电总局（下文简称“总局”）推荐申报13个项目。重庆电视台少儿频道“i12亲子社区+”入选2019年度广播电视媒体融合成长项目。推动成立了以张鸣常委为组长、10个市级部门及单位为成员的重庆有线电视网络整合发展领导小组，拟定重庆参与组建有线电视“全国一网”公司方案，出台《重庆有线电视网络整合发展工作方案》，全市有线电视网络“一市一网”整合发展步伐加快。网络文化产业快速发展，受理网络文化经营单位许可申请683家，同比增长205%。

（七）紧扣文旅领域重点工作，巴渝文化发展迈出了新步伐

一是文艺精品力作推进有力。唐良智市长专题调研市级国有文艺院团并召开专题座谈会，鼓励支持推动中华文化繁荣兴盛。交响乐《重庆组曲》在施光南大剧院首演；歌剧《尘埃落定》参加市2020年春节团拜会演出，受市领导高度评价；川剧《江姐》、京剧《秦良玉》入选2020年度全国舞

台艺术重点创作剧目名录；“向前进——重庆美术馆藏李少言《一二〇师在华北》木刻组画展”入选2020年全国美术馆馆藏精品展出季活动目录。备案公示电视剧7部179集、动画片6部3449分钟，审查发行电视剧3部96集、动画片3部716分钟；电视剧《一江水》入选总局第三批2018～2022年重点电视剧规划选题。动画片《1992，我出生在中国》入选总局2020年第一批重点动画片选题。纪录片《城门几丈高》获“2019年中国十大纪录片”入围作品奖。重庆春晚获评中视协“春节文艺晚会最佳作品”。开展2020年重庆视听作品大赛。完成网络影视剧规划备案审核52部，7部成片上线备案审核。

二是文物保护水平持续提高。实施市级重点文物保护和考古项目47个，完成投资7411万元。完工文物保护项目8个，新开工重点文物保护项目17个；酉阳车田乡何土司遗址保护展示工程初见成效；南川龙崖城、奉节白帝城、梁平赤牛城等考古项目取得重要收获。十八梯、磁器口等传统风貌区保护提升工程完成投资约3.7亿元，三峡文物科技保护基地主体基本完工。大足石刻研究院转隶升格为市文化旅游委直属副厅级事业单位，大足石刻创建国家文物保护利用示范区完成申报。向国家再次递交钓鱼城遗址白鹤梁题刻申遗申请，文本、管理办法、保护规划等申遗要件更加完善。实施近现代重要史迹及代表性建筑类文物保护项目53个，完工16个，正在实施20个，前期准备17个。认真贯彻中办国办《长城、大运河、长征国家文化公园建设方案》，会同市委宣传部印发《长征国家文化公园（重庆段）建设实施方案》。开埠文化遗址公园顺利推进。桂园、中央政治学校研究部旧址、陈家大院等修缮工程获2020年度重庆市文物保护优质工程。出版《重庆红色旅游概览》，收录全市39个区县112处重点红色资源。

三是非遗传承保护成效较好。全市165位非遗传承人和非遗企业创作抗疫作品1492件，捐款捐物价值达2000多万元。推荐3个国家级非遗代表性项目申报国家非遗优秀实践案例。开展“非遗＋扶贫”“非遗＋旅游”，建成20个非遗扶贫就业工坊。指导渝东南区县完善渝东南文化生态保护实验区子规划，推荐申报国家“十四五”期间文化生态保护区综合性非遗馆建设。线上线下举办“文化和自然遗产日”系列活动200场次，包括第五届重庆非遗暨老字号博览会等七大板块内容，参与人次达2000万以上，上线销售店铺达175家，参展项目120个，带货直播167场，参与销售非遗产品3656种，销售额1959万元。各大媒体报道活动文章130多篇（条），曝光量3460万次。

四是脱贫攻坚工作扎实开展。制定重庆市脱贫攻坚总攻乡村旅游扶贫专项行动工作方案，全市乡村旅游扶贫重点村和十八个深度贫困乡镇开展自驾旅游消费扶贫暨直播带货。各成员单位拟筹集车田乡帮扶资金7200余万元。争取到鲁渝扶贫协作项目资金700万元。依托渝鲁扶贫协作项目，新建孔子学堂6所。组织游客2521人到7个贫困区县及6个深度贫困乡镇消费，带动消费130万元。组织各成员单位优先采购酉阳县及车田乡农副产品，完成50余万元。推进车田乡3个乡村旅游扶贫示范点民宿装修。举办“桃源车田、土苗好货”直播带货，观看量22万人次，点赞量44.27万次，直播期间销售额4.6万余元。开展脱贫攻坚普查评估，完成脱贫攻坚成效考核问题整改并销号。向文化和旅游部推荐石柱县中益乡华西村等29个全国乡村旅游重点村，遴选城口县岚溪村等50个市级乡村旅游重点村。组织市内主流媒体宣传乡村旅游景区（点）300个，精品线路110条。

三 2021年全市文化与旅游业宏观经济指标预测

（一）文化产业

受疫情影响，预计2020年全市文化产业增加值达957亿元，基本与上年持平。以此为基数，预测2021年文化产业增加值情况如下。

高速增长预测：增长10%，2021年达1052亿元。

中速增长预测：增长8%，2021年达1033亿元。

低速增长预测：增长5%，2021年达1004亿元。

（二）旅游产业

受疫情影响，预计2020年全市旅游产业增加值达977亿元，同比下降5%。以此为基数，预测2021年旅游产业增加值情况如下。

高速增长预测：年均增长10%，2021年达1074亿元。

中速增长预测：年均增长8%，2021年达1055亿元。

低速增长预测：年均增长5%，2021年达1025亿元。

四　2021年全市文化与旅游业发展建议

2021年，我们以习近平新时代中国特色社会主义思想为指导，深入贯彻党的十九大和十九届二中、三中、四中、五中全会和总书记视察重庆重要讲话精神，深化落实习近平总书记对重庆提出的“两点”定位、“两地”“两高”目标、发挥“三个作用”和营造良好政治生态的重要指示要求，坚决贯彻总书记重要指示要求和党中央决策部署，特别是坚决落实习近平总书记在教育文化卫生体育领域专家代表座谈会上的重要指示，进一步增强“四个意识”、坚定“四个自信”、做到“两个维护”，巩固提升经济企稳回升好势头。深刻认识和把握“十四五”时期新发展特征，更加注重从全局谋划一域、以一域服务全局，扎实有效地推进成渝地区双城经济圈建设和“一区两群”协调发展，在构建以国内大循环为主体、国内国际双循环相互促进的新发展格局中展现新作为。全面打好“五张牌”，不断推动“文化强市”“世界知名旅游目的地”建设，全面唱响“山水之城·美丽之地”，让八方游客在重庆“行千里·致广大”。

（一）进一步促进理念融合，推动“十四五”规划高水平编制

以建设文化强市为目标，把文化建设放在全局工作的突出位置，高水平、精谋划，科学编制“十四五”规划。抢抓成渝双城经济圈建设和“一区两群”发展战略机遇。围绕成渝发展主轴，以成都、重庆为核心，打造

文化旅游发展核，争取国家层面编制出台“巴蜀文化旅游走廊建设规划”，批准川渝设立“巴蜀文化旅游走廊国家改革试验区”，共建巴蜀优秀传统文化专门研究机构，推动巴蜀文化资源的研究和保护传承；争取国家批准举办“中国西部（国际）文化旅游博览会”（暂定名），形成“1＋N”系列节会品牌平台体系，联合开展巴蜀文化旅游营销推广，共同培育巴蜀文化旅游品牌。按国际一流标准打造大都市、大三峡、大武陵三大旅游目的地产品体系和服务体系。把“长嘉汇”大景区建设成为全球都市旅游的超级IP和“网红”打卡核心区，围绕“长嘉汇”大景区打造演艺集聚区，大力推动长江音乐厅、红岩公园、开埠文化遗址公园等十大文化设施项目建设，带动主城都市区成为世界知名都市旅游目的地和中国西部旅游集散中心。以周末游、近郊游为主导，把主城都市新区打造成为都市休闲旅游精品示范带。以长江三峡国际黄金旅游带建设为统领，把渝东北城镇群建设成为集峡谷观光、文化体验、康养度假、户外健身于一体的世界级旅游目的地。以文旅融合发展示范区建设为抓手，把渝东南城镇群建设成为具有浓郁民族风情、人与自然和谐共生的世外桃源、人间仙境、民俗旅游和生态康养胜地。

（二）进一步促进业态融合，推动文旅产业加速转型

推动旅游产品转型升级，大力发展温泉康养、气候养生、休闲度假、房车露营、体育健身、乡村民宿等新业态。推动创建一批市级和国家级旅游度假区、国家5A级旅游景区、国家全域旅游示范区。重点打造十大旅游重点项目。推动建设一批数字文化产业园区和文化与科技融合发展示范基地，引进、培育和扶持一批数字文创企业创新发展。支持动漫、游戏原创生产，打造本土IP，推动动漫游戏与影视、音乐、玩具、服饰等衍生产业联动发展。积极发展电竞相关产业，积极引进国内头部游戏制作团队、游戏运营平台、电子竞技俱乐部和品牌赛事，推动以电竞为中心的策划、媒体、直播、视频等产业多维度全面发展。以剧本孵化、交换服务平台、纪录片生产、外景拍摄等环节为突破口，带动打造影视制作全产业链，完善重庆电影拍摄“一

站式”服务平台，培育一批重点影视基地。建立纪录片基地，打造纪录片优势播出平台。用好互联网视听牌照，打造音视频云平台，完善数字影音产业链。打造好全国唯一的文物保护装备基地（在建），发展考古、文物预防性保护、文物安全防护、文物展示利用等新装备制造产业。瞄准国内空白、短板，规划打造西部乃至全国领先的文旅装备制造产业园，重点引进和发展高端影像、高端印刷、舞台舞美及各类数字智慧文旅新装备等先进设备产业。发展新一代智能化乐器、玩具制造产业集群。推动汽车、轮船、机械制造等产能转移和结构调整，向房车、游览车、游艇、游轮、娱乐型无人机、大型游乐设备、室内游艺设备制造等方向转型，满足消费升级需求。大力推进文化产业化、产业数字化，建立重庆市文创产品研发联合实验室、文创产品研发基地等，打造产品营销、售后服务大平台，推动文创产品设计大跨越、产业大发展。

（三）进一步促进品牌融合，推动塑立重庆新形象

聚焦重庆市文化和生态两样独特“宝贝”，整合文化和旅游两个宣传平台，全力做亮“山水之城·美丽之地”新名片。大力发展文旅节会，推进已有节会活动品牌化打造和市场化运营，新打造重庆市夜景文化节、重庆文创设计周等节会，恢复重庆艺术节。推进国际文旅之窗项目走深走实，加强对外文化交流与合作，大力实施文旅融合走出去战略，提升重庆文化的国际知名度和影响力。建设非遗保护传承、数字记录、研究培训等五大工程，创建武陵山区（渝东南）土家族苗族国家文化生态保护区和长江三峡（重庆）国家文化生态保护实验区。建成重庆非遗博物馆。强化文物保护与活化利用，力争钓鱼城遗址或白鹤梁题刻成功列入世界文化遗产名录，推动大足石刻研究院建设世界知名研究院，完成红岩革命历史博物馆品质提升工程和长征国家文化公园（重庆段）建设，促进区县公共博物馆建设全覆盖。推进国家文化和科技融合示范基地、中国南方石质文物保护重点科研基地、智慧博物馆等项目建设。建立旅游商品研发重点实验室，助推“重庆好礼”品牌化、产业化发展。

（四）进一步促进市场融合，推动文旅高质量发展

围绕高质量发展要求，以供给侧改革为抓手，着力推动文化产业和旅游业在融合发展中实现产能叠加、动能转换、效能倍增。利用立体气候优势，重点围绕避暑度假需求布局开发康养度假区；加快建设涪陵北山、巫溪红池坝、黔江三塘盖、石柱冷水等优质康养旅游项目，升级大仙女山、黄水、四面山等接待设施和文旅业态；围绕主城“四山”、4A级以上景区和旅游度假区，引导特色民宿、特色酒店投资建设。进一步搭建市场化投融资平台，加大招商引资和项目投资力度。支持利用老旧房地资源开发文创园区、街区，加快建设十八梯、白象街、山城巷、洋炮局1862、大足石刻文创园、解放碑时尚文化城、故宫文物南迁纪念馆等重点项目；尽早开工建设一批招商引资重大项目。全方位升级打造“世界温泉谷”，建成国际温泉医疗养生旅游中心、国家级温泉型旅游度假区、2个国家（温泉）康养旅游示范基地和2~3个五星级温泉旅游企业。在铜梁、万盛、垫江等地依托温泉资源招商投资高品质温泉旅游目的地。进一步深化国有文艺院团改革，让国有文艺院团走进生活、融入产业、服务当代、服务大众，实现社会效益和经济效益双丰收。重点推动1~2家市级国有文艺院团股改上市。设立舞台艺术创作扶持基金，大力实施文化艺术与科技融合发展战略，建立舞台艺术科创研发中心，推动舞台艺术从作品创作、生产到演出全过程市场化改革及流程再造，努力攀登舞台艺术作品创作高峰。结合全面建成小康社会、中国共产党成立100周年、打赢脱贫攻坚战等重要时间节点和主题，继续推进大型情景国乐音乐会《告别千年》、芭蕾舞剧《归来红菱艳》等新作品的创作工作。推动广电和视听产业转型升级，加快媒体融合向全媒体和智慧传播演进，加快4K/8K、5G、云计算、人工智能、大数据等新技术在广播电视和网络视听领域的应用，促进广播电视与文化旅游深度融合发展。

（五）进一步促进服务融合，推动游客体验感全面升级

聚焦高品质生活，强化服务观念、提升服务质量，努力营造良好的营商

环境、法治环境和出游环境。按照全域旅游发展理念，加强以旅游交通为重点的旅游基础设施建设，全面打通旅游发展的“最后 1 公里”。推进公共文化服务均等化、智慧化，开工建设重庆博物馆、重庆第二图书馆、重庆美术馆等重大公共文化设施项目。加快建设重庆市青少年活动中心、重庆国际马戏城二期、重庆市红色旅游系列景区基础设施升级改造建设工程、开埠文化遗址公园等已开工项目。全面完成基于 5G 网络的旅游产业数字化、智慧化转型升级。进一步制定扶持行业企业发展的政策措施，推动和促进行业企业全面复产和发展；进一步深化“放管服”改革，建立良好的营商环境；持续推进综合行政执法改革，不断完善行政执法办案制度机制，加强执法监管工作，有力有效维护市场秩序；推动运用技术监管手段和措施，降低行政管理成本，提高综合监管实效；深入实施社会信用体系建设和信用信息运用，促进诚信经营；开展市场整治，压紧压实监管主体和经营主体责任，提高依法经营意识，促进依法经营，确保全市文化旅游市场健康平稳发展。全面深入开展旅游安全隐患排查整改，进一步提升旅游安全应急处置能力，着力促进旅游市场安全平稳有序发展，确保不发生重大旅游安全事故。

参考文献

《习近平谈治国理政》（第三卷），外文出版社，2020。

《陈敏尔在渝东南武陵山区城镇群工作座谈会上强调　决战决胜脱贫攻坚全面小康加快打造文旅融合发展新标杆》，《重庆日报》2020 年 9 月 3 日。

B.17

重庆市委党刊全媒体深度融合传播能力建设：主要成效及未来构想

七一客户端研究中心

摘　要： 媒体融合发展是推动主流舆论主力军全面挺进主战场的必然要求。媒体融合向纵深发展关键在融为一体、合而为一。近年来，重庆市委党刊不断加强全媒体融合传播能力建设，以七一客户端为支点搭建了“4+3+N”的重庆市委党刊（CQDK）全媒体集群化传播体系，推动传统媒体与新兴媒体融合发展，取得了较好成效。本文梳理其在理念、内容、渠道、平台、经营、管理、人才、技术等方面的融合传播能力建设现状,提出重庆市委党刊全媒体融合传播能力建设的未来构想，旨在为主流媒体融合发展实践提供一些参考。

关键词： 七一客户端　党刊　全媒体　深度融合

推动媒体融合发展，加快构建融为一体、合而为一的全媒体传播格局，是党中央着眼巩固宣传思想文化阵地、壮大主流思想舆论作出的战略部署，是宣传思想战线面临的改革要求，具有十分重要的意义。近年来，中共重庆市委当代党员杂志社（重庆市委党刊社）坚持以习近平新时代中国特色社会主义思想为指导，深入贯彻落实习近平总书记关于党的新闻舆论工作重要讲话精神和推动传统媒体与新兴媒体融合发展的系列重要指示，认真贯彻落实《关于加快推进媒体深度融合发展的意见》等文件精神，构建了以重庆市委党建门户七一客户端为支点的重庆市委党刊（CQDK）全媒体“4+3+N”集群化传播体系，不断创新探索、扎实推进传统媒体与新兴媒体融合发展。2019年，以党刊全媒体中央厨房、演播中心为技术支撑，端、网、微、刊融合发展的中共重庆市委党建门户七一客户端，入选2019年度全国数字出版精品遴选推荐计划。

一　重庆市委党刊媒体融合发展历程及全媒体矩阵

（一）发展历程

中共重庆市委当代党员杂志社（原中共重庆市委支部生活社），1958年10月建社并创办《重庆支部生活》月刊。1990年1月，《支部生活》更名为《当代党员》，中共重庆市委支部生活社更名为中共重庆市委当代党员杂志社。1985年、1999年，重庆市委党刊社先后创办了面向全党的党员干部修养读物《党员文摘》、社会主义核心价值观暨“三会一课”专业党刊《党课参考》，受到中组部、中宣部的肯定和全国基层党组织、广大党员干部的欢迎。

进入新世纪以来，重庆市委党刊坚持与时俱进、改革创新，不断提升党刊主流舆论的传播力、引导力、影响力、公信力，获得全国新闻出版行业文明单位、第二届中国出版政府奖先进出版单位、国家数字出版转型示范单位等各类荣誉2000余项（次），《当代党员》《党课参考》《党员文摘》三刊全国月邮发量稳定在120万册左右，成功构建了以中共重庆市委党建门户七一客户端（七一网）为支点的“4+3+N”党刊全媒体传播体系，社会效益和经济效益稳步提升。

（二）全媒体传播矩阵

构建以中共重庆市委党建门户七一客户端（七一网）为支点的“4+3+N”党刊全媒体传播体系。坚持移动优先的发展理念，以市委党建门户七一客户端为支点，打造市委党建门户七一客户端、七一网、“党建头条”微信公众号、“重庆党建”学习强国号4个新媒体，依托市委机关刊物《当代党员》、党员干部修养读物《党员文摘》、社会主义核心价值观暨“三会一课”专业党刊《党课参考》3本党刊，以及“人民号”“今日头条号”等N个系列新媒体的“4+3+N”党刊全媒体集群，建成具有较强传播力、引导力、影响力、公信力的全媒体发展格局。

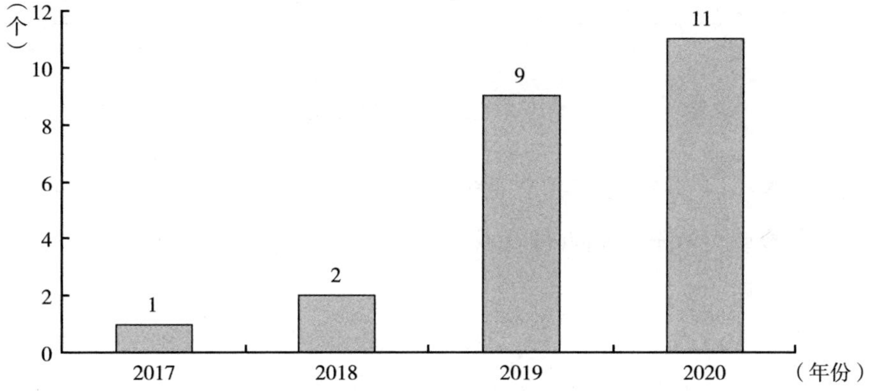

图1　重庆市委党刊全媒体新媒体数量

1. 七一客户端

中共重庆市委党建门户七一客户端是以重庆市委党刊全媒体“融媒小厨”（中央厨房）、演播中心为技术支撑，“端、网、微、刊”融合发展的主题出版重点项目。七一客户端立足党建、党务智能化、智慧化、智库化（重庆党建党务“一机通”）的“党建智库、干部任免”定位，及时传播习近平新时代中国特色社会主义思想和党的声音，权威解读党的理论，精准服务党务工作，全力推进智慧党建，凸显智慧党建、党务服务、精品新闻等特色，致力于打造有思想、有温度、有品质的全程、全息、全员、全效媒体。

自2018年3月上线以来，截至2020年11月30日，七一客户端下载安装量96万、注册用户65万，累计发稿量突破3万条，被国家新闻出版署评为全国数字出版精品项目。2020年9月，七一客户端暨CQDK全媒体《为

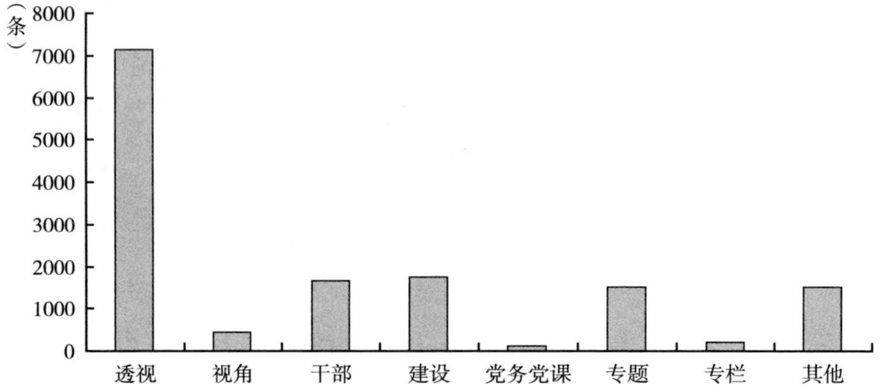

图2　2019年七一客户端各栏目发稿量

了总书记最牵挂的大事》重大选题荣获中共中央宣传部“决胜全面小康、决战脱贫攻坚”期刊主题宣传优秀选题。

2. 七一网

中共重庆市委党建门户七一网，集党建、党务管理、服务、党建信息功能于一体，权威发布市委重要信息，全域关注党建热点，实现重庆党务网上管理、信息实时更新，是全市党员干部的精神家园、党务工作者的组织工作平台。建站以来，总浏览量突破500万人次，平均每日访问量3.5万人次，累计发稿量突破7万条。

3. “党建头条”微信公众号

“党建头条”微信公众号坚定政治立场，以用户需求为导向，运用好“网言微语”，满足终端传播和用户体验需求，聚焦“干部任免、党建智库”，着力打造“微智库”和“党务通”，已成为党务工作者和党员干部群众的“掌中宝”。目前，“党建头条”微信公众号居全国党建类微信公众号前5名、长期居全市党建类微信公号榜首，用户关注量35万+。

4. “重庆党建”学习强国号

“重庆党建”学习强国号是重庆在“学习强国”学习平台上开通的首个强国号，也是全国地方党刊开通的首个强国号。自2020年3月上线以来，“重庆党建”学习强国号充分发挥市委党刊全媒体的内容资源优势，规范、

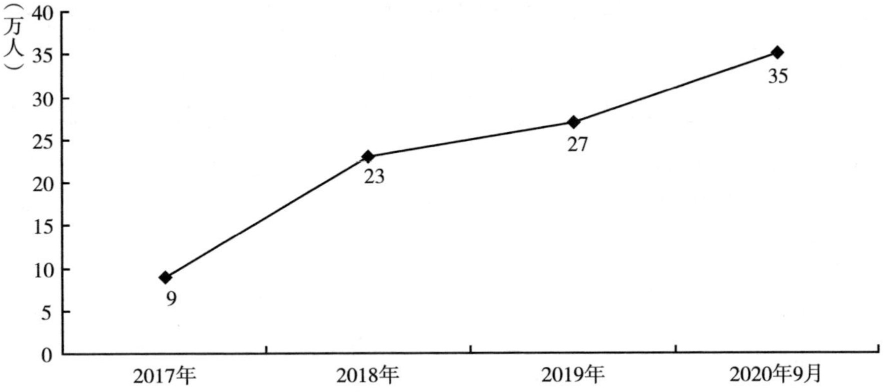

图3　“党建头条”微信公众号用户关注量

有序、及时地发布具有政治品格、市场品质、文化品位，能充分满足受众需求的全媒体作品。截至2020年11月30日，党建头条强国号累计发布1050条，阅读量500余万人次。

5. 三本党刊

三本党刊包括《当代党员》、《党员文摘》和《党课参考》。《当代党员》是中共重庆市委主管、主办的市委机关刊物。凭借“硬主题”的“软表达”办刊思路，《当代党员》以其特色鲜明的刊物定位、精彩纷呈的内容设置、生动活泼的表达方式在党刊界独树一帜，受到社会各界肯定，多次荣获中宣部期刊主题宣传优秀选题及重庆市政府出版专项资金资助，荣获重庆市品牌期刊、重庆市期刊综合质量考核一级期刊等荣誉。《党员文摘》是一本集党性鲜明与可读性强于一体、以传播社会主义核心价值体系为己任、具有较强思想张力和较高文化品质的主流文摘读物，是面向党政干部、党员、入党积极分子和广大青年的修养读物。《党员文摘》得到各级党组织、业内专家和广大读者充分认可，曾获全国百种重点社科期刊、“新中国60年有影响力的期刊”、中国“百强报刊”、“全国期刊数字影响力100强”、“中国最美期刊”等奖项。《党课参考》是一本集权威性、理论性、针对性、实用性、参考性于一体，以提供党课教材、党建经验和提升党员领导干部素质参考材料为己任，面向基层党组织、党务工作者和党员干部的社会主义核心价值观暨“三会一课”专业党课教育品牌读物。《党课参考》被基层党组织和广大党务工作者誉为“党课宝典”“党务助手”“党建指南”，取得了较好的社会效益和经济效益，先后荣获百种优秀期刊进连队期刊、中国邮政发行畅销报刊100强等称号。

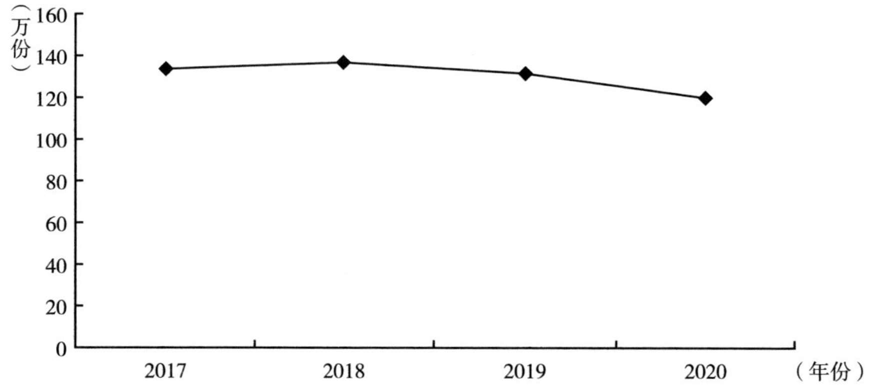

图4　三本刊物每月平均发行量

6. N个系列新媒体

N个系列新媒体即微博（CQDK全媒体）、抖音（七一视频）、快手（CQDK全媒体）、喜马拉雅（七一之声）、知乎（CQDK全媒体）、人民号（七一网）、今日头条号（七一网）、哔哩哔哩（七一网）等新媒体平台的党刊全媒体集群。

二　重庆市委党刊媒体融合做法、经验及问题

（一）市委党刊媒体融合的主要做法

1. 主流舆论导向性——做大做强主流思想舆论引导

通过充分发挥资源优势，重庆市委党刊全媒体全方位做好学习宣传贯彻习近平新时代中国特色社会主义思想、习近平总书记视察重庆讲话精神、庆

祝新中国成立70周年、“决胜全面小康、决战脱贫攻坚”等主题宣传工作，深入挖掘和宣传重庆用好“四大优势”、发挥“三个作用”、打好“三大攻坚战”、实施“八项行动计划”、推动成渝地区双城经济圈建设等方面的好做法、好经验、好典型，推出了一系列深度报道、理论文章、言论时评、重大典型、党课特辑，依靠厚重高雅的文化品味和文化涵养，彰显“可典藏性”价值，塑造“资源通道”应具有的无可替代性，从而牢牢占据舆论引导、思想引领、文化传承、服务人民的传播制高点。比如，围绕宣传贯彻中央和重庆市委关于疫情防控的决策部署这一主题、主线，重庆党刊全媒体全员出击，七一客户端和《当代党员》《党员文摘》《党课参考》分别推出《中国力量：庚子年战役全景报道》、《这50个故事告诉你，中国共产党为什么“能”》抗疫特刊和《人民至上——学习贯彻习近平总书记关于疫情防控重要讲话精神》党课特辑，累计60余万字，深入挖掘和宣传全国及重庆抗击疫情一线的典型人物、感人事件、暖心故事，成功入选BIBF（北京国际图书博览会）“2020中国精品期刊展”，为打赢疫情防控阻击战提供有力的舆论支持。

2. 信息技术创新性——抢占智能化媒体制高点

随着移动互联网信息技术的飞速发展，信息发布和接收方式多样化，信息的传播途径也发生了很大变化，融媒体时代的信息传播，更多地采用一次采集、集合编审、多端发布等多媒体传播方式。重庆市委党刊积极应用新一代数字和信息技术，不断创新媒体信息采集、生产流程和传播渠道，加强传播技术创新和深度融合传播能力建设。按照媒体智能化发展的方向，以七一客户端为支点，持续优化用户体验、服务功能，并以重庆市委党刊全媒体“融媒小厨”（中央厨房）、全媒体演播中心为载体，充分挖掘信息技术最新发展成果，创新采用“5G + 4K + AI”等先进技术，提供垂直化、分众化、多元化的信息服务，抢占媒体智能化发展制高点。

3. 媒体深度融合性——关键在融为一体、合而为一

习近平总书记指出，传统媒体和新兴媒体不是取代关系，而是迭代关系；不是谁主谁次，而是此长彼长；不是谁强谁弱，而是优势互补。在探索

党刊主流媒体深度融合发展的过程中，重庆市委党刊全媒体并不是通过培育电子版媒体模块等“简单相加”方式来嫁接新媒体，而是在充分运用信息化新技术和互联网思维改造传统媒体的基础上，从内容、渠道、技术、机制等方面进行深度融合。如重庆市委党刊社全媒体记者深入重庆市18个深度贫困乡镇开展深入采访、深度调研，通过市委党建门户七一客户端暨CQDK全媒体推出《为了总书记最牵挂的大事》重大专题报道，创新采用航拍、直播厅访谈等方式，发行1本特刊、上线2个专题网页、撰写18篇深度报道、制作18部纪录片、推出18位驻村第一书记访谈，在网上网下引起了强烈反响。

（二）市委党刊媒体融合的经验

1. 始终将政治建设作为统领

推动媒体深度融合发展，是以习近平同志为核心的党中央着眼巩固宣传思想文化阵地、壮大主流思想舆论作出的重要部署，是党的主流媒体顺应传媒格局、舆论生态、受众需求的深刻变化，是有效发挥舆论引导主力军主渠道主阵地作用的必然选择。旗帜鲜明讲政治，是党刊全媒体的根本任务。重庆市委党刊全媒体始终以习近平新时代中国特色社会主义思想为指导，全面贯彻党的十九大和十九届二中、三中、四中、五中全会精神，坚决贯彻党的基本理论、基本路线、基本方略，增强“四个意识”、坚定“四个自信”、做到“两个维护”，贯彻落实习近平总书记关于党的新闻舆论工作的重要论述和关于媒体融合发展的重要指示精神，深入学习宣传贯彻习近平总书记视察重庆重要讲话精神，紧密围绕党中央重大决策、部署和重庆市委、市政府的要求开展工作，牢记党刊全媒体姓党，把党性原则融入党刊全媒体事业发展的全过程、各环节。比如，2019年，重庆市委党刊社召开18次专题会议研究部署意识形态工作，修订完善意识形态领域风险防控制度14项，提高了党刊全媒体的政治和意识形态风险防控能力。

2. 始终把内容为王作为根本

习近平总书记强调，内容永远是根本，融合发展必须坚持内容为王，以内容赢得发展优势。一是突出市委党刊全媒体权威信息的内容深度，凝聚思想的力量。坚决克服“流量焦虑”，坚持为用户和读者提供具有深刻思想、独到见解和典藏价值的优质作品。二是突出党刊全媒体的内容温度，将视角贴近人民群众。党刊全媒体始终坚持以人民为中心，坚持以小切口折射大主题、小故事反映大时代，用群众耳熟能详的语言、喜闻乐见的表现形式、普遍认可的道理、有目共睹的事实，让生产的内容可亲可感、直抵用户心灵。三是突出党刊全媒体的内容力度，打好系列产品“组合拳”。找准舆论引导的合适角度和切入点，以项目制的形式推出组合式、系列化的“拳头产品”，在提升专业化、品牌化的过程中赢得人民认可、受众青睐。近年来，重庆市委党刊全媒体制作了《“不忘初心、牢记使命”主体教育微视频100讲》《中国故事100部》等一大批叫好又叫座的全媒体精品力作。

3. 始终把自有平台作为支点

按照媒体智能化、内容智慧化、服务智库化的方向，重庆市委党刊全媒体持续推进七一客户端改造升级，深度开发七一客户端的党建服务功能，优化提升党务服务功能，完善页面布局，改善视觉体验，增进浏览愉悦，进一步提升党刊全媒体的政治品格、市场品质、文化品位。同时，按照深度融合、一体发展的要求，推进党刊全媒体“优质内容 + 优质平台”“内容生产 + 先进技术”“内容传播 + 针对性服务”，真正实现网上网下一体、内宣外宣联动。以七一客户端为支点的“4 +3 + N”党刊全媒体传播体系，占领舆论引导、思想引领、文化传承、服务人民的传播制高点，成为具有强大影响力和竞争力的新型主流媒体集群。

4. 始终把技术创新作为驱动

利用云计算、大数据、5G 等先进技术，激活并持续挖掘新的方法、路径，加速数字转型、智能升级、融合创新。重庆市委党刊全媒体融合发展的技术创新涉及内容、渠道、平台、管理等各个维度。通过立足自身发展实际，瞄准大数据智能化等信息技术最新发展成果，持续加强传播手段、传播技术建设，把“融媒小厨”（中央厨房）、演播中心作为资源互联互通、媒体融合发展的技术支撑和重要载体，探索将“5G + 4K + AI”等先进技术嵌入党刊全媒体生产全过程，让技术创新更好为党刊全媒体深度融合发展赋能。

5. 始终把人才队伍建设作为支撑

没有优质的干部人才队伍支撑，媒体深度融合就无从谈起。因此，当务之急是要培养一支高素质的全媒体干部职工队伍，为媒体融合可持续发展注入源源不断的动力。一是全程培养锻炼人才。突出政治能力，着力强化素质训练，加大轮岗交流和专业培训力度，将优质管理、采编等各类专业、技术人才向全媒体平台汇集。二是高标准集聚人才。结合党刊全媒体事业发展需要，选用一批全媒型、专家型骨干人才，加强与重点高校等单位联动，引进一批政治素养好，既有新闻才干和底蕴，又具备互联网思维和传播技能的全能型人才，同时致力于通过合力打造“特约专家”“特约作家”“区县融媒体骨干队伍”“项目（课题）组”等形式，达到优化人才结构、凝聚人才的效果。三是多维度激励关怀人才。不断强化从思想上育人，从事业上、感情上、待遇上留人的理念，深化绩效考核改革，完善绩效奖励机制，树立鲜明的干事创业导向，在薪酬待遇、职称评定、职务晋升等方面真心、真情关怀干部职工，积极营造干事创业、近悦远来的良好氛围。

6. 始终把深化改革作为保障

重庆市委党刊全媒体积极深化管理体制、组织架构、激励手段等方面的改革，建立完善适应媒体融合发展的人事管理和薪酬制度，完善职业晋升机制、人才评价机制、人才激励机制。探索构建了以全媒体生产、新媒体传播力指数为主要依据的月度绩效考核机制，加大全媒体原创作品传播力、影响力激励比重，鼓励员工积极投入全媒体作品创制。不断优化全媒体中心职能，加快推进采编流程重构，形成一体策划、一次采集、集合编审、多种生成、全媒发布的全媒体生产机制，探索出一条从“互联网 + 党刊全媒体”的深度融合发展新路，持续保持位列全国地方党刊全媒体前茅的发展优势。

7. 始终把市场经营作为抓手

重庆市委党刊坚持“立足重庆、多渠道拓展全国市场”，深化与中国邮政集团的合作，扩大重庆党刊在全国的发行量和覆盖面，《当代党员》《党

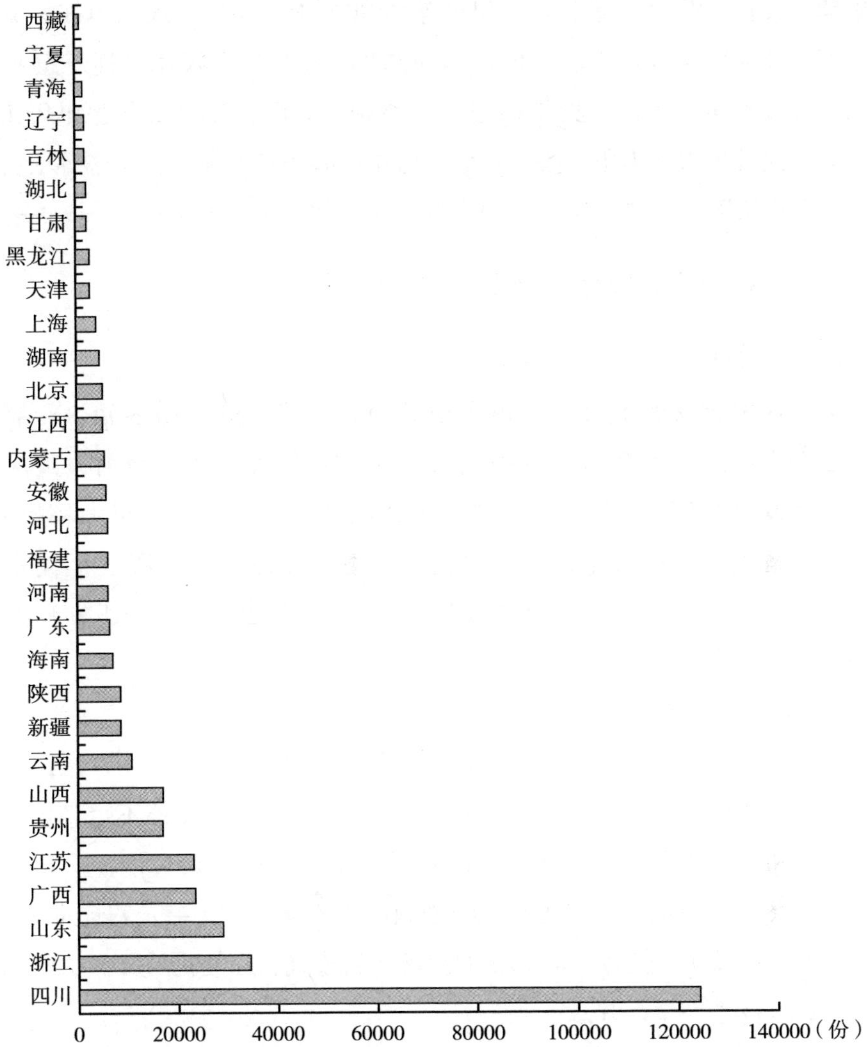

图5　2019年全国各省区市每月三刊平均发行量

注：不含重庆。

员文摘》《党课参考》三刊发行量持续居于全国地方党刊前列，2020年三刊每月全国邮发量保持在120万册以上。在保持党刊优势的前提下，按照稳中求进工作总基调，积极开发、销售全媒体产品，盘活用好物业、资金等资源，拓展房产等资产运营，实现国有资产保值增值。同时，结合党员干部教育培训、文化旅游发展等业态，积极谋划和推进“数字出版、印刷物流和第三产业基地”工程建设。目前，基地总部（CQDK 全媒体大楼）已投入使用，并按“量入为出、稳步推进”的原则，分区、分期以自建和联建相结合的方式推进数字出版中心、仓储物流中心和第三产业经营中心等项目建设，为重庆市委党刊可持续发展提供保障。

（三）市委党刊媒体融合中存在的问题

1. 认识不够全面

全媒体融合发展不仅是传播手段的改进、传播平台的多元、传播方式的转变，更是发展格局、传播生态的全方位转型升级。当前，重庆市委党刊全媒体的信息、通讯、评论等资讯表达数量和质量有了大幅提升，但在一定程度上存在海量信息淹没优质内容的现象，一定程度上偏重于形式更新、抢抓数量，媒体更高品质、更好质量的深度融合还有较大发展空间。

2. 品牌不够强势

在纷繁复杂的舆论场，重庆市委党刊全媒体的产品意识和用户意识已明显增强，但也还在一定程度上存在内容供给同质化、创新动能不足、技术力量偏弱等问题。比如，七一网的页面布局和视觉体验效果欠佳，“党建头条”微信公众号原创力度偏弱，视频创制能力不够强等。一定程度上来说，党刊全媒体还缺乏可持续、常态化的发展运营模式、标准化的服务功能，品牌竞争力有待进一步提升。

3. 人才不够全能

习近平总书记强调，媒体竞争关键是人才竞争，媒体优势核心是人才优势。要建成一支技能全面、精湛的全媒体工作队伍并非易事。作为传统出版单位，重庆市委党刊全媒体媒体融合的过程中，引进、培养和挖掘出一大批政治素养好、职业道德优、采编能力强、管理水平高的专业人才。但总体来看，党刊全媒体全能型人才缺口还较大，人才结构不够优化、人才激励机制不够灵活。

三 重庆市委党刊媒体融合传播能力建设的未来构想

（一）内容生产精品化，塑造公信力和品牌影响力

当前，不同类型的新媒体平台和自媒体账号越来越多，内容产品竞争日益激烈，事实真相的碰撞、观点情绪的碰撞、矛盾诉求的碰撞……纷繁复杂。各类谣言和不实信息一定程度上加剧了公众的恐慌和焦虑情绪，在这种情势下，人民群众更加渴求在有限的时间和繁杂的信息中获取更多有思想、有温度、有品质的，与自身息息相关、客观权威的内容，这为内容生产的精品化、精细化、精准化提供了机遇。一是要进一步强化产品意识，在以专业化的精神提升内容品质的同时，更加注重内容形式的包装，做到产品“内涵”“颜值”两手抓、两手都要硬。二是要进一步走好全媒体时代的群众路线，写出党员干部工作所需、说出人民群众所想、创作用户（受众）所爱的党刊全媒体作品。三是要进一步强化品牌意识。结合重要宣传主题和重要宣传节点，持续创制《微党课 100 部》《中国故事 100 部》等系列原创党刊全媒体精品，不断提升党刊主流舆论影响力。

（二）信息利用科技化，增强新技术运用能力

新冠肺炎疫情暴发期间，由于传统的机制模式不适应深度融合出版要求，在无法集中办公的情况下，不少传统媒体生产、运营陷入窘境。重庆市委党刊全媒体较早布局数字化出版，尤其是使用线上采编、移动办公的常态化运行，因而受疫情影响较小。这是因为市委党刊全媒体准确地预判到集团化、数字化、移动化、个性化出版已是大势所趋，云阅读、数字内容的消费需求将大幅度增加。未来，大数据、人工智能、5G、区块链、量子科技等前沿技术的推广应用将极大地提振党刊全媒体融合发展的核心竞争力。党刊全媒体积极引进、运用在线“云排版”、智能编校系统等新一代数字化技术，以实现协同编校、全采编流程过程管理，进一步改造传统出版生产方

式，优化内容产品定位和经营策略，丰富全媒体数字出版产品形态，着力打造数字内容产品、在线知识服务付费产品矩阵，并以短视频、H5、动态图等新兴传播形式展示全媒体作品，实现内容产品从可读到可视、从静态到动态、从一维到多维的升级融合。同时，以往媒体的传播多是平面的传播，受制于摄像机录制和剪裁得到画面，这种画面是在有限的空间内呈现部分的事实。而5G与4K技术以及AR（增强现实）的加持，为沉浸式新闻的传播带来了可能。市委党刊全媒体正立足自身优势，积极应用5G、4K、AI等新兴技术，持续推进市委党建门户七一客户端升级版的打造，针对行业和领域发展的空白点，对用户行为、运营数据进行全面采集和深入分析，将用户画像、算法推荐等新技术转化为生产力，让个性化定制、精准化生产、智能化推送更好地服务用户，实现从内容产品提供者向数字知识服务提供者的转型升级，不断提升市委党刊全媒体的竞争力。

（三）以用户需求为导向，拓展和增强服务能力

信息技术、行业生态、用户需求等方面的发展催生了直播带货、线上教育、云办公、智慧服务、公共管理等新业态、新模式。在万物互联时代，用户的广泛参与、产业的积极融入，促使媒体与用户之间、媒体与产业之间连接更加紧密。全媒体的融合发展将人们工作、学习、生活的方方面面联系在一起，这为市委党刊全媒体带来了新的要求和机遇。因此，党刊全媒体要清楚地认识自身定位和价值，将“提升服务能力”贯穿重庆党刊转型和创新发展全过程。

依托党刊内容、平台和人才优质资源，紧密结合党员干部教育培训、知识服务等新需求，稳妥有序推进“数字出版、印刷物流和第三产业基地”后续工程建设，构建集在线采编平台、产品设计平台、移动传播平台、运营销售平台于一体的现代化期刊数字传播平台，支持“生产即发布”实时出版和AR出版等，着力打造面向未来的党刊全媒体生态服务体系。

（四）强化人才体系建设，培养全能型人才队伍

在媒体深度融合发展的过程中，传统媒体从业人员的能力“短板效应”日益明显。实践表明，只有使传统党刊原有的成熟队伍全面、全身心融入移动终端平台上来，将单一的文字采编工作变为文字、图片、视频、音频等形式的全面采集和融合推进，培养一专多能的全能型人才，才能满足全媒体融合发展的需要。截至2020年9月，重庆市委党刊引进或培育全媒体人才45人，占全社干部职工的63.4%，全媒体干部人才队伍持续发展壮大。

（五）加强网络安全体系建设，严控严管常态化

市委党刊全媒体不断加强网络空间治理，加强对新技术新应用的管理，严管严控进入常态化，网络空间更加清朗。一是机制更加健全。党刊全媒体致力于解决全媒体管理过程中出现的多头管理、职能交叉、权责不一、效率不高等问题，不断完善全媒体生产机制，通过打破部门分割，实现跨部门、跨领域协作，对每一个环节进行严管管控。二是执行响应更加严格。党刊全媒体制定并完善一系列管理制度，进一步规范全媒体平台和在线办公涉密管控，精准落实上级要求，及时启动应急响应，落实7×24小时网络安全隐患巡查机制，扎实开展网络意识形态安全专项清理，切实将建章立制转化为实实在在的治理效能，推动严防、严控、严管进入常态化，为努力营造清朗的网络空间夯实基础、提供条件。

参考文献

房晶露：《5G技术下融媒体发展的现状、挑战与创新》，《声屏世界》2020年第91期。

赵凯：《传统媒体应对新媒体发展的思考》，《传媒论坛》2020年第27期。

徐本岩：《加快媒体融合发展 提高舆论引导能力》，《新媒体研究》2019年第94期。

杨梅、王利平：《借力蓄能，助推全媒体融合发展成“势”》，《传媒》2019年第30期。

B.18

重庆文化贸易发展现状及路径探讨*

马晓燕**

摘　要：　近年来随着内陆开放高地建设的逐步推进，重庆文化贸易快速发展，文化贸易规模持续扩大，服务贸易结构不断优化，对外出口质量不断提升。但重庆文化贸易仍然存在规模偏小、文化产品贸易结构不合理、文化企业国际竞争力不强、缺乏高端平台等问题。要抓住全面融入共建“一带一路”的新机遇，以问题为导向，加强顶层设计、强化文化产品创新、搭建文化贸易平台、积极壮大市场主体、加大人才培养力度，推动重庆文化贸易发展，提升重庆市文化贸易的国际竞争力和品牌影响力。

关键词：　重庆　文化产品贸易　文化服务贸易　文化贸易平台

习近平总书记在十九大报告中明确提出“文化兴国运兴，文化强民族强。没有高度的文化自信，没有文化的繁荣兴盛，就没有中华民族伟大复兴。”文化是一个国家与民族的灵魂，文化贸易、文化交流与文化传播良性互动，开创了中国文化“走出去”的新格局。发展文化贸易是提高国家文化软实力的重要途径，有助于增进对外文化传播、发展文化产业、提升区域开放水平。重庆处于“一带一路”和长江经济带的联结点，中央赋予重庆

* 本文系重庆市重大决策咨询研究课题“深化重庆融入‘一带一路’和长江经济带发展研究”（项目编号：2018ZB-09）、重庆市社会科学规划项目“发挥‘两点’优势，提升重庆对外开放水平研究”（项目编号2018YBJJ031）阶段性成果。

** 马晓燕，重庆社会科学院国际经贸与物流研究所所长、研究员

在西部地区带头开放、带动开放的历史使命。当前，重庆正全面融入共建“一带一路”，推动重庆文化贸易发展，对于重庆加快建设内陆开放高地，在西部地区带头开放、带动开放，打通文化贸易合作交流壁垒，拓展中华文化“走出去”空间具有重要意义。

一 文化贸易的内涵

（一）文化贸易的概念

文化贸易是国际贸易的主要组成部分，作为一种新型对外贸易方式，是在对文化资源充分利用的基础上建立的，主要包括文化产品贸易和文化服务贸易。目前国内外学界和实务部门业内人士众说纷纭，对文化贸易尚未有一个一致性描述。李怀亮、阎玉刚认为，对外文化贸易是世界各国（或地区）之间进行的以货币为媒介的文化交换活动，它既包括有形商品的一部分，如音像制品、纸质出版物等，也包括无形商品，如版权、关税等。张蹇认为，文化贸易是文化产品（cultural products）贸易的简称，是指国际文化商品与服务的输入和输出，包括有形的“文化商品”（cultural goods）和无形的“文化服务”（cultural services）。

综上，文化贸易是服务贸易与文化产业的交叉融合，是文化产品与文化服务的贸易活动，并与知识产权密切相关，既是服务贸易的重要领域，也是文化产业链条上文化产品在国际市场的流通、交易与销售环节。文化产品包括图书、报刊、音像制品及电子出版物、工艺美术品、玩具、游艺器材及娱乐用品、广播电视电影专用设备等；文化服务包括出版发行、视听、表演、文化旅游服务和著作权、创作权、制作权等产权的跨国转让服务，以及以文化会展服务为代表的新型服务。

（二）文化贸易的特征

1. 文化贸易具有双重属性

文化贸易具有物质性、形象性，同时也具有抽象的意识形态性，因此文化贸易具有经济和文化双重属性。经济方面，文化贸易通过加快积累国民财富来促进一个国家或地区的经济发展，增加第一、第二、第三产业等相关产业的附加值，扩大外贸出口市场。文化方面，文化产品本身或多或少地具有意识形态性，并在文化产品的贸易和消费过程中，有意或无意地向消费者传递，对其思想产生潜移默化的影响，直接关系到国家意识形态和文化安全。

2. 文化贸易具有产业融合性

丰富的文化内涵和不同的文化服务在产业和贸易领域几乎无处不在，并在不同文化背景下呈现出多样的文化价值取向。当前产业发展呈现跨界融合的新常态，“文化 +”的跨要素融合模式，已经在产业层面得到广泛应用，以“文化 + 制造业”“文化 + 旅游”“文化 + 农业”为代表的多种业态融合模式不断涌现。“文化 + 互联网”的多领域、跨平台融合创新，不仅推动文化产业向升级版的融合发展新阶段迈进，同时也加速了文化的传播速度，扩大了贸易范围，提高了文化产品和服务的可贸易性；特别是“文化 + 科技”的融合，推动了文化贸易新业态的发展。

3. 文化贸易存在“文化折扣”现象

文化贸易是一种国际贸易方式，是文化产品和文化服务与不同国家（或地区）之间的出口与进口，不同的文化背景导致不同国家（或地区）存在文化差异，消费者对文化产品和服务具有明显的地域偏好，导致文化产品和服务在原产国以外的价值传播效果大打折扣。以电影产业为例，进口市场的观众对出口国影片中传递的文化内容难以认同，导致其电影在贸易过程中出现影片价值损失，要减少“文化折扣”，必须充分考虑观众的文化背景和习俗。以美国电影《花木兰》为例，影片题材取自我国古代花木兰替父从军的故事情节，符合我国观众的文化价值取向，在我国电影票房市场大获丰收；《卧虎藏龙》和《英雄》是我国电影在海外市场取得成功的案例。

二　新常态下我国文化贸易发展态势

改革开放以来，我国文化贸易加快发展，并在发展中国家中位居前列，特别是文化产品和服务的进出口总额占到全球文化贸易的较大比重，我国文化贸易发展态势良好，规模化和市场化程度不断提高，政策体系不断完善。在我国经济高质量发展背景下，文化产业发展水平和文化贸易质量持续提升，文化贸易呈现出愈发蓬勃的生机与活力，主要呈现以下特点。

（一）文化贸易发展态势良好

目前我国文化贸易发展态势良好，文化贸易额增长迅速，文化领域双向投资有序健康发展。2019 年，我国文化贸易保持平稳快速发展，文化产品进出口总额达到 1114. 5 亿美元，比 2018 年增长 8. 9%；其中，出口 998. 9 亿美元、进口 115. 7 亿美元，分别比上年增长 7. 9% 和 17. 4%，贸易顺差规模扩大 6. 8%，达到 883. 2 亿美元。分类别看，文化用品、工艺美术品及收藏品、出版物出口分别增长 11. 7%、5. 6% 和 4. 8%，增长较快。分国别和地区看，对东盟、欧盟出口分别增长 47. 4%、18. 9%，增长较快；对“一带一路”沿线国家出口增长 24. 9%；对美出口下降 6. 3%。个人、文化和娱乐服务进出口额比 2018 年增长 14. 5%，为 52. 8 亿美元，其中，出口额和进口额分别为 12. 0 亿美元、40. 8 亿美元，分别下降 1. 3% 和增长 20. 2%。

（二）健康的市场环境逐步形成

我国文化贸易发展取得不俗成绩，与近年来频繁出台的各项政策密切相关。2014 年和 2015 年先后出台了《国务院关于加快发展对外文化贸易的意见》（国发〔2014〕13 号）、《我国文化产品进出口统计目录（2015）》、《我国文化服务进出口统计目录（2015）》。从 2007 年开始，商务部会同相关部门共同认定国家文化出口重点企业和国家文化出口重点项目，2188 家企业和 939 个项目入选。2018 年 6 月，商务部、中央宣传部、文化和旅游部、国家广电总局公布了首批国家文化出口基地名单，共有北京、上海、江苏等 13 个省区市的文化出口基地入选（见表 1）。从 2019 年开始，文化和旅游部组织开展了“一带一路”文化产业和旅游产业国际合作重点项目征集与扶持工作，目前有 45 个项目入选。特别是国家文化出口基地对发挥区位、文化资源等优势，推进文化产业集聚，打造中国特色文化品牌，提升文化产品核心竞争力，形成良性竞争的市场环境和促进我国文化贸易发展具有重要意义。

表1　国家文化出口基地名单

序号	基地
1	北京天竺综合保税区
2	上海市徐汇区
3	江苏省无锡市
4	中国(浙江)影视产业国际合作区
5	安徽省合肥市蜀山区
6	山东省淄博市博山区
7	湖南省长沙市
8	广东省广州市天河区
9	四川省自贡市
10	云南省昆明市
11	西藏文化旅游创意园区
12	西安高新技术开发区
13	中国(福建)自贸试验区厦门片区

资料来源：商务部中国服务贸易指南网。

（三）文化产品贸易结构不断优化

文化产品贸易一直是我国文化贸易的主要力量，文化产品贸易额占文化贸易额的比重超过70%。近年来文化产品出口结构持续优化，文化用品成为文化产品出口的主要类别。2019年文化用品、工艺美术品及收藏品、文化专用设备、出版物出口额分别占文化产品出口总额的52.4%、31.7%、12.2%、3.7%。文化产品出口贸易市场更加丰富。美国、中国香港、英国、荷兰、日本、德国一直是内地文化产品出口的主要市场，2019年占出口市场的57.7%。对“一带一路”沿线国家出口额达203.4亿美元，出口水平再创新高，对“金砖国家”、中东欧国家、拉丁美洲、亚洲出口持续增长，贸易市场划分更为均衡。民营企业带动作用显著，集体、私营及其他企业继续保持第一大出口主体地位，2019 年文化产品出口 640.3 亿美元，比上年增长 22.4%，占比为 64.1%，比上年提升 8.7 个百分点；国有企业出口增长 23%，占比 4.7%；外资企业出口下降 14.4%，占比 31.2%。

（四）文化贸易区域发展不平衡

受经济发展水平影响，我国文化贸易区域发展不平衡，主要表现为东部集中，中西部高速发展。2019 年，东部地区文化产品进出口总额同比增长 16.5%，占我国文化产品进出口总额的 92.1%，尤其是文化产品进出口总额排名前五的广东、浙江、江苏、上海、山东 5 个省市，文化产品进出口总额占我国文化产品进出口总额的比重为 85.2%。中西部地区呈现快速增长态势，2019 年中西部地区文化产品进出口总额同比增长 29.2%，占我国文化产品进出口总额的 7.3%；东北地区文化产品进出口总额同比增长 16.5%。文化服务出口额排名前五的分别为上海、北京、广东、江苏、浙江，占比达 91.5%。

但同时，在我国文化贸易的发展进程中也有不可忽视的弱项，文化产品进出口结构有待优化，文化服务贸易额远低于文化产品贸易额，国际文化市场急需一批更高质量的文化产品和服务。这都需要通过多方合力，补齐短板，从根本上提高文化贸易质量，提升应对贸易摩擦的能力。

三　重庆文化贸易发展现状

（一）重庆文化贸易发展概况

当前，重庆文化贸易处在“起步蓄力”阶段，近年来随着内陆开放高地建设的逐步推进，文化贸易（文化产品和服务）的规模总体在扩大，服务贸易结构不断优化，对外出口质量持续提升，从以出口音像设备等文化元素和附加值较低的产品为主，逐渐涉足游戏类产品和文化保税等新的文化形式与产品，版权输出也在重庆出版集团的带动下取得了比较好的成绩，泓艺九洲、猪八戒、享弘影视等民营文化品牌企业，积极探索对外文化贸易发展。

同时，积极构建文化产品与服务“走出去”和“引进来”的主阵地，以泓艺九洲为基础积极打造重庆（西永）对外文化贸易基地和重庆乃至中国西部首个对外文化贸易跨境电商平台。文化贸易基地于2019年底正式启动运营，在做大现有业务规模的同时，主要开展文化设备保税租赁、版权引进与输出、文化产品进出口等业务，截至目前泓艺九洲文化贸易累计进出口额已突破1.2亿美元。对外文化贸易跨境电商平台即将上线，将为企业及个人提供对外文化贸易全流程服务，培育中国文化推广与对外文化贸易的重要通道，为各国文化产品打造互通的大型国际化共享平台。

（二）重庆文化贸易存在的主要问题

1. 文化贸易规模偏小

2019年重庆文化产品进出口总额为21799.8万美元，在全国排第18位，同比降低1.4%，其中出口额同比降低24.5%，进口额增长108.5%，仅占重庆进出口贸易总额的0.27%，占我国文化产品进出口总额的比重更低，仅为0.19%。重庆与文化贸易发达的广东、浙江相比差距较远，两省文化产品进出口总额分别为5876878.3万美元和1478474.7万美元，占本省进出口贸易总额的比重分别为5.87%、3.42%，而我国文化产品进出口总额为1114.5亿美元，占进出口贸易总额的比重为2.52%（见表2）。可见，重庆文化贸易发展水平不高，竞争优势较弱，体量规模偏小，文化产品进出口总额在贸易进出口总额中的占比远低于全国平均水平。

表2　2019年我国及部分省市文化产品进出口情况

单位：亿美元，%

地区	排名	进出口总额	出口额	进口额	文化产品进出口总额占比
全国		1114.5	998.9	115.7	2.52
广东	1	587.7	566.8	20.9	5.87
浙江	2	147.8	143.7	4.2	3.42

续表

地区	排名	进出口总额	出口额	进口额	文化产品进出口总额占比
江苏	3	86.9	75.8	11.0	1.43
上海	4	67.6	23.7	43.9	1.42
山东	5	57.5	55.4	2.1	2.0
重庆	18	2.18	1.38	0.8	0.27

资料来源：商务部中国服务贸易指南网。

2. 文化贸易结构不尽合理

当前重庆文化贸易仍以文化产品贸易为主，文化和娱乐服务贸易尚处于起步发展阶段；文化产品贸易中出口产品占主导地位，进出口总额中出口额占比超过60%；文化产品出口中，核心层中的图书、音像制品及电子出版物、其他出版物所占比重较小，具有地域传统文化特色、劳动密集型产品的相关层占主要份额。2018 年出版物出口额在文化产品出口总额中占比仅为1.87%，以玩具和其他娱乐用品为主的文化用品在文化产品出口总额中占比达到了54.7%，特别是玩具，在文化产品出口总额中占比为34.6%，以花画工艺品和园林、陈设艺术陶瓷制品为主的工艺美术品及收藏品在文化产品出口总额中占比为29.1%（见表3），而以知识密集、技术密集的文化产品和服务所占份额极少，如动漫游戏出口、图书版权输出和电影出口与北京、上海等发达地区相比存在明显差距。

表3　2018 年重庆市文化产品出口数量和金额

单位：万美元

文化产品	一、出版物	二、工艺美术品及收藏品	三、文化用品	#玩具	四、文化专用设备
92466	1744	26892	50593	32010	12468

资料来源：《2019 年重庆统计年鉴》。

3. 文化企业国际竞争力不强

近年来重庆文化企业发展势头良好，文化贸易市场主体在数量上有了明显增长，但具有较强实力的企业较少。自 2007 年对国家文化出口重点企业进行认定以来，重庆每年入选企业数量都没有超过 5 家，2019～2020 年度仅有 3 家企业入选国家文化出口重点企业，分别是重庆出版集团有限公司、重庆享弘影视股份有限公司、重庆帕斯亚科技有限公司。由于企业数量少，且国家文化出口重点项目也仅有 1 个，带动作用不明显，与发达省市乃至四川省相比差距明显。如北京、上海 2019～2020 年度分别有 40 家、29 家企业入选国家文化出口重点企业，18 个、16 个项目入选国家文化出口重点项目，四川则有 14 家企业和 6 个项目入选（见表 4）。

表 4　部分省市 2019～2020 年度国家文化出口重点企业、重点项目数

单位：家，个

类目	北京	上海	重庆	四川
重点企业	40	29	3	14
重点项目	18	16	1	6

资料来源：商务部中国服务贸易指南网。

4. 文化贸易高端平台缺乏

目前，重庆缺乏高层次和具有强影响力的对外文化贸易平台，尚无国家文化出口基地，且无有影响力的文化贸易展会，仅有的重庆国际文博会、西部动漫节在功能、规模、影响力上还远远不够。四川既有自贡这一国家文化出口基地，还有成都国际旅游交易会、创意设计周、国际视听集成设备与技术展和国际音乐（演艺）设施设备博览会等有影响力的文化贸易展会。重庆现有的文化交流平台搭载的文化贸易功能较弱，文化贸易份额较小。重庆（西永）对外文化贸易基地和中西部国际交往中心·保税港文化旅游之窗项目刚刚起步，功能还未充分发挥，业务范围受限较大，基本没有交易环节，只是对国内外的艺术品进行展示、免税储存，尚不具备成为文化贸易主要载体的功能。

5. 文化贸易政策不健全

近年来重庆非常重视文化产业的发展，相继出台了《重庆市文化产业“十三五”发展规划》《关于推动文化产业高质量发展的意见》《关于支持特色文化产业加快发展实施意见》《关于推进文化创意和设计服务与相关产业融合发展的实施意见》等促进政策，但并未制定专门针对文化贸易发展的政策。文化部门和商务部门对发展文化贸易的观念意识相对比较弱，推动文化“走出去”的工作主要集中在熟悉和擅长的对外文化交流，对文化贸易基础的了解不够清楚、缺乏统计支撑，尚未形成加快文化贸易发展的思路和举措。

四 国内外文化贸易发展经验借鉴

文化贸易是一种国际贸易方式，伴随着经济发展同步发展，并且与经济发展水平、文化资源、文化产业发展程度等因素密切相关。从国际上看，美国、法国、日本、韩国等发达国家的文化贸易发展较快，并独具特色；从国内看，北京、上海、杭州、深圳等东部城市凭借其区位优势、完善的支持政策及较高的文化产业发展水平占据了我国文化贸易发展的半壁江山。综观国内外文化贸易的发展，有以下经验值得借鉴。

（一）文化企业带动文化贸易发展

文化企业是文化贸易发展的核心，龙头文化企业更是文化贸易发展的关键。龙头文化企业在文化贸易发展中吸附能力强，对创新流、人才流、资金流能够发挥最大吸附能力，发展壮大本土龙头文化企业，是壮大文化贸易的最佳途径。同时，活跃市场主体，特别是民营文化企业能够有公平参与市场竞争的机会，是文化贸易可持续发展的源泉。

（二）良好的产业生态是文化贸易发展基础

文化企业特别是龙头文化企业带动了文化贸易的发展，但是还远远不够，还应该为文化贸易发展营造良好的产业生态，要充分把握未来文化产业发展趋势，培育符合未来发展方向的新兴文化贸易业态，可充分发挥小微企业聚焦独特领域、拥有一定技术壁垒的优势，支持小微文化企业发展。

（三）雄厚的人才基础是文化贸易发展的活力

智力资源也是文化贸易发展的关键之一，优质的智力资源、庞大的人才群体是文化贸易发展的新鲜动力。各地在留住人才的同时，都积极培养引进高端复合型人才，而京沪穗深借助各方面资源及优势，吸引和集聚了高水准的综合性、复合型人才。

（四）贸易保护是文化贸易发展必要手段

综观美、法、日、韩等世界文化强国，在文化贸易发展初期，都经历了从保护到开放市场准入的发展历程，但是贸易保护和国家安全是各国政府亘古坚持的原则。可见，对文化贸易实行政府扶持与保护是世界文化强国普遍采用的原则手段。

五　重庆文化贸易发展对策

推动重庆文化贸易发展，要抓住全面融入共建“一带一路”的新机遇，以问题为导向，坚持差异化、特色化、品牌化的原则，立足实际，发挥区位优势、资源要素优势和市场优势，实施积极的发展策略，加快扩大文化产品及服务的对外贸易，使重庆成为西部文化产品和服务“走出去”“引进来”的主阵地，不断提升重庆文创在国内外的知名度和影响力。

（一）加强顶层设计，优化文化贸易发展软环境

一是完善文化贸易政策。贯彻落实《国务院关于加快发展对外文化贸易的意见》（国发〔2014〕13号）精神，加快制定“重庆市加快发展文化贸易的实施意见”，促进重庆对外贸易结构调整和转型升级，推动重庆文化贸易发展。

二是完善文化贸易统计制度。根据《我国文化产品进出口统计目录（2015）》《我国文化服务进出口统计目录（2015）》，修订完善重庆文化产

品和服务进出口统计目录，逐步形成科学、统一、全面、客观的统计调查制度、信息管理制度和数据发布制度，及时掌握全市文化贸易发展态势和特点，为推动重庆文化贸易发展提供科学的决策依据。

（二）强化文化产品创新，打造重庆文化品牌

一是促进高新技术在文化产业中的应用。依托重庆享弘影视股份有限公司、重庆帕斯亚科技有限公司继续打造动画片、动漫游戏等产品和服务的原创 IP，促进高新技术在文化产业中的应用。建立以企业为主体、以市场为导向的文化产业科技创新体系，加强传统文化产业技术改造，提高我市文化产品的市场契合度。

二是合力构建重庆文化品牌。深度挖掘地方文化资源，以原创为重点，重点扶持具有重庆地域文化特色的影视、出版、演艺、动漫、游戏、软件、网络文化等领域的版权出口。依托重庆国际文博会、西部动漫节等文化贸易展会，以“巴渝文化”走向世界为核心塑造城市品牌，推动巴渝文化创造性转化、创新性利用，开发具有国际竞争力的名牌文化产品。

（三）搭建文化贸易平台，深化对外文化交流合作

一是打造国家文化出口基地。依托重庆自贸试验区的政策优势，加快重庆（西永）对外文化贸易基地和中西部国际交往中心·保税港文化旅游之窗项目建设，拓展项目的文化贸易功能，打造集国际文化旅游展示推广平台、文化和旅游保税产品交易平台于一体的平台，多渠道提升文化产品和服务的国际显示度，争创国家对外文化贸易基地。

二是加强国际文化交流合作平台建设。全面融入共建“一带一路”，发挥中欧班列（重庆）及西部陆海新通道的优势，与东盟、中东欧国家共建“文化中心”。利用联合国教科文组织、驻渝机构、国际友城和国家对外文化品牌活动，积极开展对外文化交流。充分发挥西部交往中心作用，支持各类文化机构、文创企业、社会组织参与对外文化交流平台建设，搭建对外交流前沿阵地、展示窗口和合作平台。

（四）积极壮大市场主体，推动文化企业“走出去”

一是做大做强文化出口企业。以重庆演艺集团、重庆出版集团等国有文化企业为龙头，积极开展文化产品和服务出口业务，加强境外文化投资。创新文化金融服务，在重庆市文化产业发展专项资金中设立中小企业国际市场开拓资金，推进中小文化企业“走出去”，扩大对外文化产品和服务的出口。

二是创新文化企业“走出去”的形式。鼓励文化企业搭建各具特色的海外营销平台及网络，支持企业通过新设、收购、合作等方式在境外设立文化经纪公司、产品经营机构、营销机构。支持文化企业投资兴办海外文化出口贸易基地，建立境外文化产品和服务营销网点，逐步形成多渠道、多层次的国际市场营销网络。

（五）强化人才培养，为文化贸易发展提供人才保障

一是开展文化贸易人才供需调查。开展重庆文化贸易人才供给与需求摸底调查，摸清文化贸易人才需求和供给的优势和短板，加强紧缺人才的培养和引进，为培育和引进文化贸易人才提供支撑。

二是创新人才培养机制。鼓励我市高校加强国际文化贸易学科建设，强化高校与文化企业互动合作，共建实践教育基地，形成校企联动的人才培养模式，培养适应国际竞争的文化贸易人才。

参考文献

李小牧、李嘉珊：《中国国际文化贸易发展报告（2019）》，社会科学文献出版社，2020。

张斌：《国际文化贸易》，人民出版社，2019。

喻莎莎：《中美贸易摩擦视角下两国文化产品贸易发展路径分析》，《对外经贸实务》2020 年第 3 期。

张慧敏、刘洪钟：《政治距离、文化差异与中国的对外贸易》，《国际经贸探索》2020 年第 1 期。

王嘉威、张梦露、魏男芳、张文霖：《上海对外文化贸易情况的调研与分析》，《时代金融》2018 年第 30 期。

左惠：《国际文化贸易格局的变动及对中国的启示》，《南开学报》（哲学社会科学版）2018 年第 3 期

王海文：《以文化自信助推我国对外文化贸易的繁荣发展》，《国际贸易》2016 年第 10 期。

贾晓朋、吕拉昌：《文化贸易研究进展及展望》，《中国流通经济》2015 年第 12 期。

黄玖立、周泽平：《多维度距离下的中国文化产品贸易》，《产业经济研究》2015 年第 5 期。

社会治理篇

Social Governance

B.19
2020～2021年重庆卫生健康事业发展形势分析与预测

黄明会*

摘 要： 2020年，重庆市卫生健康系统深入贯彻党中央决策，认真落实市委、市政府部署要求，坚持人民至上、生命至上，取得疫情防控重大战略成果；大力实施“363”工作路径，医疗卫生服务能力全面提升，卫生健康事业改革发展取得显著进步。2021年是“十四五”规划启动之年，是我国在全面建成小康社会基础上开启全面建设社会主义现代化国家新征程的第一年，我们将坚定不移推进“健康中国”战略重庆实践，全面融入共建“一带一路”、成渝地区双城经济圈，拓展“363”工作路径，抓重点、补短板、强弱项，着力推动卫生健康事业改革发展。

* 黄明会，重庆市卫生健康委员会党委书记、主任。

关键词： 重庆 卫生健康 “健康中国”战略

一 全市卫生健康事业发展状况

全市卫生健康事业发展紧紧围绕深化医药卫生体制改革、生育服务管理改革、“放管服”等3项改革，聚焦健康环境建设、医疗服务能力提升、人才科技创新、信息化建设、中医药发展、民生实事等6大重点任务，着力强化党的建设、法治建设、宣传引领等3个保障，不断提升环境质量，广泛开展全民健身运动，居民健康状况持续改善，人民健康水平显著提高。全市人均期望寿命提高到77.85岁、孕产妇死亡率下降到10.7/10万、婴儿死亡率下降到3.37‰，3大健康指标持续改善，优于全国平均水平。

（一）卫生资源配置不断优化

一是机构总数保持稳定。全市医疗卫生机构总数21058个，其中医院和基层医疗卫生机构稳中有增，民营医院和其他卫生机构增长较快，强基层得到较好落实，社会办医活力进一步释放，医疗卫生机构正走向多元化发展道路。

二是床位数稳步增加。全市医疗卫生机构床位数、每千常住人口床位数连续5年保持增长。其中民营医院增速最快，占全市医院编制床位数的35.5%，高于全国平均水平。

三是卫生人力资源增长明显。全市卫生人员总数288059人；每千常住人口执业（助理）医师数、每千常住人口注册护士数、每万常住人口全科医生数分别达到2.67人、3.1人、2.6人，基本达到全国平均水平。

（二）医疗服务水平稳步提升

一是服务能力不断提升。2019年全市医疗卫生机构总诊疗人次和出院人次分别达到17546.31万人次和750.13万人次，连续4年增长。但受疫情影响，2020年1～9月，门急诊4746.88万人次，同比下降11.9%；出院277.93万人次，同比下降15.1%

二是医疗质量不断提升。全市医师日均担负诊疗人次、日均住院床日连续5年呈下降趋势；医师日均负担诊疗人次为7.64人次，略高于全国水平；日均住院床日2.34天，略低于全国平均水平。

（三）医改工作取得突破性进展

一是公立医院综合改革效果明显。深化公立医院综合改革，2017年全市所有237家公立医院全部取消药品加成（中药饮片除外），2019年全市1365家公立医疗机构全面取消医用耗材加成，实现了由打好基础向提升质量转变、由单项突破向综合推进转变。改革后，全市卫生总费用个人支付比例下降，各项控费指标持续优化，医院次均门诊费用和人均住院费用逐年下降。

二是分级诊疗稳步推进。以医通、人通、财通为目标，在18个区县开展“三通”试点，实施医保打包付费、结余留用，允许试点医共体内编制调剂使用；以常见病、多发病、慢性病为重点，基层首诊病种达66个；以发展远程医疗为突破口，推行“基层检查、上级医院诊断”模式，年服务基层患者近100万例；以实施县级医院能力提升工程为抓手，乡镇卫生院、社区卫生服务中心、村卫生室标准化建设全面完成，“农村30分钟、城市15分钟”医疗服务圈基本建成，基本实现大病不出区县。

三是药品供应保障逐步规范。参与“4+7”国家首批药品集中采购试点，联合贵州、云南、河南三省，启动实施医用耗材跨区域联盟采购；定期开展价格动态调整，深化药品流通体制改革，从2017年6月1日起，全面执行公立医疗机构药品采购“两票制”，实现“两票制”电子监管。

（四）公共卫生体系建设基本建成

一是健全三级疾控服务网络。建立以疾控中心为核心，结核病防治所、健康教育所等公共卫生机构为补充，县级及以上公立医院为支撑，基层医疗卫生机构为网底的三级疾控服务网络，提供传染病、地方病、慢性病等防控服务，履行突发公共卫生事件应急处置，健康危害因素检测、评价、干预和健康教育等职能。

二是建成卫生应急队伍。在区县卫生健康委设立卫生应急办公室，在各级各类医院成立应急办或指定医务科（处）负责卫生应急工作，形成了统一、规范的组织指挥体系。市级组建国家紧急医学救援队和国家突发中毒事件应急处置队，39 个区县组建卫生应急队伍 137 支。

三是完善重大疫情救治体系。以市公共卫生医疗救治中心为核心，以市级综合医院传染病科室、区县级综合医院传染病院区为支撑，基本满足救治需求。在此次新冠肺炎疫情防控中，全市设立集中救治医院 4 家、区县定点医院 48 家，储备救治床位 1 万余张，收治率和集中救治率达 100%。

（五）医学科研创新能力得到提升

一是建立人才多元投入机制。设立财政引导投入资金，加大高端卫生人才发展专项经费投入，两年来增幅达 53.8%；发挥用人单位主体责任，公立医院按照业务收入不低 5% 设立人才发展专项资金，人才培养、引进、激励经费得到有效保障。

二是科技创新能力得到提升。注重人才发展与平台建设有机融合，建成国家重点实验室 2 个、国家工程中心 1 个、国家临床研究中心 1 个，国家重点学科 17 个、国家部委级重点实验室 9 个、国家临床重联专科 30 个。深化科卫协同，联合实施医学科研项目。主动争取市级财政支持，择优资助建设首席医学专家工作室、中青年医学专家工作室。

（六）中医药传承创新发展

一是中医医疗服务体系不断健全。全市各级各类中医医疗机构3067家，其中中医类医院187家，占全市医院总数的20.55%。中医医院实有床位3.55万张，占全市床位的20.73%。有公立中医医院44家。其中三甲中医院9家，每个区县至少有1家公立中医院。全市81%的综合医院设置有中医科，98%以上社区卫生中心和乡镇卫生院、82%以上社区卫生服务站和村卫生室能开展中医药服务，形成较为完善的中医药三级服务体系。

二是中医药队伍不断壮大。目前，全市有中医药卫生技术人员2.12万人，占全市卫生技术人员总数的9.45%，高于全国平均水平（全国7.5%）。每千人中医执业（助理）医师数0.58人，高于全国平均水平（全国0.41人）。有国医大师2人、全国名中医3人、全国老中医药专家学术经验指导老师51人、享受国务院特殊津贴中医药专家11人。

三是中医药服务能力不断提升。全市中医医院门急诊1491万人次，占医院门急诊量的18.93%；出院105万人次，占医院出院量的20.59%。乡镇卫生院和社区卫生服务中心中医年门急诊量314.7万人次，同比增长14.12%。

四是中医特色优势不断凸显。拥有国家中医（专科）诊疗中心3个，国家中医药重点学科8个、重点专科25个，形成了皮肤病、针灸、肿瘤、肝病、肾病等一批特色中医专科群，在西南地区乃至全国范围都有一定的影响力。

五是中药资源与产业发展底蕴深厚。重庆药用植物丰富，全市有药用植物资源5285种，占全国已知药用植物的47.4%，石柱黄连、垫江丹皮、巫溪党参、酉阳青蒿等道地药材享誉国内外。有市中药研究院和市药物种植研究所2家中药研究机构。全市规模以上中药企业48家，占全市规模以上医药企业的27%，产值超过10亿元的有4家；全市中药工业产值212.8亿元，占全市医药工业产值的33.4%，同比增长10.1%。

二　面对的挑战

（一）高质量发展有差距，横向对比有差距

一是学科水平与城市发展不匹配。目前，全市高层次卫生人才远不及京沪穗深等发达地区，相比周边，重庆市仅3名两院院士、2名中华医学会主任委员，少于陕西省和四川省。国家重点医学学科、重点医学专科相对较少，如上年公布的双一流大学和学科，全市无医学类院校和学科入围；全市有5家医院入围复旦综合医院排名100强，但排名相对靠后，最高为西南医院第20名；重庆仅有9个专科进入复旦医院专科排名前十，且无主要临床学科。高水平医院、高水平学科与发达地区和周边强省有较大差距，数量少于周边省市，只有1个国家临床医学研究中心，而北京市有24个、陕西省有2个、四川省有2个。同时，重庆市是全国6个没有独立中医药大学的省市之一。

二是优质医疗资源分布相对集中。全市优质医疗资源主要集中在主城都市圈，高水平、上规模的社会办医疗机构较少，未与公立医疗机构形成错位发展。全市有三甲医院36家，但是区县有19家，特别是两群片区仅有9家，其中仅重庆市三峡中心医院为教学型三甲医院，无学科进入全国百强学科。

三是财政投入与周边省市有差距。以2018年为例，公立医院财政补助收入占总支出的比重为8.68%，低于全国平均水平（9.57%），比陕西省低4.1个百分点。财政年初预算专项经费，重庆市级为15亿元，人均投入48.3元，低于贵州省的26.6亿元、陕西省的37亿元，人均投入分别比贵州省、陕西省少27.7元、50元，总量较少、调度难度大，难以集中力量办大事。

（二）公共卫生服务水平短板较多

一是法律保障不够。《重庆市突发事件应对条例》仅在宏观层面上对突

发事件整体应对进行了规范，对公共卫生方面缺针对性规定；突发公共卫生事件应急预案修订滞后，针对Ⅰ～Ⅳ级响应没有明显界限，措施分级不够明确，对重大疫情缺乏科学的研判、预警、预报、信息发布机制，尚未形成地方性法规—规章—规范性文件相互补充的管理体系。《突发公共卫生事件与传染病疫情监测信息报告管理办法》要求疫情数据上报以疾控直报系统为准，但各条各线分别收取数据，区县多头报送、数据不一。

二是疾控体系健全不够。一方面，人员配置不够到位。全市疾控机构核定编制数3107个，仅达到国家标准的52.2%；在编在岗人员2692人，空编率达13.36%。由于人员经费保障严重不足、激励机制缺乏，疾控专业技术人员流失严重。2012年以来，市疾控中心共流失博士5名、硕士25名，占在编人员的8.95%。另一方面，基础设施不够完善。按照《疾病预防控制中心建设标准》，全市区县业务用房面积不达标的占43.6%，区县实验室用房面积不达标占56.4%，1/3的区县疾控中心标准配置率不足50%，区县不能开展职业危害因素监测和放射卫生监测的占33.3%。信息化程度不够，只有国家建立的传染病、慢性病等直报信息系统，市级疾控信息化平台刚刚起步。

三是应急物资储备不够。全市重特大突发传染病疫情的应急物资主要依靠市级医药物资应急储备，常规储备和应急储备未严格分开。在储备标准上，目前5000万元的储备标准无法满足重大疫情的处置需要。以口罩为例，市级层面医药储备计划5万个；卫生健康系统中每家市级医疗机构储备200个、疾控机构500个，区县每家医疗机构150个、疾控机构200个，虽然能满足日常应急需要，但面对突发重大疫情，仅能保障医疗机构1～2天需要。在储备方式上，市级医药储备采取“实物＋货币”的方式，不少医疗卫生机构选择货币储备，遇到重大疫情，货币难以买到物资。

四是爱国卫生运动参与度不够。很多群众狭义理解爱国卫生运动就是环境整治，就是扫扫地、搞搞义务劳动，导致爱国卫生运动在机关企事业单位和基层干部中搞得热闹、普通群众看热闹的现象非常突出，群众内生动力不足，参与度不高，未形成“每个人都是自己健康第一责任人”的健康观。

《重庆市爱国卫生条例》没有对个人健康行为、心理健康、文明健康的生活方式等进行规范，难以发挥法律激励、约束和惩罚作用。爱卫会原有独立性与权威性逐渐消失，各区县对爱国卫生运动重视程度不平衡，存在创卫重视多、平时重视少，基础建设重视多、健康促进重视少，城市重视多、农村重视少的“三多三少”问题。

（三）基层医疗服务能力亟待加强

基层医疗卫生服务提升难、发展难，群众不愿到基层、不想到基层就医呈上升趋势。一是设施设备相对落后。全市1063家社区卫生服务中心和乡镇卫生院，拥有价值50万元以上设备的仅有552家，配备CT的仅有36家，大多数基层医疗卫生机构缺少数字化检验检查设备，设施设备配置落后等问题突出，村卫生室标准化建设还未全覆盖。

二是服务能力亟须提升。群众对优质医疗卫生服务的需求不断增大，大医院的虹吸效应加大，导致基层医疗机构的竞争力和服务能力呈现不断弱化的趋势，部分乡镇卫生院和社区卫生服务中心不能完全提供基层首诊病种的医疗服务。近5年，基层医疗卫生机构诊疗量占比由52%下降到50.72%，出院人数占比由30.86%下降到28.58%。

三是人才引进留住难。由于基层工作生活环境差、收入待遇较低、进修学习机会少、职业晋升通道窄，医学毕业生不愿意到基层工作，每年乡镇卫生院公招流岗率达50%左右，部分乡镇卫生院已经没有执业（助理）医师。村医培养使用机制缺乏，面临着“只退不进”的困境，少数村卫生室难以引进乡村医生，如渝东南某县在岗乡村医生448人，申请离岗54人。

四是城市基层卫生资源不足。相对于农村基层卫生资源存在闲置现象，城市基层卫生资源建设配套较慢，基层医疗卫生服务机构未达到全覆盖，北部新区、两江新区等区域还存在“空白”，无法满足群众正常健康需求和分级诊疗制度建设需求。

五是医防融合推广力度不够。基本医疗服务和基本公共卫生服务“两张皮”现象还存在，由于理念陈旧、运营生存等各种因素，公立医院更多地愿意承担诊疗任务，参与公共卫生服务的主动性不强、积极性不高。大医院的临床医生往往被临床事务缠身，许多专家还要承担教学、科研、学术交流等任务，很难腾出精力开展公共卫生相关工作，看病的人不管理健康、管理健康的人不看病，制约基本公共卫生服务质量和效率的提升。

三 对策建议

卫生健康事业是重要民生工作之一，必须按照习近平总书记对重庆提出的“两点”定位、“两地”“两高”目标、发挥“三个作用”和营造良好政治生态的重要指示要求，全面融入共建“一带一路”、成渝地区双城经济圈建设战，坚定不移推进“健康中国”战略重庆实践，拓展“363”工作路径，抓重点、补短板、强弱项，着力推动卫生健康事业改革发展。

（一）加强资源整合，推动高质量发展

一是加强学科建设。整合全市优质医疗资源，打造西部医学中心。加强学科交叉融合，分级分类分层推进一流学科建设，引入国际化医学院校、高水平国际医院和质子肿瘤治疗中心，建设综合性国家区域医疗中心1～2家、专科性国家区域医疗中心3～5家、国家临床研究中心2～3家，建设国内一流、西部领先的人类辅助生殖技术服务中心；加大优势、急需和特色临床重点专科与亚专科建设，打造全国知名专病中心，提升优势专科与亚专科水平。新建1所高质量、行业特色鲜明的重庆中医药大学，培育中医学成为国家级重点学科。

二是完善人才体系。实施更加积极、开放、有效的人才培养引进政策，对顶尖人才及团队以“一事一议”“一人一策”方式进行认定和支持，将院士引进、首席专家选拔培养纳入市级重点人才项目，建立院士工作站、首席专家工作站。建立人才培养长效机制，重点对优秀中青年人才在项目、科研、经费等方面给予持续稳定支持。优化现有人才培养工程，建立完善分级分类人才培养体系。实施“领航人才”计划，培养后备人才梯队。

三是实施创新驱动。在资金保障上，积极争取财政投入，每年安排专项资金；积极吸引社会资本投入，整合各类资源创设发展基金。加强科技长期稳定投入，强化原创性导向，加强联合攻关，突破一批前沿关键技术和颠覆性创新技术，提升防控救治水平。鼓励开展职务科技成果产权改革，强化转化权益保障与激励，建立完善成果转化服务机构，改革科技成果转化业绩评价制度。打造生物医药特色的环大学创新创业生态圈，推动形成国家级成果转移转化示范基地。

四是引导高端社会办医。吸引境外投资者来重庆举办高水平医疗机构。扶持引导社会办医发展特色专科，与公立医疗机构错位发展，优势互补。加快发展专业化服务，在眼科、骨科、口腔、妇产、儿科、肿瘤、精神、医疗美容等专科以及康复、护理、体检等领域，加快打造一批具有竞争力的品牌服务机构。

表1　重庆主要卫生指标和卫生资源预测

指　标	2019年	2020年	2025年(展望)
人口平均预期寿命(岁)	77.85	78	79.3
婴儿死亡率(‰)	3.36	≤5.5	≤3.5
孕产妇死亡率(人/10万人)	10.69	≤14	10.5
每千人口医疗机构床位数(张)	6.39	6.18	7.5
每千人口执业(助理)医师数(人)	2.67	2.57	3.3
每千人口注册护士数(人)	3.30	3.21	4.32
每万人口全科医师数(人)	2.95	2	3
个人卫生支出占卫生总费用的比重(%)	—	28	26.5

（二）加强体系建设，补齐公共卫生体系短板

一是完善法律法规体系。从立法、执法、司法、守法各环节发力，加快法律法规修订。国家层面，加快修订《传染病防治法》《突发公共卫生事件应急条例》等。市级层面，制定“重庆市突发卫生公共事件应急条例”，明确疫情防控组织体制、处置程序、职责责任、保障机制等；及时修订《突

发公共卫生事件专项应急预案》和支撑子预案、工作方案，建立传染病预警机制，制定传染病暴发风险等级，采取“限时逐级拉响警示铃声”的联控方案，防止被动等待“命令”，提高疫情防控针对性和实效性。完善工作机制，落实联席工作会制度，定期研判形势、排查风险；强化属地责任，整合政府、社会、个人等力量，细化政府、部门、企业、个人等责任，将卫生健康系统“单打独斗”，转变为全社会合力防治。

二是健全疾病控制体系。加强人才队伍建设，健全高等院校培养公卫人才机制，通过订单定向、在职学历提升和技能培训，打造多层次、复合型、实用型人才队伍；健全医疗卫生人才引进机制，加快落实“两个允许”，提高医疗卫生人员待遇，加快推进职称改革，畅通医疗卫生人员晋升渠道；健全疾控机构绩效评价机制，推行分层、分类、分级考核，探索实行“公益一类财政供给、公益二类事业单位管理”，健全公卫医师制度、薪酬改革、职称评价等政策，适当放开面向社会提供公共卫生技术服务。加强基础设施建设，加大疾控机构基础设施建设财政投入力度，按照“新建一批、提升一批、改造一批”的思路，推进疾控机构提档升级；加大疾控系统信息化建设力度，高标准建设市级疾控信息化平台，运用大数据、人工智能、云计算等数字技术，发挥在疫情监测分析、病毒溯源、防控救治、资源调配等方面的支撑作用；加大设施设备配齐配强力度，在万州、黔江、永川建立区域公共卫生应急救援中心，提高重大疫情应急处置能力。

三是强化应急物资储备体系。加大财政投入力度，减轻医疗卫生机构应急物资储备管理成本；国家加强区域应急物资储备调度，分片区建立区域应急物资储备调度中心；市、区县改革储备方式，取消货币储备，严格按照标准储备物资。

四是重塑爱国卫生管理体系。强化宣传推动，普及疫情防控、疾病预防和健康生活等知识；强化群众互动，出台《重庆市市民卫生健康公约》；强化干部带动，以“关键少数”示范带动“绝大多数”，推动形成文明健康、绿色环保的新风尚，提升群众健康素养。加大“互联网 +”建设力度，将卫生健康相关监测作为“智慧城市”建设重要内容，积极利用微博、微信、手机App、网络直播平台等现代手段，发挥更加积极的社会组织动员作用，在虚拟和现实两个交互空间形成合力。广泛开展公众卫生应急技能提升行动，建设公众卫生应急技能培训基地。全民参与，上下一心，构筑起一道联防联控、群防群控的严密防线。

（三）加强能力提升，完善基层医疗服务体系

一是强化医共体建设。加大龙头医院建设力度，启动西部医学中心万州副中心和黔江副中心建设，构建整合型医疗卫生服务体系，为两群片区群众就近解决疑难重症提供强有力的保障。加大牵头医院托管基层医疗机构的力度，促进基层医疗机构服务能力快速提升。加大医保总额预付的力度，推动利益共享、责任共担，促进医共体内的单位提升医疗服务能力、规范医疗行为。加大乡村一体化管理的力度，乡镇卫生院对村卫生室实行以业务、财务、资产、人员为主要内容的一体化管理。加大远程医疗服务平台建设力度，在区县域内统筹建设区域医学影像、检查检验、病理诊断和消毒供应等中心，为基层提供包括中医的远程会诊、远程心电、远程影像、远程超声等服务。完善责任权利机制，形成“基层检查、医院诊断”的服务格局。

二是提高服务水平。优化调整资源配置，城市一级和部分二级公立医院可以根据需要，通过结构和功能改造转为社区卫生服务中心；推动达到甲级的社区卫生服务中心开展社区医院建设，到2022年底，每个街道建设完成1家政府举办的标准化社区卫生服务中心。开展“优质服务基层行”活动，提升基层医疗卫生机构基本建设标准和设备配置标准，持续开展基层医疗卫生机构等级评审，推进社区医院建设，实施村卫生室星级管理。推进特色科室建设，鼓励乡镇卫生院和社区卫生服务中心打造“一院一品”“一中心一特色”，加强适宜技术推广运用和中医药服务，适应群众多元化就医需要。推进分级诊疗，引导基层首诊，规范诊疗行为，确保区县域内就诊率达90%以上，努力实现“小病不出村、常见病不出乡、大病不出县”。

三是强化队伍建设。加强全科医生培养培训，利用中央和市级专项资金，实施国家基层卫生人才能力提升培训项目，扩大住院医师规范化、紧缺

人才的培训覆盖范围，力争到2025年，每个乡镇卫生院和社区卫生服务中心至少配备1名全科医生，每万城乡居民全科医生达到3～4人，乡村医生具备执业（助理）医师资格占比达到30%。开展“县聘乡用”“乡聘村用”试点，完善基层急需紧缺实用人才考核招聘、职称评审、薪酬待遇等现有政策，确保招得进人、下得去人、留得住人。每年定向考试招录一批具有执业（助理）医师资格的乡村医生，纳入乡镇卫生院正式编制，派驻到原村卫生室工作。依托鲁渝健康扶贫协作项目，山东省重点选派肿瘤、心血管、精神、麻醉等专业骨干医师到重庆市贫困区县支医，重庆市重点选派相关专业医师到山东省培训。

四是深化健康扶贫。抓好问题整改，以中央巡视“回头看”反馈意见为重点，坚持问题导向，抓好整改工作。严把政策落地，督促区县严格按标准落实贫困人口医疗费用报销政策，推进贫困人口多重医疗保障有机衔接和逐步过渡，转为确保在基本医保、大病保险和医疗救助三重保障框架下进行。落实精准救治，按照“发现一例、管理一例、救治一例”的要求，做好大病精准识别和专项救治，做好贫困患者强直性脊柱炎救治工作。完善家庭医生签约措施，提升慢病签约服务质量，做到签约1人、履约1人、做实1人。做好宣传总结，以农村建档立卡贫困户和健康扶贫工作人员为重点，提高政策知晓率和普及率，引导贫困群众科学就医、理性就医。深入挖掘、宣传推广健康扶贫中的典型案例和成功经验，多渠道、多维度展示工作亮点和先进典型，在全社会营造理解支持和积极参与健康扶贫工作的良好氛围。

参考文献

《中共中央国务院关于深化医疗保障制度改革的意见》，新华社，2020年3月5日。

B.20

2020～2021年重庆市民政事业发展形势分析及预测

重庆市民政局

摘　要：习近平总书记指出："民政工作关系民生、连着民心，是社会建设的兜底性、基础性工作。"民政工作在党和国家事业发展全局中发挥着民生保障安全网和社会和谐助推器的基础作用，是促进社会公平正义、激发社会发展活力、增进人民福祉的重要工作。2020年，全市民政系统坚持以习近平新时代中国特色社会主义思想为指导，全面贯彻党的十九大和十九届二中、三中、四中、五中全会精神，紧扣全面建成小康社会目标任务，一手抓疫情防控，一手抓脱贫攻坚，一手抓民政事业发展，千方百计抢时间、夜以继日赶进度、想方设法补损失，奋力夺取疫情防控和民政事业发展"双胜利"。本文全面总结了2020年全市民政事业发展情况，深刻阐述了当前和今后一段时期全市民政事业面临的机遇、挑战和困难，提出了做好2021年民政工作的建议和思考。

关键词：民政工作　民生保障　社会治理　社会服务　重庆

一　2020年全市民政事业发展情况

2020 年是极不平凡的一年。新春伊始，新冠肺炎疫情突然暴发，这是新中国成立以来在我国发生的传播速度最快、感染范围最广、防控难度最大的一次重大突发公共卫生事件。此次疫情在一定时期内、一定程度上给我国经济社会发展带来重大影响，不仅是对国家治理体系和治理能力的一次大考，也是对全国上下、中华民族的一次根本考验，更是对民政工作的一次集中检验。全市民政系统坚持以习近平新时代中国特色社会主义思想为指导，全面贯彻党的十九大和十九届二中、三中、四中、五中全会精神，深化落实习近平总书记对重庆提出的“两点”定位、“两地”“两高”目标、发挥“三个作用”和营造良好政治生态的重要指示要求，贯彻落实党中央关于推动成渝地区双城经济圈建设的重大战略部署，紧扣全面建成小康社会目标任务，坚持稳中求进工作总基调，坚持新发展理念，坚持以人民为中心的发展思想，切实履行基本民生保障、基层社会治理、基本社会服务的职责使命，聚焦脱贫攻坚，聚焦特殊群体，聚焦群众关切，抓重点、补短板、强弱项，常态化疫情防控和民政工作取得阶段性重大成效。

（一）疫情防控守住“零感染”底线

一是贯彻落实坚决。认真贯彻党中央、国务院决策部署，全面落实民政部和市委、市政府工作要求，研究确立“零感染”总目标、“从严从紧”总基调、“谋定后动”总策略，先后制发民政领域防控措施方案、工作指引200余件，累计派出督查暗访组22批，坚决守住了“零感染”底线。大力支持湖北疫情防控工作，圆满完成驰援任务。

二是基本保障有力。切实加强疫情期间困难群众基本生活保障，将低保审核审批时限压缩到7个工作日内，按2倍低保标准对确诊困难群众实施临时救助，3～6月价格临时补贴标准提高1倍发放，疫情期间全市在线新审批低保对象8.27万人，实施临时救助9.79万人次，及时发放价格临时补贴5.29亿元。积极引导支持社会力量参与疫情防控，40余万名村（社区）干部和网格员、4.5万余名社会工作者和志愿者实施社区排查5轮，累计走访2.5亿人次；全市红十字会、慈善组织累计接受捐赠款物9.17亿元，累计支出捐赠款物9.06亿元。有序推动复工复产，全市1550家养老机构、14

家儿童福利机构全面复工，婚姻登记机构、福彩投注站全部恢复服务。

三是常态化防控有效。按照党中央、国务院决策部署，市委、市政府工作要求，推进疫情防控常态化。加强民政服务机构管理，严格落实防护工作指南，精准落实防控措施，确保安全可控。强化对服务对象的心理疏导和人文关怀，坚决防止出现极端事件。采取更加积极的政策举措，有序推动养老、殡葬、福彩等重点领域复工复产，把疫情的不利影响降到最低。

（二）脱贫攻坚卓有成效

一是兜底政策精准实施。重点关注未脱贫贫困人口、易返贫人口、边缘困难群体及困境儿童、残疾人、农村“三留守”人员等特殊群体，及时提供精准化社会救助兜底保障。在乡镇（街道）全面建立临时救助备用金制度，落实“先行救助”“分级审批”等规定，对符合条件的生活困难人员，及时给予临时救助。对未脱贫建档立卡贫困户中的重度残疾人、重病患者，不再核对家庭经济状况，直接参照单人户纳入低保。按照“四个不摘”要求，落实落细分类施保、低保渐退、就业成本扣减等政策。认真落实社会救助和保障标准与物价上涨挂钩联动机制，及时、精准、足额发放物价补贴资金。

二是兜底任务圆满完成。紧紧围绕全面完成未脱贫人口达到脱贫标准这一硬任务，加大疫情期间脱贫攻坚力度，推进社会救助制度与扶贫政策有效衔接，制定实施《脱贫攻坚总攻社会救助兜底脱贫专项行动方案》，认真落实渐退制度、分户制度，深入开展未脱贫贫困人口、易返贫人口、边缘困难群体摸排，积极鼓励支持社会力量参与脱贫攻坚，民政脱贫攻坚取得成效，全市兜底保障已达到25万人，占农村低保人口45%，完成了“6月底前让未脱贫人口达到脱贫标准”这一硬任务。

（三）基本民生更有保障

一是社会救助力度加大。深入开展农村低保专项治理，加强市级核查比对系统建设，强化社会救助资金全流程监管，截至2020年10月，保障城乡低保对象 88.78 万人，发放低保金 43.06 亿元；保障城乡特困供养人员 18.48 万人，发放特困供养金 16.11 亿元；实施临时救助 13.29 万人次，发放临时救助金 3.33 亿元。

二是养老服务水平持续提升。加快推进社区居家养老服务全覆盖，推动实施养老服务高质量发展八大行动、50 条具体举措，加强特殊困难老年人关爱服务，全面实施农村失能特困人员集中照护工程，建成街道养老服务中心 132 个，建成社区养老服务站 1052 个，升级改造农村敬老院 150 家。

三是特殊群体保障切实有效。加强儿童关爱保护，及时足额发放基本生活保障金和临时价格补贴，持续实施“福彩圆梦·助学工程”“医疗康复·明天计划”，建立残疾人“两项补贴”标准动态调整机制，3000 余名事实无人抚养儿童、3400 多名孤儿、22.05 万名困难残疾人、30.04 万重度残疾人的基本生活得到有效保障。

（四）基层社会治理持续推进

一是社区治理水平切实提高。加强城乡社区治理，持续优化社区服务，推动市政府召开全市城乡社区治理工作现场推进会，出台《基层群众性自治组织民主选举规程》《关于加强和规范易地扶贫安置社区管理服务工作的指导意见》《2020 年推进物业管理融入社区治理工作方案》《城乡社区综合服务设施建设三年行动计划》《关于改进和规范基层群众性自治组织出具证明工作的实施意见》，民主自治不断深化。市人力社保局、市民政局联合印发《关于表彰重庆市先进城乡社区组织和优秀城乡社区工作者的决定》，对万州区太白街道孙家书房社区居民委员会等 50 个先进城乡社会组织、何伶俐等 100 名优秀城乡社区工作者予以表彰。

二是社会工作和志愿服务能力切实提升。启动实施“三区”计划暨深度贫困乡镇社会工作服务项目，继续实施社会工作服务机构“牵手计划”，开展第三批社会工作创新创业基地创建活动，组织 2020 年重庆英才·名家名师（社会工作领域）申报评审工作，举办第四届巴渝社工宣传周活动，加强全国志愿服务信息系统使用推广，不断提升社会工作和志愿服务水平。

三是社会组织监管切实加强。加强社会组织党建，全面压实责任。推开行业协会脱钩改革，推进政社分开，在全国率先出台《关于支持社会组织打好疫情阻击战的十条政策措施》，出台《关于推进社会组织孵化基地建设工作的指导意见》。引导社会组织积极参与脱贫攻坚，在全国率先出台《重庆市社会组织参与脱贫攻坚工作指引》，筹集扶贫款物4.94亿元。引导社会组织积极推进川渝合作，成渝两地多家社会组织签订双城经济圈建设战略合作框架协议。防范化解风险，出台《全市性社会组织风险防控责任分解方案》，开展专项评估。

（五）基本社会服务有效供给

一是行政区划和地名界线管理稳妥推进。出台镇（街道）设立标准，深入开展乡级行政区划设置、主城区地名审批权下放调研，制定市级历史地名保护名录实施方案，深化地名普查成果转化，开展县级界线联检，启动全市乡镇勘界试点工作，行政区划和地名界线管理水平得到加强。

二是专项事务管理不断规范。加强婚姻登记服务管理，深入开展生活无着的流浪乞讨人员救助管理服务质量大提升专项行动，持续强化殡葬管理服务，全年共办理婚姻登记32.5万对，救助流浪乞讨人员1.3万人次，为8070名困难群众免除基本丧葬服务费1028.06万元。

三是福彩慈善事业积极推进。进一步规范福彩销售工作，依法备案慈善信托6个，资金规模达到2136.448万元；1～10月，累计销售福利彩票25.15亿元，筹集公益金7.83亿元。

二 当前和今后一个时期重庆市民政事业发展面临的形势

2021年及今后一个时期，重庆市民政事业发展机遇与挑战并存，必须用全面、辩证、长远的眼光去认识当前形势，深入分析影响民政事业发展的不利因素和有利因素，始终保持攻坚克难、逆势前行的战略定力和必胜信念，统一思想认识，加强科学研判，厘清挑战机遇，凝聚工作合力，推动民政事业加快发展。

（一）全市民政事业发展面临的现实挑战

从外部环境看，主要面临三大挑战，可以概括为“三个长期存在”；从自身发展看，主要存在四大问题，可以概括为“四个不适应”。

1. “三个长期存在”

一是经济下行压力加大给民政事业发展带来的不确定因素有可能长期存在。2020 年，全球陷入现代历史上最严重及最大幅度的经济收缩。国际货币基金组织于 10 月 13 日发布《世界经济展望报告》，预计 2020 年全球经济将萎缩 4.4% 。虽然中国是全球唯一实现正增长的主要经济体，但增幅较低。经济下滑导致各级财政收入下降，福彩公益金筹集也面临十分严峻的形势，从而影响对民政事业的投入，对民政工作的影响不可避免。

二是新冠肺炎疫情给民政事业发展带来的不利影响有可能长期存在。突然暴发的新冠肺炎疫情给民政事业发展带来重大影响，各级民政服务机构收入大幅下滑，福彩销售量和福彩公益金大幅减少，各类民政服务设施项目建设进度滞后，困难群众收入降低。疫情防控常态化后，民政系统一些单位和干部职工可能存在侥幸心理和松懈情绪，疫情防控难度进一步凸显。

三是社会各界的高期望值给民政事业发展带来的压力将长期存在。由于民政部门在保障基本民生、推进基层社会治理、提供基本公共服务方面发挥着越来越重要的作用，为各级党委政府解决了大量棘手难题，为广大人民群众解决了自身无法解决的生存发展问题，无形中提高了社会各界和广大人民群众对民政部门的期望值，这给民政事业发展带来一定压力。一方面，这种高期望值与民政部门当前较为滞后的民政服务设施、民政服务机构较低的管理服务水平形成反差，一定程度上影响了民政部门的整体形象。另一方面，这种高期望值决定了民政系统一旦发生冲击社会道德底线事件或其他安全生产事件，就极易演化为负面舆情事件，社会公信力就会受到极大挑战，民政部门形象就会受到严重冲击，发展压力就更大。

2. “四个不适应”

一是民政事业发展不平衡，与协调发展、统筹发展要求不相适应。“一区两群”区域民政事业发展不平衡，主城都市区民政事业发展整体水平较好，渝东北和渝东南发展相对滞后，区域差距较为明显。城乡区域民政事业发展差距明显。同一区域内部民政事业发展也不均衡，有的偏向社会救助综合改革，有的偏向殡葬综合改革，有的偏向农村养老服务，统筹发展做得不够。

二是民政服务有效供给不足，与人民群众日益增长的服务需求不相适应。兜底保障水平还不高，城乡救助服务差异化明显，服务类社会救助发展不足，难以满足困难群众生活照料、精神慰藉、心理疏导、社会融入等多元化救助需求。养老服务等民政公共服务资源配置不合理、供给不足、服务质量不高。基层民政服务设施不足，建设滞后，功能单一，难以满足人民群众多元化、精准化需求。

三是社会力量参与不充分，与多元参与、社会化发展要求不相适应。社会力量参与民政事业机制不健全，参与规则不完善，参与渠道不畅通，社会活力未能有效激发，尚需调动行业专家、社会组织、爱心人士、个体企业等多元主体参与民政事业发展。社会力量参与面较窄，参与领域多集中于养老和慈善事业，对其他领域如助残、济困、救孤等关注较少。

四是基层能力建设不够，与智能化、智慧化高要求不相适应。智慧养老和智慧社区云平台未全面启用，智慧民政供给不足，“互联网＋民政服务”质量有待提高。部分区县信息化建设各自为政、资源整合不到位、信息共享不充分。民政专业人才不足，社工人才薪酬待遇不高，人才流失严重。民政资金保障不足，民政事业财政保障机制不健全，部分区县财政支持力度不够。

（二）全市民政事业发展的有利条件

有利条件主要表现为“三个不会变”“五大机遇”。

1. “三个不会变”

一是各级党委、政府对民政工作的高度重视始终不会变。民政在经济社会发展中承担着保障基本民生、推进基层社会治理、提供基本公共服务等重要职能职责，为推动经济社会发展发挥着基础作用、兜底作用和社会调节器作用，真正做到了上为党中央分忧，下为老百姓解愁，在各级党委、政府中有地位、有影响、有成效。特别是习近平总书记专门对民政工作作出重要指示批示，进一步增强了各级党委、政府对民政工作重要性的认识，这是我们做好民政工作的最大保障。

二是各级财政对民生工作投入力度只增不减的政策始终不会变。无论风云如何变幻，各级财政对民生事业，特别是民政事业的投入力度不会减小。以2020年为例，新冠肺炎疫情发生后，虽然各级财政收入急剧减少，但中央提出的“三保”措施中，重点是保基本民生。随后出台的“六稳”“六保”措施，重点内容之一也是稳住基本民生盘，保障基本民生，这是我们做好民政工作的最大底气。

三是民政事业发展的内生动力始终不会变。各级党委政府对民政工作的高度重视、社会各界对民政工作的强烈关注、人民群众对民政工作的高期望值，是督促推动我们做好民政工作的内生动力，这点始终不会改变。

2. “五大机遇”

一是习近平总书记对重庆的殷殷嘱托为重庆民政事业发展导航定向。2016年以来，总书记两次视察重庆，并参加全国人大会议重庆代表团审议，对重庆提出“两点”定位、“两地”“两高”目标、发挥“三个作用”和营造良好政治生态的重要指示，明确要求“扎实做好保障和改善民生工作”、“着力解决‘两不愁三保障’突出问题”、“努力推动高质量发展、创造高品质生活”。总书记的重要指示精神为重庆民政事业发展指明了前进方向、增添了前进动力。

二是习近平总书记对民政工作的重要指示为重庆民政事业发展提供根本遵循。习近平总书记对民政工作的重要指示，科学回答了新时代如何定位民政工作、如何做好民政工作这一根本问题，为重庆民政高质量发展提供了根本遵循和行动指南，必须久久为功，贯彻始终。

三是成渝地区双城经济圈建设战略为重庆民政事业发展提供了强劲动

力。翻开重庆民政事业发展史，我们会发现，改革开放、重庆直辖、党的十八大和十九大召开等重大历史事件，对推动重庆民政事业持续快速发展起到了非常关键的作用，具有重大战略意义。推动成渝地区双城经济圈建设，对重庆民政事业发展具有同样重大的战略意义，为重庆民政事业发展带来新动能。

四是中央出台系列惠民政策为重庆民政事业发展带来政策利好。近年来，中央出台了一系列惠民政策，特别是针对“一老一小”出台了系列惠民政策，对推动重庆民政事业发展具有极其重要的意义，我们要加以充分利用。

五是全市经济社会快速发展为重庆民政事业发展奠定了坚实基础。2019年，全市地区生产总值达到2.36万亿元，人均GDP突破1万美元，城乡居民人均可支配收入分别增长8.7%、9.8%，发展水平已经接近中等发达国家，为全市民政事业发展提供了坚实的物质基础。同时，市委、市政府加大民生投入力度，加快补齐民生短板，每年滚动推进多件涉及民政的民生实事，全市财政民生支出占一般公共预算支出的80%左右，一批老百姓的身边事、烦心事得到解决，人民群众的获得感、幸福感、安全感不断增强。

三　做好2021年重庆市民政工作的政策建议

2021年及今后一个时期，民政工作总体思路简要概括为“1138”，即强化一个引领、锁定一个目标、构建三大体系、突出八项重点任务。

（一）强化一个引领

坚持党建引领，必须以习近平新时代中国特色社会主义思想为指导，确保民政业务始终沿着习近平总书记指引的方向前进，为民政事业高质量发展提供更加有力的政治组织保障。

一是加强党对民政工作的全面领导。抓实理论武装，强化政治和思想引领，毫不放松抓好习近平总书记重要论述和指示批示、党中央重大决策部署的学习贯彻，始终确保民政工作坚持正确的政治方向。主动向当地党委政府汇报工作，积极争取党委政府领导对民政工作的重视和支持。

二是坚决贯彻落实党中央各项决策部署。充分发挥民政系统各级党组织战斗堡垒作用，围绕中心工作抓党建，使党建工作始终聚焦于民政职能职责的有效履行，坚持出实招、务实功、见实效，确保党中央决策部署落地见效。加强民政政策宣传力度，让广大群众和民政服务对象进一步了解党的惠民政策，引导大家听党话、感党恩、跟党走。

三是抓好机关、直属单位党建工作。认真贯彻新时代党的建设总要求，层层落实管党治党政治责任，重点加强政治建设、思想建设、组织建设、作风建设、纪律建设、党风廉政建设 6 个方面工作，持续抓好市委巡视整改“回头看”，全面巩固巡视整改和主题教育成果，着力打造坚强有力的领导班子、素质过硬的干部队伍、为民服务的坚固阵地，不断提升履职服务能力。

四是抓好社会组织党建工作。坚持理顺关系，分类施策，强化监管，着力提升社会组织党组织影响力、号召力、凝聚力，使社会组织党组织、党员在推动国家治理体系和治理能力现代化中发挥更大作用。

（二）锁定一个目标

2021 年及今后一个时期，重庆民政事业发展对标对表习近平总书记关于民政工作的系列重要指示精神和对重庆的殷殷嘱托，贯彻落实党中央关于建立国际国内市场双循环相互促进的新发展格局和推动成渝地区双城经济圈建设重大战略部署，深入贯彻党的十九大和十九届二中三中四中五中全会精神，坚持以人民为中心的发展思想，践行“民政爱民、民政为民”工作理念，秉承“坚守底线、突出重点、完善制度、引导预期”工作导向，从最困难的群体入手，从最突出的问题着眼，从最具体的工作抓起，加快构建与国家中心城市发展相协调、与人民群众对美好生活需要相呼应、与推进社会主义现代化国家建设相适应的现代民政事业发展新格局。到 2025 年，实现基本民生保障体系更加完善，人民福祉明显增强；基层社会治理体系更加健全，群众自治充满活力；基本社会服务体系更加优化，人民生活更加便利，全市民政工作在西部地区发挥示范作用，跨入全国前列。

（三）着力构建三大体系

一是构建基本民生保障体系。坚持托底线、救急难、可持续的原则，加快建立健全以基本生活救助、专项社会救助、急难社会救助为主体，社会力量参与为补充，与其他社会保障制度相衔接的分层分类救助制度体系。到2025年左右，实现综合救助功能有效发挥、社会救助能力显著提升、困难群众获救高效快捷，逐步建成与经济社会发展水平相一致的基本民生保障体系。不断完善农村留守儿童和困境儿童关爱服务体系，加快建立家庭尽责、政府主导、社会参与的儿童福利服务保障体系。

二是构建基层社会治理体系。按照“社会化、法治化、智能化、专业化”的社会治理发展方向，积极发挥基层党组织领导核心作用、基层群众自治组织基础作用、社会组织和社会工作专业人才协同作用，加快构建党委领导、政府负责、民主协商、社会协同、公众参与、法治保障、科技支撑的基层社会治理体系。坚持多元治理、融合发展的改革方向，以开放态度支持和促进各类社会组织、基层组织参与社会治理，激发基层社会治理活力。

三是构建基本公共服务体系。按照基本公共服务均等化发展要求，坚持便民、利民、惠民导向，健全完善民政基本公共服务体系，加快构建优质、高效、便捷的民政公共服务格局。加快建设居家社区机构相协调、医养康养相结合的养老服务体系，力争到2025年，社区居家养老服务实现全覆盖，城乡养老服务均衡发展，养老机构结构更加优化合理，健康养老服务保障体系初步形成，全体老年人逐步享受基本公共养老服务。

（四）突出八项重点任务

一是改革完善社会救助制度。加快推进城乡救助服务均等化，力争逐步实现城乡低保标准统一。不断完善低保渐退、分户、就业成本扣减等政策。拓展特困对象范围，将特困救助供养覆盖的未成年人年龄从16周岁延长至

18 周岁。抓好急难型临时救助和支出型临时救助，建立健全主动发现和“先行救助”机制。抓好城市特殊困难群众、生活无着流浪乞讨人员、受重大疫情等突发公共事件影响的困难群众急难救助工作。广泛动员社会力量参与，积极培育和引导多元主体为救助对象提供多元服务。全面推行“一门受理、协同办理”综合改革。

二是不断提升养老服务质量。抓紧编制出台“十四五”养老服务体系建设专项规划。持续推进社区居家养老服务全覆盖，大力推行“机构建中心带站点进家庭”可持续发展模式。加快推进实施农村特困失能人员集中照护工程、乡镇敬老院升级改造工程。持续推进养老院服务质量建设专项行动，推进实施民办养老机构消防安全达标提升工程，深入开展养老服务安全专项整治，完善养老服务综合监管制度。推动制定《重庆市养老服务条例》。

三是加强儿童关爱保护。认真贯彻落实《未成年人保护法》及其配套政策。加强儿童基本生活兜底保障，落实孤儿基本生活保障标准自然增长机制，探索建立事实无人抚养儿童基本生活补贴标准自然增长机制。持续实施“明天计划”，规范机构成年孤儿安置制度。强化儿童关爱保护，探索推广“基地 + 机制 + 服务”三位一体农村儿童工作模式。优化儿童福利机构区域布局，推进儿童福利机构、未成年人救助保护机构转型升级，集中力量打造集养治教康 + 社会工作于一体的区域性儿童福利机构。夯实基层工作力量，探索建立儿童主任津补贴制度。编制出台“十四五”儿童福利专项规划。

四是创新推进基层社会治理。持续推广“三三制”基层社会治理模式。抓好全市第十一届村（居）委会换届选举，规范村（居）公开和监督，深入开展城乡社区协商。编制出台城乡社区服务“十四五”规划，研究制定推进基层社会治理体系和治理能力现代化建设实施意见、增强村级综合服务功能实施方案。贯彻落实基层减负“四个清单”。深入推进社会组织登记管理与党建工作“六同步”，推进行业协会商会与行政机关脱钩。推动信息化建设与社会组织登记管理工作深度融合。研究制定社会工作三级服务体系建设指引，持续推进社会工作人才培养，开展“社工英才 · 名家名师名家名师”评选。加强志愿服务规范指引，打造民政领域志愿服务品牌。大力推进网络慈善、社区慈善、国际慈善，全力唱响“慈善重庆”品牌。

五是持续优化殡葬服务。持续深化殡葬管理服务改革，健全市县乡三级殡葬改革工作机制，加强重点殡葬事务监管，进一步规范殡葬市场秩序。制定出台深化殡葬改革政策文件，全面建立基本殡葬服务保障制度和节地生态奖补政策，到2025年，全市火化殡仪馆县级覆盖率达到100%，火化设备大气排放环保达标率达到100%，公益性安葬服务设施县城覆盖率达到100%，基本殡葬服务覆盖全体城乡居民。

六是推进智慧民政建设工程。强化顶层设计，推进“互联网+民政”，深度推进全市民政系统信息系统整合、业务流程优化、资源信息共享、管理服务联动，加快建设“智慧养老”“智慧社区”，重点打造“一门受理、协同办理”综合救助服务平台和为民服务办事平台，为人民群众提供全天候、全地域、个性化、便民利民的公共服务，实现服务群众“零距离”。

七是加强基层民政能力建设。继续坚持紧盯基层、狠抓落实工作作风，抓好党中央国务院有关民政决策部署落实的“最后一公里”。在健全县级困难群众基本生活保障工作协调机制基础上，强化乡镇（街道）党政主要领导和村（居）两委负责人抓民政工作的领导体制机制。及时总结推广各地已探索出来的明确乡镇民政服务机构、统筹调整编制、购买公益性岗位等经验做法，多种途径加强充实基层民政工作力量。加强基层民政队伍建设，用心、用力、用情、用智做好民政工作。积极推广完善“一门受理、协同办理”基层公共服务平台，切实增强基层民政履职服务效能。

八是全力防范化解重大风险。狠抓常态化疫情防控，精准落实防控措施，完善民政领域应急管理体系和应急处置指挥体系，全力确保“零感染”。狠抓风险防范化解，做实日排查日报告日整改日清零，做实风险点防控，做实应急处置，全力确保“零风险”。狠抓安全生产，全面落实安全生产专项整治三年行动，全面推进安全生产大排查大整治大执法活动，全力确保“零事故”。狠抓信访稳定，及时排查处置矛盾纠纷隐患，全力推动重复信访、化解积案专项工作，全力确保进京到市“零上访”。狠抓网络舆情，强化对服务对象的心理疏导和人文关怀，坚决防止出现冲击社会道德底线的极端事件，全力确保“零舆情”。

参考文献

民政部党组：《扎实做好全面小康兜底夯基工作》，《人民日报》2020 年 8 月 21 日。

《中共中央关于坚持和完善中国特色社会主义制度 推进国家治理体系和治理能力现代化若干重大问题的决定》，《人民日报》2019 年 11 月 6 日。

B.21

重庆市养老服务发展现状及问题探析

罗　伟*

摘　要：本文发现重庆养老服务发展有7项主要成效：养老服务制度设计进一步加强，养老服务政策体系不断完善，机构养老趋于理性、空间分布基本均衡，社区居家养老服务网络日渐合理，医养结合的养老服务模式初现端倪，社会力量参与养老服务发展初具规模，特殊群体经济支持体系逐步健全。本文认为还存在结构性矛盾突出、制度体系建设滞后、扶持政策有待加强、服务专业人才缺乏、养老服务链条不完整、行业社会认同度较低、营商环境欠佳等7个方面的问题。在综合研判未来发展六大趋势基础上，提出推进重庆养老服务发展6个方面的具体建议。

关键词：重庆　养老服务　医养结合　居家养老

中国“未富先老”“未备先老”，人口老龄化已对我国社会发展和经济增长形成严峻挑战。党中央和国务院高度重视我国的人口老龄化问题，要求“及时科学综合应对人口老龄化”。2019 年，重庆市 60 岁及以上户籍老年人口达 720.60 万，占总人口的 21.09%①，人口老龄化率居全国前列。相关资料显示，2050 年前，重庆市人口老龄化仍将加速发展②。重庆经济发展在国

* 罗伟，重庆社会科学院法学与社会学研究所副所长、副研究员，研究方向为人口问题、社会建设。

① 数据来源：《重庆统计年鉴（2020）》。

② 重庆市民政局社会福利和慈善事业促进处：《开创新时代养老服务工作的重庆实践》，《社会福利》2018 年第 4 期。

内居中等偏上水平，社会发展与国内不少省市有较大差距，应对“银发浪潮”的挑战，构建符合中国国情和重庆特点的“居家社区机构相协调、医养康养相结合”的养老服务体系，提高养老服务质量，增进民生福祉，努力让老年人“老有所养、老有所医、老有所为、老有所学、老有所教、老有所乐”，市委市政府历来高度重视。本文对重庆养老服务发展进行全面研究，明晰发展现状和历程，诊断发展的堵点、痛点、难点，把握发展形势和趋势，明确发展任务和重点，为促进全市养老服务高质量发展提供有效智力支持。

一　重庆市养老服务发展现状

本文综合采用大数据挖掘、问卷调查、实地踏勘、座谈会、个案访谈研究方法，系统分析和评判重庆养老服务发展成效和存在的问题。其中，问卷调查方面，分别回收居民养老需求调查、养老机构调查、社区养老设施调查、独立开展养老服务社会组织和企业调查有效问卷971份、803份、1224份、172份；数据挖掘方面，深入挖掘历年《中国民政统计年鉴》、《重庆统计年鉴》、《重庆民政统计分析》及“重庆市养老服务机构管理信息系统”“国家信用信息公示系统（重庆）”“重庆市社会组织信用体系查询系统”线上数据。

（一）主要成效

经过20年的不断发展，特别是经过“十三五”时期的快速发展，全市“居家社区机构相协调、医养康养相结合”的养老服务体系初步形成，制度设计不断加强，政策支持体系不断完善，养老服务市场全面开放，老年人福利水平持续提升，初步构建起“大养老”格局。

1. 养老服务制度设计进一步加强

近年来，重庆不断加强养老服务制度设计，以制度保驾发展。结合本市实际制定实施《重庆市老年人权益保障条例》，从8个方面对养老相关事宜进行规范，于2018年3月1日起实行。国家取消养老机构设立许可后，迅速出台《重庆市养老机构管理办法》（渝府令〔2019〕326号），以进一步做好养老机构规划建设、机构设立、扶持发展、服务运营及其监督管理。制定《重庆市养老服务市级财政资金管理办法》（渝民发〔2018〕43号），进一步规范特困人员供养服务机构、社区养老服务设施和社会办养老机构等政府奖励补助资金管理，切实发挥资金使用效益，促进养老服务业健康有序发展。制定《重庆市长期护理保险制度试点意见》（渝人社发〔2018〕43号），解决长期失能人员的长期护理和日常照料难题。出台重庆市《关于加强农村留守老年人关爱服务的实施意见》，弥补农村养老服务发展短板。实施高龄津贴、养老服务补贴和护理补贴三项制度，进一步提升老年人福利水平。

2. 养老服务支持政策体系不断完善

历年来，重庆市把养老服务作为惠民利民的重要工作来抓，不断完善支持政策。全市以社区养老服务为突破口，先后印发《重庆市人民政府办公厅关于印发22件民生实事工作实施方案的通知》（渝府办发〔2013〕217号）、《重庆市人民政府办公厅关于印发重庆市社区养老服务“千百工程”实施方案的通知》（渝府办发〔2018〕99号），以“民生工程”的形式切实推进社区养老服务发展。以《重庆市人民政府关于加快推进养老服务业发展的意见》（渝府发〔2014〕16号）、《重庆市人民政府办公厅关于全面放开养老服务市场提升养老服务质量的实施意见》（渝府办发〔2017〕162号）、《重庆市养老服务发展实施方案》（渝府办发〔2019〕129号）》为代表的系列政策文件，从建设补贴、税费优惠、运营扶持、土地供应等方面不断完善支持政策。

3. 机构养老趋于理性，空间分布基本均衡

2017年前，重庆养老机构经历了一次出清。中国民政统计年鉴数据显示，2017年末养老机构数比2014年下降了23.56%，年末床位数下降了18.06%，年末在院人数下降了36.51%。2013年前，机构床位使用率基本在七成以上，从2014年起逐年下滑。2017年后，机构养老又逐渐恢复发

展。重庆市民政局数据显示，至2020年第二季度，重庆有养老机构（不包括社区养老机构）921家，同比增长20.87%；床位99462张，同比增长14.5%；床位使用率55.18%，同比上升3.75个百分点。

在区域分布上，全市城市养老机构呈现“主城丰渝东南瘠”的地域分布特征。城市养老机构的数量分布依照地域位置自主城向渝西片区、渝东北片区和渝东南片区逐渐减少，经济相对发达的主城片区机构数量普遍多于其他几个片区。农村养老机构基本分布在主城以外的其他区县。37个区县（渝中区没有农村）中18个区县的农村敬老院实现乡镇全覆盖，秀山、潼南、忠县敬老院机构覆盖率在90%以上，梁平、垫江、武隆、丰都、彭水、沙坪坝等地敬老院机构覆盖率在80%～90%。

4. 社区居家养老服务网络日渐完善

多年来，重庆高度重视社区养老服务发展。2006年开始实施5000个五保家园建设计划（渝府发〔2006〕37号），2013年开始实施“新增城镇社区养老服务中心（站）1000个”计划（渝府办发〔2013〕217号），2018年开始实施“新增1000个社区养老服务站，重点在主城区打造100个市级示范社区养老服务中心”和“千百工程”（渝府办发〔2018〕9号），2019年进一步升级为社区养老服务设施全覆盖。中国民政统计年鉴数据显示，2013年开始重庆全市社区养老床位数量激增，连续三年保持高速增长态势，2015年是2012年的18.91倍。2016年后全市开始逐步对五保家园等类社区养老床位进行规范，社区养老床位进入平稳发展期。随着全覆盖工程推进，社区养老服务设施再次进入高速增长阶段。民政局数据显示，至2020年第二季度，社区养老机构和设施总数达14272个，比上年同期增长70.29%，其中，社区养老照料机构和设施增长34.31%，社区互助型养老机构设施增长8.52%。

5. 医养结合的养老服务模式初现端倪

近年来，重庆大力推进医养服务融合发展，基本形成医中有养、养中有医、医养协作、居家医养四种医养结合模式。目前，全市80家养老机构内设医疗机构，75家医疗机构开办养老机构，养老机构与医疗机构签订协议1095家，医养服务能力达85%以上。65岁以上老年人免费体检和健康管理率达到66.41%，居家老年人家庭医生签约服务覆盖率达到64.68%[①]。

6. 社会力量参与养老服务发展初具规模

重庆注重发挥市场机制作用，扶持社会力量参与养老服务，推动养老服务产业化发展，促进养老服务产业提质增效。自2005年以来已连续15年举办中国（重庆）老年产业博览会，繁荣老年服务和老年用品市场，促进老年康复辅助器具产业发展，开展康养小镇试点工作，鼓励养老机构产业化、连锁化发展。

据不完全统计，目前全市有1185家社会机构参与养老服务发展，包括工商企业法人900家（占总量的75.95%）、民办非企业164家（占13.84%）、社会团体120家（占10.13%）、基金会1家（占0.08%）。从注册资本代表的设计规模看，有960个机构公示有注册资本信息，注册资本总额115.84亿元。其中684家工商企业法人注册资本总规模115.28亿元（占99.52%），机构平均规模1685.39万元；156家民办非企业注册资本总规模4785万元（占0.41%），机构平均规模30.67万元；119家社会团体注册资本总规模380万元（占0.03%），机构平均规模3.19万元；基金会1家，注册资本规模400万元（占0.03%）。无论是机构数量占比，还是注册资本规模占比，社会力量以工商企业法人身份参与养老服务发展已经成为绝对主流。

全市38个区县都有社会力量参与养老服务发展，排在前5名的区县占了总量的27.93%，排在前10名的区县占了总量的48.44%。分区域看，37.78%的社会力量分布在主城九区，其次是渝东北片区，占28.86%；再次是渝西片区，占27.34%；余下的6.41%分布在渝东南片区[②]。

7. 特殊群体经济支持体系逐步健全

重庆高龄补贴、护理补贴、养老服务补贴3项老年人福利制度在2017年基本实现全覆盖，2017年，全市享受高龄补贴的老年人是2011年的3.12

---

① 重庆市卫生健康委员会：《关于市五届人大二次会议第0836号建议办理情况的答复函》，http://wsjkw.cq.gov.cn/rdjyzxtardjy/20190830/247429.html。

② 根据“中国企业信用信息公示系统（重庆）”和“重庆市社会组织信用体系查询系统”数据整理。

倍，享受养老服务补贴的经济困难的高龄失能老人是2013年的36.68倍，享受护理补贴的特困人员是2013年的3.17倍①。福利水平持续提升，2020年第二季度，全市老年人福利支出同比增长16.87%。兜底保障不断完善，2020年第二季度，重庆城市特困人员救助供养8.55万人，累计支出45608.2万元，比2018年同期增长20.64%；农村特困人员救助供养9.82万人，累计支出51873.3万元，比2018年同期增长30.98%②。

（二）存在的主要问题

重庆养老服务发展成效明显，但与老年人对美好生活的向往和全方位、多样化、高效率的服务需求相比，养老服务有效供给差距还很大，管理服务水平较低、市场培育不足、政策法规滞后等问题比较突出。

1. 结构性矛盾突出

供需不匹配，表现为主城区外区县的养老服务发展明显落后于主城区，农村养老服务设施建设滞后；社区居家养老服务设施发展滞后，居家和社区养老服务的有效性明显滞后于机构；机构养老服务距离可接近性、资源可利用性、费用可负担性较差，养老机构设施适老化率不高，机构中面向失能、失智老人的医护康复服务功能较弱；政府和社会逐年增大投入的举措并没有有效解决失能、失智老人及其家庭的养老服务保障问题。

2. 制度体系建设滞后

制度建设滞后，以贯彻落实国家部署为主，创新不足；政策体系层次低，多以“意见”“办法”“实施方案”等形式发布，缺乏法律规范；对国家重要政策响应慢，如长护险政策滞后国家两年；缺乏养老服务地方标准体系。

3. 扶持政策有待加强

政策可操作性不强，鼓励支持社会资本参与养老服务发展的政策支持体

① 数据来源：根据历年《中国民政统计年鉴》计算。

② 《2020年2季度重庆民政统计分析》，http：//mzj.cq.gov.cn/zwgk_218/fdzdgknr/tjxx/202008/W020200828558216591078.pdf。

系宏观指导多，操作实施方案少。扶持政策统筹层次不高，多项政策是各区县自行制定的执行标准，差异化执行标准对全市养老服务非均衡发展产生较大影响。政策碎片化问题明显，各部门政策之间缺少一致性与协调性，政策的“条块分割”问题严重制约了养老服务的规范化发展。

4. 服务专业人才缺乏

总量缺口大，全市养老机构专业护理人员缺口为1.5万人，社区养老护理人员缺口为1.2万人[①]。医生、护士、营养师、康复师、心理咨询师、社会工作师等专业人才更是极度匮乏，护理员中取得专业资质的占比不到30%。养老机构护理人员年流失率达到30%以上[②]。

5. 养老服务链条不完整

从全市目前情况看，一些环节至今仍比较欠缺或者薄弱。如健康管理方面对病前预防和病后康复重视不够，居家养老服务的网络不健全、养老服务产品不丰富等问题还比较突出，没有形成完善的养老服务链条。老年人托老服务、家政服务、家庭保健、辅具配置等养老服务还未形成成熟的商业模式，业态比较单一，与其他产业融合发展、培养新业态的进展缓慢，产业之间的融合度不高。

6. 行业社会认同度较低

由于“养儿防老”“居家养老”等传统观念影响、民办养老机构收费较高以及养老机构生活环境不习惯等，多数老年人对养老服务机构存在较大偏见，将入住养老机构视作迫于无奈的选择，认为入住养老机构是家人、社会对自己的抛弃。本次调查数据显示，有48.4%的被访老年人表示无论如何都不会去养老机构。购买养老服务意愿不高，调查数据显示，除健康教育服务外，各种社区老龄服务项目均有超过85%的老年人从未使用过。

---

① 潘毅琴：《以社区居家养老服务全覆盖为突破　着力推进重庆市养老服务全面发展——在全市社区居家养老服务全覆盖示范培训班上的讲话》，2019年6月21日。

② 重庆市民政局社会福利和慈善事业促进处：《开创新时代养老服务工作的重庆实践》，《社会福利》2018年第4期。

7. 营商环境欠佳

调研中受访对象普遍反映，除了通常的流程冗长、办事机构服务水平参差不齐等共性问题外，养老服务发展中还存在政府和市场职责划分不清，服务主体所获补贴差异大等造成的不公平竞争严重，土地、金融、水、电、气等要素支持政策“玻璃门”现象比较普遍，行业信用评价体系尚未建成等问题，民营养老机构普遍经营困难。调查显示，全市 37.5% 的民营养老机构亏损，一半以上只能收支持平，盈利的仅占 12%。

二　重庆市养老服务业发展趋势研判

未来相当长时期，老龄化问题仍是我国社会经济发展不得不面对的重大问题。重庆市已经进入快速老龄化时代，老龄化将成为重庆市每一项具体社会政策制定时必须加以考虑的重要因素。结合全市人口老龄化进程、国内外养老实践、国家导引政策、经济社会发展水平等因素，重庆市养老服务未来发展主要呈现以下趋势。

（一）人口老龄化程度不断加深，养老服务刚性需求大

自 2010 年以来，重庆市老年人口数量与老年人口占比不断攀升，60 岁及以上户籍老年人口数量 10 年间增加了 181.88 万人，占比提高了 4.80 个百分点；65 岁及以上常住老年人口数量增加了 133.95 万人，占比提高了 3.41 个百分点①。2016 年，全市 80 岁及以上高龄老年人和纯老年人家庭人口数量双双超过 100 万。高龄老人数量的迅速增加和规模庞大的纯老年人家庭人口，产生更多医疗、照料等方面需求。重庆在 2019 年进入“超老年型”社会，相关研究显示，2035 年，重庆老龄人口将达到 871 万；2050 年，将接近 1000 万②，在可预见的将来，重庆处于老年人口数量和老龄化率高

① 数据来源：根据历年《重庆统计年鉴》相关数据计算。

② 重庆市民政局社会福利和慈善事业促进处：《开创新时代养老服务工作的重庆实践》，《社会福利》2018 年第 4 期。

速增长期，养老服务刚性需求将急剧增加，全市养老服务发展面临重大机遇与挑战。

（二）政策助推养老服务市场化发展力度持续增强

从2000年提出“社会服务社会化”以来，党和政府不断加强制度设计，完善相关政策，引导社会力量有序参与养老服务发展，扩大市场有效供给。十九大以后，国家密集出台了一系列政策文件，推动老龄事业和产业发展。例如：《国务院办公厅关于推进养老服务发展的意见》，从深化放管服改革、拓宽养老服务投融资渠道、扩大养老服务就业创业、扩大养老服务消费、促进养老服务高质量发展、促进养老服务基础设施建设六大方面提出了28项具体措施，逐一破解制约社会资本参与养老服务发展的用地难、税费负担重、融资难、用工难、老年人购买力不足等难题；《关于实施老年人心理关爱项目的通知》首次对老年人心理慰藉这一高层次养老服务需求供给做出精细化设计；《健康中国行动（2019～2030年）》明确心理关爱项目应大力引入社会力量等。未来，重庆市将紧密对接国家政策，立足自身实际，落地落实中央的各项部署，全方位支持社会力量参与养老服务各领域发展。

（三）老年人消费能力逐年提升，有效市场规模快速扩容

一方面，从1993年开始，全国社会保障体系逐步完善，众多老年人养老和医疗有了基本保障。近年来，重庆的养老、医疗保险参保率持续巩固在95%以上。逐年提高退休人员基本养老金标准，城乡居民基础养老金标准，全市特困人员救助供养基本生活标准，计划生育独生子女伤残、死亡家庭父母特别扶助金标准等各项“让老年人共享发展成果”的政策措施连续出台，为全市老年人持续增收提供了有力支撑。另一方面，第二次生育高峰出生的人，其工作时间正好是中国经济腾飞的40年，大多有一定的财富积累，不少人还持有房产、证券和存款等资产。老年人持续向好的经济状况，为养老服务潜在需求变现提供了经济支撑。随着社会化养老观念被

广泛接受，养老服务市场规模将快速扩张，“培育老龄产业成为新的增长点”渐入佳境。

（四）居家、社区、机构融合模式成发展主流

社区与居家养老融合的养老模式无论是从经济角度，还是从观念角度看，都能更好地满足健康老年人实际养老需求。调查数据显示，大多数的老年居民更为倾向居家养老；61.4%的居民选择基本在家养老；14.4%的居民选择以居家养老为主，社区养老机构提供部分上门服务。研究发现，全市2020年需要介助和介护的老人分别为8.32万、6.08万，当前分别只有17.0%和21.3%入住养老机构，有近八成的潜在需求需要进一步开发，而80%被调查者倾向于在离家5公里内选养老机构。全国各地推行的社区“嵌入式”养老，养老服务机构把床位建在社区，为老人提供短期或长期住养服务、日间照料服务及为居家老人提供上门服务。重庆“千百工程”中大量采用的机构带中心（站）运营模式的有效运行，表明这一模式在重庆也行之有效，未来将得到大规模推广。

（五）“医养结合”养老服务将实现社区全覆盖

我国老年人患病比例高，进入老年后患病时间早，带病时间长①，老年人健康问题突出。调查数据显示，在重庆，认为自己不太健康和不健康的老人占比超过30%。未来随着预期寿命的进一步提高，老年人群高龄化比例不断提高，患病和失能的老龄人群规模也将快速扩张，除了高质量的医疗服务需求外，还需要规模庞大的专业养护机构提供康复护理服务。《健康中国行动（2019～2030年）》提出“养老机构以不同形式为入住老年人提供医疗卫生服务比例达到100%；加强社区日间照料中心等社区养老机构建设，为居家养老提供依托”等具体目标，“健康中国行动”是今后十几年推进健

① 《健康中国行动推进委员会办公室新闻发布会》，http：//www.nhc.gov.cn/xcs/s7847/201907/520f21e5ac234785bcc363a286866fb0.shtml。

康中国建设的具体安排，随着社区养老服务设施全覆盖计划实施，医养结合养老服务也将实现社区全覆盖。

（六）大数据、智能化促进养老服务向精细化、个性化方向发展

随着社会经济发展水平不断提高，老年人追求高品质生活的愿望越来越强，越来越多的人将追求个性化、多元化的服务。大数据、智能化与养老服务的融合，养老智能系统、设备的研发和推广将改变养老的服务模式，更能满足老人一站式服务、个性化服务的需求。重庆正全力推进“智慧名城”建设，互联网、大数据、智能化技术的广泛运用，必将为重庆的养老服务插上腾飞的翅膀。

三　加快重庆市养老服务发展的对策建议

加快发展养老服务是应对人口老龄化问题的重要举措，党的十九大报告提出：“积极应对人口老龄化，构建养老、孝老、敬老政策体系和社会环境，推进医养结合，加快老龄事业和产业发展”，要求“必须多谋民生之利、多解民生之忧，在发展中补齐民生短板、促进社会公平正义”，为新时代中国特色养老服务发展指明了方向。重庆市养老服务发展要打通“堵点”，消除“痛点”，破除发展障碍，努力在社会关注的重点和难点问题上实现新突破、体现新作为、取得新进展。具体来说应加强以下几方面的工作。

（一）完善养老服务体系

提升居家养老能力，强化家庭养老责任，提升家庭养老技能，建立支持家庭养老政策体系。弥补社区服务设施短板，稳妥推进养老服务设施全覆盖，打造社区养老服务设施综合体。优化机构养老结构，扶持发展满足基本养老服务需求、服务失能失智老年人、方便可及的养老机构，引导社会力量适度建设面向中高收入家庭的养老机构；引导养老机构发展自理型、

介助型、介护型、临终关怀型专业化养老机构；调整机构区域布局，提高城区养老机构密度，减少郊区机构数量，统筹建设农村养老机构。加快医养结合发展，提升医养融合发展水平，落实家庭病床和家庭签约医生制度；探索医养结合营运新模式，构建医养联合体；放开公办医疗机构事业法人登记限制，鼓励二级以下医院转型发展康复护理等养老服务；制定配套支持制度，以制度提升参与主体积极性。推动居家、社区和机构养老融合联动，支持养老机构规模化、连锁化发展，参与社区居家养老服务设施全覆盖建设；探索“物业服务＋养老服务”模式，支持物业服务企业开展老年供餐、定期巡访等形式多样的养老服务；开展“三社联动”，积极探索互助养老服务。

（二）增加养老服务供给

建立健全基本养老公共服务，制定基本公共养老服务清单；推进普惠型养老服务发展，深入开展城企联动普惠养老专项行动；丰富养老服务供给内容，提升社区养老服务能力，推进老年人精神关爱服务，完善心理健康服务体系；提升农村养老服务水平，加大农村养老服务设施建设力度，增强农村老人集中照护服务能力，建立农村留守老人关爱服务体系，发展农村居家养老自助互助服务，切实满足农村养老服务需求。

（三）提升养老服务质量

完善养老服务发展规范，加强顶层设计，制定出台“重庆养老服务条例”，编制养老服务设施专项规划，全面推行长期护理保险制度；完善地方标准体系，参考国外先进标准、国内发达地区标准，结合重庆实际，建立完善与法律法规政策相衔接、与国家和行业标准相协调，覆盖居家、社区、机构，包含设施建设、服务提供、服务保障、监督管理等内容的重庆养老服务标准体系。加强安全风险防控，完善养老机构综合责任保险和老年人意外伤害保险制度，健全消防、安全值守、设施设备、食品药品等安全责任和管理制度，增强养老机构安全风险防控能力。提高设施建设质量，推进无障碍设施建设，实施消防达标、适老化改造工程。推进智慧养老建设，依托全市智慧城市建设，开发全市统一的养老服务大数据平台；强化大数据研究和应用开发；完善养老服务机构管理信息系统；实现养老和医疗信息资源共享。加强养老服务质量监管，建立养老服务跨部门综合监管制度，组织开展对老年人产品和服务消费领域侵权行为的专项整治行动；加强公共信用信息互联共享；建立养老服务行业信用承诺制度，落实行业监管责任，形成行业自律机制；构建社会监督机制。

（四）营造良好市场环境

完善配套政策，完善并落实、落地、落细金融、土地、财政、社会保险、医养结合等方面的行业扶持政策。创新养老服务运营机制，充分发挥政府主导作用，积极推动社会力量成为养老服务的主体，形成“政府主导、市场运作、社会参与”的运营模式，政府主要承担“兜底线、保基本”责任，同时，深化“放管服”改革，探索运营新模式，积极推进公办养老机构“公建民营”。大力培育养老服务消费市场，树立新时代养老消费观念，培育老年人积极消费意愿；持续提升老年人消费能力，加大政府购买养老服务力度；出台养老服务消费市场激励措施，增加高品质产品和服务供给。加强产业发展引导，制订养老产业发展规划；以“老博会”为载体，搭建养老服务发展国际交流平台；做好养老服务政策宣传与指引。

（五）加强养老服务人才培养

完善人才培养体系，将养老服务人才纳入全市人才发展和人才培训奖补体系；整合民政、人力社保、卫生健康、教育等资源，培育一批养老服务专业人才培训基地；鼓励高校设置养老护理相关专业，建立养老护理专业奖学金、学费减免等制度；制定“重庆市关于加强养老护理员教育培训实施意见”，完善养老护理员终身职业技能培训制度。建立护理人才激励制度，实施入职补贴、年限补贴制度，推动养老服务行业平均薪酬待遇原则上不低于上年度全市服务行业的平均工资水平；统一开展养老护理员职业技能等级认定工作，完善职业技能等级与养老服务人员薪酬待遇挂钩机制；完善养老机构就业专业技术人员的职业评定和晋升政策。

（六）健全养老服务保障机制

构建层级管理服务机制，构建市和区县统筹指导、镇街和社区覆盖实体平台的四级管理服务机制。健全监督考核机制，建立养老服务综合监管制度，加大养老服务工作考核力度。健全多渠道投入机制，市、区县财政部门应足额保障兜底基本养老公共服务资金，加大对养老服务重点领域和重点项目的扶持力度，将相关资金需求纳入年度财政预算；创新财政投入机制，借鉴财政投入股权化改革成功经验，将建设补贴由财政资金直接支持转变为权益投资，制订完善退出机制；加大金融支持力度，引导建立养老产业发展基金；鼓励引导重点国企进入养老服务领域，支持有条件的企业进入资本市场。健全资源整合机制，整合行政资源，发挥政策集合效益、资金集中使用效益；整合市场资源，优化养老服务要素配置，合理布局养老服务设施，促进城乡养老服务要素有序流通；整合国有闲置资源，制订全市相对统一的国有资源使用价格；整合专家资源，组建养老专家库，为研究制定养老政策提供智力支撑。

参考文献

重庆市民政局社会福利和慈善事业促进处：《开创新时代养老服务工作的重庆实践》，《社会福利》2018 年第 4 期。

重庆市卫生健康委员会：《关于市五届人大二次会议第 0836 号建议办理情况的答复函》，http：//wsjkw. cq. gov. cn/rdjyzxtardjy/20190830/247429. html。

《2020 年第二季度重庆民政统计分析》，http：//mzj. cq. gov. cn/zwgk_ 218/fdzdgknr/tjxx/202008/W020200828558216591078. pdf。

潘毅琴：《以社区居家养老服务全覆盖为突破　着力推进重庆市养老服务全面发展——在全市社区居家养老服务全覆盖示范培训班上的讲话》，2019 年 6 月 21 日。

B.22

重庆老年护理服务行业依法合规发展研究

丁新正　王国宏*

摘　要： 随着重庆市经济社会的快速发展和老龄化趋势进一步加快，老年护理服务需求急剧增加。近年来，重庆市老年护理服务行业不断发展，各个区县大力发展社区老年护理，创新探索居家老年护理，初步建立起了“以居家为基础，社区为依托，机构为补充，医养相结合”的多层次的老年护理服务体系。但毋庸讳言，重庆市的老年护理服务业还处于初级发展阶段，还存在许多短板，尤其是在防疫常态化语境下，要发展壮大和完善重庆市老年护理服务行业，就需要进一步促进其依法合规运行。

关键词： 重庆　老年护理服务　依法合规

随着重庆市经济社会的快速发展和老龄化趋势进一步加快，老年护理服务需求急剧增加。近年来，重庆市老年护理服务行业不断发展，各个区县大力发展社区老年护理，创新探索居家老年护理，初步建立起了“以居家为基础，社区为依托，机构为补充，医养相结合”的多层次的老年护理服务体系。但毋庸讳言，重庆市的老年护理服务业还处于初级发展阶段，还存在

* 丁新正，重庆社会科学院法学与社会学研究所研究员、法学教授，研究方向为法学和法社会学；王国宏，西南政法大学民商法学院硕士生，研究方向为民商法。

许多短板，重庆市老年护理服务行业亟待发展壮大和完善。加之，2020 年是“十三五”规划收官之年，也是“十四五”规划开始之年，疫情防控进入常态化，在此背景下对重庆市老年护理服务行业依法合规发展情况进行专题研究，对进一步促进重庆市老年护理服务行业良性发展，具有特殊的意义。

一　老年护理服务行业与我国的相关立法政策

（一）老年护理服务行业的含义和特性

老年护理服务是护理种类中一种特殊护理，护理对象特指老年人。老年护理的诊断和处理包括老人心理健康、各种疾病等项目。老年护理服务行业就是针对老年人心理健康、各种疾病等的护理服务的各种业态。

在我国，随着人们平均寿命逐渐延长、人口老龄化加速，老年护理服务作为一个行业，近年来迅速发展。与普通护理相比，老年护理有特殊要求，如情感的交流关爱；加强防护，防止意外；合理安排日常生活；避免各种负面的心理刺激，鼓励用脑锻炼，按医嘱用药；对失能和半失能老人的翻身和褥疮预防，定时进行肢体被动运动，防止肌肉萎缩及关节僵直等。

（二）近来来我国出台的相关法律规范和政策

1.《中华人民共和国老年人权益保护法》

该法是 2018 年修正的，是我国制定老年养老和老年护理服务相关法律规范的基础性法律。

2.《国务院关于加快发展养老服务业的若干意见》

该意见于 2013 年 9 月 6 日发布，属于行政法规层级，是从国家战略高度完善养老和老年护理服务配套体系的重要法规。

3.《国民经济和社会发展第十三个五年规划纲要》

2016 年 3 月 17 日，我国发布了《国民经济和社会发展第十三个五年规划纲要》，该纲要在多个章节提及发展养老服务业，认为发展养老服务业既是事业也是产业，不能将养老服务业简单地视为老年人福利事业，更不能将养老服务视为国民经济发展的负担，而应当将其视为民生经济的支柱性产业加以发展。

4.《关于金融支持养老服务业加快发展的指导意见》

2016年3月，中国人民银行、民政部、银监会、证监会、保监会发布了《关于金融支持养老服务业加快发展的指导意见》（银发〔2016〕65号），该意见提出，为了积极应对人口老龄化，应通过推动金融组织、产品和服务创新，改进完善养老领域金融服务，加大对养老服务业发展的金融支持力度。

5.《“十三五”国家老龄事业发展和养老体系建设规划》

2017年2月28日，国务院下发《“十三五”国家老龄事业发展和养老体系建设规划》（国发〔2017〕13号），该规划是在“十二五”时期我国老龄事业和养老体系建设取得长足发展及《中国老龄事业发展“十二五”规划》《社会养老服务体系建设规划（2011～2015年）》确定的目标任务基本完成的背景下，对我国老龄事业发展和养老体系建设所做的五年规划。

6.《关于开展老年护理需求评估和规范服务工作的通知》

2019年7月25日，中国银行保险监督管理委员会、国家卫生健康委员会、国家中医药管理局联合下发《关于开展老年护理需求评估和规范服务工作的通知》（国卫医发〔2019〕48号），这是我国出台的首个老年护理标准。该通知包含五个附件，涉及老年人能力评估标准、护理需求等级评定、护理服务需求、护理服务项目等。

7.《关于加强医疗护理员培训和规范管理工作的通知》

2019年7月26日，由国家卫生健康委员会、财政部、人力资源和社会保障部、国家市场监督管理总局、国家中医药管理局联合发布《关于加强医疗护理员培训和规范管理工作的通知》（国卫医发〔2019〕49号），涉及发挥市场机制作用、加快培训医疗护理员、为社会力量举办的医养结合机构提供医疗护理员培训技术支持等内容。该通知包含《医疗护理员培训大纲（试行）》这个涉及护理员培训的附件。

8.《关于加强老年护理服务工作的通知》

2019 年 12 月 5 日，国家卫生健康委办公厅、国家中医药管理局办公室下发的《关于加强老年护理服务工作的通知》（国卫办医发〔2019〕22 号），是直接以“老年护理服务”为主题的文件，精准施策，靶向治理，具有很强的操作性。

另外，我国其他省市，如上海、广州也出台了涉及老年护理服务的具有参考价值的地方规范。

二　重庆市老年护理服务行业的现状

（一）重庆市老年护理服务行业的法律法规体系

1. 重庆市在“十二五”期间出台的鼓励、规范社会办养老机构的法规和政策

重庆市在“十二五”期间已经出台了鼓励、规范社会办养老机构的法规和政策，主要有重庆市人民政府《关于加快实现社会福利社会化的通知》（渝府发〔2001〕6 号），重庆市民政局《重庆市社会办福利机构管理暂行办法》，重庆市人民政府办公厅《关于扶持发展社会办养老机构的意见》（渝办发〔2012〕252 号）、《重庆市城乡养老机构服务管理办法》，重庆市民政局、重庆市财政局《关于实施社会办养老机构建设补贴有关工作的通知》（渝民发〔2012〕139 号）等。这些政策法规为重庆市近年来鼓励、规范老年护理服务行业发展奠定了基础。

2.《重庆市人民政府关于加快推进养老服务业发展的意见》

2014 年 4 月 21 日，重庆市人民政府下发了《关于加快推进养老服务业发展的意见》（渝府发〔2014〕16 号）。该意见对到 2015 年和到 2020 年全市养老服务床位、每千名老人拥有养老床位、社区养老服务中心（站）等服务设施覆盖面，以及以老年生活照料、老年产品用品、老年健康服务、老年体育健身、老年文化娱乐、老年金融服务、老年旅游等为主的养老服务业

提出了各阶段的发展要求。

3.《重庆市老年人权益保障条例》

2017年11月30日，重庆市第四届人大常委会第四十二次会议通过了《重庆市老年人权益保障条例》，自2018年3月1日起施行。该条例对2001年颁布的《重庆市实施〈中华人民共和国老年人权益保障法〉办法》进行了全面修订，对重庆市逐步建立失能老年人长期护理保险制度、强化养老护理人才培育等也做出了明确规定。

4.《重庆市养老机构管理办法》

《重庆市养老机构管理办法》（重庆市人民政府令第326号）于2019年2月3日发布，2019年4月1日起施行。该办法是为了保障老年人合法权益，结合重庆市实际制定的，属于重庆市出台的专门的政府规章。

5.《重庆市失能老人护理能力提升工程建设方案》

为提升失能老人护理能力，满足失能老人健康服务需求，2018年10月重庆市卫生健康委、发改委、财政局、民政局印发《重庆市失能老人护理能力提升工程建设方案（2018～2020年）》（渝卫发〔2018〕52号），该方案提出按户籍老年人口配置医疗机构长期护理床位、每个区县举办独立的或依托区县级医院附设的老年护理院、强化市级重点专科医院失能老人护理能力建设、建设市老年医学中心和市中西医结合康复医院失能老人养护中心，以及失能老人护理机构建设用地可以使用医疗卫生用地或社会福利用地等政策。

（二）重庆市老年护理服务行业的发展现状

1. 重庆市已经进入快速老龄化时代，老年护理服务面临的形势日益严峻

近年来，重庆市常住人口数量持续增长，2019年全市常住人口3124.32万人，比上年增加22.53万人，人口自然增长率自2016年起开始下降。其中，60岁及以上的常住人口为643.61万人，占全市总人口的20.60%；65岁及以上的常住人口为467.40万人，占全市总人口的14.96%。重庆市已经进入快速老龄化时代，人口老龄化呈不可逆转趋势。随着重庆城市化、工

业化的持续推进，常住人口将继续增加，会加大养老设施建设和维护的困难。这一现实表明重庆市老年护理服务面临的形势日益严峻，也对老年护理服务行业发展提出了机遇和挑战。

2. 建立了高中低搭配的养老护理中心，养老护理体系初具规模

一是公立著名医学院校、大型公立医院主办养老机构。例如，重庆医科大学附属第一医院在重庆市璧山区青杠镇设立的青杠老年护养中心，该中心由国家发改委批准、重庆医科大学附属第一医院投资兴建，属于全国第一家大型公立医院主办的养老护理机构，集养生康复理疗、医疗护理、休闲娱乐等功能于一体。

二是社会资金和社会力量也投入老年护理行业。目前，重庆市所有乡镇、街道都成立了规模不等的养老中心，大部分村和社区也成立了养老服务点。全市高中低搭配的养老护理体系初具规模。例如，成立于2011年12月的“百龄帮”养老产业集团，已成为重庆市首批获得ISO 9001质量管理体系、环境管理体系和职业健康安全管理体系认证的养老机构，是集老年养护机构、文化娱乐、康复医院、智慧养老于一体的养老产业集团企业。

3. 一些大中专（职高）院校设立老年护理专业

近年来，重庆市的一些大中专（职高）院校也设立了老年护理专业，并逐步扩大招生规模。例如，重庆城市管理职业学院（原民政学校）、重庆市卫生技工学校、重庆三峡医药高等专科学校等。

4. 部分区县开始试点政府购买社区养老服务、老年护理服务

一是购买社工服务，通过政府购买服务引入专业社工机构，在有条件的社区安排专业社工，广泛开发各类养老服务项目。

二是推动社区养老服务中心（站）公建民营。例如，重庆市渝北区龙塔社区采用公开招投标的方式将辖区内的社区养老服务中心（站）交由社会力量经营，设立绩效目标对社区养老服务中心（站）的运营进行考核，为用好用活社区养老服务设施、丰富社区养老服务内容提供了思路；渝北区仙桃街道、龙溪街道引入樱桃养老公司负责辖区内社区养老服务中心（站）

运营，根据老年人的需求推出养老服务包，为购买服务包的老年人提供上门的居家养老服务。

三 重庆市老年护理服务行业存在的问题

近年来，重庆市老年护理服务整体水平得到有效提升，但老年护理服务在政策法规配套、体系完善、标准建设、队伍建设等方面与老龄化进程加速和不断增长的养老需求不相适应，亟待研究解决。

（一）居家养老中的老年护理服务存在的主要问题

由于重庆市养老机构的床位数设置有限、机构养老费用支出较大、入住机构必须远离家庭等诸多原因，大部分老人仍愿意选择居家养老。近年来，重庆市居家养老服务需求量日益增大，但居家养老中的老年护理服务仍处于传统形态，专业化、信息化、智能化还未形成规模，存在以下问题。

1. 缺乏完善系统的政策支持

一是政策缺乏衔接性，居家养老中的老年护理服务涉及行业广泛、管理部门较多，针对老人居家养老护理服务的优惠政策较为零散，且未能较好地衔接，尚未形成政策支持体系。二是政策缺乏配套措施、实施细则以及量化规定没有及时跟进，政策的操作性不尽如人意。三是目前财政政策更多针对养老机构和养老设施建设，居家养老护理服务尚缺乏特定扶持政策，激励效果不明显。

2. 老年人能力评估体系尚未建立

老年人能力评估体系对于确定老年人的失能程度和应该享受的养老服务具有重要的指导作用，有利于居家养老、社区养老和机构养老的合理分工和有序衔接，对老年护理服务行业的发展具有重要意义。我国 2013 年已在国家层面出台了《老年人能力评估》（MZT039 – 2013），评估体系的建立涉及卫生、医疗、质监等多个职能部门，需要各部门协同配合完成。其他省市如上海市、广州市已出台更加细化的地方标准，并要求所有养老服务机构内设评估室，对享受养老服务的老人先进行评估，按照评估结果设计和提供不同的老年护理服务。

重庆市民政部门近年来也高度重视老年人能力评估体系的建设，按照《民政部关于推进养老服务评估工作的指导意见》（民发〔2013〕127号）精神和2013年出台的《老年人能力评估》（MZ/T001－2013）行业标准，出台了《养老机构老年人评估服务规范》（DB50/T773－2017）。目前，全市养老机构按照这个标准能不同程度开展入院评估，根据评估情况制定照护计划、确定收费标准、防范风险发生等。但是，重庆市对老年人能力评估体系的研究还处于起步阶段，全市统一且标准化的老年人能力评估体系尚未有效建立。这直接影响重庆市老年护理服务行业的规范化发展。

3. 养老信息服务平台缺乏

养老信息服务平台，有利于集成市场和社会资源、促进供需对接、提高养老服务质量和服务效率、拓展服务领域。目前，重庆市尚未统筹建立统一的养老信息服务平台，虽然部分区县建立了初步的养老信息服务平台，但平台覆盖面不广、融合性不高、信息化不够，线上线下相结合的居家养老服务还未能广泛推开。目前，重庆市民政局牵头，正在按照《重庆市以大数据智能化为引领的创新驱动发展战略行动计划》要求，加紧建立全市统一的智慧养老大数据平台，推进智慧社区智慧养老云平台建设项目。但受2020年初暴发的疫情影响，该项目的推进受到较大影响，同时，这次疫情也给重庆市的养老大数据平台、养老云平台项目建设提出了更加严格的要求。

4. 缺乏专业服务队伍

目前，重庆市居家养老的老年护理服务人员主要有有偿的专业服务人员和无偿的志愿者两类。有偿服务的老年护理从业人员因为待遇偏低、年龄偏大，专业化程度低、流动性较大，同时，这部分老年护理从业人员数量有限，无法满足社会需求。无偿服务的志愿者较少，服务不规范不细致，不能提供持续性的老年护理服务。

5. 市场化机制尚未形成

对老年护理服务需求者而言，大多数老人只有养老金或退休工资，没有其他收入，加上政府补贴力度不够、宣传引导不到位，大多数老人不愿意拿钱进行老年护理服务消费，老人购买老年护理服务的理念还未形成。对服务供给者而言，虽然养老服务业市场广阔，但投资大、收益周期长、风险多、补贴政策少，对企业难以形成吸引力。总的来看，重庆市居家养老老年护理服务的市场机制尚未形成，教育、管理、培训、就业等市场化程度较低。尤其是对于重庆市广大农村而言，农村居家养老护理服务开展困难，重庆市农村地区地域广阔，地形地貌复杂，交通不便，农村老年人居住分散，在农村地区开展居家养老老年护理服务存在投入大、成本高、效益低等一系列问题。

（二）社区养老中的老年护理服务存在的主要问题

社区养老，往往以社区养老服务设施为据点，在为老年人提供休闲娱乐的基础上，将更多的衍生服务辐射到整个社区。目前，重庆市城市社区养老老年护理服务虽然发展较快，但还主要存在以下问题。

1. 政策支持力度不够

针对社区老年护理服务的优惠政策和财政投入还很不足。建设补贴资金有限，只能满足社区养老服务机构（站点）内的基础建设和设施设备的购置，大多数社区养老服务中心（站）功能不完善、配套不足、规模较小、条件有限；运营补贴资金不足（每个社区的养老服务设施每年补贴4万~6万元），无法聘请专业人员进行老年护理服务和管理，大部分工作人员没有经过老年护理专业培训，不具备老年护理专业资质和工作经验；部分镇街对社区养老的认识不深入、宣传力度不大，甚至一些社区养老服务中心（站）仅作为休闲娱乐的场所，影响社区养老服务中心（站）功能的发挥。

2. 服务社会化程度较低

重庆市的社区养老服务主要由政府提供，社区养老服务中心（站）大多由街道、乡镇或社区管理，服务者多由社区工作人员兼任，社会化程度不高，政府包办性较强。由于街道、乡镇政府在人力、财力等方面投入不足，社区养老服务中心（站）提供的老年护理服务形式、内容有限，无法真正满足进站老年人的护理需求。

3. 区域差异较大

重庆市的社区老年护理服务的区域差异较大。一般来说，重庆主城区优于郊区，郊区优于偏远区县，新建社区普遍优于老旧社区，城市社区普遍好于农村社区。虽然从形式上看，偏远区县或老旧社区也有社区养老服务场所，但其场地建设和配套设施等方面明显不足；虽然社区养老服务已经由城区逐步延伸到了农村，但是农村社区在养老服务中心（站）的建设数量、功能配套和运营使用等方面远差于城市社区。在社区养老服务中心（站）利用率方面，重庆市的城市社区利用率较高，农村社区利用率相对较低。

4. 辅助居家养老不够

目前重庆市的社区老年护理服务在解决居家养老存在的问题方面发挥的作用远远不够，在生活照料、日间托管、短期全托、文化娱乐、紧急救援、医疗护理、保健康复、精神慰藉等家庭难以提供的养老服务的种类和质量上不能满足老年人的要求。我国发达省市，如上海市、广州市，已经通过建立社区老年护理服务综合体来满足老人的居家、社区、机构养老服务需求，但重庆市尚未建立起这种老年护理机构综合体。

（三）机构养老中的老年护理存在的主要问题

近年来，机构养老在重庆市开始受到“空巢老人”，独生子女家庭，经济富足家庭，失能、高龄老人的青睐，机构养老的需求量日益增大。但重庆市养老机构老年护理的床位数总量不大，且存在两极分化、分布不均、供求不平衡等问题。

1. 政策扶持落实力度不够

政策力度不够，优惠政策难以落实。一是用于养老机构建设的财政资金较少，养老用地政策支持力度不够，土地政策未考虑养老需求的空间布局特征。重庆市绝大部分区县以前都没有养老机构布局的整体规划。二是政府对养老机构建设、运营的优惠政策和资金保障政策较少，养老机构普遍存在用地难、资金筹集难、建设规模小等问题。加上出台的优惠政策普遍存在需要多个部门支持配合的情况，多头管理导致优惠扶持政策往往难以落实。

2. 标准化程度不高

这个问题在重庆市广大农村地区尤其明显。重庆市农村地区社会养老机构和公办养老机构建设标准化程度不高，受土地、资金和修建较早等现实条件影响，普遍存在起点低、规模小、设施差、功能弱、发展慢等问题，难以满足老年人护理需求。养老机构缺乏统一的服务规范，服务标准化程度不高。

3. 人才队伍发展乏力

社会观念对老年护理服务工作还存在一定偏见，对老年护理工作人员社会认可度不高、社会保障不到位，致使愿意从事老年护理的人员较少，参加过系统培训的更少，老年护理人才短缺。护理工作强度大、人员流动性较大制约了重庆市老年护理服务行业的发展。

4. 医养结合程度低

医养结合涉及民政和医疗卫生等多个部门，往往造成养老机构和养护院必须分开审批、床位分开设立。而医保报销又归社保部门管理，为规避“套保”现象，养老机构费用无法通过医保报销，造成消费力不足，无法支撑养老机构发展医养结合。部门之间各自为政、缺乏衔接、多头管理的格局使得医养结合老年护理难以实现。目前，重庆市 39 个区县和万盛经开区设立专门老年门诊部的老年养护中心或老年公寓数量极少。

5. 民办老年护理机构发展疲软

从总体上看，重庆市的民办老年护理机构普遍存在投入大、周期长、周转慢、风险高的现实问题，直接影响金融机构对民办老年护理行业的支持力度。并且大部分民办老年护理机构入住率偏低，收益周期较长，短期内经济效益不明显。由于风险高等因素，保险机构对当前的老年护理行业并不看好，社会保险未能较好地分担老年护理机构意外伤害、老年护理服务等方面的风险，制约了社会力量发展民办养老机构的积极性。

6. 老年护理传统观念尚待转变

受中国传统伦理和家庭观念的影响，机构老年护理往往被当作子女不孝的无奈选择。尽管居家老年护理存在诸多问题，比如家庭照料不周、滋生家庭矛盾、子女压力过大等，大部分老人及其子女还是选择传统的家庭老年护理方式。

四 促进重庆市老年护理行业依法合规健康发展的对策建议

重庆市老年护理行业在夯实发展基础，积极推进居家、社区、机构老年护理行业深化融合过程中取得了很大成绩。为了促进重庆市老年护理行业进一步健康发展，提出如下建议。

（一）夯实老年护理行业的发展基础

要促进重庆市老年护理行业健康发展，需要夯实搭建老年护理行业信息平台、建立老年护理行业评估体系和培育老年护理行业社会机构的基础。

1. 搭建老年护理行业信息平台

第一，搭建重庆市老年护理行业信息平台。搭建老年护理行业信息平台是指以建立老年人信息数据库为基础，整合民政、公安、卫生、社保、医保等信息，借助互联网技术，联结老年护理服务实体，提供紧急救援、法规政策指导，从而有效整合老年护理行业资源，打造“没有围墙的养老院、老年护理院”。譬如，在信息互通共享方面，老年护理行业管理部门较多、行业分布较广，应当通过建设老年护理行业信息平台实现信息互通共享，包括管理信息和服务信息的互通共享。一方面，与公安的人口信息网、民政系统、卫生系统、医保系统、社保系统进行数据交换和比对，打破信息壁垒，解决信息孤岛问题，避免信息的重复采集，保证信息的一致性，为政府的宏观决策提供支持，以实现信息的互通共享。另一方面，收集、整合老年护理信息向服务需求者发布，在老年护理提供者与需求者之间形成一个全方位的信息中介，消除信息不对称，以实现服务信息的互通共享。

第二，建立和完善重庆市老年人能力评估体系。对老年人能力评估规范化、细致化，如评估人员必须具有医师、执业护士、康复治疗师、社会工作师或高级养老护理员等执业资格，评估机构必须具有专业的评估力量，配备相关执业人员，并对评估员和评估场所、设施设备均做出相应的具体要求。可以参照上海市制定的《上海市老年照护统一需求评估办法（试行)》，对重庆市民政部已经发布的《老年人能力评估》做进一步细化，制定更加具体的地方标准，依托评估室、评估员和专业评估器材，采用定性分析和定量分析相结合的方式，最终确定老年人照护等级和服务需求。

2. 培育发展第三方评估机构

扶持一批专业的养老服务评估机构，对全市需要养老服务的老人进行评估。首先，应明确评估机构的准入、评估人员的资质、评估工作的细化标准。其次，可以依托大中专院校、医疗护理机构和养老机构培养专业评估人才，选择具有医师、护理员、社会工作师等执业资格的人员，并对其进行系统的老年人能力评估培训。

合理设定老年照护等级评估流程。重庆市应当设定科学、合理、便捷的老年照护等级评估流程。由老人或其代理人通过统一的养老服务信息平台提出申请；镇街相关机构负责受理，并对老人的基本信息、经济状况和医保信息进行初审；区级相关职能部门对初审通过的信息进行复核。然后区县民政局委托第三方评估机构，依托社区养老服务中心（站）、养老机构的评估室对老年人进行集中评估，对失能老人进行上门评估，并通过评估结果提出照护等级和服务需求的建议。各个区县民政部门依据评估意见，根据相关政策确定最终的服务需求结论，将服务需求结论反馈到镇街相关负责机构进行公示，并通过综合信息平台，结合老年人自身意愿选择服务机构和服务项目。

3. 扶持老年护理服务主体

老年护理服务主体提供专业老年护理服务，可以充分满足老年人多元化的服务需求。促进老年护理服务主体服务质量的提高，是构建和完善老年护理服务体系的基石。重庆市应当从以下方面着手。

第一，孵化培育社会机构。通过孵化培育社会机构，为老年护理服务社会化提供有力支持。一是设立孵化基地，将老年护理服务类社会机构作为培育对象，为其提供政策解答、运营指导、人才培训等服务。二是衔接国土、规划、消防、环保等部门，简化审批手续，实行一站式审批，暂时不具备条件的，可进行备案管理。三是开展邻里互助，解决覆盖范围内老人实际生活困难。四是建立老年护理服务行业协会，发挥其在沟通协调、中介服务等方面的作用。

第二，加大政策扶持力度。在土地供应、税费减免、财政补贴、投融资、人才培训等方面加大政策支持力度并保障落实，鼓励和引导民间资本以独资、合资、合作、联营等多种方式参与养老服务，形成互相衔接的政策体系和互动发展的政策合力。

第三，规范政府购买服务。一是制定政府购买老年护理服务的指导性目录，拓展政府购买老年护理服务的领域和范围，优先将居家老年护理服务纳入政府购买服务目录。二是建立政府购买老年护理服务的绩效评估机制和淘汰机制，加强监督，定期评价，以评价结果作为政府是否继续购买的依据。

（二）推进三种老年护理服务模式深化融合

1. 深入推进居家老年护理服务

居家老年护理服务是我国当前及将来一段时期内最主要的老年护理服务方式，应当采取以下措施深入推进。

第一，完善居家老年护理服务支持政策。一是出台多样化的老年护理服务补贴政策。老年护理服务补贴政策的出台从服务接收者和服务提供者两个角度考虑。一方面对真正需要居家老年护理服务的失能老人和空巢老人进行补贴，鼓励他们享受居家老年护理服务，培养购买专业化老年护理服务的意识；另一方面审核并对专业的居家老年护理服务企业进行补贴，减轻企业前期发展负担，形成激励机制和优胜劣汰的良好发展局势。二是细化老年护理服务补贴内容。三是老年护理服务补贴政策科学化，应以老年人能力评估为前提，形成梯度化的补贴机制。

第二，制定完善居家老年护理服务规范。居家老年护理服务规范是居家老年护理服务标准化的依据，如上海市制定了《居家养老服务规范》，沈阳市养老服务中心、烟台市老年福利中心也分别制定了该机构的服务流程和服务规范，重庆市也应当加快制定完善居家老年护理服务规范。首先，制定居家老年护理服务从业人员的资质要求；其次，明确居家老年护理服务的内容以助餐、助浴、助洁、助医、助急、助行为主，包括精神慰藉、信息服务、主动关爱、紧急呼叫等其他内容；再次，细化老年护理服务各项服务的具体标准；最后，明确居家老年护理服务的绩效评估程序。

第三，丰富居家老年护理服务项目。多样化的服务项目是居家老年护理服务的重要支撑，重庆市应针对老人的老年护理服务需求，进一步丰富居家老年护理服务项目。

2. 积极建设社区老年护理服务体系

第一，完善社区老年护理服务支持政策。一是加大社区老年护理服务政策支持力度，增加并细化建设补贴和运营补贴，按规模适度增加运营补贴额度。二是加强社区养老服务中心（站）评估。对社区养老服务中心（站）运营进行评估和引导，评估结果为优秀的按照优秀等级发放运营补贴，并总结经验加以推广；评估结果不好的采取引入社会力量等方式进行整改。三是鼓励社会参与建设运营社区养老服务中心（站）。打破政府包办社区老年护理服务机构建设运营的局面，引入社会老年护理服务机构，建立绩效评估机制，激活社区老年护理服务发展的活力，进一步丰富社区老年护理服务的内容。

第二，试点建设社区老年护理服务综合体。借鉴广州和成都的经验，如万科旗下打造的社区长者照料中心——智汇坊，立足成熟社区，采用社区嵌入的方式，综合利用万科地产的闲置物业资源，按照《老年人建筑规范》标准建设长者照料中心并进行适老化设计。重庆市可配套日间照料室、中医理疗室、社区老年食堂、小型老年大学等，综合考虑老年人能力评估和服务需求，为社区内的老人提供理疗、助餐、日间照料、短期和长期托养服务，使老年人不离开自己熟悉的生活区域，能够全面接受居家、社区甚至机构老年护理服务。

第三，探索农村社区老年护理服务模式。从目前来看，家庭老年护理服务仍会是农村老年护理服务的主要方式，但家庭老年护理服务和社区老年护理服务是相辅相成的，可以从以下方面探索农村社区老年护理服务发展方向。一是延伸农村敬老院服务功能，在保障特困老人供养的基础上，将其由封闭的集中养老机构转为对外的社区老年护理服务中心，逐渐面向社会老人提供多样化的老年护理服务。二是引导非营利组织和志愿者积极参与农村社区老年护理服务事业，统一培育一支优秀的社区志愿者服务队伍，并对非营利组织和志愿者资源进行合理配置，以社区老年护理服务站点为据点，为农村老年人提供社区老年护理服务和上门服务。

3. 大力扶持机构养老服务

机构养老护理服务是居家养老和社区养老的必要补充，应采取以下措施大力扶持。

第一，完善老年护理服务机构扶持政策。一是加大政策扶持力度。对于新建、扩建的符合要求的社会办老年护理服务机构，降低申请建设补贴门槛并适度增加建设补贴额度。对运营良好的社会办老年护理服务机构，适度增加运营补贴额度并细化运营补贴标准，结合实际出台更多的优惠政策。如对收住自理、半自理、失能老人分别设立标准给予补贴，对考取养老护理员执业资格证书的人员给予奖励等。二是鼓励金融支持老年护理服务，制定重庆市金融支持老年护理服务业的实施意见。

第二，加强社会办老年护理服务机构的民办公助。目前，重庆市从市到区县对社会办老年护理服务机构的大额补助主要依靠一次性床位建设补贴，少部分区县还对运营良好的社会办老年护理服务机构发放少量运营补贴。根据调研，重庆市大部分社会办老年护理服务机构表示运营补贴实属杯水车薪，过于复杂的申请资料加大了老年护理服务机构的管理运营负担。床位建设补贴门槛较高，往往要求社会办老年护理服务机构入住率达到50%及以上，且均为一次性建设补贴。这种补贴方式效果并不好：一是无法达到前期扶持社会办老年护理服务机构尽快步入正轨、进入良性循环的效果；二是一次性补贴也不利于建立对社会办老年护理服务机构良好运营的长效激励机制，容易出现拿到补贴后转业或者服务质量下降的情况。因此有必要进一步细化社会办老年护理服务机构的政策补助方式，并简化申请补贴的要求和流程。如在提高建设补贴的情况下实行分年补助；在评定为良好运营的情况下第一年给予补助的30%，第二年给予补助的20%，第五年给予补助的50%。增加社会办老年护理服务机构运营补贴并细化执行，对自理老人、介助老人和介护老人实行分级补贴，达到精准施策，以实现扶持不同类型的社会办养老机构的目的。

第三，加强对老年护理服务机构监督管理。一是设立老年护理服务指导中心。为促进老年护理服务行业健康发展，应成立老年护理服务指导中心，负责业务指导及人员培训工作，开展工作监督检查等职能。二是成立老年护理服务行业协会。通过行业协会研究制订统一的养老机构适老化标准、管理规范、服务标准等，加强行业自律，促进行业良性发展。三是加强监督管理。要将事前审批与事后监管相结合，督促和指导老年护理服务机构配备相应比例的福利人员，健全各项管理和安全制度，按照规范进行服务，依托行业协会不定期检查服务内容，形成对老年护理服务机构的全过程监督管理。四是强化安全监督检查，重点检查消防安全和食品安全。

第四，积极推进医养结合。一是形成老年护理服务机构与医疗机构的协作关系。目前重庆市尚缺乏内设医疗机构的老年护理服务机构，可以通过与附近的医疗机构签订协议，建立急救绿色通道，保证机构内老人的医疗需求。二是强化统筹部门职责，提高审批效率。医养结合属于医疗和老年护理服务两个领域的跨界融合，相关的制度建立和政策协调难度较大。政府在推动医养结合的过程中需要协调民政、卫生、社保、医保等相关部门，建立医养结合一站式审批通道，指导和便利老年护理服务机构进行医养结合。三是探索医养联合体建设，形成医疗护理与老年护理服务间的转介机制。

参考文献

《我国首个老年护理标准出台加快发展老年护理服务》，《法制日报》2019 年 9 月 21 日。

姚常房：《老年护理需求评估有了国家标准》，《健康报》2019 年 8 月 29 日。

黎军：《重庆探索解决失能老人护理难题》，《健康报》2018 年 10 月 8 日。

重庆市统计局、国家统计局重庆调查总队：《2019 年重庆市国民经济和社会发展统计公报》，2020 年 3 月 19 日。

《昱言养老：关于重庆中高端养老机构客户深度访谈》，http：//k. sina. com. cn/article_ 6586575291_ 1889729bb00100sero. html，2020 年 7 月 10 日。

《重庆医养结合养老院—青杠老年护养中心》，https：//www. sohu. com/a/217186722_ 99991246，2018 年 8 月 17 日。

《重庆市民政局关于市五届人大二次会议第 0225 号建议办理情况的答复函》（渝民函〔2019〕200 号）。

B.23

重庆人口空间结构特征及优化建议

卢向虎　唐春艳*

摘　要：　本文分析了“十三五”时期重庆“一区两群”人口空间结构特征，依据区域经济-人口比值分析“一区两群”的未来人口变化趋势，建议“十四五”时期从五个方面优化重庆市人口空间结构：一是实施差别化的人口迁移政策，二是加快周边人口向主城都市区集中，三是加快“两群”人口向区域中心城市集中，四是提升人口城镇化质量，五是根据人口迁移、功能转移规律有序聚集人口、有机疏解功能。

关键词：　重庆　人口　空间结构　“一区两群”

一　“十三五”时期重庆市人口的空间结构特征

“十三五”时期，重庆市城镇常住人口由2015年的1838万人增长到2019年的2087万人，增加了约250万人；乡村常住人口由1178万人下降到1037万人，减少了约140万人，常住人口城镇化率由60.9%提高到66.8%，平均每年增长1.5个百分点，城镇化率显著提升。按照“一区两群”空间布局，“十三五”时期重庆市人口空间结构呈现四大特征。

（一）主城九区已步入城镇化成熟阶段

“十三五”时期，主城九区常住人口增加47.7万人，其中：渝北区常

* 卢向虎，重庆社会科学院智库建设处处长、研究员；唐春艳，重庆工商大学长江上游经济研究中心研究生。

住人口增加13.3万人；巴南区次之，增加8.5万；南岸区、江北区均增加5万余人；4个区新增常住人口占九区的2/3强。渝中区、大渡口区、北碚区新增常住人口较少，3区新增常住人口仅占九区的15%（见表1）。

表1 “十三五”时期主城九区常住人口变化

单位：万人

类目	渝中	江北	南岸	沙坪坝	九龙坡	大渡口	渝北	巴南	北碚	合计
2015年	64.95	84.98	85.8	112.8	118.7	33.3	155.1	100.6	78.6	834.8
2019年	66.2	90.28	91	116.5	123.3	36.2	168.4	109.1	81.6	882.5
人口增加	1.25	5.3	5.2	3.7	4.6	2.9	13.3	8.5	3.0	47.7

资料来源：2015年、2019年各区国民经济与社会发展统计公报。

2019年，主城九区均为人口净流入区，共净流入182万人。其中，人口净流入最多的区依次是沙坪坝区、江北区、九龙坡区、渝北区，人口净流入均在26万以上；其次是北碚区、南岸区、渝中区、巴南区，人口净流入均在15万左右；大渡口区人口净流入最少，仅8.6万人。2019年，主城九区中6个区的城镇化率在90%以上，只有巴南区、渝北区、北碚区3个区的城镇化率低于90%，分别为81.67%、82.80%、84.50%（见表2）。主城九区的平均城镇化率超过90%，已处于城镇化成熟阶段。

表2 2019年主城九区人口流入情况

单位：万人，%

类目	渝中	江北	南岸	沙坪坝	九龙坡	大渡口	渝北	巴南	北碚	合计
户籍人口	50.40	63.40	73.68	88.40	96.73	27.60	142.05	94.15	63.98	700.39
常住人口	66.20	90.28	91.00	116.50	123.30	36.20	168.35	109.12	81.60	882.55
人口净流入	15.80	26.88	17.32	28.10	26.57	8.60	26.30	14.97	17.62	182.16
常住人口城镇化率	100	96.20	95.70	95.57	93.51	97.56	82.80	81.67	84.50	—

资料来源：根据各区2020年政府工作报告、2019年国民经济与社会发展统计公报、红黑人口库最新数据等相关资料整理。

（二）主城都市新区步入快速城镇化阶段

“十三五”时期，12个主城都市新区常住人口增加48.2万人。其中：4

个同城化发展先行区新增常住人口21万；4个重要战略支点城市新增14.5万；4个双城经济圈桥头堡城市新增12.7万；同城化发展先行区、战略支点城市、双城经济圈桥头堡城市三类区域新增常住人口占比分别为44%、30%、26%（见表3）。

表3　“十三五”时期主城都市新区常住人口变化

单位：万人

类目	同城化发展先行区				重要战略支点城市				双城经济圈桥头堡城市				合计
	长寿	江津	璧山	南川	涪陵	合川	永川	綦江	大足	铜梁	潼南	荣昌	
2015年	82.4	133.2	72.5	56.4	114.1	136.1	109.6	81.1	76.4	68.7	68.2	70.1	1068.8
2019年	86.5	141.0	75.7	62.3	117.0	141.5	114.3	82.6	78.9	72.6	72.6	72.0	1117.0
人口增加	4.1	7.8	3.2	5.9	2.9	5.4	4.7	1.5	2.5	3.9	4.4	1.9	48.2

资料来源：2015年、2019年各区县国民经济与社会发展统计公报。

2019年，主城都市新区人口净流出101.5万，约占12个主城都市新区当年户籍人口的8%。璧山、涪陵、永川为人口净流入区，其余9个区均为人口净流出区。其中：4个双城经济圈桥头堡城市人口净流出高达76.8万人，4个重要战略支点城市人口净流出共18.1万，4个同城化发展先行区人口净流出共6.55万，三类区域人口净流出占比分别为76%、18%、6%，人口净流出量占区域户籍人口的比重分别为20.6%、3.8%、1.8%。分区看，大足区、潼南区的净流出人口最多，占该区户籍人口比重分别高达27%、24%；璧山区的净流入人口最多，人口净流入超过10万人，表现出超强的人口吸引力。从新增常住人口、人口净流出2个指标看，同城化发展先行区的人口吸引力强于重要战略支点城市，重要战略支点城市人口吸引力强于双城经济圈桥头堡城市。

2019年主城都市新区中8个区的城镇化率超过60%，只有綦江、铜梁、潼南、荣昌4个区的城镇化率低于60%，但也均在55%以上。主城都市新区的平均城镇化率超过60%，已步入快速城镇化阶段。

表4　2019年主城都市新区人口流动情况

单位：万人，%

类目	同城化发展先行区				重要战略支点城市				双城经济圈桥头堡城市				合计
	长寿	江津	璧山	南川	涪陵	合川	永川	綦江	大足	铜梁	潼南	荣昌	
户籍人口	89.3	149.3	64.8	68.6	114.8	151.8	114.2	92.7	107.5	85.2	95.3	85.0	1218.5
常住人口	86.5	141.0	75.7	62.3	117.0	141.5	114.3	82.6	78.9	72.6	72.6	72.0	1117.0
人口净流入	-2.8	-8.3	10.9	-6.3	2.2	-10.3	0.1	-10.1	-28.6	-12.6	-22.7	-13.0	-101.5
常住人口城镇化率	66.1	68.4	60.2	62.4	69.8	68.8	71.3	57.8	60.1	58.4	55.6	58.4	63.1

资料来源：根据各区县2020年政府工作报告、2019年国民经济与社会发展统计公报、红黑人口库最新数据等相关资料整理。璧山、长寿、江津户籍人口为2018年数据；长寿、江津、合川城镇化率为2018年数据。

（三）渝东北城镇群人口净流出规模最大

“十三五”时期，渝东北三峡库区城镇群常住人口共增加12万人。其中：万州、开州、云阳、垫江、忠县5个区县常住人口均增加，4年共增加17万人，梁平、丰都、巫山、巫溪、城口、奉节6个区县常住人口均减少，4年共减少约5万人。万州、垫江、忠县常住人口增加最多，均超过4万人（见表5）。

2019年，渝东北三峡库区城镇群11区县均为人口净流出，净流出人口共271.7万，接近户籍人口的24.7%。其中：开州、云阳人口净流出最多，分别达到50.5万、41万；万州、城口人口净流出最少，分别为8.6万、6.5万。从人口净流出占户籍人口的比重看，开州、云阳、奉节3个户籍人口超百万区县人口净流出比重均高达30%；梁平、巫山、巫溪3个区县人口净流出比重分别为29%、30%、29%；丰都、垫江、城口3县人口净流出比重分别为27%、26%、26%；忠县人口净流出比重也达到23%；万州区作为渝东北的中心城市，户籍人口和常住人口规模最大，人口净流出数量最少，流出人口比重仅占户籍人口的5%。2019年，万州区常住人口城镇化率达到67.5%，已步入快速城镇化阶段。其余10个区县的城镇化率均低于50%，尤其是巫溪、城口2县的城镇化率低于40%（见表6）。

表5 "十三五"时期渝东北三峡库区城镇群常住人口变动

单位：万人

类目	万州	开州	梁平	云阳	垫江	忠县	丰都	巫山	巫溪	城口	奉节	合计
2015年	160.74	117.07	66.40	89.66	67.67	70.80	59.56	46.23	39.10	18.63	75.33	811.19
2019年	165.01	118.15	65.80	92.66	72.00	75.40	59.27	44.53	38.50	18.55	73.33	823.19
人口增加	4.27	1.08	-0.60	3.00	4.33	4.60	-0.29	-1.70	-0.60	-0.08	-2.00	12.00

资料来源：2015年、2019年各区县国民经济与社会发展公告。

表6 2019年渝东北三峡库区城镇群各区县人口流动情况

单位：万人，%

类目	万州	开州	梁平	云阳	垫江	忠县	丰都	巫山	巫溪	城口	奉节	合计
户籍人口	173.6	168.6	92.7	133.7	96.9	98.4	81.7	63.3	54.1	25.1	105.8	1093.9
常住人口	165.0	118.1	65.8	92.7	72.0	75.4	59.3	44.5	38.5	18.6	73.3	823.2
人口净流入	-8.6	-50.5	-26.9	-41.0	-24.9	-23.0	-22.4	-18.8	-15.6	-6.5	-32.5	-270.7
常住人口城镇化率	67.5	49.6	47.9	45.5	48.0	46.4	47.9	42.85	38.2	37.7	48.0	47.2

资料来源：根据各区县2019年国民经济与社会统计公报、2020年政府工作报告、红黑人口库最新数据等相关资料整理。

（四）渝东南城镇群人口净流出比重最高

"十三五"时期，渝东南武陵山区城镇群6区县共减少常住人口0.65万。酉阳、秀山、彭水、石柱四个少数民族自治县常住人口均有所减少，其中彭水减少最多，4年减少1.64万人；黔江、武隆两区"十三五"时期常住人口均有所增加，其中黔江区作为渝东南的中心城市，常住人口增长最快，4年增加2.39万（见表7）。

表7 "十三五"时期渝东南武陵山区城镇群各区县常住人口变动

单位：万人

类目	黔江	武隆	彭水	酉阳	秀山	石柱	合计
2015 年	46.20	34.67	50.64	55.65	49.13	38.65	274.94
2019 年	48.59	35.10	49.00	54.90	48.80	37.90	274.29
人口增加	2.39	0.43	-1.64	-0.75	-0.33	-0.75	-0.65

资料来源：2015 年、2019 年各区县经济与社会发展统计公报等相关资料整理。

2019 年，渝东南武陵山区城镇群 6 区县人口净流出 100.3 万，约占整个城镇群户籍人口的 26.8%，在"一区两群"中人口净流出比重最高。其中：酉阳人口净流出最多，达到 30.7 万人，约占当年该区户籍人口的 36%；黔江区、武隆区人口净流出最少，分别为 7.1 万、6.0 万人，分别占户籍人口的 13%、15%。2019 年，黔江区常住人口城镇化率达到 52.2%，在渝东南武陵山区城镇群中城镇化率最高；其余 5 个区县的城镇化率均低于 50%，彭水、酉阳城镇化率最低，仅为 36.8%、36.5%（见表 8）。渝东南武陵山区城镇群总体仍处于城镇化起步阶段。

表8 2019 年渝东南武陵山区城镇群各区县人口流动情况

单位：万人，%

类目	黔江	武隆	彭水	酉阳	秀山	石柱	合计
户籍人口	55.7	41.1	70.2	85.6	67.1	54.9	374.6
常住人口	48.6	35.1	49.0	54.9	48.8	37.9	274.3
人口净流入	-7.1	-6.0	-21.2	-30.7	-18.3	-17.0	-100.3
常住人口城镇化率	52.2	45.4	36.8	36.5	43.5	43.9	43.0

资料来源：根据各区县 2020 年政府工作报告、2019 年国民经济与社会发展统计公报、红黑人口库最新数据等相关资料整理。其中，武隆区、彭水县、石柱县户籍人口为 2018 年数据，彭水、石柱县城镇化率为 2018 年数据。

二 "十四五"时期重庆人口空间迁移趋势判断

人口迁移的基本逻辑是"人随产业走、人向高处走"，通常用区域经济-人口比值预示区域人口的迁移方向。区域经济-人口比值用该区县经济总量占全市经济总量的份额与该区县常住人口总量占全市人口份额之比来反映，若比值大于1预示该区域人口净迁入，小于1将会发生人口净迁出。

2019年，主城九区中大渡口区的区域经济-人口比值小于1，北碚区等于1，其余7个区均大于1，预示着主城九区“十四五”时期将继续吸引其他区域的人口迁入（见表9）。主城都市新区中，璧山、长寿、涪陵、永川、大足、綦江、铜梁、荣昌8个区的区域经济-人口比值大于1，江津、南川、合川、潼南4个区的区域经济-人口比值小于1，预示着主城都市新区的人口吸引力不断增强，将成为下一个集聚周边人口的区域（见表10）。渝东北三峡库区城镇群11区县、渝东南武陵山区城镇群6区县的区域经济-人口比值均小于1，预示着“十四五”时期“两群”各区县人口将继续向外迁移（见表11、表12）。

表9 2019年主城九区区域经济-人口比值

单位：%

类目	渝中	江北	九龙坡	渝北	南岸	巴南	沙坪坝	北碚	大渡口
GDP占全市份额	0.055	0.053	0.062	0.078	0.033	0.037	0.041	0.026	0.011
常住人口占全市份额	0.021	0.029	0.039	0.054	0.029	0.035	0.037	0.026	0.012
区域经济-人口比值	2.60	1.82	1.57	1.45	1.12	1.06	1.11	1.00	0.93

资料来源：根据2019年各区县经济与社会发展统计公报相关数据整理计算。

表10 2019年主城都市新区区域经济-人口比值

单位：%

类目	同城化发展先行区				重要战略支点城市				双城经济圈桥头堡城市			
	长寿	江津	璧山	南川	涪陵	合川	永川	綦江	大足	铜梁	潼南	荣昌
GDP占全市份额	0.03	0.044	0.029	0.014	0.05	0.039	0.04	0.029	0.027	0.026	0.019	0.028
常住人口占全市份额	0.028	0.045	0.024	0.019	0.037	0.045	0.037	0.027	0.025	0.023	0.023	0.023
区域经济-人口比值	1.07	0.97	1.19	0.73	1.33	0.85	1.10	1.06	1.08	1.12	0.82	1.20

资料来源：根据2019年各区县经济与社会发展统计公报相关数据整理计算。

表 11　2019 年渝东北三峡库区城镇群区域经济 - 人口比值

单位：%

类目	万州	开州	梁平	云阳	垫江	忠县	丰都	巫山	巫溪	城口	奉节
GDP 占全市份额	0. 039	0. 021	0. 02	0. 018	0. 018	0. 017	0. 013	0. 007	0. 005	0. 002	0. 013
常住人口占全市份额	0. 053	0. 038	0. 021	0. 043	0. 023	0. 024	0. 019	0. 014	0. 012	0. 006	0. 023
区域经济 - 人口比值	0. 74	0. 57	0. 93	0. 43	0. 77	0. 70	0. 68	0. 51	0. 37	0. 38	0. 55

资料来源：根据 2019 年各区县经济与社会发展统计公报相关数据整理计算。

表 12　2019 年渝东南武陵山区城镇群区域经济 - 人口比值

单位：%

类目	黔江	武隆	彭水	酉阳	秀山	石柱
GDP 占全市份额	0. 01	0. 009	0. 009	0. 008	0. 012	0. 007
常住人口占全市份额	0. 016	0. 011	0. 016	0. 017	0. 016	0. 012
区域经济 - 人口比值	0. 62	0. 80	0. 60	0. 45	0. 77	0. 56

资料来源：根据 2019 年各区县经济与社会发展统计公报相关数据整理计算。

通过以上分析，可以得到以下三点判断。

一是主城九区是重庆市人口净流入的主要区域，“十四五”时期将继续吸收周边外来流动人口。由于主城九区已步入城镇化成熟阶段，城镇化率提升减缓，吸收外来人口的速度在“十四五”时期可能减缓。

二是“十三五”时期主城都市新区新增常住人口的规模已经超过了主城九区，随着主城都市区的整体规划、建设和一体化发展，“十四五”时期主城都市新区将成为重庆市吸收外来人口流入的主要阵地。

三是“十四五”时期，“两群”人口将继续向“一区”转移，这是“两群”人口迁移的主方向；部分人口则将向万州、黔江等区域中心城市以及垫江、武隆等近主城都市圈的区县集聚。

三　“十四五”时期优化重庆人口空间结构的政策建议

“十四五”规划是开启全面建设社会主义现代化新征程的第一个五年规划。

人口是区域发展最活跃的因素，也是区域规划最重要的基数。一个城市的经济发展总是伴随着人口空间结构的变动，城市内部各要素的分布也通过人口空间结构反映。“十四五”时期，重庆市应以人的城镇化为核心、以提高城镇化质量为导向，引导人口有序流动，推动城乡、区域人口协调发展，优化人口空间布局，支撑“一区两群”重大区域战略实施，适应经济高质量发展的空间需求，为“十四五”时期重庆市经济社会发展提供强大人口动力。为此，提出如下建议。

一是实施差别化的人口迁移政策。开展资源环境承载能力评价，科学确定重庆市“一区两群”三大主体功能区可承载的人口数量，实行差别化人口调节政策。对于渝东南、渝东北的生态脆弱区、不适于人类生活居住的区域，实施限制人口迁入政策，有序推进生态移民，建设环境友好型社会。

二是加快周边人口向主城都市区适度集中。“十四五”时期，主城九区要进一步强化总部经济中心、科技创新中心、西部金融中心、现代服务业中心、国际消费中心等城市核心功能，合理疏解非核心功能，优化人才政策，吸引全国各地人才落户，打造人才聚集高地；主城都市新区要加快产业发展和工业化进程，加大城市公共服务投入，全力建设“双百城市”，培育人口集聚的空间载体，增强对两群地区和川渝毗邻地区的人口吸纳能力，为主城都市区发展提供强大的人力支撑。

三是引导“两群”人口向区域中心城市集中。渝东北三峡库区城镇群现有户籍人口1094万人，常住人口823万，其中万州、开州、云阳、梁平4区的常住人口达442万，占整个渝东北常住人口的一半以上。建议“十四五”时期，以万州为核心加快“万开云梁”经济一体化发展；打通铁峰山，将万州与开州连接起来，拓展万州发展空间，推动万州、开州行政一体化，逐步在渝东北中部形成一个300万人口的区域中心城市，吸引渝东北周边区县人口向区域中心城市集中，支撑整个渝东北发展。

渝东南武陵山区现有户籍人口375万，常住人口274万人。“十四五”时期，渝东南地区应积极发展文化旅游、康养休闲、特色农业、生物医药等绿色产业，加大农村劳动力向城区转移力度，加快城镇化步伐，力争各区县人口城镇化率达到60%。

推动“两群”城镇化进程的同时，要减少长江沿岸生态脆弱区、武陵山区生态敏感地带、“两群”地区自然保护地核心区的人类活动，减少人类干扰，持续推动生态减载。

四是把提升人口城镇化质量作为“十四五”城镇化工作的重中之重。2019 年渝东北、渝东南两大区域的人口净流出均已占户籍人口的 1/4 左右，解决城镇化进程中的“人户分离”问题，是提升重庆市人口城镇化质量的关键。“十四五”时期，要进一步放宽主城都市区的落户条件，加快农村产权制度改革，完善农民工市民化成本分摊机制，鼓励家庭化迁移，彻底改变重庆市户籍人口城镇化率过低的局面。

五是遵循城镇化基本规律，依据人口空间变化优化资源区域间配置。科学认识“十四五”时期“全市人口向主城都市区聚集、主城都市核心区功能向周边疏解”的内在规律，准确判断“两群”地区农村人口减少、部分区县城镇收缩的趋势，顺势而为、合理施策，促进人口根据城市功能空间布局有效集聚、有序收缩、有机疏解，及时做好区域间要素资源的合理配置。

参考文献

武汉大学“十四五”时期人口相关政策研究课题组：《“十四五”时期人口相关经济社会政策的思考与建议》，《中国人口·资源与环境》2020 年第 6 期。

政武经：《疫情后进一步调整人口政策的思考与建议》，《经济界》2020 年第 2 期。

《重庆市人民政府关于印发重庆市人口发展规划（2016～2030 年）的通知》（渝府发〔2017〕22 号）。

《重庆市人民政府工作报告（2020 年）》，《重庆日报》2020 年 1 月 12 日。

冯奎：《从中长期视角看城镇化的方向和重点》，《中国经济时报》2020 年 8 月 11 日，第 4 版。

王应贵、娄世艳：《东京都市圈人口变迁、产业布局与结构调整》，《现代日本经济》2018 年第 3 期。

李国：《重庆户籍制度改革亟待破冰》，《工人日报》2013 年 5 月 5 日，第 2 版。

马素梅：《浅谈具有中国特色的以人为本的城镇化问题与解决方法》，《智能建筑与智慧城市》2020 年第 7 期。

B.24

打造“六桥同治”基层社会治理创新样板

课题组*

摘　要：　基层是人民群众生活休憩的家园，是党执政的最基层细胞，也是社会治理最基础的单元和最深厚的支点。近年来，重庆市两江新区人和街道邢家桥社区积极响应习近平总书记号召，认真落实党中央决策部署，坚决贯彻市委工作要求，紧扣两江新区积极创建平安和谐首善新区新目标，围绕构建有新区特色的社会治理体制机制新要求，立足自身实际，以“六桥同治”工程推进基层社会治理创新，着力构建基层社会治理新格局，并取得了积极成效，打造了“六桥同治”的基层社会治理创新样板。

关键词：　重庆　邢家桥　社会治理　创新

党的十九届四中全会提出，构建基层社会治理新格局，从制度层面对加强和创新基层社会治理作出了新部署。习近平总书记强调，“社会治理的重心必须落实到城乡社区，社区服务和管理能力强了，社会治理的基础就实

---

* 此文系重庆市2020年重大决策咨询招标课题“特大城市市域社会治理现代化研究”（项目号：2020ZB03）和重庆市社会科学规划特别委托重点课题“重大公共卫生事件防控与推进治理体系和治理能力现代化研究”（项目批准号：2020TBWT－ZD14）阶段性成果。执笔：重庆社会科学院张永恒。

了”，要求“深入推进社区治理创新，构建富有活力和效率的新型基层社会治理体系”，这为我们构建基层社会治理新格局指明了前进方向、提供了根本遵循。

中共重庆市委、重庆市人民政府高度重视推进加强和创新基层社会治理。《关于加强和完善城乡社区治理的实施意见》（渝委发〔2018〕26 号）对全市加强和完善城乡社区治理，构建基层社会治理新格局作出系统部署。2019 年 12 月召开的全市市域社会治理现代化工作会议，强调要坚持增强基层实力、激发基层活力、提升基层战斗力，明确提出要突出前瞻治理，不断夯实基层基础。

近年来，重庆市两江新区人和街道邢家桥社区积极响应习近平总书记号召，认真落实党中央决策部署，坚决贯彻市委工作要求，紧扣两江新区积极创建平安和谐上善新区新目标，围绕构建有新区特色的社会治理体制机制新要求，立足自身实际，以“六桥同治”工程推进基层社会治理创新，着力构建基层社会治理新格局，并取得了积极成效：社区社会总体和谐稳定，并荣获了“重庆市和谐示范社区”“重庆市民主与法治示范社区”“重庆市创建学习型家庭示范社区”“重庆市文明社区”等称号。为深刻阐释“邢家桥之治”基层社会治理的丰富内涵，全面总结邢家桥社区“六桥同治”的典型经验。课题组采用书面问卷调查、走访座谈、大数据分析等方式对邢家桥社区“六桥同治”基层社会治理创新的实践情况进行了深入调研，在多次征求各方面专家意见的基础上，形成了这份《打造“六桥同治”基层社会治理创新样板》调研报告，以期为深化推动我市基层社会治理现代化提供参考借鉴。

一　邢家桥之困——形势严峻、短板诸多：邢家桥社区治理面临多重困难

重庆市两江新区人和街道邢家桥社区成立于 1993 年 3 月，占地约 1.3 平方公里，常住人口 4253 户 11164 人（其中户籍人口 2318 户 6490 人）。近

年来，在重庆市两江新区管委会的关心支持下，在街道党工委、办事处的坚强领导下，邢家桥社区切实加强和创新社会治理，但由于辖区集贸市场、小旅馆、发廊、歌厅、网吧、洗浴等九小场所较为集中，治安状况较差，盗窃、诈骗问题突出，社区曾被列入市级A类挂牌整治社会治安重点地区，特别是随着经济社会飞速发展，各项建设不断加快，人员流动加剧等，社区社会治理压力与日俱增。面对日益严峻的社区治理形势，邢家桥社区治理工作还存在诸多短板，主要表现在四个方面。

共治氛围弱。社区开展协商民主体制机制不完善，政府购买服务机制不健全，社会组织培育引导不足、社工队伍建设不足，辖区各单位参与共治的积极性主动性不足。在一定程度上，社区落实“四议两公开”、议事会等流于形式，存在以“两委”会议或社区专职干部会议代替居民会议或居民代表会议的现象。

群众自治弱。群众主人翁意识不强，参与社区治理的积极性主动性不高，群众参与社会治理方式不多、作用发挥不明显，难以满足日益增长的美好生活需要和化解不平衡不充分发展之间的矛盾。同时，自治机制不完善，群众遇到问题时一方面多希望依靠政府解决，另一方面又希望实现自己的主观意愿，没有有效发挥自治管理的作用。

依法治理弱。部分社区群众法律意识淡薄、用法意愿较低，“法不责众”、“信权不信法、信访不信法”的思想普遍存在，个别甚至抱着“大闹大解决、小闹小解决”心态，对抗执法，干预司法，用非法方式图谋更多利益。部分社区干部习惯于听从上级指令、对下发号施令，重维稳、轻维法，运用法治思维和法治方式化解矛盾、维护稳定的能力不足。

科技支撑弱。社区智能门禁、智能定位、人脸识别等设施设备缺乏，视频监控等技防设施欠账多，社会治安防控体系网口偏大、结点不牢，为犯罪分子提供了可乘之机。社区信息共享程度不高，运用大数据智能化感知社区社会治理动向、研判社会矛盾发展规律、把握社会安全稳定态势的能力和水平还不高。

二 “邢家桥”之策——安置房整治：邢家桥社区治理的突破口

邢家桥社区以安置房综合整治项目为抓手，打响社区社会治理的攻坚战。始建于1992年的邢家桥社区安置房为多层砖混结构，建筑面积35966平方米，共计16栋27个单元579套房屋（居民住房488套、门市91个），涉及1422人。因建设早、规划差、标准低，经过近30年岁月洗礼，邢家桥安置房片区从原来人人向往的“新村”，变成个个躲避的老街。配套设施差：无停车位；安全保障差：强电线网老化严重；市政基础差：排水管网长期堵冒漏；卫生环境差：垃圾门前堆、污水街边倒成为常态；居住条件差：488套住房中有465套房屋存在不同程度漏水情况，打伞进卫生间不是个案，居民强烈希望改变现状。对此，两江新区党工委、管委会高度重视，2017年2月将邢家桥社区安置房综合整治项目作为管委会重大民生实事项目之一。市委常委、两江新区党工委书记兼管委会主任段成刚将邢家桥社区综合整治工程作为调研课题，亲自部署、亲自安排、亲自推动，先后多次指示区相关部门、人和街道要把好事办好、实事办实，并亲临人和街道邢家桥社区开展现场办公，通堵点、疏痛点、消盲点，拍板决定进行室内电线整治工程，解决了群众用电安全问题。党工委、管委会其他领导带领职能部门组织召开专题会议10多次，深入社区现场80多人次，强力推动工程顺利开展。

从一定程度上讲，社区安置房综合整治项目的实施就是对社区社会治理的一次大考，由于历史遗留问题及利益多元冲突，项目启动之日就因“五难”而举步维艰。一是思想观念转变难。整治工程刚启动时，群众因对政策了解不到位，产生“拆迁”误解，甚至部分居民为了得到更多拆迁利益，将众多亲戚户口迁入自己名下，导致1套不足60平方米的房屋户籍人口达20人之多。因期望落差大，当初整治工程的支持率仅为23%。二是个性诉求满足难。作为全市第一个涉及室内整治的民生工程，既要做到“面子”

的美化提升，又要追求“里子”的品质提升，而488户居民大到结构布局改变、小到水龙头移位的不同个性需求，让一个整治工程变成外立面整治和488户装修，导致工程实施困难。三是施工组织推进难。2020年的极端天气给工程推进带来极大阻力，就4~6月就有雨天32天、阴转雨21天，严重影响施工。同时为保障群众生活而采取的分步实施，也让作业面受限，以致于工程整体推进缓慢。四是居民生活保障难。通过设置移动厕所、淋浴房等措施来尽力解决整治期间居民生活不便，但群众的生产生活还是受到较大影响。特别是随着高温天气增多，稍有保障不到位就可能让1422名群众产生不满情绪，形成不稳定事件。五是行业部门协调难。本次综合整治工程涉及水、电、气迁改下地，实施主体多，施工不同步，导致在工程进度、文明施工等方面存在较大冲突，统筹协调难。这需要去充分发掘汇聚社区社会治理的力量。

强化组织领导。人和街道党工委强化责任担当，成立书记任组长的领导小组，建立11名班子成员和156名机关社区干部联系楼栋和居民的“包申请书签订、包矛盾纠纷协调、包违章建筑拆除、包突发事件处置”责任落实机制，奠定了工作基础。

强化宣传引导。坚持“从群众中来，到群众中去”工作路线，本着“有事好商量，众人的事情由众人商量”的原则，先后组织召开党员及居民会议35次、院坝会40余场，发放《给居民的一封信》《整治十条》2000余份，接待群众5000余人次，征求意见建议1000余条，充分听民声、顺民意、解民忧。

强化先锋引领。充分发挥基层党组织战斗堡垒作用，强化网格党建，深化党员“四亮四得”，让党员在整治工作中身份亮起来、责任担起来、模范树起来。邢家桥社区原书记主动请缨协助整治，深入一线，做最难的群众工作。因施工方措施不当，造成带头整治的党员任向东多间房屋大面积进水，关键时刻任向东不但没有提出任何赔偿要求，并安抚好母亲激动情绪，劝其不要影响施工，充分体现一名党员就是一面旗帜。

强化责任担当。人和街道党工委主要负责人贯彻落实两江新区党工委、管委会的决策部署，先后10余次主持召开街道党工委会议专题研究，身先士卒，带头深入居民家中做群众工作，带头做不同意整治群众的思想工作，成功转化了最难“钉子户”。邢家桥社区党委书记谢兰同志身患癌症却坚守岗位，把百姓的事情当成自己的事情，带领社区一班人敢啃硬骨、善打硬仗，付出大量心血和汗水，推动整治工程有序开展，赢得百姓高度赞誉。

强化统筹协调。为确保好事办好，人和街道协调管委会职能部门，先后10余次组织水、电、气等行业单位解决设计单位、强弱电单位改变招标方式等问题。新区管委会其他领导多次带领区级各职能部门现场办公，解决强弱电改造中政府规定和行业部门规定之间矛盾、违法建筑拆除等大量难题以及居民迫切要求解决的室内电线老化、墙面霉变脱落等问题，并追加整治经费960万元，为群众办了很多实事。

强化利民慧民。户均投入5万元的室内整治经费，让居民厨房厕所焕然一新；免费安装的抽油烟机、冷热水管、窗台贴砖等惠民举措让群众生活品质明显提高，“比才搬进来的时候还好”已成为群众的口头禅，群众幸福感和获得感进一步增强。

三　邢家桥之治——“六桥同治”：邢家桥社区社会治理新探索

社区是党和政府联系、服务居民群众的“最后一公里”。为解决好社区社会治理难题，邢家桥社区立足老旧小区流动人口多，居民素质参差不齐，社区治理较为复杂和困难的最大实际，创新社区治理举措，实施“主心桥”“连心桥”“养心桥”“齐心桥”“安心桥”“省心桥”“六桥同治”工程，推出了“四色四事”“三步问需五步工作法”“伙伴计划金点子创投活动”等特色工作方法，有力促进了社区自治、法治和德治的深度融合，初步形成共建共治共享的基层社会治理新格局，基层社会治理现代化水平不断提高。

1. 坚持党建引领，以“主心桥”工程筑牢社区治理的战斗堡垒

加强和创新社会治理，关键在党建。邢家桥社区党委坚持组织要求、党

员追求、群众需求协调统一，主动适应新形势和新要求，不断完善和加强社区党委的组织和服务功能，充分发挥社区党委在社区社会治理中的战斗堡垒作用，深化巩固社区党委领导的自治、德治、法治相结合的社区治理体系，促进社区社会治理水平提升，确保实现“党建有力量、治理有成效、群众有收获”的目标。

强化社区党委的引领作用。强化社区党委的引领作用，确保基层治理的正确方向。社区党委提出，要以非一流办公环境和条件干出一流的工作成效，秉承“执行就是本职、落实就是天职”的工作理念，努力把工作中心转移到抓党建、抓治理、抓服务上来，切实增强社区党委对社区社会治理的组织领导。着力优化工作机制，汇聚社区治理力量。探索构建“123 + N”党建网格化管理新模式，其中，“1”即以社区党委为一个核心，“2”即构建社区、楼栋二级网格，“3”即以社区党组织—网格党支部—楼幢党小组为三级引领；“N”即通过整合资源，充分调动党员、居民群众、辖区单位、社会组织、高校志愿者等 N 个力量形成“一张网”，实现网格服务力量全覆盖和最大化。

强化社区党支部的堡垒作用。健全社区党组织，结合实际设立四个党支部，成立党支部包社区楼栋党建工作推进小组，开展小区“微治理”，设置“楼栋讲习所”等载体，通过“党员 + 社区志愿”等主题活动，强化网格内党员的示范引领作用，凝聚社区社工、志愿者、楼栋长、物业管理人员等社会力量参与到党建网格化工作中来，实现社情民意收集反馈“短平快”，协调楼栋居民落实完成社区党委部署开展和交办的各项工作任务，积极为居民服务好。

强化社区党员的先锋作用。着力构建“四力四得四亮”标准，提高社区党员服务群众意识，让党员关键时刻豁得出、顶得上、靠得住。社区党委书记身先士卒。社区党委书记谢兰为了社区 1442 人的安居梦，在社区的综合整治中，主动谋划，全程参与，为不影响工期和进度，她不但推迟了自己的肺癌手术，更是在手术 14 天后便迅速地投入小区整治工作第一线，她为民服务的真情和行为感动了群众、感染了群众，进一步密切了干群关系。目前，社区群众视她为亲人，自发地为她挖草药煎好后送到她的办公室，帮助她恢复健康。社区党员时时处处亮身份。通过规范党员“三会一课”“志愿积分评先”“十佳志愿者评选”等制度，以及建档案、送祝福、温誓词、撰感言、讲党课、做奉献的“六个一”入党纪念日活动，提升党员的战斗力。在这次新冠疫情防控中，社区党员主动担起各值守点的任务，严格执行24小时值班值守制度，发动自己家人参与值守工作，形成了女同志白天值守、男同志夜间值守的“夫妻档”值班模式。正是社区党员同志及其家人的无言坚守和默默付出，为社区居民架起疫情防控的第一道防线，确保社区取得了未发生一起新冠肺炎疑似病例、确诊病例的好成绩。社区疫情防控成功做法被作为全市复工复产先进典型进行宣传报道。

2. 坚持居民自治，以“连心桥”工程打造社会治理共同体

深入推进社区协商，探索“四色四事”工作法，健全民主协商机制，将社区工作、居民自治活动向前延伸、向深拓展，有序引导居民群众在社区公共事务中进行自我管理，积极营造“民事民提、民事民决、民事民评”的良好氛围，切实提高居民在社区治理方面的参与度，让社区服务更加贴近居民群众，融合感情。

推行民事民提。通过网格议事会、院坝会、真情走访、网格微信群，以及“伙伴计划”金点子创投活动等方式问需于民、问计于民，就社区发展广泛征求居民的意见建议，让居民主动参与社区建设，使居民从原先的相互陌生、互不往来转变为能为社区发展建言献策。人和中学家属院路灯安装、安置房道闸设置及多场文化活动等就是依据居民建议成功实施的。

推行民事民决。探索实施“四色四事”工作法。多种形式收集居民意见、建议及诉求，并建立“微事、小事、大事、难事”问题台账。其中，“微事”即居民之间的邻里纠纷、家庭矛盾；“小事”即在社区层面能解决的与居民生活息息相关的事务；“大事”即需通过议事协商等机制共商共议的事务；“难事”即社区无法解决，需由上级职能部门办理的事务。建立问题“四色”预警化解机制。将“微事”“小事”“大事”“难事”分别标记为蓝色、黄色、橙色、红色，坚持“微事”由居民自行解决，社区参与调

解的方式完成；坚持“小事”由社区解决，居民参与的方式完成；坚持“大事”通过居民议事协商会商议，群众自治组织参与，居民会议决议等多方力量共同解决；坚持“难事”由社区收集问题并向街道职能部门反映，由职能部门牵头解决。

推行民事民评。建立反馈机制，问题解决后，将问题处理过程、结果进行公示，并反馈至居民，请居民评事，收集居民对问题处理的意见。同时，将社区居务决策等纳入社区居民监督范围，定期组织居民群众开展议事协商情况评议，保障居民的民主权利，最大限度地激发居民参与社会治理的动力。

3. 坚持平安共治，以“齐心桥”工程强化源头管理

牢固树立忧患意识，坚持以问题为导向，以“平安社区”创建为统领，多措并举，狠抓落实，认真排查社区的热点、难点问题，努力形成群防群治整体联动的工作格局，全力维护社区社会安全稳定，积极营造社会稳定、人民安居乐业的良好氛围，努力建成平安和谐美好社区，不断增强社区居民的安全感、获得感、幸福感。

织牢社区治安“防控网”。建立“一长四员四组织”党建网格管理服务体系。其中，“一长”即由社区两委成员兼任党建网格长；“四员”即由上级的驻居干部兼任监督员、专职网格员担任网格服务员、社区民警兼任网格警务员、社区居民代表担任网格调解员；“四个组织”即党员先锋组、居民自治组、秩序维护组、单位共建组，融合社区、物业、单位、居民力量，开展群防群治。开展专项整治活动，针对市场周边存在的欺骗、迷信等治安问题，开展专项整治，改善社区的治安环境，促进安全秩序持续好转。建立动态管理网络，加强对本辖区人口管理，坚持“以房管人”，以楼栋单元为册，建立本辖区 4253 户房屋情况登记台帐 200 册，确保人口数据底数清、情况明。定期对住户进行清查，做到有人报告、有人登记、有人管理、有人服务、责任到人，动态掌握房屋内居住人口的情况。

健全社区源头治理“新机制”。从维护社会大局稳定出发，做好矛盾纠纷排查化解工作，建立多元化纠纷解决机制，切实维护社区居民根本利益，

积极化解各类矛盾纠纷。建立矛盾就地化解机制，实现敏感事件早防范，苗头问题早消化，纠纷对象早转化。社区党员干部及相关人员齐上阵，对本辖区35个矛盾纠纷问题进行了就地化解，确保无重大刑事治安案件和火灾事故发生，无邪教活动和群体性事件发生。建立安全目标责任制，与本辖区668家九小场所签订安全目标责任书，共计开展安全检查2170次。建立社区人民调解机制。社区成立由相关专家组成的人民调解委员会，重点调处理邻里矛盾，探索调处之道，对调处问题进行分类、总结、分析，拿出具体解决问题的办法。能解决的及时解决，不能解决的给予合理答复，并及时向上级报告，寻求解决办法，尽最大努力让居民群众满意而归，有效化解家庭矛盾、居民纠纷，把矛盾消灭在萌芽状态，化解不安定因素，为创建平安社会奠定坚实基础，努力做到“小事不出社区，大事不出镇”，让矛盾纠纷得到平息和化解，维护社会和谐稳定。建立重点人员帮教套餐机制，对本辖区15名刑满释放、社区矫正等重点人员制定帮扶套餐，建立专人专档，主动与其做朋友，通过思想帮教、政策帮扶、困难救助、推荐就业等一对一的帮教活动，取得了良好的社会效果。

激活社会治理“共同体”。社区两委班子把社会治理工作排上重要日程，制定《邢家桥社区综治维稳工作实施方案》，健全组织机构，成立邢家桥社区综治维稳工作室，社区党总支书记、居委会主任担任主任，专干及成员由居委会委员组成。工作室负责组织、指导、督促落实本社区社会治安综合治理、社会稳定和平安创建工作，定期或不定期分析本社区治安形势，向社区两委提出平安创建、综治维稳的措施和建议；组织开展本辖区的综治维稳工作，抓好平安社区创建工作，接待居民来信来访，定期集中排查处理矛盾纠纷，引进更多专业力量，不断满足社区居民需求，培育和谐、平安的社会心态，力争把矛盾纠纷化解处理在基层、消灭在萌芽状态，构建和谐社区；协助联系有关部门，预防和处置突发群体性事件，着力解决本辖区治安问题，落实打击、防范、教育、管理、安置帮教等各项工作措施，提高治安防控能力；接受上级综治维稳工作中心以及成员单位的业务指导，不断提高工作效益。这一优势在新冠肺炎疫情防控中得以发挥，在新冠肺炎疫情初期，社区临时把辖区的数个网格整合为数个工作小组，把社区工作人员、党员、居民代表、企业等力量划分进网格工作组，开展拉网式排查，登记详细信息，了解所有人员去向，做到底数清、状态清、动向清。

4. 坚持全民德治，以“养心桥”工程建设和谐家园

道德是社会关系的基石，是人际关系和谐的基础。通过多种方式，充分发挥德治在社会治理中的道德引领作用，为推进社区社会治理现代化凝聚强大的精神力量。

提升群众愉悦感。坚持以社会主义核心价值观为引领，制订社区居民公约、自治章程，完善社区社会治理规则体系，保障了全社区的和谐稳定。丰富文化活动，基于原有的盘鼓、腰鼓、舞蹈、合唱、太极等群众文化基础，社区成立了 5 支群团组织、9 支文体队伍；更加注重传统优秀文化的传承，通过举办端午包粽子、中秋打糍粑、厨艺大比拼、趣味运动会、登山寻宝等群众喜闻乐见的活动，全力打造“睦邻文化”，不仅让文化活动多样悦心，也不断提升了社区居民的幸福指数。

提升群众温馨感。开展以“助困、助医、助老、助残、助学、助乐”为主要内容的“六助”活动，兜底社区弱势群体。以真情走访查民情、真心帮助化民怨、精准扶贫解民困、社会治理保民安为载体，社区两委与辖区的 134 户困难群众、256 户普通群众结对帮扶，年度入户走访群众 1742 户次，电话询访 355 户次，收集诉求 319 件，落实解决 231 件，推荐就业 83 人，职业培训 45 人，以假期实习等方式成功实施助学 5 人次，为居民办实事 10 件。特别是在新冠肺炎疫情防控中，通过《致老年朋友的一封信》等方式，加大疫情防控宣传力度，让老年群体对疫情防控清清楚楚、明明白白。

提升群众暖心感。社区大力实施“聚民”工程，打造志愿服务的“爱心家园”。社区现有 15 支队伍、1132 名专兼职志愿者，开展各类志愿服务，解决了政策无法解决的“疑难杂症”，惠及居民 2000 余人。同时，建立志愿时间储蓄、“爱心有价”等制度，对优秀志愿者进行表彰。通过树典型、立榜样，发挥志愿者爱心价值的传播作用，达到献爱心、聚民心、解民忧、

促和谐的目的。

5. 坚持社区法治，以“安心桥”工程促进社区治理法治化

社区党委统一领导开展法治建设，管理社区周边环境，整治占道经营、违法建筑等乱象。

管理社区周边环境。坚持环境卫生“两手抓两促进”，切实铲除老旧社区顽疾。一是抓日常，充分发挥“门前三包”和保洁人员日常清扫保洁的作用，形成“每日垃圾有人清、街面有人扫、乱扔有人管、效果有人督”的环境卫生发展态势。二是抓突击，针对卫生死角、三不管地带，开展清脏治乱、背街小巷整治等活动，切实治理环境顽疾，不断改善老旧社区面貌。

整治辖区市场乱象。社区大力推动市场规范管理。一是及时关闭了对周围居民影响巨大、存在严重安全隐患的临时市场，对市场内每户肉摊存放的用来制作烧肉皮的燃气罐进行统一规范设置，既方便群众购买烧肉皮，又破除了安全隐患；二是严格按照“三有三限三控”要求规范夜市管理，发展夜市经济，督促摊贩亮证经营、铺设地垫、清扫保洁等；三是以政府购买服务、社区监管的方式聘请专业的物管公司负责市场秩序维护。

完善法治化治理机制。全面推行社区“小微权力清单”制度。将贯彻落实社区级权力清单纳入居民民主自治建设规范化内容，让“小微权力清单”制度在社区级重大事项决策、招投标事项管理、财务管理、集体资产资源处置等方面发挥作用，明确社区干部权力边界，规范运行流程，实施阳光社务，把权力关进“笼子”，严格规范社区干部权力范围和行为，增加重大项目实施过程的透明度，促进民主参与决策，加强社区民主监督。

6. 坚持科技智治，以“省心桥”工程推进社区社会治理智慧化

社区紧跟时代发展步伐，顺应基层社会治理信息化、智能化发展趋势，积极探索“互联网 + 社会治理”方式，有效利用大数据预测群众需求、预判社会问题、增进社区共识，提升社区社会治理智能化水平。

提高社区治理公共效能。一是搭建设多方位的智能服务社区云平台，明确社区、其他组织的管理权限和职能范围，预防治理真空与重叠的发生。

如，通过智慧社区物业管理云平台，物业可为业主提供更多更优服务。二是贯彻“最多跑一次”改革，整合优化社区基本服务功能，建设高效互动服务系统，通过 APP、微信群、QQ 群等平台，开发“找党组织”“找居委会”“找物业”“找志愿者”模块，做到精准接收、及时处理和有效回应。三是健全信息发布功能。实现社区居民智能终端在手，便可获得社区政务综合服务全覆盖。深度挖掘社区基础数据的价值，在社区志愿者信息库、信息发布、居家养老、医疗保健、慈善公益、社区安全、物业管理等方面积极探索社区事务电子化，建设手机睦邻 APP，切实做到线上、线下互动良性循环，群众家里家外及时掌握。

深化大数据智能化运用。依托“天网工程”“雪亮工程”建设，实现社区主要路口摄像头全覆盖，改造升级小区视频监控系统，完善物防技防措施，全力推进小区智能门禁卡等智能安防设施等建设；通过视频监控增点扩面、整合网络信号、智能化运维，对“天网工程”进行巩固和延伸；优化“互联网 +”环境下的社会治安防控体系，在疫情防控工作中发挥了“阻击作用”，使社区治理能够更加适应疫情防控常态化的要求。

推进社区智能服务网格化。聚焦社区居民“吃、住、行、游、购、娱、健”七大生活服务，建立智能服务网格化系统，形成以智能中心大数据为基础，信息动态感知、对象闭环监测、处置及时跟进的大数据支撑体系，确保社区服务找得到门、找得对人。新建 5 层社区服务中心，新增近 500 个智能停车位，新建智慧社区公园 4000 平方米，为社区居民提供更加智能化、便捷化、高效化和安全化的“最后一公里”服务，增强智能服务亲和性，提升社区治理情感温度。

四　邢家桥之思——邢家桥样板：为重庆基层社会治理创新带来的启示

邢家桥社区“六桥同治”的大力推行，让邢家桥社区实现了社会治安环境由极差的“花街”向夜不闭户的“天街”的蜕变、人居环境由破旧

“烂房”向新潮“洋房”的蝶变……邢家桥社区基层社会治理已取得显著成效，为我市基层社会治理树立了标杆、提供了样板。

更加注重党建创新引领基层社会治理创新。建好建强全市基层党组织，破解基层党建工作难题，真正把基层党组织建设成为推动社会治理创新的坚强领导核心和战斗堡垒。要把抓好基层党支部建设作为组织体系建设的基本内容、作为管党治党的基本任务、作为检验党建工作的基本标准，持续整顿软弱涣散基层党组织，突出政治功能，强化政治引领，全面提高组织力和领导力，增强基层党组织动员凝聚群众开展社会治理的能力。适应基层发展新趋势和社会治理新变化，推进基层党组织设置向新经济组织、新社会组织延伸，不断扩大基层党组织覆盖面。推进基层党组织设置和活动方式创新，探索联建党组织新模式，构建基层大党建工作格局，以基层党建创新引领社会治理创新。加强基层带头人队伍建设，实施基层带头人队伍整体优化提升行动，采取从本地“找”、从外出人员中“引”、从邻里“调”、从退休干部中“请”、机关“派”等方式，把能抓善抓基层社会治理的党支部书记选出来、用起来。注重从优秀本乡青年、回乡创业大学生中发展党员，加强党内激励和关怀帮扶，引导基层党员在社会治理中冲在一线、走在前列，发挥好先锋模范作用。

建强全市基层党组织，着力抓自治法治德治“三治”结合，构建现代治理体系。一是以德治为基础，夯实政治安全根基。牢牢掌握意识形态工作领导权，围绕社会主义核心价值观和“三德”教育，深化群众精神文明建设。加强宣传阵地建设和管理，开展净网专项行动，及时掌握和妥善处置意识形态领域突发问题和突发事件。二是以法治为保障，营造良好普法环境。深入开展主题法治宣传实践活动，大力实施全民法律素养提升行动。全面开展依法分类处理信访诉求工作，加强社区法律服务工作室建设，发挥公益律师作用，引导居民依法解决诉求。三是以自治为目标，创新社区治理体系。建立自治、法治、德治结合机制，发挥群众在社会治理中的主体作用，创新基层民主自治的方式方法，改进行政管理方式，提升行政服务水平，实现社会多元参与，从社会管理向社会治理转变。

更加注重开放共治。深入推进基层自治，推动“四议两公开”、议事会、居民代表听证会等制度落细落小落实，探索搭建更多百姓民主协商平台，制定民主协商清单，让居民自己“说事、议事、主事”，促进民事民议、民事民办、民事民管。大力培育发展基层社会组织，重点培育和优先发展公益慈善类、社区服务类社会组织，发展更多居民自助互助类、志愿服务类社会组织，鼓励全市大型社会组织向基层特别是偏远地区拓展，激活农村社区红白理事会、禁毒禁赌会、民情民意会等动力活力。调动农村精英参与积极性，通过搭建各种平台、完善各种机制，把基层“两代表一委员”、“五老”、乡贤能人、热心群众等组织起来，发挥其在解决公共事务、救助困难群众、化解矛盾纠纷中的重要作用。完善政府购买服务体制机制，推动政府购买服务向乡村倾斜，把基层社会治理有关事项作为政府购买服务的重点内容和优先选项，同等条件下优先向有资质的社会组织和辖区社会组织、企业、单位等购买，激发社会力量参与的积极性。

更加注重“慧管智治”。加大补点扩面力度，提高基层学校、医院、小区支次道路、重点院落等区域覆盖面。整合基层企业、专业合作社等社会视频镜头，推动各类视频监控资源联网共享。鼓励有条件的街区建设人脸识别、智能门禁、视频卡口、智能探针、智能安防设备等。深化整合群工、政法、综治、人社、安监、信访等部门数据，规范各类数据技术规范标准，建设全市基层社会公共信息资源共享平台。加强对基层社会治理数据资源的挖掘、分析、利用，及时发现基层社会前端治理中带有普遍性、趋势性的问题，实现对各类风险自动识别、敏锐感知、及时预警，提高社会治理智能化水平。

参考文献

《习近平谈治国理政》（第三卷），外文出版社，2020。

成渝地区双城经济圈建设篇

Establishment of Two City Economic Circle in Chengdu-Chongqing Area

B.25

成渝地区双城经济圈提出背景、建设成效及展望

重庆市发展和改革委员会

摘　要： 2020年1月3日，习近平总书记在中央财经委员会第六次会议上发表重要讲话，专题部署成渝地区双城经济圈建设，将其上升为国家战略。面对新形势新任务，川渝两地积极行动，对标对表习近平总书记要求，共同推动成渝地区双城经济圈建设。本文对成渝地区双城经济圈建设的提出背景进行了概述，主要回顾了近十年来成渝地区重大合作历程，比较了成渝城市群在全国城市群中的发展优势，阐释了推动成渝地区双城经济圈建设的意义及作用。本文总结了自党中央部署成渝地区双城经济圈建设战略以来，重庆市各级各部门按照一盘棋思想、一体化发展理念，精心谋划和务实推动所取得的工作成效，主要包括工作机制、谋划部署、共建项目、功能

平台，合作协议、专项任务等方面。最后对2021年成渝地区双城经济圈建设工作进行了简要展望。

关键词：　成渝地区　经济圈　城市群　一体化

一　成渝地区双城经济圈提出背景

（一）近十年来成渝地区重大合作历程

一是国家层面推动。2011 年 4 月，国务院正式批复《成渝经济区区域规划》，指出成渝经济区自然禀赋优良，产业基础较好，城镇分布密集，交通体系完整，人力资源丰富，是我国重要的人口、城镇、产业集聚区，是引领西部地区加快发展、提升内陆开放水平、增强国家综合实力的重要支撑，在我国经济社会发展中具有重要的战略地位；努力把成渝经济区建设成为西部地区重要的经济中心、全国重要的现代产业基地、深化内陆开放的试验区、统筹城乡发展的示范区和长江上游生态安全的保障区，在带动西部地区发展和促进全国区域协调发展中发挥更重要的作用。2016 年 5 月 4 日，国家发展改革委、住房和城乡建设部联合印发《成渝城市群发展规划》，提出成渝两地的发展定位——全国重要的现代产业基地、西部创新驱动先导区、内陆开放型经济战略高地、统筹城乡发展示范区、美丽中国的先行区；明确提出到 2020 年，成渝城市群要基本建成经济充满活力、生活品质优良、生态环境优美的国家级城市群；到 2030 年，成渝城市群完成由国家级城市群向世界级城市群的历史性跨越。2019 年 4 月 8 日，国家发展改革委印发的《2019 年新型城镇化建设重点任务》明确将成渝城市群与京津冀城市群、长三角城市群和粤港澳城市群并列，要求扎实开展成渝城市群发展规划实施情况跟踪评估，研究提出支持成渝城市群高质量发展的政策举措，培育形成新的重要增长极。

二是两省市深化合作。2015 年 5 月 21 日，重庆和四川签署《关于加强两省市合作共筑成渝城市群工作备忘录》，决定将推动交通、信息和市场三个“一体化”。2015 年 12 月 26 日，成渝高铁正式通车运营，这是连接成渝的第一条高铁。2018 年 6 月 6 日至 7 日，四川省党政代表团赴重庆市学习考察。其间，川渝签署《深化川渝合作深入推动长江经济带发展行动计划》和 12 个专项合作协议，双方合作向纵深推进。2019 年 7 月 9 日至 10 日，重庆市党政代表团赴四川学习考察，签署了《深化川渝合作推进成渝城市群一体化发展重点工作方案》《关于合作共建中新（重庆）战略性互联互通示范项目“国际陆海贸易新通道”的框架协议》两个重要文件及 16 个专项合作协议。

（二）成渝地区的发展优势

对比全国 19 个主要城市群，成渝地区具有以下比较优势。

一是两地区位优势突出。成渝地区地处我国西南地区东西结合、南北交会处，是“一带一路”和长江经济带的联结点，具有承东启西、连接南北的区位优势。在全国“两横三纵”城镇化战略格局中，成渝地区是沿长江通道横轴和包昆通道纵轴的交会地带，是全国重要的城镇化区域。

二是综合经济实力较强。在经济总量上，2019 年成渝地区生产总值为 6.3 万亿元，占全国 6.4%，在 19 个城市群中位居第八，在西部城市群中位居第一，远高于西部其他城市群。在产业结构上，2019 年成渝地区第三产业增加值 2.6 万亿元、工业增加值 1.9 万亿元，都在中西部城市群中位居第三。

三是对外开放趋于领先。2019 年，成渝地区货物进出口额达到 1.1 万亿元，在 19 个城市群中位居第四，仅次于京津冀、长三角、珠三角城市群，占中西部城市群 49%，位居西部第一。实际利用外资额也在 19 个城市群中位居第六；占西部城市群 62%，位居西部第一。

四是人力资源较为丰富。人口总量占全国的 6.9%，在 19 个城市群中位居第六，在西部城市群中位居第一，具有较大的发展潜力和空间。

五是科教资源较为丰富。成渝地区有普通高等学校（机构）183 所，占全国的 6.9%；专任教师 172889 人，占全国的 10.3%；大专及本科在校生 2327521 人，占全国的 8.2%；中等职业学校在校生 1119969 人，占全国的 9.2%；还有中国科学院院士、中国工程院院士 123 人。

（三）推动成渝地区双城经济圈建设的重大意义

2020 年 1 月 3 日，习近平总书记主持召开中央财经委员会第六次会议，研究推动成渝地区双城经济圈建设问题。会议指出，推动成渝地区双城经济圈建设，有利于在西部形成高质量发展的重要增长极，打造内陆开放战略高地，对于推动高质量发展具有重要意义。10 月 16 日，中共中央政治局召开会议，审议《成渝地区双城经济圈建设规划纲要》。会议指出，推动成渝地区双城经济圈建设，有利于形成优势互补、高质量发展的区域经济布局，有利于拓展市场空间、优化和稳定产业链供应链，是构建以国内大循环为主体、国内国际双循环相互促进的新发展格局的一项重大举措。党中央在 2020 年两次专题研究成渝地区双城经济圈建设，赋予其重大意义，为推动成渝地区双城经济圈建设提供了根本遵循。具体来讲，推动成渝地区双城经济圈建设的重要作用还表现为以下几方面内容。

一是拓展成渝地区战略腹地。成渝地区历来是我国的战略大后方，成渝地区双城经济圈建设，其中“成渝”指向双核，“地区”指向更加纵深的经济腹地，“经济圈”则代表成渝地区经济的辐射范围和能量。通过推动成渝地区双城经济圈建设，探索打破行政区划壁垒，推动经济区与行政区适度分离，有助于优化国土空间布局，增强人口和经济承载能力，对重塑成渝地区经济地理、带动西部经济薄弱地区发展、形成强大战略后方、增强维护国家战略安全和经略周边能力、推动新时代西部大开发具有重要而深远的影响。

二是筑牢长江上游生态屏障。成渝地区地处长江上游，对长江中下游地区生态安全承担着不可替代的作用。重庆境内长江干流里程达 691 公里，三峡库区是全国最大的淡水资源战略储备库，维系全国 35% 淡水资源涵养和长江中下游地区3亿多人饮水安全。建设成渝地区双城经济圈，切实强化“上游意识”，担起“上游责任”，让“生态优先、绿色发展”理念蔚然成风，有利于筑牢长江上游重要生态屏障，维护长江中下游乃至更大范围地区生态安全。

三是解决发展不平衡不充分问题。当前，成渝地区已是西部地区发展的领头羊，但发展的极核在重庆主城区和成都市。从市区人口看，重庆主城区、成都市双核人口都超过千万，次级城市市区人口达到300万~500万才符合城市群发展规律，但目前最大的次级城市——绵阳市区人口不足200万，无法有效支撑。从经济总量看，双核均已超过1.5万亿元，但无论是北翼的绵阳—德阳区域、南翼的宜宾—泸州—永川—江津区域还是东北翼的万州—达州—开州区域，都没有超过5000亿元规模，差距还相当大。从空间结构看，要推动成渝地区形成以重庆主城区为“重心”、成都市为“顶点”、川渝东北翼和西南翼为两大“支点”的黄金等边三角形的空间格局，这是缓解成渝地区“双核独大、两翼不振”不平衡不充分发展矛盾、打造西部地区高质量增长极的撒手锏。

此外，推动建设成渝地区双城经济圈，是成渝地区融入“一带一路”和长江经济带建设、提升内陆开放水平的重要手段，也是巩固脱贫攻坚成果、推动区域乡村全面振兴的有效路径，有利于推动内陆开放和推进乡村振兴。

二　成渝地区双城经济圈建设成效

2020年1月，中央财经委员会第六次会议作出“推动成渝地区双城经济圈建设，在西部形成高质量发展的重要增长极”重要战略部署。面对新形势新任务，全市各级各部门切实提高政治站位，深入贯彻习近平总书记重要讲话精神，全面落实党中央决策部署，将推动成渝地区双城经济圈建设作为一项重大政治任务，按照一盘棋思想、一体化发展理念精心谋划和务实推动，各项工作实现良好开局起步。

（一）工作机制高效运转

2 月，重庆市成立了以市委主要领导为组长、市政府主要领导为副组长的推动成渝地区双城经济圈建设领导小组，下设 7 个专项工作组，均由分管副市长任组长，形成了高位推动、全面部署的格局。与四川建立完善合作机制，已建立川渝两地党政联席会议、常务副省市长协调会议、发展改革委主任调度会议制度，形成了决策层、协调层、执行层三级运行机制。1 ~ 12 月，已累计召开党政联席会议 2 次、常务副省市长协调会议 2 次、发展改革委主任调度会议 6 次。成立川渝两地人员双向互派的联合办公室，专职推动成渝地区双城经济圈建设工作。推动各区县、市级各部门建立完善了相应的工作机制。

（二）谋划部署系统集成

一是开展集中调研。2 月下旬至 3 月底，全体市级领导干部牵头组织开展推动成渝地区双城经济圈建设集中调研，克服疫情困难，走出去、找问题、寻对策，吃透上情、把准市情、摸清下情，凝聚了全市上下智慧和力量，形成了一批较高质量研究成果。召开市领导集中调研成果交流会，部署推动调研成果转化运用。二是加强系统谋划。以推进“一区两群”协调发展作为贯彻落实习近平总书记重要指示精神、推动成渝地区双城经济圈建设的重要部署，优化全市空间布局，促进各板块彰显特色、协调发展、形成合力。积极对接国家发展改革委等有关部委和四川省委、省政府，谋划建立“1 + 7 + N”工作体系。“1”，即 4 月 15 日重庆市委第五届八次全会召开，审议通过了《中共重庆市委关于立足“四个优势”发挥“三个作用”加快推动成渝地区双城经济圈建设的决定》；“7”，即对照习近平总书记提出的七项重点任务，分项研究制定行动方案，提出各领域工作任务、具体抓手和保障措施；“N”，即围绕习近平总书记讲话中明确的若干工作任务，按照清单化、事项化、政策化要求落实。11 月 26 日至 27 日，市委五届九次全会召开，进一步提出要提高政治站位、战略站位，深刻把握“两中心两地”

战略定位和发挥“三个作用”的辩证统一关系，全面推动成渝地区双城经济圈建设国家重大战略落地见效。

（三）共建项目滚动推出

为贯彻落实川渝两省市党政联席会议第一次会议精神，发挥重大项目对成渝地区双城经济圈建设的支撑和示范作用，推动成渝地区双城经济圈建设联合办公室聚焦互联互通、辐射毗邻地区、跨区域或流域合作开发和互相投资等方面的基础设施、产业发展、科技创新、生态环保、公共服务项目，收集筛选了两省市 2020 年共同实施的重大项目。推动成渝地区双城经济圈建设联合办公室主任 2020 年第三次、第四次调度会，先后审议通过第一批和第二批川渝 2020 年共同实施的重大项目，累计 31 个，总投资 5562.5 亿元，年度投资 386.7 亿元。

合力共建基础设施项目 22 个，即成渝中线、渝西、渝昆、成达万、成渝客专提质改造等 5 个高铁项目；南充至潼南、内江至大足、铜梁至安岳、江津至泸州北线、泸州至永川、开江至梁平、广安过境高速公路东环线及渝广高速支线、渝武高速扩能（重庆段）等 8 个高速公路项目；渝邻快速通道（邻水至渝北区茨竹段）、遂潼快捷通道、明月山环山旅游健康道路等 3 个快速通道项目；嘉陵江利泽航运枢纽、涪江干流梯级渠化双江航电枢纽、渠江重庆段航道整治等 3 个航运项目；遂宁港大沙坝作业区一期工程、华蓥高兴站货场工程、5G 网络建设项目。合力打造科技创新中心项目 1 个，即人工智能融合应用平台项目。协力建设产业发展项目 8 个，即重庆西部电子电路产业园、巴蜀非遗文化产业园、大巴山国际旅游度假区、荣昌隆昌 40 万亩“稻渔”综合种养绿色发展产业带项目、100 万头生猪产业化项目、渝威国际农批冷链项目、渝西川南综合物流园、成渝双城物流配送中心等。

为加快项目建设，将川渝共同实施项目纳入市级重点项目进行管理，按月进行调度，挂图作战、打表推进。截至 11 月底，已相继开工建设 26 个，累计完成投资 317.9 亿元。其中，成渝客专提质改造项目已通过初步验收，进入运营评估阶段。成渝中线高铁完成可研鉴修审查，可研审批前置要件正在加快办理。成达万高铁项目可研报告已批复。渝西高铁可研鉴修报告已完成审查，可研审批前置要件正在加快办理。渝昆高铁（川渝段）项目已完成施工图批复。内江至大足、资中至铜梁、江津至泸州北线、泸州至永川、渝武高速扩能、广安过境高速公路东环线及渝广高速支线等6个高速公路项目加快建设。开江至梁平高速公路项目完成投资人招标和项目公司组建并开工建设。

（四）功能平台（毗邻地区）破题起势

3月25日，市委陈敏尔书记在荣昌区调研时指出，加快推进毗邻地区深度融合，推动成渝地区双城经济圈建设走深走实。4月13日，陈敏尔书记在市推动成渝地区双城经济圈建设领导小组第三次会议上，要求研究制定支持重庆市13个区县加强与四川毗邻地区合作的指导性意见。唐良智市长也多次强调，要加快推进川渝毗邻地区融合发展，加强深度合作。毗邻地区融合发展是推动成渝地区双城经济圈建设的突破口。按照川渝党委、政府要求，推动成渝地区双城经济圈建设联合办公室积极谋划推进毗邻地区合作功能平台建设。

一是加强谋划研究。对接上海等省市，学习借鉴长三角生态绿色一体化发展示范区等先进发展经验，深入川渝毗邻的6个市和13个区县开展实地调研。综合分析毗邻地区比较优势，以资源禀赋和优势产业为切入点，谋划提出打造9个特色鲜明和优势互补的区域发展功能平台。其中，除万达开川渝统筹发展示范区是落实总书记的战略部署之外，广安市与渝北区发挥得天独厚的地理区位优势和产业互补性强特点，打造产城景融合发展新区；遂宁、潼南探索打破地域限制和行政壁垒，打造一体化发展先行区；资阳、大足依托石刻（石窟）等特色历史文化资源和安岳柠檬、大足枇杷等特色农业资源，打造文旅融合发展示范区；内江、荣昌依托农业产业优势和高校资源优势，打造现代农业高新技术产业示范区；泸州、永川、江津依托区位优势、产业优势和交通物流优势，打造融合发展示范区，推动渝西川南地区融合发展；合川、广安、长寿发挥区位、资源、产业、生态等比较优势，打造环重庆主城都市区协同发展示范区；梁平、垫江、达川、大竹、开江、邻水依托明月山资源，共同打造明月山绿色发展示范带，积极践行“两山论”；城口、宣汉、万源整合革命老区文化旅游资源，协同推进区域开发，打造革命老区振兴发展示范区。二是推动出台政策。推动市委、市政府出台《关于推动毗邻四川的区县加快融合发展的指导意见》，推动川渝两省市政府联合出台《川渝毗邻地区合作共建区域发展功能平台推进方案》，为推动毗邻地区合作功能平台建设提供重要政策支撑。川渝高竹新区和遂潼一体化发展先行示范区总体方案已经两省市政府审定。

（五）合作协议点多面广

川渝两地省市级部门、区县市（州）积极围绕基础设施、现代产业、科技创新、国土空间、体制改革、生态环保、公共服务等各个方面加强交流与合作。截至10月底，全市区县政府、市级部门与四川方面共签署合作协议229份（包括框架协议、备忘录、行动计划等）。

一是区县政府与四川方面签署协议情况。30个区县与四川方面签署协议80份，其中合川区、渝北区等13个毗邻区县与四川市县政府签署协议53份，江北区、北碚区等17个非毗邻区县与四川市县政府签署协议22份；南川区、秀山县等5个区县与四川协会、院校、企业等签署协议5份。二是市级部门（单位）与四川方面签署协议情况。81个市级单位与四川方面签署协议149份，其中市委组织部、市委政法委等77个部门与四川省级部门（或市级人民政府）签署协议140份；两江新区、重庆高新区等4个园区与四川方面签署相关协议9份。三是协议具体内容情况。各协议单位按照协议事项项目化、清化单要求，归纳出协议具体推进事项543项，其中市级部门75项、区县468项。围绕协议具体事项，区县政府、市级部门制定工作方案，加快推进落实，多数事项取得了较好进展。

（六）专项任务加快推进

一是加强交通基础设施建设。川渝两省市交通部门签署《成渝地区双城经济圈交通一体化发展三年行动方案（2020～2022年）》以及运输服务一体化、普通公路、长江上游航运中心、智慧交通、交通运输行政执法管理协同发展合作备忘录等“1+5”合作协议；共同委托编制《成渝地区双城经济圈综合立体交通网规划（2021~2050年）》。编制形成《推动成渝地区双城经济圈建设加强交通基础设施建设行动方案（2020~2022年）》《重庆市推动交通强国建设试点实施方案（2020~2025年）》。积极推进成渝地区双城经济圈交通运输一体化建设，开行毗邻地区跨省公交线路，推动公共交通一卡通与四川等省市互联互通，探索成渝铁路路线月票乘车机制。全方位推动交通运输行政执法管理协同发展，着力提升区域交通运输行政执法管理水平。

二是加快现代产业体系建设。川渝两省市经济信息部门签署战略合作框架协议、《成渝地区工业互联网一体化发展示范区战略合作协议》、《成渝地区双城经济圈汽车产业协同发展战略合作协议》、《川渝能源运行保障合作协议》；联合印发《关于加快推进成渝地区双城经济圈产业合作园区建设的通知》，开展园区共建；共同举行成渝地区双城经济圈汽车产业链供需信息线上对接平台揭幕仪式。两地文化旅游部门成立推动巴蜀文化旅游走廊建设专项工作组，设立联合办公室；推动洪崖洞和宽窄巷子、金佛山和都江堰等地标级景区达成战略合作，开发川渝两地一程多站跨省区旅游线路70余条，联袂打造“智游天府”和“惠游重庆”网络服务平台，联合主办“巴蜀文化旅游走廊自由行”活动。两地金融监管部门签署《共建西部金融中心助力成渝地区双城经济圈建设合作备忘录》《深化打击非法金融活动协调联动机制助力成渝地区双城经济圈建设合作备忘录》。两地农业部门签署建设成渝现代高效特色农业带战略合作协议。此外，两地大数据、网信、招商投资、能源等部门均签署框架协议或合作备忘录，推动相关产业融合发展。

三是增强协同创新发展能力。川渝两省市科技部门签署《进一步深化川渝科技创新合作增强协同创新发展能力共建具有全国影响力的科技创新中心框架协议》和《科技资源共享合作协议》、《协同推进科技成果转化工作专项合作协议》、《科技专家库开放共享合作协议》“1+3”协议，制定2020年推进实施的4个方面、16项协同创新工作清单，联合向科技部报送川渝两地科技部门共同争取国家支持的 6 个方面、30 项重大事项清单（第一批）；分别出资 1000 万元，聚焦人工智能、大健康两个重点领域，联合实施重点研发项目；交换共享第一批 8000 余名专家信息；成立总规模 50 亿元的成渝双城经济圈科创母基金，首期 10 亿元重点投资生物医药、人工智能、集成电路、智能制造等领域科创企业。两江新区携手天府新区打造内陆开放门户，重庆高新区与成都高新区建立科技创新合作机制，北碚区与绵阳市协同推进绵碚两地高校及科研院所加强交流合作，永川区、荣昌区积极推动建设“泸内荣永”国家高新区产业联盟。

四是优化国土空间布局。川渝两省市规划和自然资源部门签署《深化规划和自然资源领域合作助推成渝地区双城经济圈建设合作协议》，在国土空间规划编制、区域经济布局、筑牢长江上游重要生态屏障、自然资源领域改革试点、综合防灾减灾能力建设等九个方面深入合作；共同推进《成渝地区双城经济圈国土空间规划》编制工作，按照自然资源部办公厅下发的《关于支持四川省、重庆市联合编制〈成渝地区双城经济圈国土空间规划〉的函》有关要求，建立合作机制，重点结合两省市在编国土空间规划，加强交通、生态、产业、公共服务等领域空间协调发展问题沟通衔接。起草重庆市《优化成渝地区双城经济圈国土空间布局行动方案（2020 ~ 2025 年）》，将优化成渝地区双城经济圈国土空间布局的战略要求落实到机制、规划、政策、项目、事项。

五是加强生态环境保护。川渝两省市生态环境部门联合印发《推动成渝地区双城经济圈建设联合办公室生态环境共建专项工作组工作机制（试行）》《深化四川重庆合作推动成渝地区双城经济圈生态共建环境共保工作方案》《深化四川重庆合作推动成渝地区双城经济圈生态共建环境共保 2020 年重点任务》，按月调度重点任务工作进展。在水、大气、固废、辐射、督察、执法、应急等 7 个方面签署 7 项合作协议。组织川渝毗邻区域开展打赢蓝天保卫战联动帮扶，启动川渝首次联合执法行动，落实危险废物跨省市转移“白名单”制度，组织铜钵河流域联防联治方案编制，推动新盛河流域联动督察，策划“美丽中国　我是行动者——云上共赏美丽川渝 2020 年‘六·

五’环境日生态文明嘉年华”活动，开展“同饮一江水　共护长江源”成渝两地三江源环保公益行活动。

六是推进体制创新。川渝两省市党委全面深化改革委员会办公室签署《协同推进成渝地区双城经济圈建设改革合作框架协议》，联合印发《关于推动成渝地区双城经济圈建设的若干重大改革举措》。两省市政府办公厅签署《协同推进成渝地区双城经济圈“放管服”改革合作协议》，发布川渝通办事项清单（第一批），共涉及95项通办事项。两地民营经济主管部门召开成渝地区双城经济圈民营经济协同发展示范区专题会，协同谋划推动民营经济协同发展示范区建设。两地财政部门签署《成渝地区双城经济圈建设工作财政协作推进机制备忘录》，共同探索经济区和行政区适度分离、建立互利共赢的税收分享机制的创新路径。两地商务部门签署《共建内陆改革开放高地战略合作协议》《推动成渝地区双城经济圈建设商务工作机制》《共建川渝自贸试验区协同开放示范区工作方案》；推动成立成渝双城消费服务联盟，启动“成渝双城经济消费节”。两地市场监管部门签署《深化川渝市场监管一体化合作推动成渝地区双城经济圈建设工作方案》及市场准入、标准化建设、特检技术机构等合作备忘录。两地口岸物流部门签署《成渝地区双城经济圈口岸和物流合作备忘录》《川渝国际贸易“单一窗口”合作协议》。重庆渝北区、两江新区、沙坪坝区、九龙坡区、南岸区，成都高新区、青羊区、天府区、武侯区等9区启动川渝两地跨省市户口迁移“一站式”办理试点工作。

七是强化公共服务共建共享。川渝两省市教育部门签署《推动成渝地区双城经济圈教育协同发展框架协议》等多个合作文件；共同研究和组织实施首批6项成渝协同重大教育改革试验示范标志性、支撑性、引领性项目；先后成立成渝地区双城经济圈高校联盟、高校法治教育联盟、产教融合发展联盟等12个联盟，组建商贸流通职业教育集团等4个跨省市职教集团。四川省政府与重庆大学、重庆市政府与四川大学分别签署战略合作协议开展深度合作。两地卫生健康部门签署《推动成渝地区双城经济圈建设川渝卫生健康一体化发展合作协议》《推动成渝地区双城经济圈建设川渝中医药一体化发展合作协议》，确立共同打造国家区域医疗中心和国家医学中心、共建川渝地区国家中医药综合改革示范区的任务目标。成渝两地跨省异地结算覆盖范围快速扩大、服务人次快速提升，截至8月底，两地接入跨省联网直接结算医疗机构超过3500家，结算人次6.24万人、金额9.84亿元。两地人力社保部门推动实现人才流动档案办理“零跑路”，取消川渝企业职工养老保险关系转移纸质表单邮寄传递，推动互办社保卡业务开启试运行，推动证照、待遇、鉴定等领域公共服务事项结果共享互认，推动养老保险待遇资格“就近认”，推动实现社会保障卡“就近办”。两地住房城乡建设部门推动潼南、大足、遂宁、资阳四地以及万州、开州、梁平、云阳、达州五地住房公积金一体化发展。两地文化旅游部门推进川渝城市群无障碍旅游合作，川渝游客可凭借“一码”游览两地660余家景区和文化旅游场馆。推动主城常规公共交通一卡通与四川等9省市互联互通。推动川渝市场主体信用信息资源共享、信用修复结果同步互认。

三 2021年建设展望

2021年是推动成渝地区双城经济圈建设的深化落实之年，全市上下将全面贯彻落实中央财经委员会第六次会议和中央政治局2020年10月16日审议《成渝地区双城经济圈建设规划纲要》（以下简称《规划纲要》）会议精神，全面落实《规划纲要》，牢固树立一盘棋思想和一体化发展理念，按照“唱好‘双城记’、共建‘经济圈’，最根本的是集中精力办好重庆自己的事情，最关键的是同心合力办好合作的事情”指示，在实际工作中做到“认识准、思路清、落点实、合力足”，既好又快推动成渝地区双城经济圈建设，力争2021年取得更多更大的成效。

一是抓好《规划纲要》贯彻落实。同四川方面共同做好《规划纲要》及时贯彻实施，共同推动党中央决策部署全面落实，将《规划纲要》的“任务书”变成成渝地区的“施工图”。

二是扎实推动“一区两群”协调发展。将“一区两群”协调发展作为成渝地区双城经济圈建设的载体，坚定不移地做大做强主城都市区，做优做特渝东北三峡库区城镇群和渝东南武陵山区城镇群，把国家战略要求转化为战略行动的系统部署。

三是切实发挥合作机制作用。筹备召开好两省市党政联席会议会议、常务副市（省）长会议、联合办公室主任调度会议，确保各类会议取得丰硕成果。推动专项工作组和各联合工作组高效运转。

四是提速推动一批战略性、引领性、标志性重大项目。推动重大项目尽快开工、投资放量，确保成渝地区在基础设施互联互通、跨区域或流域合作开发和互相投资上取得明显进展和显著成效。

五是大力推动政策协同。围绕建设高标准市场体系，打造成渝地区统一开放大市场；围绕高质量发展，推动川渝产业分工协作、补链成群；围绕高品质生活，推进公共服务和民生事业政策一体化。

六是推动区县全面深入合作。推动毗邻地区合作功能平台编制建设方案，尽快在项目合作、园区共建、改革创新上形成阶段性成果。推动非毗邻地区以“下跳棋”的方式和用点状、带状及网状的模式创造性开展合作。

参考文献

唐文金主编《成渝地区双城经济圈建设研究》，四川大学出版社，2020。

《重庆市人民政府办公厅　四川省人民政府办公厅关于印发川渝毗邻地区合作共建区域发展功能平台推进方案的通知》（渝府办发〔2020〕97 号）。

《中国统计年鉴（2020）》。

《四川统计年鉴（2020）》。

《重庆统计年鉴（2020）》。

B.26 加快建设主城都市区同城化发展先行区 努力打造成渝地区双城经济圈重要战略支点

程志毅*

摘　要：习近平总书记在主持召开中央财经委员会第六次会议时强调，要推动成渝地区双城经济圈建设，在西部形成高质量发展的重要增长极。江津区将按照“坚持同城化、融入中心区，联结渝川黔、打造新支点”的思路，做好六个“同”：发展规划更加注重“同构”、城市建设更加注重“同融”、优势产业更加注重“同链”、科技教育更加注重“同兴”、基础设施更加注重“同建”、生态环境更加注重“同治”，努力打造成渝地区双城经济圈重要战略支点。

关键词：成渝地区双城经济圈　主城都市区　江津

推动成渝地区双城经济圈建设，是习近平总书记亲自谋划推动的“大战略”，是顺应时代发展的“大布局”，是我们责无旁贷的“大担当”。我们将牢固树立发展规划“同构”、城市建设“同融”、优势产业“同链”、科技教育“同兴”、基础设施“同建”、生态环境“同治”、文化旅游“同线”、公共服务“同享”的理念，按照“坚持同城化、融入中心区，联结渝川黔、打造新支点”的思路，加快建设主城都市区同城化发展先行区，努

* 程志毅，中共重庆市江津区委书记。

力打造成渝地区双城经济圈重要战略支点，奋力开创江津经济社会高质量发展新局面。

一　坚持“同构同融”，打造重庆二环线江津组团

江津区位决定了要融入成渝地区双城经济圈建设，其关键就是向重庆中心城区这个中心融合，加快建设主城都市区同城化发展先行区。在空间布局上，着眼于180万服务人口，按照180～200平方公里的建设用地规模，高水平编制和实施2035年江津区区域空间规划。围绕打造重庆二环线上的江津组团，坚持“一轴两翼、拥江发展”城市发展格局，细化“一轴”空间层次，构建“两城、三心”形态。在城市功能上，积极承接中心城区功能外溢、人口和产业转移分工，把江津打造成为主城都市区的“科创开放新城、新型工业强区、文化旅游胜地”。打造科创开放新城，依托重庆高新区和西部（重庆）科学城，加强高职教育集聚区建设，深化改革创新，加快打造西部（重庆）科学城南部科创中心；依托重庆江津综合保税区等开放平台，不断拓展开放高度、广度和深度。打造新型工业强区，立足国家新型工业化产业示范基地（装备制造和食品·粮油加工）建设，加快打造先进制造业基地、消费品工业高质量集聚区。打造文化旅游胜地，发挥江津作为重庆首个市级历史文化名城的优势，整合以四面山为代表的美丽山水资源，突出“四面山水、人文江津”主题，打造全国文化旅游胜地。在融城格局上，扎实推进北部与九龙坡区，东部与巴南区和大渡口区联动发展，高水平推进双福、德感、圣泉片区与重庆高新区、西部（重庆）科学城融合发展，加快江津同城化发展步伐。

二　坚持“同网同建”，积极服务国际性综合交通枢纽建设

以交通为主的基础设施建设是同城化发展的前提。港口方面，做强珞璜

港、改造兰家沱港、提升玖龙港、谋划滩盘港，加快打造年吞吐能力 3200 万吨、110 万标箱的江津港区，形成服务主城都市区、辐射川黔滇的区域性航运枢纽。高速公路方面，加快推进合璧津高速公路建设，积极推动渝赤（水）叙（永）高速公路前期工作，全力推进江津至泸州北线高速公路、江津至永川高速公路尽早开工，力争到“十四五”末，域内形成 10 条（段）高速公路互联网络，高速通车里程达到 400 公里。轨道交通和铁路方面，确保轨道交通 5 号线跳磴至江津段 2021 年建成运营，推动形成以渝昆高铁、渝贵高铁、渝贵铁路、成渝铁路、川黔铁路、东环线、西环线、二环线、沿江铁路和珞璜铁路综合物流枢纽的“9 干线 1 中心”铁路骨架格局。融城道路方面，开展支坪长江大桥等重要交通节点前期工作，推进陶家隧道西延线等 22 条融城通道建设，形成高效畅通的交通“毛细血管”，形成与重庆中心城区“无缝连接、多点融入、一体发展”态势。

三　坚持“同链同兴”，加快构建现代产业体系

产业是提升江津核心竞争力和区域影响力的关键。发展大数据智能化产业。发展壮大双福团结湖大数据智能产业园，持续打造一批数字化生产线、数字化车间和智能工厂，带动智能制造装备、新能源以及智能网联汽车加速发展。以紫光工业互联网平台为重点，加快推进 5G、工业互联网、人工智能等新型基础设施建设，全力打造全国劳务大数据中心、国家级花椒大数据中心。建设先进制造业基地。加大新品研发力度，促进潍柴高速发动机、重齿双轴剪切机等重大新产品放量生产，不断培育壮大高端装备；引进培育一批新能源汽车核心零部件企业，推动东风小康、潍柴汽车等重点企业向智能化发展，推动新能源汽车产业高质量发展；大力引进智能传感器龙头企业，促进金睿诚、聪江电子项目快速达产，推动电子产业提质升级；发展复合材料、合成材料等新型材料，加快金田铜业建设，提升海亮铜业产能，逐步形成西南地区最大的铜加工产业集群。建设消费品工业高质量集聚区。实施消费品工业高质量发展专项行动计划，大力发展

粮油食品、白酒、纸制品和新兴智能及高端消费品产业，加快推进益海嘉里、广州双桥、中粮粮油、江小白生态酿酒等项目建设，培育以“一桶健康油、一包调味品、一张生态纸、一瓶文化酒、一篮富硒菜”为重点的行业性集合品牌，打造10平方公里的消费品工业高质量集聚区。发展现代服务业。提升双福国际农贸城、攀宝钢材市场、和润国际汽摩城、英利国际五金机电城发展水平，建设西部“一带一路”农产品集散分拨中心，打造千亿元级专业市场群。加快推进滨江商务中心、双福商圈建设，打造西部（重庆）科学城南部商业商贸中心。

四　坚持“同建同享”，打造重庆西南部宜居宜业宜游的山水之城

绿色是最鲜明的底色，民生是最大的政治。提升江津大地“颜值”，加快建设一批城市公园，推动全域土地绿化，确保2020年成功创建国家卫生区，加快创建国家生态文明建设示范区和国家森林城市。深入实施《长江（江津段）生态保护规划》，推动实施长江沿岸“两岸青山・千里林带”工程，筑牢长江上游重要生态屏障。发挥江津“长寿之乡，富硒之地”优势，持续建好中国生态硒城，做亮中国富硒美食之乡，积极推进覆盖80平方公里的国家现代农业产业园建设，重点打造5万亩江小白高粱产业园、江小白特色农业互联网小镇和覆盖30平方公里的农业嘉年华项目，不断壮大康养产业，让“繁华都市”与“田园乡村”交相辉映。提升群众民生幸福感。大力建设创业福地，深入实施“津鹰”计划，引进一批具有较强创新创业能力的高层次人才。大力建设教育高地，把江津打造成为“区域领先、市内争先”的办学高地。大力建设康养胜地，加快建设四面山旅游度假区，不断壮大康养产业，打造市内一流、国内知名的康养胜地。大力建设文化高地，深度挖掘爱情文化、楹联文化、古镇文化、长寿文化、名人文化、抗战文化等六张文化品牌价值，提升江津作为“中华诗词城市”“重庆历史文化名城”的内涵品质。

五 坚持“同台同唱”，拓展开放广度深度

有机融入和全面承接共建“一带一路”、长江经济带发展、推动成渝地区双城经济圈建设三大国家战略，统筹对内对外开放，加快形成全方位、宽领域、多层次的开放发展格局。推动平台建设向高度拓展。抓好重庆江津综合保税区这个“金篮子”，围绕智能装备、医疗器械、消费电子、现代物流等产业，大力引进优质项目，用好用活政策，推动重庆江津综合保税区建设成为西部陆海新通道重要节点。依托珞璜铁路综合物流枢纽，常态化运行西部陆海新通道江津班列，着力提升铁海联运能力。推动区域合作向深度拓展。深化落实川渝合作协议，携手永川、荣昌和四川泸州、内江，建设川渝毗邻地区融合发展试验区。发挥江津清香型、泸州浓香型、遵义酱香型白酒优势，协同打造中国名牌白酒“金三角”。强化四面山国家级风景名胜区、赤水国家级风景名胜区、福宝国家森林公园、习水国家森林公园互促互动，协同打造丹霞地貌群旅游胜地，建设中国康养旅游“金三角”。

参考文献

习近平：《抓好黄河流域生态保护和高质量发展　大力推动成渝地区双城经济圈建设》，《人民日报》2020 年 1 月 4 日，第 1 版。

陈敏尔：《大力推动成渝地区双城经济圈建设》，《人民日报》2020 年 5 月 24 日，第13 版。

B.27

成渝双城经济圈产业经济一体化发展的法律规范与协调

刘发成*

摘　要： 基于中央和国家关于成渝双城经济圈发展战略部署和指示精神，为了实现党中央关于成渝双城经济圈区域经济社会发展战略目标，本报告从区域经济社会发展的关联融合效应规律和法律规范保障角度，说明成渝双城经济圈产业经济一体化发展的重要性和必要性，阐明成渝双城经济圈产业经济一体化发展的法律规范与协调需求，从法律规范化、系统化和统一原则，阐述了成渝双城经济圈产业经济一体化发展的法律规范与协调的规范原则、规范主体、规范内容和方式等。

关键词： 成渝经济　一体化发展　法律规范

重庆曾较长时间为四川省管的全国计划单列市，四川和重庆有产业经济一体化协调发展基础，产业经济发展和城市规划具有明确统一的依据渊源。1997年重庆直辖由中央直管，成都、重庆产业经济发展双方独立规划，各自"竞争赛跑"。2011年，党中央、国务院又提出成渝地区区域发展规划，开启了成渝地区统一推进、协同发展新历程。成渝地区统一协同发展已近十年，已取得相当成效，但产业经济一体化推进、协同发展效果仍需进一步提高。

* 刘发成，重庆社会科学院研究员，研究方向为产业经济。

2016年国家发展改革委、住房和城乡建设部联合印发的《成渝城市群发展规划》，明确提出到2020年成渝城市群要基本建成经济充满活力、生活品质优良、生态环境优美的国家级城市群，实现2030年成渝城市群完成由国家级城市群向世界级城市群的历史性跨越。为了成渝地区高质量发展，2020年1月习近平总书记主持召开中央财经委员会第六次会议，专题研究了推动成渝地区双城经济圈建设问题，明确了成渝双城经济圈概念。四川、重庆、成都及各自下辖市、区、县和相关部门，积极响应习近平总书记和党中央、国务院号召，相互交流、学习和积极沟通，认真学习贯彻习近平总书记讲话精神，签署各级各类合作协议、备忘录及战略合作框架协议等，可以说成渝双城经济圈建设声势史无前例，成渝有条件的毗邻地区“共建园区”开展得如火如荼。

但是，我国是社会主义市场经济，受社会主义市场经济规律制约，需要社会主义法治规范和保障。落实习近平总书记讲话精神和党中央、国务院的统一规划部署文件，实现成渝经济圈经济协同发展和一体化发展目标，离不开法律规范，需要有统一明确和相对稳定的规范指引和法律保障。过去的十年没有统一的一体化发展规范，产业经济一体化发展受到明显影响。目前，四川、重庆、成都及各自下辖相应的市、区、县和相关部门，虽然签署各级各类合作协议、备忘录及战略合作框架协议等，具有一体化协同发展的主观积极愿望和合作行动，但这些文件的规范性、操作性有限，不具有普遍效力，在产业经济一体化协同发展上，不具有明确统一的法律功能，具体的内容、形式和效力等，还不具明显的法律规范特性，法律法治思维体现不充分。基于此，为了落实习近平总书记高质量建设成渝经济圈指示精神，有必要进一步以法律方式规范和指引成渝双城经济圈产业经济一体化发展，需要在制定“十四五”规划的同时，从经济发展的法律规范指引角度，对成渝双城经济圈产业经济一体化协同发展进行统一政策规范，共同研究制定统一的成渝双城经济圈产业经济一体化协同发展地方法规性政策文件，以便规范、指引和促进成渝双城经济圈产业经济一体化协同发展和高质量发展，做到“有法可依、有法必依”，并不因个人变化而变化，保持相对的稳定、可持续性。

开展成渝双城经济圈建设产业经济一体化协同发展的法律规制，具体来讲，要坚持以下正确的指导思想和科学规范原则，同时要按法律规范形式和内容要求，从立法法角度进行统一梳理和完善，对相关政策文件内容进行梳理规范，形成具有区域普遍效力的统一政策规范文件。

一　坚持正确的指导思想和科学发展方向

在指导思想方面，要根据习近平总书记相关讲话精神和中央相关文件指示，全面贯彻党的十九大和十九届三中、四中、五中全会以及中央城镇化工作会议、中央城市工作会议精神，按照“五位一体”总体布局和“四个全面”战略布局，牢固树立和贯彻落实创新、协调、绿色、开放、共享的新发展理念，着力加强供给侧结构性改革，加快培育新的发展动能，以建设具有国际竞争力的国家级城市群为目标，全面融入“一带一路”和长江经济带建设，打造新的经济增长极；以强化核心城市辐射带动作用和培育发展中小城市为着力点，加快推进新型城镇化，优化城镇体系，促进大中小城市和小城镇协调发展；以强化创新驱动、保护生态环境和夯实产业基础为重点，增强人口经济集聚能力；以统筹城乡综合配套改革试验区建设为抓手，推进城乡发展一体化，辐射带动农业现代化和新农村建设；以一体化体制机制建设和双向开放平台建设为切入点，推动形成城市间资源优势互补、功能合理分工、基础设施互联互通、生态环境共建共享的格局，充分发挥对长江经济带的战略支撑作用，拓展发展新空间。[①]

要坚持以习近平新时代中国特色社会主义思想为指导，坚持稳中求进工作总基调，坚持新发展理念，加快实施以促进人的城镇化为核心、提高质量为导向的新型城镇化战略，提高农业转移人口市民化质量，增强中心城市和城市群综合承载、资源优化配置能力，推进以县城为重要载体的新型城镇化建设，促进大中小城市和小城镇协调发展，提升城市治理水平，推进城乡融

① 参见2020年1月习近平总书记在中央财经委员会第六次会议上的讲话；《成渝城市群发展规划》和《全国主体功能区规划》、《国家新型城镇化规划（2014～2020年）》和《国务院关于依托黄金水道推动长江经济带发展的指导意见》等。

合发展，实现1亿非户籍人口在城市落户目标和国家新型城镇化规划圆满收官，为全面建成小康社会提供有力支撑。①

要深入贯彻落实习近平总书记2020年1月3日主持召开中央财经委员会第六次会议关于推动成渝地区双城经济圈建设的指示精神，推动成渝地区双城经济圈建设，在西部形成高质量发展的重要增长极，打造内陆开放战略高地，对于推动高质量发展具有重要意义。既要尊重客观规律，发挥比较优势，又要推进成渝地区统筹发展，促进产业、人口及各类生产要素合理流动和高效集聚，强化重庆和成都的中心城市带动作用，使成渝地区成为具有全国影响力的重要经济中心、科技创新中心、改革开放新高地、高品质生活宜居地，助推高质量发展。成渝地区双城经济圈建设是一项系统工程，要加强顶层设计和统筹协调，突出中心城市带动作用，强化要素市场化配置，牢固树立一体化发展理念，做到统一谋划、一体部署、相互协作、共同实施，唱好“双城记”。要加强交通基础设施建设，加快现代产业体系建设，增强协同创新发展能力，优化国土空间布局，加强生态环境保护，推进体制创新，强化公共服务共建共享。②

二　坚持一体化协同发展原则

在制定成渝双城经济圈产业经济一体化协同发展的政策规范时，坚持社会主义基本法治原则和贯穿正确的指导思想与发展方向的同时，要将中央文件精神和成渝经济圈协同发展基本原则全面明确合理地融于产业经济发展的政策规范之中。具体来说，制定成渝双城经济圈产业经济一体化协同发展的政策规范，要坚持以下基本原则。

1. 坚持以国家城市群和产业集群统一规划为原则

以《成渝城市群发展规划》和《全国主体功能区规划》、《国家新型城

① 国家发展改革委：《2020年新型城镇化建设和城乡融合发展重点任务》（发改规划〔2020〕532号）。

② 参见2020年1月习近平总书记在中央财经委员会第六次会议上的讲话。

镇化规划（2014～2020 年）》和《国务院关于依托黄金水道推动长江经济带发展的指导意见》等发展成渝城市群的指导性、约束性文件为产业集群发展原则，科学合理布局重大、主要产业一体化发展。根据这一原则，具体地，应当坚持产业合理布局原则，即以培育发展城市群的产业集群为导向，优化整合区域资源，统筹经济社会发展、人口空间分布、生态环境保护、基础设施建设和对内对外开放。根据资源环境承载能力、现有基础和发展潜力，科学确定城市产业群边界、最小生态安全距离和空间结构，形成推动全国国土空间均衡开发、引领区域经济发展的重要增长极。坚持分工协作，以大带小原则。从提升区域整体竞争力出发，明确城市功能定位，推进协同发展，实现优势互补、错位发展。发挥重庆、成都核心城市辐射作用，培育壮大区域中心城市主导产业，带动中小城市和小城镇配套产业发展，形成结构合理、产业链完备的城镇产业集群体系。坚持生态文明，绿色发展原则。将绿色城镇化理念全面融入城市群建设，尊重自然格局，依托现有山水脉络等优化城市空间布局形态，节约集约利用土地、水、能源等资源，构建绿色化的生产生活方式和城市建设运营模式，推进生态共保环境共治，共守长江上游生态安全，推动绿色永续发展。坚持改革引领，创新驱动原则。强化制度创新，消除行政壁垒，建立有利于要素自由流动的统一市场体系，建立健全城市产业群一体化发展和对内对外开放的新机制。强化创新引领发展，整合创新资源，构建区域协同创新体系，形成成渝城市产业集群创新共同体。坚持市场主导，政府引导原则。遵循城市产业群演进的客观规律，充分发挥市场在城市群形成发展中的决定性作用，更好发挥政府在空间开发管制、基础设施支撑引领、一体化体制机制建设等方面的作用，因势利导、顺势而为，使城市产业集群建设成为市场主导、自然发展的过程。①

---

① 参见 2016 年《成渝城市群发展规划》、《关于成渝城市群发展规划的批复》（国函〔2016〕68 号），批复同意《成渝城市群发展规划》和《全国主体功能区规划》、《国家新型城镇化规划（2014～2020 年）》和《国务院关于依托黄金水道推动长江经济带发展的指导意见》等发展成渝城市群的指导性、约束性文件。

2. 坚持产业经济统一指导协同发展原则

全面落实党中央的决策部署，深入贯彻新发展理念，强化共同体意识，协同推动区域市场一体化建设，加快探索建立规划制度统一、发展模式共推、治理方式一致、区域市场联动的区域市场一体化发展等新机制，具体包括：着眼成渝地区双城经济圈一盘棋整体，在深入贯彻国家中长期战略规划基础上，深化发展思路、项目布局、政策制定等方面沟通衔接，在谋划上确保同向行动、同向发力，在实施上实现规划同图、计划同步，共同谋划推进一批标志性、关键性重大政策、重大项目、重大工程。要建立政策制定协同机制。深化重点领域制度规则和重大政策沟通协调，在市场准入、公平竞争、智慧监管、联合执法、要素市场一体化等方面建立协商机制，根据达成一致的意见形成协同方案，联合制定发布相关政策措施，提高政策制定统一性、规则一致性和执行协同性，形成推动区域市场一体化的强大合力。要建立重大事项共商机制，构建决策、管理、协调、执行四个层面工作协同机制，分析研判形势任务，联合布局产业、开拓市场，共同争取国家支持事项，对接重大项目建设，疏解协调困难问题和矛盾，努力实现共商共建共管共享共赢。要“推动部门协同监管，实现区域内一个窗口办审批、一个平台管信用、一支队伍管执法、一条热线助维权、一个机构办培训、一个体系搞检测、一个流程优监管、一张表格管检查、一张网格强基层、一个信息化系统强支撑，加快推进审批服务与执法监管信息开放共享、互联互通，构建统一、权威、高效的市场监管综合执法体系。要进一步提高站位，建立健全战略合作机制，统筹组织实施质量强国战略、食品安全战略、标准化战略、知识产权战略，实现区域共建共享，更好地推进区域市场一体化、支撑区域协调发展”。①

3. 坚持毗邻园区平台共建共管发展原则

要坚定贯彻落实党中央和四川省委、重庆市委关于成渝地区双城经济一体化协同发展决策部署，加强成渝地区以及毗邻地区的产业定位和产业对接，把握好紧邻成渝双城经济圈的发展机遇，主动接受成渝双城主城辐射，

---

① 唐英瑜：《推动成渝地区双城经济圈市场一体化发展》，《重庆日报》2020 年 6 月 17 日。

谋划好融入成渝地区双城经济圈，合作共建产业园区。推动成渝地区双城经济圈一体化发展，要以成渝主轴带经济走廊建设为突破，将成渝主轴带经济走廊，作为推动成渝地区双城经济圈产业一体化发展的主体空间，建设“新型城镇化建设先导区、城乡融合发展示范区、内陆开放型战略试验区”。

实行毗邻产业园区共建发展原则，实现合作平台共建。一是制度平台。成渝两地应着力构建涵盖决策层、协调层、执行层的三级协调机构与机制。二是产业平台。以发展广域产业集群为目标，在竞争与合作的基础上，推进成渝双核产业合理转移，建设一批重要特色产业园区、产业发展示范区，努力打造重庆主城都市区、成都都市圈和资阳－内江三大具有世界影响力的产业体系，提升成渝主轴带经济走廊产业的整体竞争力。三是金融平台。探索建立“协同发展基金”等融资平台，针对重大基础设施、重点产业等合作项目，构建成渝主轴带经济走廊沿线“区（市）县共建”和企业参与的融资新模式。四是市场平台。以加快一体化土地市场建设为重点，促进生产要素自由流动、高效集聚。深化“放管服”改革，大力优化成渝主轴带经济走廊营商环境。五是智慧平台。推进区块链、云计算、大数据的深度融合，并积极探索应用到成渝主轴带经济走廊智能制造，在基础教育、医疗服务、就业培训资源尤其是成都、重庆优质公共资源共享等方面，打造超时空连接的主轴带经济走廊。①

毗邻园区平台共建共管发展原则，主要规范广安、合川、北碚合作园区平台，江津、永川、泸州合作园区平台，铜梁、潼南、资阳园区合作平台，以及荣昌、内江、泸州园区合作平台等建设内容。

三　成渝双城经济圈产业经济一体化发展的政策法律依据

成渝双城经济圈产业一体化发展的法律规制的依据，从立法层级讲，可

① 姚乐野：《推动成渝地区双城经济圈一体化发展》，《重庆日报》2020 年 4 月 20 日。

以有纵向层面的国家法律法规和政策性依据，以及地方法规政策性依据。目前，四川省和重庆市签署的《关于推动成渝地区双城经济圈建设的若干重大改革举措》（以下简称《举措》）可以是地方性法规制定的依据。[①] 因此，成渝双城经济圈产业一体化发展的法律规制的依据主要包括以下几方面。

1. 国家层面的政策依据

成渝双城经济圈产业一体化发展的法律规制，从国家层面讲，除相关的法律规定外，主要是中央和国务院、发改委等部门的指导性政策意见或规范，目前，主要有：2011 年国务院关于国家发改委印发《成渝经济区区域规划》的批复[②]。2016 年，国家发展改革委、住房和城乡建设部联合印发的《成渝城市群发展规划》[③]。最高层面的是 2020 年 1 月，习近平总书记主持召开中央财经委员会第六次会议的讲话精神。《中华人民共和国国民经济和社会发展第十三个五年规划纲要》明确提出的 19 个城市群，实现成渝经济区到成渝城市群的提升，《2019 年新型城镇化建设重点任务》明确将成渝城市群与京津冀城市群、长三角城市群和粤港澳城市群并列等，均为成渝双城经济圈产业一体化发展的法律规制提供了充分的依据。[④]

2. 地方层面的政策依据

重庆市人民政府与四川省人民政府签署的《深化川渝合作深入推动长江经济带发展行动计划（2018～2022 年）》《关于加强两省市合作共筑成渝城市群工作备忘录》，明确决定将推动交通、信息和市场三个“一体化”。2018 年 6 月 6 日至 7 日四川省党政代表团赴重庆市学习考察，川渝签署《深化川渝合作深入推动长江经济带发展行动计划（2018～2022 年）》和 12 个专项合作协议，2019 年 7 月 9 日至 10 日重庆市党政代表团来川考察，双方签署《深化川渝合作推进成渝城市群一体化发展重点工作方案》，四川、

① 参见 2020 年 8 月重庆市委全面深化改革委员会、四川省委全面深化改革委员会联合印发的《关于推动成渝地区双城经济圈建设的若干重大改革举措》。

② 参见《国务院关于成渝经济区区域规划的批复》（国函〔2011〕48 号）及《国家发改委关于印发成渝经济区区域规划的通知》（发改地区〔2011〕1124 号）。

③ 参见国务院印发《关于成渝城市群发展规划的批复》（国函〔2016〕68 号）。

④ 参见国家发展改革委《西部陆海新通道总体规划》等。

重庆各地（市、区、县）根据相关文件精神制定相应的产业发展规划，均为成渝双城经济圈产业一体化发展的法律规制提供了政策依据。

四川、重庆及各相应市、区、县，大型国有企业、高等院校、科研机构等，分别签署了协作、合作协议，为成渝双城经济产业一体化发展提供了规范和事实基础。这些计划、协议包括：2017 年 8 月，潼南区与遂宁市签署《推进区域协同发展战略合作协议》，明确产业互补等 20 余个合作事项，2020 年 3 月 10 日签署“1 + N”协议，即 1 个《推进遂宁潼南一体化发展合作协议》和 7 个专项合作协议，涉及 17 个领域。2020 年 3 月，荣昌、永川、泸州、内江为推动区域协同发展，四地政府签署《深化川渝合作推动泸内荣永协同发展战略合作协议》，内江高薪区、泸州高新区、荣昌、永川签署《“泸内荣永”国家高新区产业联盟合作协议》等，以及推动重庆两江新区和四川天府新区新一轮产业规划、城市规划、开放规划和创新规划的包括《关于合作共建中新（重庆）战略性互联互通示范项目“国际陆海贸易新通道”的框架协议》2 个重点工作方案（协议）和《共建合作联盟备忘录》在内的“2 + 16”协议（方案）；2019 年 10 月，《成都市推进西部陆海新通道建设促进南向开放合作三年行动计划（2019 ~ 2021 年）》；2020 年 6 月 22 日，四川省广播电视局与重庆市文化旅游委签署《战略合作协议》；成都人力资源服务产业园（成都人才园）与重庆人力资源服务产业园签署《成渝双城经济圈人力资源协同发展战略合作框架协议》等，均为规范成渝双城经济圈产业经济一体化发展提供了充分的参考依据。

四　成渝双城经济圈产业经济一体化发展的法律规制措施

成渝双城经济圈建设，既是国家推动高质量发展的战略抉择，又是成渝地区高质量发展的必然趋势。成渝双城经济圈建设是四川省及重庆市在新发展阶段的重大战略机遇，成渝双城经济圈将形成西部重要增长极和内陆开放战略高地。建设成渝双城经济圈，关键要重庆和成都联合起来，要立足于区位优势、产业优势、生态优势、体制优势，在服从服务国家战略中更好地发挥各自作用，双城协同合作。为了实现成渝双城经济圈产业经济一体化高质量发展，成渝双城经济圈地方政府、主要单位或相关部门，应通过签署合作框架协议、战略协议、备忘录以及倡议等，规范和指引、保证和促进、带动和协同成渝双城经济圈产业经济一体化发展。但已签署的相关文件，针对产业经济一体化发展，普遍存在规范性、操作性和统一性、适用性不强的问题，因此，建议通过双城经济圈相应地方政府联合制定统一政策的方式，对成渝双城经济圈产业经济一体化发展进行统一法律性规范。

根据我国社会主义法律法规体系和立法法相关要求，制定成渝双城经济圈产业经济一体化发展的地方统一政策法规文件，可以采取统一相关区域产业经济发展政策措施的方式，即统一相关区域产业经济一体化发展的政策规范主体、政策内容和形式，由成渝双城经济圈相关政府共同研究、统一制定和联合发布。

1. 关于法律规范的主体

政策规范的主体有政策制定主体、执行主体和规范对象主体等。成渝双城经济圈产业经济一体化发展的政策法规文件，第一层面主体为重庆市人民政府和四川省人民政府，可由重庆市人民政府和四川省人民政府牵头，作为统一制定主体，以重庆市人民政府和四川省人民政府名义统一发布“成渝双城经济圈建设产业经济一体化发展实施政策”；第二层面的主体为双城经济圈产业经济发展的实际承接运行主体，即相关的区域主体，包括相应的区、县和市政府。

成渝双城经济圈产业经济一体化发展的政策法规文件的规范对象主体为相关区域的行政管理部门和企事业单位、市场主体。成渝双城经济圈产业经济发展的相关管理、执行单位或部门负有管理指导和执行职责，相关单位或个人具有相应的权利和义务。

2. 关于法律规制的内容

主要根据党中央指示精神，以及国务院及相关部门关于成渝双城经济圈产业经济发展规划、双城经济圈城市发展规划等政策文件，具体研究确定成渝双城经济圈产业经济一体化发展的实施政策和施行措施，包括主要产业目录和产业结构、产业链建设、产业布局、产业协作联动发展、共建产业园区等内容，以及涉及区域政府规范和促进双城经济圈一体化发展的目标、义务和责任。

（1）规范重点主要产业体系内容

具体地讲，成渝双城经济圈的主要或重点产业包括八大支柱产业和支撑成渝经济区发展的产业，即装备制造业，汽车、摩托车产业，电子信息产业，民用航空、航天研发制造业，冶金和材料产业，石油天然气化工和盐化工产业，轻纺食品产业，医药产业；以生物制药为重点、化学原料制药为基础、地道药材为特色的产业体系，同步在服务业方面建设国际知名、全国重要的旅游目的地，以重庆、成都为核心，打造区域性旅游集散中心。

（2）规范主要产业空间布局

依托成渝北线、中线和南线综合运输通道，积极推进重庆两江新区和四川天府新区建设，辐射带动资阳、遂宁、内江、永川、大足、荣昌、潼南、铜梁、璧山等沿线城市发展，引导先进制造业和现代服务业集群发展；依托长江黄金水道及沿江高速公路、铁路，充分发挥重庆的辐射带动作用，促进泸州、宜宾、江津、长寿、涪陵、丰都、忠县、万州等节点城市发展，培育沿江生态型城市带，建设临港产业、特色产业和现代物流基地；依托成绵乐城际客运专线、宝成－成昆铁路和成绵、成乐、成雅高速公路等构成的综合运输通道，发挥成都辐射带动作用，强化绵阳、德阳、乐山、眉山等城市的节点支撑作用，围绕电子信息、装备制造、航天航空、科技服务、商贸物流等产业，打造创新驱动的特色产业集聚带；围绕建成国家中心城市，强化重庆大都市区西部开发开放战略支撑和长江经济带西部中心枢纽载体功能，充分发挥长江上游地区经济中心、金融中心、商贸物流中心、科技创新中心、航运中心的作用，加快两江新区建设，全面增强集聚力、辐射力和竞争力。加强城市规划建设管理，强化城市规划约束性作用，根据山地特色合理控制建筑物高度，提升现代化国际大都市形象。以主城区为核心，以城市发展新区为腹地，联动沿江城市带和四川毗邻城市发展，构筑具有国际影响力的现代化大都市区。[①]

(3) 规范产业集群及产业链建设

依据国家城市圈建设规划和产业带发展布局规划，统一规范和规划成渝双城经济圈产业集群区域和产业链建设内容，规范协议的招商引资政策和项目指引目录，保证和指引成渝双城经济圈产业集群、产业链一体化发展和产业项目配套协同发展。除重庆、成都城市核心区产业集群协同发展外，成渝双城经济圈产业集群及产业链一体化发展区域规范，集中在广安、合川、北碚产业一体化集群发展规范，江津、永川、泸州产业一体化集群发展规范，铜梁、潼南、资阳产业一体化集群发展规范，荣昌、内江、泸州的装备制造、生物医药、新材料、电子信息等产业集群发展规范。主要产业空间布局和产业链产业集群分布规范，均可参考《成渝城市群发展规划》，即体现和发挥重庆和成都双核带动功能，重点建设成渝发展主轴、沿长江和成德绵乐城市带，促进川南、南遂广、达万城镇密集区加快发展，提高空间利用效率，构建“一轴两带、双核三区”的城市产业经济空间发展格局。

3. 关于政策法律规制的方式

按我国宪法和立法法规定，根据党中央、国务院文件精神，由四川省人民政府和重庆市人民政府双方共同研究，拟定具有省级政策法规效力的成渝双城产业经济一体化发展政策，同时，四川和重庆市下辖相关的市、区、县，根据中央精神及四川重庆两地共同拟定的产业经济一体化发展政策规划，统一研究和制定成渝双城经济圈区域产业经济一体化发展政策，联合发布，分别实施，协同发展，统一指导，相互协调，联合考核。

参考文献

国家发展和改革委员会:《成渝城市群发展规划》，2016 年 12 月21 日。

① 参见《成渝城市群发展规划》等文件。

肖金成、汪阳红、张燕：《成渝城市群空间布局与产业发展研究》，《全球化》2019年第8期。

姚作林、涂建军、牛慧敏等：《成渝经济区城市群空间结构要素特征分析》，《经济地理》2017年第1期。

李月起：《新时代成渝城市群协调发展策略研究》，《西部论坛》2018年第3期。

田莎莎、季闯：《成渝城市群经济协调发展的路径研究》，《湖北经济学院学报》（人文社会科学版）2018年第4期。

锁利铭、位韦、廖臻：《区域协调发展战略下成渝城市群跨域合作的政策、机制与路径》，《电子科技大学学报》（社会科学版）2018年第5期。

胡小渝：《成渝城市群协调发展及对策建议》，《现代商业》2016年第26期。

唐英瑜：《推动成渝地区双城经济圈市场一体化发展》，《重庆日报》2020年6月17日。

姚乐野：《推动成渝地区双城经济圈一体化发展》，《重庆日报》2020年4月20日。

B.28
成渝地区双城经济圈毗邻地区合作发展制度创新

钱小利 *

摘　要：推动成渝地区双城经济圈建设，在西部形成高质量发展的重要增长极是党中央做出的重大战略部署。推动成渝地区双城经济圈建设，毗邻地区合作是突破口。成渝地区双城经济圈毗邻地区具有加强合作发展的优良基础和条件，目前合作发展势头良好，但存在经济发展规模空间差异大、经济发展水平不均衡、行政区经济与经济区经济不整合导致合作进展缓慢等制约因素，需要在强化规划引导、建立合作协调长效机制、增强空间依托、促进产业集群发展、形成区域统一市场等方面进行制度创新。

关键词：成渝地区双城经济圈　毗邻地区　合作　制度创新

2020 年 1 月 3 日，中央财经委员会第六次会议召开，做出推动成渝地区双城经济圈建设，在西部形成高质量发展的重要增长极的重大战略部署。会议指出，推动成渝地区双城经济圈建设，有利于在西部形成高质量发展的重要增长极，打造内陆开放战略高地，对于推动高质量发展具有重要意义。要尊重客观规律，发挥比较优势，推进成渝地区统筹发展，促进产业、人口

---

* 钱小利，重庆社会科学院城市与区域经济研究所副研究员，研究方向为区域经济学。

及各类生产要素合理流动和高效集聚，强化重庆和成都的中心城市带动作用，使成渝地区成为具有全国影响力的重要经济中心、科技创新中心、改革开放新高地、高品质生活宜居地，助推高质量发展。会议强调，成渝地区双城经济圈建设是一项系统工程，要加强顶层设计和统筹协调，突出中心城市带动作用，强化要素市场化配置，牢固树立一体化发展理念，做到统一谋划、一体部署、相互协作、共同实施，唱好“双城记”。要加强交通基础设施建设，加快现代产业体系建设，增强协同创新发展能力，优化国土空间布局，加强生态环境保护，推进体制创新，强化公共服务共建共享。

2020 年 4 月 15 日，中国共产党重庆市第五届委员会第八次全体会议审议通过《中共重庆市委关于立足“四个优势”发挥“三个作用”加快推动成渝地区双城经济圈建设的决定》。全会强调，推动成渝地区双城经济圈建设，深化川渝全方位、深层次合作，要牢固树立一体化发展理念，加强战略协同、规划衔接、政策沟通和工作联络，在推进基础设施互联互通、产业协作补链成群、生态环境联防联治、公共服务共建共享等领域加强合作，协同发展。

2020 年 5 月，中共中央国务院出台《关于新时代推进西部大开发形成新格局的指导意见》。意见提出，拓展区际互动合作，支持陕甘宁、川陕、左右江等革命老区和川渝、川滇黔、渝黔等跨省（自治区、直辖市）毗邻地区建立健全协同开放发展机制。

成渝地区双城经济圈建设在新的历史时期，进入加快发展的快车道。推动成渝地区双城经济圈建设，毗邻地区合作是重点和突破口，毗邻地区合作成果对于推动成渝地区双城经济圈建设具有重要示范意义。

一　成渝地区双城经济圈毗邻地区合作发展的基础和条件

成渝地区双城经济圈毗邻地区地域空间范围包括重庆市的城口县、开州区、万州区、梁平区、垫江县、长寿区、渝北区、合川区、潼南区、大足区、荣昌区、永川区、江津区13个区县和四川省的达州市、广安市、遂宁市、资阳市、内江市、泸州市6个城市，土地面积79820平方公里，占成渝地区双城经济圈239502平方公里土地面积的33.33%。2018年末总人口4247.8万人，占成渝地区双城经济圈总人口11017.14万人的38.56%。毗邻地区各城市间山水相连、人缘相亲、文化一脉，历史上就形成了甚为密切的经济社会人文联系，具有加强合作发展的深厚基础和条件。

成渝地区双城经济圈毗邻地区经济规模较大，是成渝地区双城经济圈经济增长的潜力空间。2018年，成渝地区双城经济圈毗邻地区实现地区生产总值16499.74亿元，占成渝地区双城经济圈地区生产总值56289.01亿元的29.31%，显示出毗邻地区经济总量在成渝地区双城经济圈中占有较大份额。2018年，成渝地区双城经济圈毗邻地区实现全社会固定资产投资16880.09亿元，占成渝地区双城经济圈全社会固定资产投资48925.86亿元的34.50%，显示出毗邻地区是成渝地区双城经济圈重要的投资热点区域，是经济发展的重要动力。2018年，成渝地区双城经济圈毗邻地区实现社会消费品零售总额6381.12亿元，占成渝地区双城经济圈社会消费品零售总额24314.3亿元的26.24%，显示出毗邻地区具有较强的消费能力，消费市场巨大。2018年，成渝地区双城经济圈毗邻地区金融机构人民币存款年末余额23190.18亿元，占成渝地区双城经济圈金融机构人民币存款年末余额104492.46亿元的22.19%，显示出毗邻地区具有较强的经济实力。2018年，成渝地区双城经济圈毗邻地区一般公共预算收入979.62亿元，占成渝地区双城经济圈一般公共预算收入5821.01亿元的16.83%。2018年，成渝地区双城经济圈毗邻地区城镇化率52.90%，处于城市化进程的加速发展阶段，是城市群、都市圈等新型城市地域空间组织形式发育成长的重要时期（见表1）。

表 1　成渝地区双城经济圈毗邻地区 2018 年主要经济指标比较

城市	土地面积（平方公里）	年末总人口（万人）	城镇化率（%）	地区生产总值（亿元）	人均地区生产总值（元）	全社会固定资产投资（亿元）	社会消费品零售总额（亿元）	一般公共预算收入（亿元）	金融机构人民币存款年末余额（亿元）
重庆市	82364	3403. 64	65. 50	20363. 19	65933	18661. 41	7977. 01	2265. 54	35651. 57
城口县	3286	25. 15	36. 23	55. 78	30256	68. 20	13. 16	4. 21	114. 30
开州区	3959	168. 53	47. 97	473. 13	40068	472. 57	189. 12	23. 26	621. 59
万州区	3457	173. 90	66. 88	982. 58	59853	642. 04	317. 21	55. 52	1129. 33
梁平区	1890	92. 80	46. 34	331. 26	50674	273. 63	104. 63	20. 89	410. 09
垫江县	1518	97. 09	46. 35	316. 95	45526	292. 87	90. 79	16. 95	368. 41
长寿区	1415	89. 26	66. 07	597. 49	70604	609. 78	134. 22	35. 77	540. 66
渝北区	1452	136. 75	82. 80	1543. 09	93691	1475. 59	665. 56	75. 53	4521. 49
合川区	2356	152. 59	68. 83	712. 93	50973	718. 47	269. 74	40. 72	749. 51
潼南区	1585	95. 20	53. 91	380. 95	53047	486. 71	85. 78	20. 23	358. 68
大足区	1436	107. 16	58. 86	517. 65	65691	756. 28	128. 98	30. 82	367. 31
荣昌区	1079	85. 01	56. 58	504. 88	70831	621. 30	117. 21	28. 34	368. 00
永川区	1576	114. 09	69. 76	845. 67	74772	949. 88	344. 82	46. 60	638. 02
江津区	3200	149. 27	68. 43	902. 33	65362	919. 56	278. 00	71. 23	933. 33
四川 15 个城市	157138	7613. 50	54. 49	35925. 82	51963	30264. 45	16337. 29	3555. 47	68840. 89
达州市	16582	665. 80	45. 52	1690. 17	29627	1940. 15	889. 70	101. 02	2927. 09
广安市	6341	462. 20	41. 86	1250. 24	38520	1561. 70	500. 01	80. 05	1867. 48
遂宁市	5323	365. 40	50. 02	1221. 39	37943	1398. 48	570. 73	63. 84	1571. 98
资阳市	5744	346. 10	42. 71	1066. 53	42112	643. 44	378. 98	52. 85	1418. 75
内江市	5385	411. 80	49. 10	1411. 75	37885	886. 85	538. 52	61. 70	1649. 36
泸州市	12236	509. 70	50. 46	1694. 97	39230	2162. 59	763. 96	150. 09	2634. 80
成渝地区双城经济圈	239502	11017. 14	57. 90	56289. 01	56202	48925. 86	24314. 30	5821. 01	104492. 46
成渝地区双城经济圈毗邻地区	79820	4247. 80	52. 90	16499. 74	46160	16880. 09	6381. 12	979. 62	23190. 18
毗邻地区占经济圈比值(%)	33. 33	38. 56	—	29. 31	—	34. 50	26. 24	16. 83	22. 19

资料来源：根据《重庆统计年鉴（2019）》《四川统计年鉴（2019）》《重庆统计年鉴（2018）》《四川统计年鉴（2018）》有关资料计算整理。

二　成渝地区双城经济圈毗邻地区合作发展现状

地理位置影响区域经济发展进程。毗邻地区凭借地理毗邻的区位优势，在区域经济合作中往往能够抢占先机，率先在区域经济合作发展中取得突破。

2012 年 11 月，国家发改委批复《关于川渝合作示范区（广安片区）建设总体方案》。按照国务院批复的《成渝经济区区域规划》，“在川渝毗邻的潼南、广安建设川渝合作示范区”。川渝合作示范区要坚持跨越发展和转型发展，着力提高基础设施一体化水平，着力强化产业合作基地建设，着力加强生态环境共建共治，着力推进公共服务对接共享，着力创新体制机制，把示范区建设成为川渝合作发展的先导区，在促进区域协调发展中发挥更大的作用。这是较早的从国家层面做出的推进川渝毗邻地区合作发展的决定。

2020 年 1 月 3 日，中央财经委员会第六次会议做出推动成渝地区双城经济圈建设，在西部形成高质量发展的重要增长极的重大战略部署以来，川渝毗邻合作进入加快发展的快车道。

（一）成渝地区双城经济圈毗邻地区区市县互动频繁、合作意向强烈

2020 年 3 月 10 日，重庆市潼南区与四川省遂宁市签署《推进遂宁潼南一体化发展合作协议》，明确了区域规划、基础设施、产业发展、协同创新、生态保护、公共服务、体制机制等 7 个大类 38 个具体合作事项。重庆市荣昌区与四川省泸州市、内江市、自贡市签订《推进成渝地区双城经济圈建设一体化发展 2020 年行动计划》，围绕基础设施、产业协同、生态环境等七大领域开展合作，打造双城经济圈一体化发展示范区。

（二）交通基础设施建设逐步推进

2020 年 4 月 23 日，成渝地区双城经济圈毗邻区县重庆市潼南区、四川省遂宁市开通首条跨省城际公交（重庆潼南城区至四川遂宁磨溪），线路总

长29公里，运行时间约1小时，首次实现川渝两地毗邻地区公交互通。

2020年6月29日，铜（梁）安（岳）高速公路重庆段、江（津）泸（州）北线高速公路、渝武高速公路扩能北碚至合川段3条高速公路集中开工，总里程为158.9公里，总投资额273亿元，标志着成渝地区双城经济圈交通互联互通建设按下“加速键”。

2020年7月2日，川渝毗邻地区交通融合发展推进会在四川达州举行，重庆市交通局、四川省交通运输厅及万达开三地政府共同签署“1+5”交通合作协议，提速构建多层次“1小时”交通圈，基础设施规划建设在空间上侧重于川渝两地毗邻地区，即四川省6市17县（市、区）、重庆市11区2县。

（三）产业合作步伐加快

四川省广安市充分利用毗邻重庆的区位优势，立足川渝合作，通过加大招商引资力度，出台优惠扶持政策，主动承接重庆产业转移，成为渝企产业转移发展的重要选择目的地。在广安邻水县高滩园区，84%的企业由重庆老板投资兴建，85%的产品为重庆企业配套，90%的企业“锚住”汽车这一重庆支柱产业。在广安前锋工业园区智能家居产业园，渝企占到2/3以上，有意转移到该园区的重庆智能家居企业多达63家。

三　成渝地区双城经济圈毗邻地区合作发展制约因素

（一）毗邻地区经济发展规模空间差异大

成渝地区双城经济圈毗邻地区中重庆13个区县和四川6个城市比较，四川地区土地面积大，人口众多，经济总量大。四川毗邻城市土地面积最小的为遂宁市5323平方公里，重庆土地面积最大的为开州区3959平方公里。2018年四川毗邻城市人口最少的为资阳市已达346.1万人，重庆最大的为万州区仅有173.90万人。地区生产总值方面，四川6个城市全部超过1000亿元，最小的为资阳市1066.53亿元，而重庆13个区县有12个区县全部在1000亿元以下，仅有渝北区1个区超过1000亿元，数值为1543.09亿元，显示了四川经济的较大体量。全社会固定资产投资方面，四川最小的为资阳市643.44亿元，超过重庆万州区（642.04亿元）、荣昌区（621.30亿元）、长寿区（609.78亿元）、潼南区（486.71亿元）、开州区（472.57亿元）、垫江县（292.87亿元）、梁平区（273.63亿元）、城口县（68.20亿元）8个区县，四川最大的为泸州市2162.59亿元，重庆最大的为渝北区1475.59亿元。社会消费品零售总额方面，四川最小的为资阳市378.98亿元，重庆13个区县仅有渝北区（665.56亿元）、永川区（344.82亿元）、万州区（317.21亿元）3个区超过300亿元，其余10个区县均在300亿元以下。金融机构人民币存款年末余额方面，四川全部在1000亿元以上，最小的为资阳市1418.75亿元，而重庆13个区县有11个区县在1000亿元以下，仅有2个区在1000亿元以上，分别为渝北区4521.49亿元、万州区1129.33亿元。

（二）毗邻地区中四川地区城市化水平较低，经济发展水平较为落后

成渝地区双城经济圈毗邻地区重庆13个区县中除渝东北的城口县、开州区、梁平区、垫江县4个区县城镇化率低于50%以外，其余9个区县城镇化率均达到50%以上，最高的渝北区城镇化率达到82.80%，显示出重庆地区城市化水平较高，经济较为发达。而毗邻地区中四川6个城市城镇化率最高的泸州市也仅有50.46%，比成渝地区双城经济圈毗邻地区平均城镇化率（52.90%）还低2.44个百分点。四川地区的低城镇化率拉低了成渝地区双城经济圈毗邻地区的城镇化率，使毗邻地区城镇化率比成渝地区双城经济圈城镇化率（57.90%）低了5个百分点，显示出四川地区城市化水平较低，经济发展水平较重庆地区落后。

（三）毗邻地区中四川地区人均地区生产总值低，毗邻地区经济发展水平不均衡

2018年，成渝地区双城经济圈毗邻地区中四川6个城市人均地区生产

总值仅有资阳市1个城市超过40000元，数值为42112元，其余城市人均地区生产总值均在40000元以下，显示出毗邻地区中四川地区经济发展水平落后。重庆地区除城口县、开州区、垫江县3个区县人均地区生产总值在50000元以下，数值分别为30256元、40068元、45526元，其余10个区县人均地区生产总值均在50000元以上，最高的渝北区人均地区生产总值达到93691元，显示出毗邻地区经济发展水平不均衡。

（四）行政区经济与经济区经济不整合导致毗邻合作进展缓慢

成渝地区双城经济圈毗邻地区分属重庆市、四川省两个不同的行政区，行政区经济与经济区经济的不整合导致毗邻合作进展缓慢。追求地方经济利益、谋求地方经济发展成为地方政府追求的首要目标。在此目标压力下，行政分割和控制，导致各个城市发展自成体系，重复建设，产业同构，产业分工与协作淡化，城市之间竞争激烈，相互之间实行地区封锁，抢夺原材料、资金、人才、技术等各种资源，出现无序竞争、恶性竞争，阻碍了资源要素的自由流动和高效合理配置，经济一体化进展缓慢。

（五）市场经济体制尚不完善，区域统一市场不能形成

目前，我国市场体系还不健全，市场发育还不充分，政府和市场的关系没有完全理顺。地方政府不仅拥有政治功能，还拥有经济功能，不仅拥有调控经济的工具，还拥有一定的经济资源。政府对市场资源的直接配置和对微观经济活动的直接干预时有发生，导致市场在资源配置中的决定性作用不能充分发挥，市场激励不足，要素流动不畅，资源配置效率不高，微观经济活力不强，严重阻碍区域市场化发展。

四　成渝地区双城经济圈毗邻地区合作发展制度创新

城市群形成演变有它特有的规律性，这是由市场机制和城市群自身生长发育特点决定的，但任何一个城市群的发展都脱离不了政府政策与体制的影

响，离不开城市政府之间的协调组织。国外城市群发展的经验证明，政府行为对于实现空间和谐有不可替代的作用。在城市群形成演变过程中，城市群的自演化机制和政府的宏观调控均发挥着重要作用。

（一）强化规划引导，制定成渝地区双城经济圈毗邻地区区域规划

规划是社会各利益集团妥协与均衡的产物，是政府履行经济调节、社会管理和公共服务职能的依据之一。制定成渝地区双城经济圈毗邻地区区域规划，对毗邻地区的总体发展做出战略性部署，强化空间指导和约束，协调毗邻地区城市个体与群体、局部与全局、眼前与长远等方面的利益，形成跨行政区进行经济社会发展空间布局的体制框架和政策体系，促进毗邻地区的整体协调发展。

（二）建立毗邻地区区域合作协调长效机制

破除行政壁垒，积极探索经济区和行政区适度分离模式，建立完善双边多边的多层次、常态化务实合作长效机制。建立党政主要领导互访机制，常务副市（区、县）长联席会议制度，研究解决有关问题、督促落实重大合作项目落地。发展改革委设立联合办公室，设置专项合作工作组，按照项目化、清单化，切实推动具体合作事项实施，促进签订的各项协议得到落实。

（三）以基础设施一体化为空间依托促进毗邻地区合作发展

统筹推进交通、能源、水利、信息等基础设施建设，构建布局合理、设施配套、功能完善、安全高效的现代基础设施体系，提升毗邻地区基础设施互联互通和现代化服务水平。大力发展长江内河航道、航空、铁路、高速公路、管道运输等，形成现代化的综合交通网络，为毗邻地区区域经济合作与一体化发展创造高效、便捷、安全的综合运输条件。统筹规划建设信息基础设施，充分利用基础设施廊道资源，积极落实“宽带中国”战略，提高网络覆盖程度、共享水平和运营效率，建成高速联通、服务便捷的毗邻地区信

息网络。积极推进毗邻地区地理信息数据全域覆盖，建设统一的地理信息公共服务平台，实现数据交换共享。

（四）加强产业分工与协作，促进产业集群发展

成渝地区双城经济圈毗邻地区合作，经济发展是基础，产业发展是基石。产业的健康可持续发展不能单纯依赖市场机制的调节，更需要政策的规范与引导。要在体制和政策上创新，使得成渝地区双城经济圈毗邻地区政府在产业发展方面达到理想的合作与跨越，实现区域经济的共同增长与一体化发展。

1. 共建特色产业带，促进产业集群发展

区域的核心竞争力往往表现在地方特色产业集群上，区域特色形成区域优势，大量相关企业空间集聚形成的特色和优势产业是其他区域最难模仿的，因而培育区域产业集群已成为许多国家和区域发展政策的重点。产业集群在市场经济中表现出强大的竞争力，有效地带动了区域经济的发展。

共建特色产业带，发挥产业集群的集聚效应和规模效应，形成具有自身特色的产业优势和核心竞争力，是毗邻地区促进产业合作发展的重要选择。依托产业优势，重庆市荣昌区和四川省内江市整合两地现代农业、畜牧、特色水产和国家农业科技园区、国家高新技术产业开发区等资源优势，依托西南大学荣昌校区、重庆市畜牧科学院、内江市农业科学院、内江师范学院等科研院所，以农业高新技术为引领，促进资源要素集聚、产业集群发展，推动生猪大数据全产业链融合发展，打造西部农业科技创新中心、中国畜牧科技城，共同建设现代农业高新技术产业示范区。荣昌高新区联合永川高新区、四川泸州高新区、内江高新区，成立国家高新区产业联盟，通过强化资源互通共享，能源要素协调配置，共创科技创新合作平台，共推区域产业品牌，共建特色产业集群，推动产业协作共兴，实现四地错位发展、有序竞争，形成全方位、宽领域、多层次、高质量的国家高新区发展格局。

重庆市江津区提出协同毗邻地区四川省泸州市、贵州省遵义市打造中国

名牌白酒“金三角”、中国康养旅游“金三角”。重庆市潼南区提出与四川省安岳县共建中国柠檬“金三角”，共同打造种植面积达百万亩的柠檬产区，提升川渝两地柠檬产业在国内外的竞争力。

明月山是长江上游重要生态屏障。2020 年 4 月 23 日，重庆市梁平区、垫江县与四川省达州市达川区、开江县、大竹县、广安市邻水县等6 个区县签署《共建明月山绿色发展示范带的合作协议》，共建明月山绿色发展示范带，联合推进基础设施、现代产业、公共服务、生态环境一体化建设。6 方将依托明月山生态资源优势，共同发展民宿休闲养生、康体养生等业态，推动大健康与大文旅深度融合，打造明月山精品民宿群。生态产业化方面，6 方将聚焦明月山 300 万亩竹资源，依托大竹竹木加工企业、达川麻柳竹编工艺、垫江大石竹编工艺坊、梁平亿联智能家居产业园等，采用“一园多组团”的形式建设集竹板材加工、竹家居、竹工艺品于一体的明月山竹木家居产业园。数字经济也在合作之列。6 个区县将以梁平天华电商物流园、垫江数字经济产业园、邻水电商中心、达州秦巴物流园、达州南国物流港等为基础，联合组建“互联网 + 联盟”，推动电商产业跨区跨境发展。

2. 加强产业分工与协作，形成特色优势产业链

产业集群的形成源于若干专业化分工部门在某一地理空间的集聚，通过上、下游企业的整合，促进成渝地区双城经济圈毗邻地区特色优势产业区域化集聚、专业化分工和社会化协作，形成供需相连、利益共享、风险分担的完整的产业链。

依托陶瓷产业优势，不断加强与成渝地区双城经济圈毗邻地区的产业分工协作，促进川渝地区产业链上、下游深度合作，已成为荣昌“生活陶”企业发展的重要方向之一。重庆宇森陶瓷有限公司成为四川泸州、宜宾等多地白酒企业的酒瓶重要供应商，年生产泸州老窖、沱牌、郎酒系列产品 300 多万个。目前荣昌从事酒缸、酒瓶等“日用陶”生产的 35 家企业，已在川渝合作中与四川企业形成了协作配套关系。荣昌还将在“环保陶”与汽车产业、“科技陶”与电子产业等方面，推动与四川毗邻区、市、县合作，促进传统特色产业发展。

（五）消除区域壁垒，形成区域性的统一市场

构建完善的要素市场化配置体制机制，建立统一开放、竞争有序的市场体系，实现要素价格市场决定、流动自主有序、配置高效公平。探索建立规划制度统一、发展模式共推、治理方式一致、区域市场联动的区域市场一体化发展新机制，促进成渝地区双城经济圈毗邻地区区域统一市场的形成、完善和发展。发挥市场机制作用，规范市场中地方政府的调控行为，消除区域壁垒，形成区域性的统一市场。正确处理政府和市场的关系，尊重市场经济一般规律，充分发挥市场在资源配置中的决定性作用，逐步建立以市场一体化为核心的区域共同市场。

参考文献

朱传耿、沈山、仇方道：《区域经济学》（第二版），中国社会科学出版社，2007。

安虎森等：《新区域经济学》，东北财经大学出版社，2008。

施祖麟：《区域经济发展：理论与实证》，社会科学文献出版社，2007。

黎鹏：《区域经济协同发展研究》，经济管理出版社，2003。

林凌：《共建繁荣：成渝经济区发展思路研究报告——面向未来的七点策略和行动计划》，经济科学出版社，2005。

林凌、刘世庆：《共建成渝经济区　培育中国经济新的增长极》，经济科学出版社，2009。

钟海燕：《成渝城市群研究》，中国财政经济出版社，2007。

杨勇：《成渝都市圈发展战略研究》，厦门大学出版社，2016。

王如渊等：《成渝经济区发展研究：基于城市与产业的视角》，商务印书馆，2015。

杨继瑞：《成渝经济区全域绿色发展模式及政策设计》，经济科学出版社，2015。

B.29
成渝地区双城经济圈金融一体化建设方略

卢 飞*

摘 要：金融是现代经济的核心，是城市群的核心竞争力，是推动经济社会发展的重要力量。随着成渝地区双城经济圈发展被提升为国家战略，加快双城经济圈金融一体化发展成为推动成渝城市群一体化发展的内在要求和关键突破口。目前成渝地区双城经济圈金融辐射能级不够强大，金融空间布局不尽合理，金融一体化发展较为滞后，需要提升双城经济圈金融一体化发展的空间布局力、能级辐射力、市场驱动力、政府调控力、空间作用力，要从金融分工、金融市场、金融功能、金融科技、金融平台、金融监管、金融生态等方面加强一体化建设。

关键词：成渝地区双城经济圈 金融 一体化

金融是现代经济的核心，是资源配置和宏观调控的重要工具，是推动经济社会发展的重要力量。习近平总书记指出：金融活，经济活；金融稳，经济稳。经济兴，金融兴；经济强，金融强。经济是肌体，金融是血脉，两者共生共荣。随着成渝地区双城经济圈发展被提升为国家战略，加快双城经济圈金融一体化成为推动成渝地区双城经济圈一体化发展的内在要求和关键突破口。

---

* 卢飞，重庆社会科学院城市与区域经济研究所副研究员，研究方向为城市经济、区域经济、城市金融。

一 成渝地区双城经济圈金融一体化发展分析判断

（一）成渝地区双城经济圈金融能级为区域性中心

城市群经济越发达，与其他主要城市群之间的经济网络越紧密，金融发展越快速，在世界城市群中的金融空间等级越高。目前成渝双城经济圈与国内外其他主要城市群之间的经济网络和金融网络发展不够紧密，在城市群金融网络体系中还处于较低等级。根据中国（深圳）综合开发研究院 2018 年发布的第 10 期“中国金融中心指数”，重庆、成都综合竞争力得分仅为 50.24 分、55.69 分，综合竞争力得分不到上海的 1/4、北京的 1/3，重庆、成都仍处于区域性金融中心能级（见表 1）。

表 1　2018 年第 10 期中国金融中心指数得分

单位：分

序号	金融中心	综合竞争力	金融产业绩效	金融机构实力	金融市场规模	金融生态环境
1	上海	234.40	166.27	249.19	363.66	147.25
2	北京	183.41	191.38	319.27	23.12	173.44
3	深圳	122.43	112.76	162.78	81.93	124.86
4	广州	73.03	84.25	78.27	6.80	126.97
5	杭州	58.02	77.06	58.28	7.45	92.59
6	成都	55.69	83.72	53.70	2.65	86.04
7	天津	55.65	75.02	58.53	2.19	89.59
8	南京	55.57	85.08	48.67	1.90	91.41
9	重庆	50.24	68.05	50.72	0.93	84.45
10	武汉	47.04	60.88	38.08	6.50	88.32

从分项指标看，重庆、成都金融产业绩效、金融机构实力、金融生态环境等指标得分远远落后于北上广深。2018 年重庆金融市场规模得分仅为 0.93 分，远远落后于全国各中心城市；成都金融市场规模得分为 2.65 分，排名全国第 13；双城经济圈的金融市场规模远远低于长三角、京津冀、粤港澳大湾区。

根据第10期中国金融中心指数发展报告，重庆资本市场利用水平、基金业发展水平排名靠后；本地A股上市公司数、新三板挂牌公司数、公私募基金管理数量和规模等指标均未进入前十；年度新增股票融资规模在31个金融中心城市中排在倒数第6位；重庆金融业发展相对滞后。

（二）成渝地区双城经济圈金融空间布局不尽合理

成渝双城经济圈正处于“多个城市金融中心→区域特大金融中心→区域金融一体化体系”的金融空间演化布局进程中，重庆主城和成都两个城市分别发挥着地区“极核”的集聚和辐射作用，是重庆和四川各自金融资源发展和空间布局的核心，但两个城市经济和金融发展实力相当，并且在金融机构争夺、金融市场建设、金融服务范围拓展、金融政策扶持等方面存在较强的竞争关系，多年来还未形成能够主导辐射成渝城市群区域的首位城市和特大金融中心。同时，成渝地区双城经济圈金融极核与各金融圈层之间的关系还处于中心虹吸效应阶段。根据wind数据库数据整理：按照2017年金融机构存贷款余额规模进行分级，成都和重庆主城九区存贷款余额分别为63452亿元、41873亿元，与处于成渝城市群金融第一圈层的宜宾、泸州、德阳、绵阳、南充、达州六个四川地级市相比（存贷款余额在2826亿~5456亿元），其规模相差10倍以上（见表2）。说明金融资源基本集聚在极核，寻求集聚效应和规模经济效应，从中心到外围圈层的溢出效应较弱。

表2　成渝城市群2017年金融机构存贷款余额分级

单位：亿元

布局	地区	金融机构存贷款余额范围
金融极核	重庆主城九区、成都市	5457~63452
金融第一圈层	绵阳、德阳、南充、达州、乐山、宜宾、泸州	2826~5456
金融第二圈层	广元、巴中、雅安、眉山、遂宁、广安、资阳、内江、自贡、万州、荣昌	1373~2825
金融散点	其他城市	0~1372

注：资料来源wind，运用arcgis软件进行分级所得结果。

（三）成渝地区双城经济圈金融一体化发展较滞后

目前，成渝地区双城经济圈金融一体化建设还存在着一些问题：一是四川和重庆行政区划造成的块状分割，金融资源在板块之间流动与配置存在一定障碍；二是双城经济圈金融发展的内部空间网络，包括市场网络、信息网络等还未实现一体化建设；三是双城经济圈金融监管主体在金融市场监管、金融统计、信贷征信、反洗钱等方面还没有建立相应的协作机制；四是双城经济圈川渝两地金融业发展目标相似、政策举措相近，尤其是重庆主城与成都市金融发展阶段相同、实力相当，在金融机构争夺、金融服务范围拓展等方面竞争激烈；五是双城经济圈金融协作机制缺乏，还没有建立日常工作小组和具体工作推进机制，两地金融行业协会、金融研究机构、金融人才之间的联系和交流机制较为缺乏。

二　成渝地区双城经济圈金融一体化发展战略需求

（一）需要提升双城经济圈金融一体化发展空间布局力

“从全局谋划一域、以一域服务全局”，成渝地区双城经济圈应由区域性特大金融中心竞争转变为构建中国西部最重要的城市群国际金融中心体系。随着 21 世纪城市群逐步成为经济最为活跃的区域并开始主导国家经济乃至全球经济，相邻国家或者区域构成的金融圈层系统逐步取代传统“相互分割”的金融中心，合理布局、层级分明、有序发展、分工互补的城市群金融中心体系逐步成为未来全球金融增长极。成渝地区双城经济圈是西部经济体量最大、发展最迅速的城市群，是带动西部发展、推进区域融合的重要战略板块，在新的发展时期和形势下，必须抛弃零和博弈的思想，携手共建协同发展的西部国际金融中心体系。

（二）需要提升双城经济圈金融一体化发展能级辐射力

新时期下成渝地区双城经济圈一体化发展需要打破城市群边界，构建与国内外主要城市群的经济和金融等联结网络，提升在城市群网络中的重要性和能量级，发展支撑“一带一路”、长江经济带、西部大开发的协同作用。尤其是要加强与南向黔中、滇中、北部湾城市群，北向兰西、乌昌石城市群，以及东部长三角、粤港澳城市群等在金融领域的紧密合作，加速提升成渝地区双城经济圈在城市群网络中的金融中心极核重要性和支撑力。

（三）需要提升双城经济圈金融一体化发展市场驱动力

成渝双城经济圈亟待破除川渝行政区划障碍，促进成渝城市群内部资源合理配置，继续做大做强成都和重庆主城两个极核，充分发挥集聚效应和规模效应。要加速拓展成渝地区双城经济圈金融中心集聚和辐射范围，增强金融中心“腹地”意识；主动将西部地区云南、贵州、广西、山西、甘肃、青海、新疆等地纳入辐射半径，增强与各省区市在物流金融、贸易金融、科技金融、旅游金融、生态金融、数据金融等方面的对接与合作，引领金融创新范式、共商协同发展机制、共建金融服务市场。

（四）需要提升双城经济圈金融一体化发展政府调控力

政府调控力是城市群金融一体化的主导动力，是城市群金融资源空间整合的极其重要的因素，成渝双城经济圈金融一体化发展必须依托于政府强有力的调控力，在金融发展规划、市场融合、监管考核、统计分析等方面提高合作力度和层次、加强和丰富合作形式、创新协调合作机制，为成渝双城经济圈金融一体化发展增添动力。

（五）需要提升双城经济圈金融一体化发展空间作用力

成渝双城经济圈金融发展的内部空间网络，包括市场网络、信息网络、交通网络等亟待“互联、互通、互信、互认、互用”，为城市群金融资源运行减轻阻力，助力金融资源按照比较优势和规模经济进行区位选择和空间布局，达到空间帕累托最优状态。

三　成渝地区双城经济圈金融一体化发展方略

（一）合理布局，加强双城经济圈金融分工一体化建设

一是金融级核错位发展。重庆应充分发挥直辖市行政体制优势，西部大开发重要战略支点、“一带一路”和长江经济带联结点的地理位置优势，以及雄厚的经济发展支撑优势；完善金融门类体系、做优做强金融产业、加大金融开放力度、加快金融改革创新、营造良好金融生态；形成西部地区国际性金融要素市场中心、国际性金融资源管理中心、国际性金融数据中心（金融后台业务中心）、国际性大宗商品定价中心、国际性金融科技创新和标准制定示范区；打造内陆国际性金融中心城市。成都应充分发挥区域金融规模较大、金融资源体量丰富、辖区内人口和高净值人士较多，证券、基金和创业投资等金融细分领域发展较好，金融人才和教育资源丰富等优势，重点发展财富管理、创业投资、金融科技、金融培训、金融外包等领域，建设西部特色金融市场平台、西部财富管理中心、西部金融创新中心、西部金融外包中心、西部金融教育培训中心，打造国家级金融中心城市。

二是金融圈层协调发展。根据双城经济圈各地级市（区县）发展特色，璧山、合川、江津、涪陵、永川、长寿、铜梁、南川、德阳、绵阳、内江、自贡、宜宾、泸州、乐山、遂宁、眉山、资阳、南充、达州、广元、巴中、广安等地加快发展科技金融、产业金融和能源金融，梁平、丰都、垫江、忠县、城口、奉节、巫山、巫溪、甘孜、阿坝、凉山、攀枝花等地加快发展农业金融、生态金融、新能源金融和文旅金融。

（二）打破边界，试点双城经济圈金融市场一体化建设

一是金融信贷市场一体化建设。打破信息不对称障碍，探索建立一体化征信体系。探索向中国人民银行征信管理局申请，创新性试点支持中国人民银行征信系统与全国企业信用信息公示系统、中国法院裁判文书网、中国执

行信息公开网、国家信息中心、中国互联网金融协会等多家官方网站签订数据共享协议，逐步提升成渝地区双城经济圈乃至西部地区企业和个人征信信息覆盖率。探索引入第三方信用服务机构，督促双城经济圈所有网贷机构尽快接入上海资信公司建立的新金融征信系统（NFCS），实现对互联网金融领域的征信覆盖，解决互联网信用问题和信息孤岛问题，形成与中国人民银行征信系统“错位发展、功能互补、分工合作”的征信格局。加快建立双城经济圈征信大数据服务平台，探索按照“成熟一个整合一个”原则，逐步整合两地公积金、社保、通信、法院、环保、税务、海关、工商、财政、银行等公共信用信息，实现区域内征信体系一体化建设。打破金融机构属地化经营障碍，通过业务联动与产品创新的方式实现跨区域合作。试点推动成渝地区双城经济圈政府牵头，整合西部各省区市力量，与国家性政策银行、商业银行、信用担保公司、保险公司等金融机构签署合作协议，成立西部专项信贷资金，实现银行跨区域联合授信、组建银团贷款等，为双城经济圈乃至西部地区重大战略项目建设提供金融支持。项目资金主要投放于双城经济圈与京津冀、长三角、粤港澳几个国家战略板块之间以及与西部各省区市的快速交通基础设施建设；西部南北线滇中城市群及北部湾城市群→黔中城市群→成渝城市群→兰西城市群→宁夏沿黄城市群→乌昌石城市群跨区域文旅项目连线连片打造；日本太平洋沿岸城市群、粤港澳大湾区、长三角城市群及新加坡等发达城市群和先进城市的新兴产业和先进制造业向西部布局和转移的产业项目；沿长江经济带跨东、中、西部流域的环境保护和整治项目等；既保障各地区利益，避免无序竞争和资源浪费，又形成规模效益，保障重大项目顺利投放。

二是金融证券市场一体化建设。探索成渝两地整合各自“上市资源储备库”资源，并以此为基础牵头建立“西部拟上市资源储备库”，整合西部各省区市力量，分批次筛选、辅导、培育双城经济圈及西部各省区市支柱产业和优势产业上市后备企业；同理探索联合建立“西部绿色通道储备库”，为西部扶贫开发工作重点县和集中连片特殊困难地区县的拟上市企业提供优质服务，引导资本市场在服务西部乡村振兴战略中发挥更大的作用；探索整合上交所、深交所、新三板等资本市场在成都和重庆两地的基地，实现错位发展，联合打造高效的西部企业上市培育服务机制。

三是金融保险市场一体化建设。探索川渝地方保监局、金融监督管理局、地方高校、大数据机构等签署合作协议，共同搭建双城经济圈国家级保险共性技术实验室、保险行业大数据共享服务平台、保险产品与技术创新孵化平台、保险产品交易云平台等多个共享平台，推动保险业更好地为双城经济圈一体化发展提供金融支持。探索川渝地方政府与中保投资签订合作协议，推动“中国保险业产业扶贫投资基金”在双城经济圈成立培育基地，建立西部各省区市共同参与的定期沟通、业务交流、联合投资等机制，重点投向西部连片特困地区、革命老区、民族地区、边疆地区的特色资源开发、产业园区建设和新型城镇化发展等领域，以期发挥产业扶贫投资基金、扶贫保险产品和服务的协同作用，打造从风险保障、信用增信到保险资金直接投资的保险扶贫全链条，促进贫困地区经济发展和产业脱贫。

（三）因地制宜，强化双城经济圈金融功能一体化建设

一是加快物流金融一体化建设。运用中新（重庆）战略性互联互通示范项目以及重庆西部陆海新通道物流和运营组织中心身份，争取中国银行业协会、新加坡金管局、香港金管局、瑞士银行协会等支持，吸引更多服务于“一带一路”特别是陆海新通道的国际金融机构落地。探索争取海关总署将重庆作为西部“单一窗口”公共服务平台，集成西部各省区市“单一窗口”模块，丰富国际国内金融机构服务功能模块，发挥重庆枢纽串联作用，为西部各省区市国际一般贸易、转口贸易、过境贸易提供一站式供应链金融服务平台，推动西部省区市物流、资金链和信息流在“一带一路”和陆海新通道跨境供应链上的有效整合与提升。

二是加快科技金融一体化建设。利用专项债大幅扩容机遇，积极推动“专项债＋地方金融机构融资”模式构建专项建设基金，专项建设基金主要采用股权方式投入，用于项目资本金投入、股权投资和参与地方投融资公司基金。重点投向成渝城市群内外轨道交通、城际高速铁路等建设，畅通双城

经济圈对外交通通道，扩大双城经济圈辐射半径范围；加快医疗信息、电力设备、新能源汽车等消费基建，满足成渝地区民众强烈的消费升级需求；支持成渝城市群在重庆两江新区、高新区、成都芯谷、天府智能制造产业园、天府新区新能源新材料产业功能区等率先开展5G、工业互联网、物联网、车联网、智能电网等新型基础设施技术研发及建设，打造战略性新兴产业集群。建设“智造重镇”“智慧名城”，推动形成优势互补、高质量发展的区域经济布局。

三是加快绿色金融一体化建设。探索联合设立长江上游绿色发展基金，试点联合发行长江上游绿色债券等，逐步在环保、节能、清洁能源、绿色交通、绿色建筑等领域的项目投融资、项目运营、风险管理等方面联合提供创新性金融产品和服务。

四是加快民生金融一体化供给。探索率先在双城经济圈一体化示范区内针对家政、托幼、教育、文化、旅游、体育、医疗、疾病、康复、照护、生育、养老等领域的金融产品，实现“五互”，提升双城经济圈生活品质，待时机成熟后逐步推广至整个西部地区。

（四）抢抓机遇，加快双城经济圈金融科技一体化建设

加快推进双城经济圈金融云一体化建设。加快推动重庆主城和成都布局建设集中式金融云，在地级市和区县加快建设分布式金融云、微小型金融云和边缘型金融云，布局建设西部云数据共享平台，早日实现与京津冀、长三角、粤港澳、黔中等城市群的云共享。

加快推进双城经济圈智能金融一体化建设。以重庆和成都超算中心为基础，探索根据不同场景的业务特征创新智能金融产品与服务，构建全流程智能金融服务模式，推动金融服务向主动化、个性化、智慧化发展。

加快推进双城经济圈区块链一体化建设。共同探索区块链金融体系框架、机制及标准，以及区块链金融在建筑、制造、政务、医疗、教育等领域的局部业务流程优化，逐步实现金融服务模式、服务品质、服务生态的多重升级。

加强推进双城经济圈金融科技联合攻关。加快金融科技基础性研究，整合重庆邮电大学、电子科技大学、重庆大学、四川大学等高校及相关科研院所力量，共建“金融科技创新实验室”，推动经济金融、计算机科学、数理科学等多学科交叉融合发展。加快金融科技转化应用，在双城经济圈内农业、制造业、服务业等各个行业选取试点企业建设“金融科技孵化平台”，促进金融科技成果及时转化和共享。

加快推进双城经济圈金融科技开放创新。支持成渝地区企业在发达国家或地区设立金融科技研发中心，支持发达国家或地区企业来双城经济圈设立金融科技研发总部，支持海外高水平团队与成渝企业开展多形式的金融科技成果产业应用转化活动，支持双城经济圈与共建“一带一路”国家及地区共建金融科技国际联合实验室、金融科技合作园区。支持以中新国际数据通道为依托，逐步打通共建“一带一路”国家及地区国际互联网数据专用通道。

（五）补充空白，助力双城经济圈金融平台国际化建设

一是借助中新互联互通项目，加快双城经济圈整合构建辐射整个西部及东南亚的股权投资中心、产权交易中心、商品期货交易中心、跨境支付中心、跨境融资中心等国际性金融市场，逐步成为中国辐射南亚、东南亚的重要金融基地。二是承接世界金融产业转移，主动接受日本太平洋沿岸城市群、长三角和粤港澳等城市群的金融辐射，大力发展金融后台业务和外包业务，着力引进金融机构后台中心、后援中心、灾备中心以及神州数码等知名金融服务外包供应商，逐步成为中国西部重要的金融后台业务和外包业务基地。三是建设国际化金融法治环境。争取中国国际经济贸易仲裁委员会支持，在双城经济圈建设面向“一带一路”和陆海新通道的国际金融仲裁中心，为“一带一路”跨境金融贸易纠纷提供公正高效便利且低成本的“一站式”法律服务，为各类金融机构、工商企业及国内外投资者提供符合国际水准的非诉讼纠纷解决机制。

（六）审慎管理，加强双城经济圈金融监管一体化建设

一是建立双城经济圈金融监管联席会议机制，畅通信息共享渠道，推动监管标准一体化，减少监管摩擦。二是建立双城经济圈联合惩戒逃废债协同机制，加大对失信行为的打击惩戒力度，维护区域金融生态环境。三是建立双城经济圈金融风险监测、金融知识安全宣传平台，提升区域性金融风险防控处置能力。

（七）加强保障，完善双城经济圈金融生态一体化建设

一是加强组织保障，在“成渝地区双城经济圈一体化建设领导小组”框架下，设立由两地金融管理部门参与的金融专项工作小组，构建上下贯通、协调有力、响应及时的推进体系，协同有序推动双城经济圈金融一体化建设，形成信息联通、措施联动、问题联治的局面。二是加强制度保障，在双城经济圈金融发展规划、金融市场融合、金融统计分析等方面提高合作力度和层次、加强和丰富合作形式、创新协调合作机制。三是加强人才保障，推动成渝两地金融人才双向交流、培训、挂职，探索向银监局、保监局、证监局等申请，试点金融人才任职资格异地考试、成绩互认制度，组建西部金融高端专家智库，为成渝地区双城经济圈金融一体化发展提供智力支持。

参考文献

吴佩、姚亚伟、赵海鹏：《长三角区域资本市场一体化发展现状与对策》，《金融理论与实践》2018 年第 10 期。

高晓燕、韩泽金、许璐：《金融一体化视角下京津冀金融协同发展》，《开发研究》2019 年第 3 期。

陶劲：《金融一体化：京津冀经济协同发展的点睛之笔》，《财经观察》2019 年第 1 期。

王灿、喻平：《金融创新、金融监管与经济增长》，《统计与决策》2020 年第 5 期。

黄金木：《积极推进长三角金融一体化发展》，《金融时报》2019 年 2 月 18 日，第 12 版。

巢克俭：《让金融更好服务区域经济一体化》，《人民日报》2018 年 8 月 16 日，第 7 版。

B.30
成渝地区双城经济圈产业协同发展现状、问题及对策

詹　懿*

摘　要：　产业协同发展是推进区域经济一体化发展的关键和核心。重庆市和四川省在资源、劳动力和产业等方面具有一定基础，但对于推进具有“双核”特征的成渝地区双城经济圈建设，目前还存在经济总量不够大、中心城市产业能级不够高、城市群结构体系还不健全、产业分工协作较弱、产业协同机制不健全和区域市场一体化体制机制不完善等问题，应通过创新一体化发展体制机制、提高重庆与成都两个中心城市的产业能级、加强成渝双城经济圈产城联动发展、共建产业链和产业集群、共建产业创新生态系统、共建交流合作平台、加强人才交流合作与培养、共建金融支撑体系等途径推进成渝地区双城经济圈产业协同发展。

关键词：　成渝地区双城经济圈　产业协同发展　产业链

当前，以谋求资源整合、优势互补和提高竞争力为宗旨的区域一体化发展已成为世界经济发展的大趋势。从国内外区域一体化发展的成功实践来看，区域一体化发展的核心在于以产业协同促进区域间产业的分工协作和优

---

* 詹懿，重庆社会科学院产业经济研究所副研究员，主要研究方向为产业经济、区域经济。

势互补。2020年1月，习近平总书记在中央财经委员会第六次会议上做出了推动成渝地区双城经济圈建设的战略部署，并提出了使成渝地区成为具有全国影响力的重要经济中心、科技创新中心、改革开放新高地、高品质生活宜居地的战略目标。推动成渝地区双城经济圈建设，关键在于推进成渝地区产业协同发展，以产业协同发展促进两地企业合作、市场共享、要素流动、资源互补、技术交流、制度对接，推动构建成渝地区现代产业体系，提升成渝地区内生发展能力；并以共建产业链和产业集群为纽带，加强成渝城市群之间的内在联系，形成优势互补、错位发展、分工协作、协调有序的现代化都市圈，最终实现成渝地区一体化发展。

一　成渝地区双城经济圈产业协同发展的基础条件

（一）独特的区位、交通优势和丰富的资源

成渝地区位于四川盆地及其边缘，是西部地区重要的工业、农业和能源基地，是联结“一带一路”以及长江经济带的重要节点，也是我国重要的交通物流枢纽。区域内有长江黄金航运通道、“渝新欧”和“蓉新欧”国际铁路联运大通道、东盟国际公路物流大通道、成都和重庆空中物流大通道，形成了“公水铁空”全方位发展综合运输枢纽，为成渝地区产业的发展提供了较强的物流通道支撑。如“渝新欧”国际铁路联运大通道，从重庆出发，经西安、兰州、乌鲁木齐，向西过北疆铁路，到达边境口岸阿拉山口，进入哈萨克斯坦，再经俄罗斯、白俄罗斯、波兰，至德国的杜伊斯堡，全长11179公里。该通道由六个国家铁路、海关部门共同协调建立，占据中欧班列主导地位，于2011年3月19日正式全线开通。成渝地区拥有丰富的自然资源，是我国重要的农产品生产基地和原材料基地。据统计，2019年，成渝地区水资源总量为3247.0亿立方米，占全国的11.2%；成渝地区农林牧渔业总产值为10227.2亿元，占全国的8.2%。

（二）广阔的经济腹地和西部产业高端要素集聚地

经过多年的发展，成渝地区拥有较强的产业基础和消费能力，能够吸引国内外产业转移和人才的集聚，为推进成渝地区产业协同发展提供要素和动力支撑。2019 年，成渝地区生产总值为 70221.6 亿元，占全国国内生产总值的比重达到 7.1%；常住人口 11499 万人，占全国的 8.2%；人均可支配收入为 25849 元，高于西部平均水平；社会零售商品总额为 32974.7 亿元，占全国的 8.1%。2019 年，成渝地区拥有各类企业法人单位数 1144317 家，占全国的 5.4%，其中规模以上工业企业数 21293 家，占全国的 5.6%。2019 年，成渝地区拥有各类普通高等学校 184 所，占西部地区的 25.9%、全国的 6.8%，其中在校普通本专科学生 2496601 人，占全国的 8.2%。[①]

（三）国家战略的支撑引领

2020 年 1 月 3 日，习近平总书记在中央财经委员会第六次会议上做出了推动成渝地区双城经济圈建设的战略部署，并提出了把成渝地区建设成为在西部高质量发展的重要增长极，具有全国影响力的重要经济中心、科技创新中心、改革开放新高地、高品质生活宜居地的“一极两中心两地”战略定位，并指出成渝地区双城经济圈建设是一项系统工程，要加强顶层设计和统筹协调，突出中心城市带动作用，强化要素市场化配置，牢固树立一体化发展理念，做到统一谋划、一体部署、相互协作、共同实施，唱好“双城记”。[②] 除此之外，习近平总书记先后对重庆和四川的发展做出了重要指示，如对重庆市提出的“两点”定位和“两地两高”目标，对四川省提出的“五个着力”要求，这些定位和要求是推进成渝地区双城经济圈建设的战略引领，也是推进成渝地区双城经济圈建设的战略路径。

---

① 资料来源：根据《中国统计年鉴 2020》整理得来。

② http：//www. xinhuanet. com/politics/2020 - 01/03/c_ 1125420604. htm。

二　成渝地区双城经济圈产业发展现状分析

1. 经济规模逐年增大

改革开放以来，重庆市和四川省在经济全球化和西部大开发的背景下，充分发挥资源、劳动力、土地等比较优势，积极承接国际国内产业转移，加速推进新型工业化和城镇化步伐，经济总量得到较大提升。据统计，2019年，重庆市地区生产总值23605.77亿元，四川省地区生产总值46615.8亿元，成渝地区生产总值的总和为70221.57亿元，占全国的比重为7.1%，比2014年增长了0.4个百分点，连续多年保持增长态势（见表1）。2019年，成渝地区工业增加值为20022.4亿元，比上年增长了10.1%，工业经济发展呈逐年向好态势。2019年，成渝地区常住人口为11499万人，增长率为0.5%，连续多年保持年均增长56万人以上，表明随着成渝地区经济总量的增大，经济对人口的吸纳能力逐渐增强。

表1　成渝地区部分经济总量数据

年份	GDP（亿元）	GDP占全国的比重(%)	规上工业企业总资产(亿元)	占全国的比重（%）	常住人口数（万人）	占全国的比重（%）
2019	70221.59	7.1	70409.2	5.8	11499	8.2
2018	61041.32	6.8	63248.4	5.6	11443	8.2
2017	56404.95	6.9	63014.11	5.6	11377	8.2
2016	50675.13	6.8	61729.21	5.7	11310	8.2
2015	45770.37	6.7	58247.46	5.7	11221	8.2
2014	42799.26	6.7	54012.39	5.6	11132	8.1

资料来源：根据《中国统计年鉴2015》《中国统计年鉴2016》《中国统计年鉴2017》《中国统计年鉴2018》《中国统计年鉴2019》《中国统计年鉴2020》整理得来。

2. 产业结构逐渐优化

经过多年的发展，重庆市和四川省在经济总量逐年增大和产业转型发展的基础上，实现了产业结构的不断优化升级。一是三次产业结构不断优化。2019 年，重庆市三次产业结构由 2018 年的 6. 8∶40. 9∶52. 3 调整为 6. 6∶40. 2∶53. 2，四川省三次产业结构由 2018 年的 10. 9∶37. 7∶51. 4 调整为 10. 3∶37. 3∶52. 4。2019 年，重庆市全年工业增加值 6656. 72 亿元，比上年增长 6. 4%；四川省全年工业增加值 13365. 7 亿元，比上年增长 7. 9%。[①] 二是高技术产业占工业的比重逐年增大。2018 年，重庆市高技术产业营业收入为 5305 亿元，占全市规上工业企业营业收入的比重为 26. 46%，比 2016 年高出 5. 6 个百分点；四川省高技术产业营业收入为 6943 亿元，占全市工业企业营业收入的比重为 16. 83%，比 2016 年高出 2. 4 个百分点[②]；2019 年，重庆市规模以上高技术制造业增加值增长 12. 6%，占规模以上工业增加值的比重为 19. 2%；四川省高技术制造业增加值增长 11. 7%。

3. 产业发展质量逐渐提高

随着成渝地区经济结构的调整，尤其是深入推进供给侧结构性改革，成渝地区产业发展质量呈现逐年提高的态势。据统计，成渝地区规上工业企业营业收入从 2014 年的 56752. 5 亿元增长到 2019 年的 65567. 4 亿元，规上工业企业营业收入占全国的比重从 2014 年的 5. 1% 增长到 2019 年的 6. 1%，增长了 1 个百分点。成渝地区规上工业企业新产品销售收入从 2014 年的 6322. 1 亿元增长到 2018 年的 7792. 7 亿元；规上工业企业新产品销售收入占营业收入的比重也从 2014 年的 11. 1% 增加到 2018 年的 12. 7%，增长了 1. 6 个百分点。成渝地区规上工业企业利润从 2014 年的 3466. 65 亿元增长到 2019 年的 4247. 2 亿元，规上工业企业利润占全国的比重从 2014 年的 5. 1% 上升到 2019 年的 6. 5%，实现了 6 年连续上升（见表 2）。

① 资料来源：根据《中国统计年鉴 2020》和《中国统计年鉴 2019》整理得来。

② 资料来源：根据《中国统计年鉴 2019》《中国统计年鉴 2017》《中国高技术产业统计年鉴 2017》《中国高技术产业统计年鉴 2019》整理得来。

表 2 成渝地区规上工业企业发展情况

年份	规上工业企业营业收入（亿元）	占全国的比重（%）	规上工业企业新产品销售收入（亿元）	规上工业企业新产品销售收入占营业收入比重（%）	规上工业企业利润（亿元）	占全国的比重（%）
2019	65567.4	6.1	—	—	4247.2	6.5
2018	61299.3	5.8	7792.7	12.7	3936.6	5.9
2017	62403.67	5.5	9005.8	14.4	4326.13	5.8
2016	64996.28	5.6	8059.1	12.4	3988.18	5.5
2015	59548.15	5.4	7427.6	12.5	3583.12	5.4
2014	56752.5	5.1	6322.1	11.1	3466.65	5.1

资料来源：根据《中国统计年鉴 2015》《中国统计年鉴 2016》《中国统计年鉴 2017》《中国统计年鉴 2018》《中国统计年鉴 2019》《中国统计年鉴 2020》和《中国科技统计年鉴 2015》《中国科技统计年鉴 2016》《中国科技统计年鉴 2017》《中国科技统计年鉴 2018》《中国科技统计年鉴 2019》整理得来。

三 成渝地区双城经济圈产业协同发展存在的问题

（一）经济体量还不够大

从世界城市群产业协同发展的历史看，区域产业的协同发展建立在区域产业专业化分工协作的基础上，而实现区域产业专业化分工协作需要区域产业达到一定的规模和层次。成渝地区双城经济圈与国内外其他城市圈相比还存在产业总量不大、专业化分工协作基础薄弱的问题。据统计，2017 年世界六大城市群 GDP 分别为美国东北部大西洋沿岸城市群 40320 亿美元，日本太平洋沿岸城市群 33820 亿美元，北美五大湖城市群 33600 亿美元，长三角城市群 20652 亿美元，英国中南部城市群 20186 亿美元，欧洲西北部城市群 21000 亿美元。[①] 而成渝地区双城经济圈 2019 年的 GDP 仅为 70221.59 亿元，与世界发展较好的城市群经济总量差距较大。

---

① http：//www. chyxx. com/industry/201903/723208. html.

（二）城市群结构体系还不健全

从国内外发达地区的经验来看，要实现城市群间产业协同发展，必须构建与之相适应的城镇体系作为产业发展的载体，即由（超大中心城市）特大城市、大城市、中等城市、小城镇等规模层级组成的城镇体系，促进各类城市在要素集聚能力、产业配套能力、交易成本、要素成本、规模经济等方面形成优势，与各产业发展的要素和成本需求进行有效对接，实现产业与城市的良性互动发展。据统计，2018 年，长三角地区、京津冀地区、珠三角地区和成渝双城经济圈四个城市群中，地区生产总值在 5000 亿元以上的地级以上城市数量分别为，长三角地区 17 个（上海市 38155. 32 亿元、苏州市 19235. 80 亿元、南京市 14030. 15 亿元、无锡市 11852. 32 亿元、南通市 9383. 4 亿元、常州市 7400. 9 亿元、徐州市 7151. 4 亿元、扬州市 5850. 08 亿元、盐城市 5702. 26 亿元、泰州市 5133. 36 亿元、杭州市 15373 亿元、宁波市 11985. 1 亿元、温州市 6006. 2 亿元、绍兴市 5781 亿元、嘉兴市 5370. 32 亿元、台州市 5134. 05 亿元、合肥市 9409. 4 亿元），粤港澳大湾区 5 个（香港 25200 亿元、深圳市 26927. 09 亿元、广州市 23628. 60 亿元、佛山市 10751. 02 亿元、东莞市 9482. 5 亿元），京津冀地区 4 个（北京市 35371. 3 亿元、天津市 14104. 28 亿元、石家庄市 5809. 9 亿元、唐山市 6890. 0 亿元），成渝地区 2 个（成都市 15342. 77 亿元、重庆主城都市区 15566. 7 亿元）。[①] 可见，成渝地区双城经济圈除了重庆和成都两个核心城市外，周边缺乏承接产业转移和加强产业配套协作的中等城市支撑，不利于成渝地区双城经济圈产业的协同发展。

（三）中心城市产业能级不高

从国内外都市圈发展实践看，成功的都市圈往往都有一个或几个产业能级较高的中心城市，以辐射带动整个都市圈发展。比如，美国东北部城市群

① 资料来源：根据《中国城市统计年鉴 2019》整理得来。

的纽约，五大湖城市群的芝加哥、多伦多，日本太平洋沿岸城市群的东京、大阪，英格兰城市群的伦敦，欧洲西北部城市群的巴黎、阿姆斯特丹，长三角地区的上海，珠三角地区的广州和深圳，京津冀地区的北京和天津等。作为区域性中心城市，2019 年，重庆主城都市区、成都市、南京市、杭州市、广州市、深圳市的地区生产总值分别为 18179. 8 亿元、17012. 7 亿元、14030. 12 亿元、15373. 0 亿元、23628. 6 亿元、26927. 1 亿元，人均 GDP 分别为 90062 元、103386 元、165681 元、152465 元、156427 元、203489 元①（见表 3）。尽管 2019 年重庆主城都市区和成都市的地区生产总值高于长三角的南京和杭州，但人均地区生产总值却远低于长三角的南京、杭州和粤港澳大湾区的广州和深圳，四个地方的人均 GDP 均在重庆主城都市区的 1. 5 倍以上，深圳市更是达到了 2. 26 倍。可见，重庆和成都作为成渝地区双城经济圈的中心城市，经济总量还有待提升，尤其是产业能级与其他中心城市相比还有很大差距，需要大力发展实体经济，加快发展先进制造业和现代服务业，提高产业附加值，增强高端要素集聚能力。

表 3　国内部分中心城市经济发展指标情况

相关指标	重庆主城都市区	成都市	南京市	杭州市	广州市	深圳市
GDP(亿元)	18179. 8	17012. 7	14030. 2	15373. 0	23628. 6	26927. 1
人均 GDP(元)	90062	103386	165681	152465	156427	203489
GDP 比值	1	0. 94	0. 77	0. 85	1. 30	1. 48
人均 GDP 比值	1	1. 15	1. 84	1. 69	1. 74	2. 26

（四）产业分工协作较弱

区域产业协同发展是提升区域资源配置效率和促进区域一体化发展的基础。“区域产业发展不协调容易造成城市的重复建设和资源浪费，不利于城市群的良性发展。”出于成渝地区双城经济圈行政区划、地理区位、资源禀

① 资料来源：根据 2019 年重庆市、成都市、南京市、杭州市、广州市、深圳市统计公报整理得来。

赋和历史等原因，两地产业一直未能实现协同发展。一是产业同水平竞争明显。从全球产业价值链分工体系看，成渝两地企业同属于跨国公司主导下全球产业价值链的中低端，产业中的关键零部件和核心技术对外依存度较高，如两地的电子信息产业，企业之间不是纵向一体化的合作关系，而是处于产业进入门槛较低的低技术含量和低产品附加值环节，总体处于竞争大于合作的发展态势，不利于区域产业分工协作关系的形成。二是产业同质化严重。根据重庆市和四川省的“十三五”规划，两地均把电子信息、汽车、装备制造、轨道交通装备、机器人、新材料、生物医药等作为重点发展产业。在川渝两地产业均处于数量和规模扩张阶段的背景下，地方政府均强调外部企业的引入和本地资源的优化利用，对寻求跨行政区划合作的积极性不高，并在承接外来投资方面存在一定的恶性竞争现象，造成了资源的闲置和浪费。

（五）产业协同机制不健全

重庆市与四川省两地的区位和资源禀赋相近，在 GDP、财政税收和就业等政绩考核制度的激励下，两地之间在推进和构建促进产业协同发展的体制机制方面还有一定差距。一是缺乏两地产业合作利益协调机制。目前，川渝两地之间还缺乏企业跨行政区划转移的利益共享机制和重大产业项目跨区域协同招商的利益分配机制，在地区生产总值、税收、就业等行政区经济考核体系下，企业在川渝两地之间转移存在一定的政策障碍，不利于产业的规模化和集群化发展，在对适合两地发展的重大产业项目开展招商引资时，不可避免地存在恶性竞争的现象，不利于优化两地招商引资环境。二是缺乏多方参与的交流合作平台。缺乏企业、科研院所、金融机构、咨询机构、投资机构之间的交流合作平台，两地的信息、技术、人才、资金、项目等不能实现及时有效的对接，存在资源闲置与资源不足并存的现象，降低了川渝两地资源整体配置效率。

（六）区域市场一体化体制机制不完善

区域产业协同发展的前提是区域之间制度规则的统一和要素的自由流

动，以促进资源的优化配置和产业的优势互补。成渝地区双城经济圈目前在推进区域之间制度规则的统一和要素的自由流动方面还存在以下问题：一是缺乏规则统一的制度体系。川渝两地在企业登记、土地管理、环境保护、投融资等方面缺乏统一的市场准入制度，在土地费用、信用体系、环保评估等领域存在标准不统一问题，不利于成渝地区双城经济圈内的企业合作和项目对接，尤其是不利于成渝毗邻地区的产业合作。二是要素市场一体化发展缓慢。缺乏统一开放的人力资源市场，在人力资源、就业岗位信息、服务政策等方面存在对接不畅问题；缺乏统一的资源交易平台，在知识产权和技术成果交易等方面还不能实现信息数据互联共享和成果资质互认。

四 促进成渝地区双城经济圈产业协同发展的对策建议

（一）创新一体化发展体制机制

一是积极探索川渝两地产业转移的成本共担、利益共享机制。借鉴京津冀一体化发展经验，针对川渝两地之间转移的迁出地企业在完成工商和税务登记变更并达产后三年内缴纳的增值税、企业所得税和营业税，由迁入地和迁出地按50%∶50%的比例分享。积极探索川渝两地重大产业项目协同招商机制，统筹推进落地税收及重要经济指标按比例分成制度。二是建立统一的市场准入制度。结合国家市场准入负面清单和共同筑牢长江上游生态屏障的要求，制定成渝地区统一的市场准入负面清单。三是建立标准统一的市场管理制度，出台成渝地区市场监管一体化政策和标准统一的营商环境政策，为两地要素跨行政区划流动和企业生产经营提供公平的竞争环境。四是共建统一开放的人力资源市场，在两地专业技术人才职称互认基础上，进一步推动人力资源、就业岗位信息共享和服务政策的有机衔接。

（二）提高重庆与成都两个中心城市的产业能级

要辩证看待区域产业和要素的集聚与扩散之间的关系，既要遵循短期和中期产业和要素向优势区域集聚发展的规律，不断扩大重庆主城都市区和成都市两个中心城市的产业规模和产业发展能级，增强中心城市的辐射带动能力；又要加强重庆主城都市区和成都市与周边市（区县）之间的交通物流通道建设，以及周边市（区县）的基础设施建设，增强周边市（区县）承接产业转移和服务配套两个中心城市产业发展的能力。一是进一步加快重庆主城都市区和成都市两个核心城市的产业发展，同步推进承接国内外产业转移和加大本土企业培育扶持力度，不断扩大两个核心城市产业发展规模，提高重庆主城都市区和成都市两个核心城市产业的规模化与专业化分工协作能力。二是在做大产业规模的基础上，进一步增强重庆主城都市区和成都市两个核心城市的高端产业和高端要素集聚与承载能力，引导先进制造业和现代服务业向重庆主城都市区和成都市两个核心城市集聚，不断提升两个核心城市的产业势能，使其逐渐成为辐射带动个成渝地区双城经济圈产业协同发展的现代制造业和现代服务业中心。

（三）加强成渝双城经济圈产城联动发展

成渝地区产业协同发展的高级形态将是形成成渝地区现代产业体系，城市群发展的高级形态将是形成以技术经济联系为主的现代城镇体系，最终将实现现代产业体系与现代城镇体系的融合发展。一是以现代产业体系为纽带，加强成渝城市群之间的经济联系，发挥现代产业体系的系统效应、协同效应、开放效应，促进渝东北与川东北、成渝中部、渝西与川南等川渝毗邻地区的紧密合作，使整个成渝城市群形成城市功能互补、产业分工协调、梯次有序发展的现代城镇体系。二是以成渝城市群为依托优化现代产业体系布局，以城市群的要素禀赋和承载能力为基础，按照中心城市产业高端化和服务化、中小城市产业制造化的梯度发展思路，引导成渝地区现代产业体系围绕重庆主城都市区和成都市两个中心城市梯次布局，加快形成一批规模效应、创新效应、协作效应突出的产业集群。

（四）共建产业链和产业集群

一是共建传统优势产业链。围绕汽车、电子信息、装备制造、生物医药、材料等传统优势产业“补链”，整合两地优势企业研发资源，采用兼并重组和战略合作等方式向两地延伸产业链，共同打造区域性产业链，并以此为基础，集聚国内外科技、资金和人才，共同突破产业链关键核心技术环节实现“强链”，培育一批具有国际竞争力的龙头企业，形成一批具有国际影响力的特色优势产业集群。二是共建战略性新兴产业链。围绕新一代信息技术、高端装备制造、大数据、人工智能、数字经济等战略性新兴产业“建链”，以战略性新兴产业链为基础集聚整合全球高端要素资源，培育一批掌握前沿核心技术的龙头企业和产业集群，提升成渝地区产业和企业在全球价值链上的水平。三是共建现代服务产业链。整合成渝地区金融、物流、贸易、信息等资源，共建西部科技金融中心、西部国际物流中心、西部国际贸易中心、西部科技信息中心等综合性服务功能中心，增强成渝地区产业发展和转型升级能力，提升双城经济圈产业供应链韧性。

（五）共建产业创新生态系统

一是共建研发平台。立足中国西部（重庆）科学城、成都科学城和绵阳科技城，整合川渝两地科研院所、高校和企业等研发力量，推动川渝两地企业和科研院所在科学城合作共建研发机构，共同推动国家重点实验室建设、重大科技项目立项和重大前沿科技研究，培育成为具有全国影响力的科技产业创新中心和科技创新策源地。二是联合攻关关键核心技术。围绕成渝地区共建产业链中的新一代信息技术、汽车、大健康、先进制造等领域的关键核心技术等“卡脖子”环节，采用共同出资、联合攻关、成果共享的方式，共同突破一批基础研究、应用基础研究及前沿技术。三是共建区域创新生态系统，以产业链与创新链融合发展为引领，依托中国西部（重庆）科学城、高新区及两江协同创新区，整合川渝两地的政府、企业、大学、科研机构、金融等中介服务机构力量，共同构建由原始创新、技术创新和产业创新等组成的区域创新生态系统，提升成渝地区自主创新能力和制造业高质量发展能力。

（六）共建交流合作平台

一是共建产业园区。总结推广广安川渝合作建设高滩园区经验，推动川渝毗邻地区产业合作不断深化，增强成渝中部地区经济实力。二是搭建成渝地区多方合作交流平台。围绕促进成渝地区科技创新、产业升级、要素集聚、资源整合等目标，搭建由行业主管部门、行业协会、企业、高校、咨询机构、科研机构、金融机构、高科技人才等组成的交流平台，加强各类市场主体和要素之间的交流合作，提高成渝地区资源配置效率。三是共建知识产权大数据共享服务平台。加强川渝两地企业的知识产权交流合作，共建成渝地区知识产权大数据共享服务平台，整合两地知识产权交易数据、企业知识产权需求数据，推动知识产权和科技要素、企业创新需求在平台汇聚，提升知识产权转化能力，增强成渝地区产业创新活力。

（七）加强人才交流合作与培养

一是加强成渝地区党政人才交流合作。建立健全两地互派干部交流任职制度，川渝两地省级部门、地市（区县）政府每年选择 40～60 名处级以上年轻领导干部到对方以挂实职的方式任职，任职年限为 2 年，任职期间干部考核由对方党委部门负责，挂职期满后双方可根据干部挂职期间表现和个人工作能力，在征求干部个人意见的基础上就地任职或返回原地方任职，既可以扩大干部视野、增强两地干部干事创业能力，又极大地增进两地之间的交流和了解，加强两地之间的互学互信，推进两地政府合作、项目对接、企业交流。二是加强成渝地区科技人才联动。推进成渝地区“产教融合”发展和校际合作交流，围绕成渝地区产业升级需要，积极探索科技人才培养模式改革，借鉴吸收美国、德国、以色列等国家经验，整合成渝地区高校、高职院校和企业等资源，通过联合办学、异地办分校、师资整合等方式，共同推进学科建设、专业建设，以学科建设和专业建设吸引国内外优秀科研人才，以优秀科研人才培育优秀的科技人才，实现“高端产业—先进技术—优秀师资—优秀人才—高端产业”的良性循环。三是搭建企业高端人才共享通道。在推进川渝两地专业技术人才职称互认基础上，探索建立“户口不迁、关系不转、身份不变、双向选择、能出能进”的人才柔性流动机制，促进两地企业之间高层次人才流动和共享，更好地服务两地产业协同发展。

（八）共建金融支撑体系

一是创新财政科技投入方式与机制。加大川渝两地科技金融合作力度，重点支持围绕前沿技术和产业链中的关键核心技术开展科技创新，通过设立新兴产业创业投资引导资金、科技成果转化资金、科技成果转化风险补偿（补贴）资金和再担保资金、银行贷款增长风险补偿奖励资金、科技型中小企业创业投资引导基金，建立和完善科技保险保费补助机制，引导社会资本投向科技创新企业，促进科技成果转化和科技型企业发展。二是共建科技金融服务平台。整合科技企业、科技项目、金融、风险投资、社会资本、高端人力资源、信息、财税法律、专家咨询等资源，完善科技金融服务体系，促进金融与科技型企业有效对接。三是创新金融产品和服务模式，鼓励两地政府共同设立科技银行，采用股权质押贷款、知识产权质押贷款、贷款贴息、科技担保等方式，加大对科技型企业的信贷支持力度。

参考文献

眭文娟等：《粤港澳大湾区产业协同的发展现状——以珠三角 9 市制造业为例》，《城市观察》2018 年第 5 期。

区 县 篇

Districts

B.31
2020～2021年潼南区经济与社会发展形势分析及预测

曾菁华*

摘　要：2020年，潼南统筹推进新冠肺炎疫情防控和经济社会发展工作，经济总体运行企稳向好，工业经济较快增长，现代农业稳步提升，商贸旅游恢复重振，各项事业全面进步，高质量发展势头明显，实现“十三五”圆满收官。但辩证来看，也面临着产业基础不够牢固、财政收支压力持续增加、科创能力相对不足、开放合作水平还需提高等问题，需要充分激发经济社会发展动力活力。2021年，应积极抢抓政策机遇、需求机遇、战略机遇、时代机遇、历史机遇“五大机遇”，着力提高工业水平，巩固农业优势，加快服务业现代化，加大投资力度，持续优化营商环境，构建潼南独特优势和核心竞争

* 曾菁华，中共重庆市潼南区委书记。

力，确保“十四五”开好局、起好步。

关键词：潼南经济　“两城”“两都”“两区”“两基地”

一　2020年经济企稳向好，高质量发展势头明显

2020年以来，潼南深入学习贯彻习近平总书记系列重要讲话和重要指示批示精神，紧紧围绕习近平总书记对重庆提出的营造良好政治生态，坚持“两点”定位、“两地”“两高”目标，发挥“三个作用”和推动成渝地区双城经济圈建设等重要指示要求，认真落实党中央、国务院决策部署和市委、市政府工作安排，抢抓成渝地区双城经济圈建设和全市“一区两群”协调发展重大机遇，注重从全局谋划一域、以一域服务全局，坚持稳中求进工作总基调，统筹抓好疫情防控和经济社会发展，扎实做好“六稳”工作，全面落实“六保”任务，坚决打好“三大攻坚战”，大力实施“八项行动计划”，走好“三条路子”，抓好“三个赋能”，着力推进“四个做大做强”，加快建设产城景融合发展“双百城市”、成渝地区双城经济圈枢纽城市“两城”，国际柠檬之都、中国西部绿色菜都“两都”，国家城乡融合发展试验区、涪江休闲旅游度假区“两区”，高新技术产业基地、天然气综合利用及新材料基地“两基地”，经济运行呈现总体平稳、稳中有进发展态势，高质量发展良好势头明显，全区社会安定、人心稳定。

（一）经济运行持续回升向好

面对新冠肺炎疫情的冲击和影响，坚持“两手抓、两手硬，双落实、双推进”，奋力夺取疫情防控和经济社会发展“双胜利”。1~9月，全区地区生产总值345.73亿元，同比增长3.5%，居全市第4，较一、二季度分别提高11.5个、1.5个百分点（见图1）。分产业看：第一产业增加值55.87亿元、同比增长4.7%；第二产业增加值151.74亿元、同比增长4.6%，其

中工业增加117.41亿元、同比增长4.0%，建筑业增加值34.32亿元、同比增长7.5%；第三产业增加值138.12亿元、同比增长1.7%。固定资产投资163.24亿元，同比增长9.1%。从投资类型看：工业投资67.20亿元、同比增长7.8%；交通投资25.58亿元、同比增长24.5%；房地产开发投资25.38亿元、同比增长39.9%。社会消费品零售总额171.68亿元，同比增长4.1%。全体居民人均可支配收入21866元，同比增长7.5%，其中：城镇常住居民人均可支配收入28634元、同比增长5.5%，农村常住居民人均可支配收入13404元、同比增长8.1%。

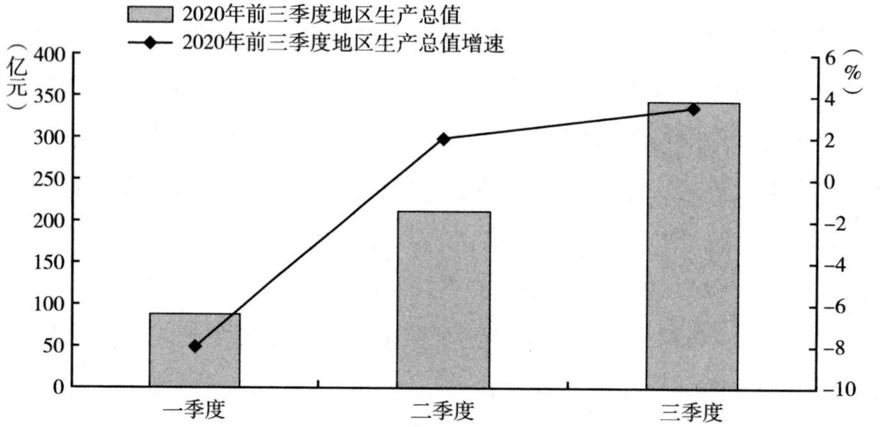

图1　2020年前三季度地区生产总值及增速

（二）工业经济实现较快增长

及时出台复工复产“1+7”工作方案，认真落实市里“40条政策”，出台28条“硬核”支持政策，建立区级领导对口联系帮扶企业制度，推动全区规上限上企业2月底全部复工复产，规上工业3月实现正增长。1~9月，全区规上工业增加值同比增长4.4%，较一、二季度分别提高11.8个、3.6个百分点；规上工业总产值261.19亿元、同比增长2.1%，较一、二季度分别提高13个、1.82个百分点。其中：环保表面处理、绿色建材产业、特色消费品、循环经济产业产值分别为4.66亿元、47.07亿元、57.41亿元、30.1亿元，同比增速分别为71.7%、86.0%、23.2%、20.6%。工业用电3.65亿千瓦时、同比增长9.89%，用气2.09亿立方米、同比增长12.9%。战略性新兴产业企业产值75.7亿元、同比增长7.5%，较一、二季度分别提高25.8个、7.3个百分点。

（三）现代农业质量效益稳步提升

积极培育蔬菜、柠檬、油菜、小龙虾、花椒“五朵金花”，切实提升现代农业发展质效。1~9月，全区农业总产值达80.84亿元、同比增长4.8%，居全市第4。蔬菜复种面积78.61万亩、产量149.93万吨，保持鲜销蔬菜全市第一。积极推行稻鱼、稻蛙、稻虾、稻蟹等“稻+”种养模式，发展小龙虾养殖6.64万亩，成为西部最大的小龙虾生态养殖基地。油菜籽产量全市第一，建成全市第二大花椒生产基地。积极发展农业精深加工，农产品加工企业达到123家。累计培育新型农业经营主体6284家，累计认证“三品一标”157个，“潼南绿”品牌享誉全国。

（四）商贸旅游消费加快恢复重振

着力在市场主体培育、服务、保障和发展壮大上下功夫，3月初商贸企业基本恢复，3月底个体工商户基本全面营业。出台支持服务业高质量发展15条措施，扎实开展“十个一”促进消费活动，举办菜花节、小龙虾节、房交会、龙舟赛等节会，带动消费升温升级。1~9月，全区新增市场主体6366户，批发业销售额142.95亿元、同比增长8.3%，零售业销售额124.95亿元、同比增长10.9%，餐饮业营业额20.88亿元、同比增长2.4%。新引进永辉超市、居然之家等商贸企业，红星美凯龙开业营运，不断丰富商业业态。接待游客1008万人次，实现旅游综合收入55亿元、同比增长37.5%。文化体育娱乐业营业收入6.71亿元，同比增长3.7%。建成投用区级电商运营中心，高效运营20个镇级电商综合服务中心，线上销售额35.87亿元、同比增长6.42%。

（五）城市面貌正发生根本性变化

以涪江为生态轴线，突出产业、文化、生态等功能，加快建设产城景融合发展的“双百城市”。谋划推动朝阳湖、九龙山城市森林公园、涪江“十里画廊”、双江古镇“四大片区”，重点打造两桥区域、金福坝区域，规划建设涪江绿道，切实增强城市集聚力、辐射力。大力实施城市品质提升三年大会战，投资322.9亿元推进希尔顿酒店、花千谷生态项目等69个重点项目建设，推动城市形象旧貌换新颜。潼荣高速、潼南大道建成通车，全市首个蔬菜公园、朝阳湖二桥、潼南汽车客运枢纽站竣工投用，改造老旧小区6个，在城区重要道路和节点栽植时令鲜花190万盆，不断完善城市功能。运营好城市数据大脑，常态化开展马路办公，实施治乱拆违、街净巷洁、路平桥安、整墙修面、灯明景亮、江清水畅、城美山青“七大工程”，城市环境优美整洁。加快建设川渝合作示范区，推动遂宁潼南一体化发展，围绕规划协同、基础共建、产业共兴等方面签署“1+N”合作协议，开通首条遂潼跨省城际公交线路。

（六）财税金融运行总体平稳

1~9月，全区一般公共预算收入13.71亿元、同比增长0.9%，较一、二季度提高33.6个、0.7个百分点。9月末，全区金融机构各项存贷款余额744.86亿元、同比增长17%，较3月末、6月末分别提高6.3个、3个百分点。其中：存款余额457.97亿元、同比增长16.4%，较3月末、6月末分别提高7.7个、5.9个百分点；贷款余额286.89亿元、同比增长22.7%，较3月末、6月末分别提高10.5个、3个百分点。银行贷款不良率0.56%，低于全市0.59个百分点；化解政府隐性债务7.1亿元，政府债务风险总体平稳可控。

（七）人民群众获得感、幸福感、安全感不断增强

深入开展脱贫攻坚“百日大会战”，实施脱贫攻坚“十大专项行动”，

全面完成各类督察考核反馈问题整改，实现“两不愁三保障”动态清零。大力发展社会事业，启动创建国家义务教育优质均衡发展区，完成人民小学、潼南中学初中部扩建，新建琼江小学、潼州小学等，实现每个镇都有一所以上单设公办幼儿园；区人民医院、中医院创“三甲”扩建项目主体完工。实施“电靓乡村”农村供电保障能力提升工程，惠及群众4万余户、12万余人。完成农村改厕7524户，新建入户道路85公里。扎实做好社会保障，城乡居民养老保险、医疗保险参保率均达到95%以上。全面落实河长制，深入实施涪琼两江流域综合治理，涪江水质长期保持Ⅱ类，琼江水质稳定达到Ⅲ类；深化大气污染防治，1～9月空气质量优良天数256天，同比增加17天。坚决维护社会和谐稳定，全区治安案件、侵财案件立案数同比分别下降24.04%、0.13%，有效化解疑难信访积案12件，连续52个月未发生较大及以上生产安全事故。

二　辩证看待困难与短板，积极应对经济社会发展挑战

当前，我国发展的内部条件和外部环境正在发生深刻复杂变化。从国内看，我国社会主要矛盾发生历史性变化，发展不平衡不充分问题仍然突出，面临结构性、体制性、周期性问题相互交织带来的困难和挑战。从国际看，世界进入动荡变革期，国际环境日趋复杂，国外疫情形势蔓延，不稳定性不确定性明显增强。从自身看，潼南仍然属于欠发达地区，无论是经济总量，还是区域实力都有待提升，要保持经济社会持续健康发展，必须深入研判、深入调查、科学决策。

（一）产业发展基础不够牢固

企业队伍规模还不大，1～9月潼南共有各类市场主体5.2万家（企业1.6万家，个体工商户3.6万家），其中，“四上”企业499家，规上工业企

业200家，限上亿元级企业61家，10亿元级企业4家，无论数量还是体量都有差距。实体经济成本依然偏高，截至9月底工业生产部分原料价格较上年同期有所上涨，其中，二甲醚上涨5%、铬矿上涨20%、纯碱上涨7%、锌锭上涨2.8%、柠檬上涨90%（见表1）。此外，生产用工、物流运输成本也在上涨，实体经济成本持续增加。产业结构还需优化，1~9月三次产业结构为16.2∶43.8∶40.0，经济发展对第二产业的依赖性较高，第三产业发展没有达到理想状态，三次产业结构有待进一步调整优化。

表1　部分原料平均价格与上年同期对比

单位：元

产品规格名	计量单位	年份	本月平均价格	上年同期
水泵	吨	2020	356.000	353.500
烧结普通砖	万块	2020	4000.000	3990.000
烟煤	吨	2020	465.000	460.000
工业用电	千瓦时	2020	6400.000	6350.000
钛白粉半成品（落窑料）	吨	2020	9950.000	9900.000
二甲醚	吨	2020	2660.000	2530.000
高瓦纸110g	吨	2020	3199.115	3141.595
C级板纸120g	吨	2020	3141.590	3119.470
高瓦纸120~160g	吨	2020	3088.500	3030.975
C级箱板纸130~160g	吨	2020	3132.740	3110.620
C级箱板纸110g	吨	2020	3256.640	3234.510
无机盐	吨	2020	7238.000	7231.000
铬矿	吨	2020	1461.000	1221.000
硫酸	吨	2020	411.000	407.000
纯碱	吨	2020	1381.000	1288.000
粉煤灰	吨	2020	219.000	217.000
锌锭	吨	2020	20125.000	19580.000
种猪配合饲料	吨	2020	2517.500	2482.000
柠檬	吨	2020	8200.000	4308.000
45%渝江有机碳复合肥	吨	2020	2655.960	2568.805
尿素	吨	2020	1747.500	1700.000
磷酸一铵	吨	2020	1780.000	1740.000

（二）财政收支压力持续增大

受疫情冲击和国际国内大背景影响，2020年1～2月、1～3月、1～4月、1～5月、1～6月、1～7月、1～8月、1～9月，全区一般公共预算收入分别为1.93亿元、3.43亿元、5.43亿元、6.69亿元、10.31亿元、11.12亿元、11.52亿元、13.71亿元，同比增速分别为-21.5%、-32.7%、-13%、-2.8%、0.2%、1.8%、-1.0%、0.9%。由此可看出，一般公共预算收入增速有待提升，财政收入形势不容乐观，伴随着一般公共预算支出增加，财政收支压力更大。

（三）科技创新能力相对不足

新旧动能转换还需强化，高层次人才不多，创新平台质量不优，创新企业数量不多。截至9月底，潼南累计有高新技术企业48家，各类市级研发平台30个、市级工程技术研究中心7个、众创空间3家，但部分研发平台运营情况不好，难有成果转化。同时，创新资金投入不足，1～9月智能制造产业生产总值121.95亿元、同比下降21.9%，全社会科技研发经费投入约6.48亿元，仅占地区生产总值的1.9%。

（四）对外开放水平还需提高

区域合作交流有待加强，与周边区市县在产业发展、基础设施、文化旅游、协同创新、社会事业等领域合作项目不够多、程度不够深、成果不够大。外向型经济起步晚、基础差、总量小，无高新技术、高附加值出口产品，外贸进出口产品较少，以精细化工产品为主。截至2020年9月，全区仅有外资企业6家，对外贸易企业131家，常年有进出口实绩企业20家，进出口总额1.88亿元，仅占地区生产总值的0.54%。

三　抢抓历史发展新机遇，准确把握2021年经济形势

2021年是“十四五”规划开局之年，也是向第二个百年奋斗目标进军

的第一年。当今世界正经历百年未有之大变局，我国已经进入高质量发展阶段，发展具有多方面优势和条件。党的十九届五中全会开启全面建设社会主义现代化国家新征程。市委五届九次全会，描绘出重庆未来发展新蓝图。潼南深刻认识新特征新要求，准确识变、科学应变、主动求变，抢抓发展机遇，把握经济规律，发扬斗争精神，切实在危机中育先机、于变局中开新局。

（一）面临的发展机遇

1. 国家宏观调控带来的政策机遇

为对冲疫情影响，党中央和重庆市出台了减税降费、金融服务、租金减免、稳岗补贴和稳定产业链供应链等一系列“硬核”政策措施。特别是实施更加积极有为的财政政策，适当提高财政赤字率、发行特别国债、增加专项债券规模等措施，有利于潼南扩大投资、增加财力；实施更加稳健灵活的货币政策，设立专项再贷款和普惠性再贷款再贴现资金，实行中小微企业贷款临时性延期还本付息政策，有利于潼南区企业缓解资金压力。

2. 构建新发展格局带来的需求机遇

习近平总书记多次强调，要加快形成以国内大循环为主体、国内国际双循环相互促进的新发展格局。构建新发展格局，将有力疏通国内经济大循环的堵点、断点，使生产、分配、流通、消费更多依托国内市场，促进形成强大国内市场，充分释放国内市场巨大潜力。这将为潼南企业全面打开国内市场空间，更好地依托国内大企业、龙头企业带动中小微企业共同发展，在市场开拓、协同创新、产业链供应链建设、品牌营销等方面深化合作，创造更多投资机会，提供更多市场需求。

3. 成渝地区双城经济圈建设和全市“一区两群”协调发展带来的战略机遇

中央将成渝地区双城经济圈建设上升为国家战略，全市构建“一区两群”协调发展格局，潼南地处重庆、成都两座国家级中心城市 1 小时经济圈交汇点，是重庆主城都市区桥头堡城市，将协同毗邻地区推进成渝中部崛起，这给潼南在城市建设、交通设施、产业发展、科技创新、生态环保等方面提供了更多利好政策，赋予了更加强劲的内生动力。同时，未来国家将持续扩大有效投资，重点支持“两新一重”建设，即新型基础设施建设，新型城镇化建设，交通、水利等重大工程建设。比如，在城市建设上，为推进成渝地区统筹发展、协调发展，特别是区域间人流、物流、资金流、信息流等各类要素的流动，必将带动新一轮城市基建提档升级。

4. 大数据智能化创新带来的时代机遇

当前，我们正处在新一轮科技革命和产业变革蓄势待发的时期，以互联网、大数据、人工智能为代表的新一代信息技术日新月异。近年来，潼南区大力实施以大数据智能化为引领的创新驱动发展战略行动计划，抓好用大数据智能化为现代农业、制造业、现代服务业赋能“三个赋能”，积极发展智慧农业，加快建设智能工厂、数字化生产车间，建成城市数据大脑，大数据智能化发展优势日益凸显。疫情期间催生了许多新产业、新业态、新模式，线上消费、线上办公、线上教育等展现出强大成长潜力。这有利于潼南改造提升传统产业，培育壮大新兴产业，加快推进数字产业化、产业数字化，促进数字经济和实体经济融合发展。

5. 新一轮深化改革扩大开放带来的历史机遇

当前，全市正加快推进内陆开放高地建设，立足“四大优势”，发挥“三个作用”，大力实施新一轮西部大开发战略，深度融入“一带一路”建设和长江经济带发展，不断完善开放通道、提升开放平台、培育开放优势、壮大开放主体、优化开放环境，推动全方位开放，形成内陆开放新优势。这为潼南推动新一轮高水平对外开放提供了重要支撑和坚实保障。比如，聚焦国家产业政策、重庆市产业发展方向和发达地区产业转移，着力谋划和招引一批具有广阔发展前景的产业项目，打造潼南未来产业发展优势。

（二）2021年经济增长预测

预测2021年地区生产总值同比增长8%左右，一般公共预算收入同比增长1.5%，规上工业增加值同比增长10%，全社会固定资产投资同比增长

10%，社会消费品零售总额同比增长 10%（见图 2），全体居民人均可支配收入同比增长 10%，单位地区生产总值能耗同比下降 2.5% 以上。

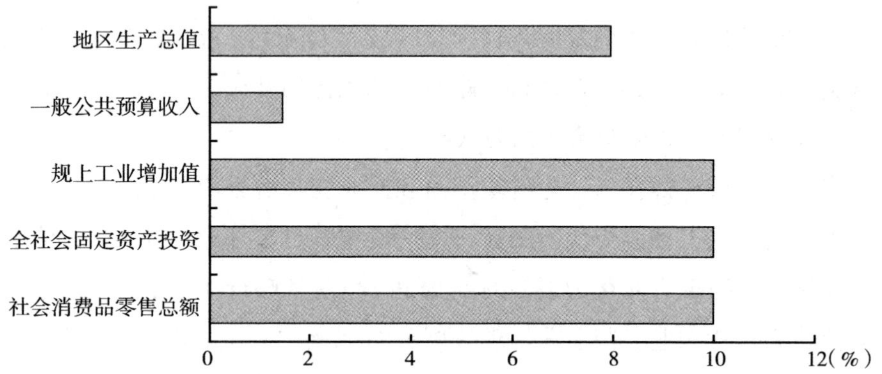

图 2　2021 年部分数据同比增长预测

展望 2021 年经济发展态势，持续增长的动力主要体现在以下几方面。

1. 工业高质量发展步伐加快

大力实施招商引资“一号工程”，常态化开展“四个一批”活动，持续优化营商环境，促进企业早签约落地、早竣工达效。加快传统产业转型升级，引导和鼓励企业进行数字化、智能化、信息化改造，广泛开展“机器换人”，建设智能工厂、数字化车间和数字化生产线，推动主导产业迭代升级，提高工业质量效益和竞争力。培育壮大战略性新兴产业，以升级建设国家高新区为契机，着力培育和引进科技型企业、高新技术企业、科技研发平台、高层次创新团队，聚焦智能终端、智能家居、智能机器人、智能健康产品、儿童智能产品等，促进智能产业、智能制造加速发展。全面落实惠企政策，切实降低实体经济生产经营成本。

2. 农业发展延续良好态势

大力发展特色种养殖业，持续扩大粮食、生猪产能，重点发展蔬菜、柠檬、油菜、小龙虾、花椒“五朵金花”，推动特色产业规模化发展。实施农业品牌提升行动，做亮叫响潼南柠檬、潼南小龙虾等区域品牌，支持汇达柠檬、朴真农业、赐康果蔬等做强企业品牌，增加“三品一标”“巴味渝珍”

产品，提升优质农产品供给能力。积极发展智慧农业，创建国家农业高新技术示范区，提高农业科技化水平，推动农业提质增效。

3. 服务业发展持续向好

积极发展现代物流业，着力推进现代物流园区建设，加快建设潼南港、危化品专用港，升级改造火车站货场，加强电商物流、冷链物流、智慧物流等综合性物流建设，打造成渝中部地区商贸物流中心。转型优化商贸服务业，升级建设城市商圈，优化提升传统商贸，推动五大专业市场转型。积极发展新业态新模式，培育线上业态，丰富线上服务，推动新消费活跃。大力发展康养产业，提升医疗卫生服务，优化养老托育服务。发展壮大旅游业，培育文旅融合发展新业态，延伸产业链条。健全金融体系，丰富金融供给，推动企业直接融资，促进金融与实体经济良性互动。

4. 投资力度不断加大

持续打好城市品质提升大会战，投入322.9亿元的69个重点项目将扩大投资放量。抢抓“两新一重”建设契机，加大5G网络、工业互联网、人工智能、物联网等新基建投资力度，在交通、水利、环保和城镇老旧小区改造、社区服务等领域充分挖掘投资潜力。加快推进区人民医院、区中医院创“三甲”项目、妇幼保健院（二期）、精神卫生中心（二期）和中小学校等建设，着力补齐社会事业发展短板。结合“十四五”规划，紧盯城市建设、科技创新、社会民生、乡村振兴、生态环保等领域，启动实施一批重大项目和重点工程，形成项目接续滚动发展的良好局面。

四　加快建设“两城”“两都”“两区”“两基地”，构建潼南独特优势和核心竞争力

潼南全面贯彻落实党的十九届五中全会和市委五届九次全会精神，准确把握新发展阶段，深入践行新发展理念，积极融入新发展格局，明确方位、把握定位，做好当前、谋划长远，抢抓先机、主动作为，更加注重从全局谋划一域，以一域服务全局，加快建设“两城”“两都”“两区”“两

基地”，切实推动高质量发展，创造高品质生活，确保“十四五”开好局、起好步。

（一）立足滨江城市、花园城市、田园城市本底，构建“五铁七高一江一机场”交通体系，加快建设“两城”

1. 坚定不移建设产城景融合发展“双百城市”

坚持产城景融合，加强城市有机更新，提升城市品质能级，加快建设公园城市，做到以产兴城、产城一体、城景互动。一是高起点规划。按照100平方公里、100万人口的“双百城市”规划建设，遵循“一个尊重、五个统筹”要求，优化国土空间布局，打造“一江两岸五组团”。中心城区包括梓潼、桂林、大佛3个街道以及双江、田家2个镇，形成“东拓、南进、北优、西控”的空间发展格局。“东拓”重点推进潼南高新区扩容提质，“南进”重点依托兰渝高铁潼南站推进朝阳湖片区建设，“北优”重点推进金福新区建设和工业园北区环保搬迁，“西控”重点建设集中体现潼南自然人文魅力区域。二是高标准建设。着眼补短板、强功能，深入实施城市品质提升大会战，加快推进音乐百花园公园综合体、万达文旅小镇等重点项目建设，切实提升城市品质能级。重点推动高新区首开区、工业园北区、工业园南区、工业园东区、金福新区、朝阳湖片区、涪江旅游度假区核心区等七个片区建设开发，着力增强城市竞争力。发展壮大滨江商圈、隆鑫商圈，大力培育灯饰、家居、建材等五大专业市场，加快形成产业集聚、商务金融集聚、信息服务集聚的产业圈和高品质生活圈。三是高水平管理。积极推进大城细管、大城智管、大城众管，充分发挥政府、社会、市民等各方力量，全民参与、良性互动、齐抓共管，实现城市共治共管、共建共享。探索一个数据大脑、一笔数据资产、一批“智慧+”项目、一个城市生活服务App、一家运营公司（团队）、一个数字生态圈“六个一”新型智慧城市建设路径，加快“智慧+”项目建设，实现精细化管理全覆盖、全过程、全天候。

2. 坚定不移建设成渝地区双城经济圈枢纽城市

加快建设以交通为重点的基础设施，着力构建“铁公水空”立体交通体系，打造成渝腹地综合交通枢纽。一是畅通大通道。积极对接中欧班列（重庆）、陆海新通道建设，完善区域交通网络。铁路方面，加快推动轨道交通璧潼线等建设，积极推进兰渝高铁、南泸城际铁路、轨道交通渝合潼线前期工作。高速公路方面，加快渝遂高速扩能、合潼安高速等建设，推动武胜至潼南至安居、璧山至潼南至安居高速选线等研究。水运方面，加快建设双江航电枢纽和综合性港口，促进涪江流域航道升级。机场方面，加快启动通用机场建设，提升机场承载力。二是构建大物流。主动承接成渝两地中心区域市场外迁建设，积极引进区域性物流中心和专业市场落户，建设重庆西部（潼南）现代物流园、西南国际灯具城物流中心等，与遂宁共建遂潼物流核心圈，打造区域性绿色生态冷链物流基地，发展“空铁公水”多式联运，着力构建成渝现代物流枢纽中心。三是促进大开放。充分利用区位优势，深化川渝合作示范区建设，加快遂潼一体化发展步伐，推动在基础共建、产业共兴、服务共享等方面开创新局面。积极汇聚人流、物流、资金流、信息流、技术流各类资源要素，着力提升经济外向度。

（二）抓好全国现代农业产业园、国家农业科技园区建设，做亮“五朵金花”，加快建设“两都”

1. 发挥优势建设国际柠檬之都

潼南与美国加州、意大利西西里岛并称世界三大顶级柠檬产地，柠檬已成为潼南现代农业的亮丽名片。一是壮大产业集群。加快建设国家柠檬技术创新中心，做大做强柠檬全产业链，打造全市柠檬产业核心区。联合四川安岳等周边区县，着力发展集种植、加工、销售等于一体的大柠檬产业，建设成渝柠檬产业示范园。二是做强柠檬加工。加快食品加工园建设，积极引进和培育壮大柠檬精深加工企业，优化升级柠檬精深加工产品，加快打造全国最大的柠檬深加工基地。实施汇达柠檬、檬泰科技三年行动计划，力争2022年A股上市，争创中国驰名商标。三是拓展销售渠道。坚持线上线下联动，积极搭建中国柠檬交易网、国际柠檬交易中心、汇达柠檬电商城，大力发展市外柠檬经销实体店。加强外贸转型基地、柠檬出口备案基地建设，巩固欧洲、中亚出口市场，积极开拓东南亚市场，稳步提升柠檬外贸出口额。

2. 巩固优势建设西部绿色菜都

依托农业大区优势，全力打造成渝两地的“菜篮子”“米袋子”“果盘子”“肉盘子”，成为全市现代农业排头兵。一是培育特色农业。巩固粮油、生猪传统优势产业，发展壮大蔬菜、柠檬、油菜、小龙虾、花椒“五朵金花”，建好全市蔬菜保供基地。按照坝地集中发展粮油、蔬菜，台地种植柠檬、经果，丘陵和山地适宜发展柚子、花椒等，优化现代农业布局。做精做深小龙虾、生猪养殖等产业链，打造集选育繁育、餐饮旅游等于一体的特色养殖产业集群。二是发展智慧农业。加快建设渝西智慧农业研发中心、国家绿色农业研发中心，建好用好测土配方施肥智能查询系统、农产品质量追溯系统等。实行智能化管理，探索物联网应用，加强农情、植保、农机作业等监测与分析。大力发展农村电商，高效运营电商综合服务中心，推动小农货连接大市场。三是塑造品牌农业。加强农业品种品质品牌建设，积极开展“三品一标”认证，做好特色农产品品牌宣传。深化跨区域农业企业交流合作，引导新型农业经营主体主动适应市场化、信息化和消费升级需求，培育一批辐射带动能力强的农产品品牌。

（三）用好涪江山水文旅资源，走深走实城乡融合发展之路，加快建设“两区”

1. 全力以赴建设国家城乡融合发展试验区

加快推动以城带乡、以城促产、以业聚人，努力缩小城乡发展差距。一是积极先行先试。强化政策引导，坚持整体谋划，积极探索城乡融合发展模式、体制和机制。统筹推进城乡产业、基础设施、公共服务、生态环境等布局，认真落实城乡产业协同发展、生产要素优化配置、进城落户农民权益保障、农民持续增收长效机制等重点任务，争取各项政策在潼南试出经验、试出新路。二是促进协调发展。围绕城市提升和乡村振兴，注重城镇化和新农村相结合，扎实推进一体化发展综合配套改革。加快城乡基础设施建设，推动城乡交通、水利、电力、信息等基础设施提档升级，有效改善生产生活生态条件。发挥财政资金引导、金融资金催化、社会资本促进作用，让更多资源配置到融合发展重点领域。三是激活内生动力。大力推动农业转移人口市民化，全面取消落户限制，鼓励城市人才返乡入乡，加快劳动力社会性流动。重点盘活农村承包地、宅基地、集体经营性建设用地，释放农村土地价值。深化农村“三变改革”，发展壮大农村集体经济，促进农民持续增收。

2. 全力以赴建设涪江休闲旅游度假区

坚持“旅游+”发展导向，依托涪江流域秀美风光，打造知名康养胜地和休闲旅游目的地。一是挖掘文旅资源。着力建设好涪江流域50平方公里、50公里环江步道城市最大自然公园；加快建设双江—大佛寺、人工运河—九龙山两大康养景区；提档升级崇龛陈抟故里景区、柏梓—太安旅游带、龙多山乡村旅游区三大乡村休闲旅游基地；扎实开展“花漾潼南、水韵潼南、田园潼南、乡愁潼南”四大系列活动，建设“巴蜀福地·六养潼南”。二是促进合作开发。积极联合搭建红色文化旅游推广联盟，加强与广安、南充等地区红色文化的开发合作，策划打响“红色旅游文化地”品牌。依托潼南、大足、安岳等石质文物，共同发掘宗教文化、保护宗教遗址，合作打造佛文化旅游精品线路。探索建立区域旅游饭店和旅行社大联盟机制，合作共建川渝泛琼江流域文旅产业联盟。三是加强联防联治。坚持生态优先、绿色发展，推动环境规划对接，强化流域污染共治，抓好涪江、琼江水污染防治，持续改善水环境质量。加强流域环境信息和环保物资共享，积极开展环评审批会商、环境执法监测和应急联动，有效保障生态环境安全。

（四）依托产业基础和资源禀赋，构建现代产业体系，加快建设“两基地”

1. 着力建设高新技术产业基地

聚焦高质量、供给侧、智能化，加快数字产业化、产业数字化，积极构建现代产业体系，着力建设千亿工业大区。一是升级建设国家高新区。坚持绿色发展、创新发展、特色发展，立足当前，着眼长远，优化“一区四园”功能布局。重点推进现代制造产业园（工业园南区）、循环经济产业园（工业园东区田家片区、首开区）、都市文创产业园（工业园北区）和科创研发园建设，促进产业用地提质增效。充分挖掘与周边地区产业融合发展的契合点，合力打造成渝地区双城经济圈高新走廊。二是加快培育主导产业。坚持走好高新产业发展之路，力争在大数据、物联网、人工智能等领域发展一批新产业项目，着力引进培育汽车零部件制造，完善电镀全产业链，布局三一科技新城，重点打造智能制造、特色消费品、环保表面处理、绿色建筑建材等百亿元级产业集群，逐步形成千亿元级工业产值。三是坚持协同创新发展。着力在建平台、聚资源、强机制上下功夫，加强工业互联网、云计算、5G 等新型基础设施建设；深化与高等院校、科研院所的合作，做大做优科技创新平台；推动区域科技成果对接，共建技术转移服务平台联盟，助推一体化技术交易市场建设；优化科技创新生态，加快区域协同创新体系建设，积极融入成渝科创走廊。

2. 着力建设天然气综合利用及新材料基地

立足天然气资源产地优势，延伸产业链条，全新打造天然气综合利用及新材料产业。一是发挥资源优势。潼南天然气储量3000 亿立方米以上，是全国单体规模最大的整装气藏主产区。聚焦产业发展做强项，大力发展以天然气综合利用、新材料为主的循环经济产业，支持大庆油田建设第二产业基地，努力打造成渝中部新材料产业基地。二是加快开发利用。积极发展天然气脱硫、天然气热电联产、液化天然气、天然气储备库等清洁能源产业，加紧建设氢气、天然气合成石墨烯生产线等高技术和高附加值项目，促进传统化工产业向新兴精细化工产业发展，打造成渝中部天然气综合开发利用基地。三是推动环保搬迁。加大对上争取力度，整合各方资源，有序推进北区化工企业环保搬迁，取得环境保护、城市建设、经济发展的综合效益，实现腾笼换鸟、提档升级，着力打造特色鲜明、技术先进、环保集约、循环高效的现代绿色化工产业园。

参考文献

《习近平主持召开中央财经委员会第六次会议》，人民网，2020 年 1 月 3 日。

《中共十九届五中全会在京举行》，人民网，2020 年 10 月 30 日。

《不断开拓当代中国马克思主义政治经济学新境界》，《求是》2020 年 8 月 16 日。

《陈敏尔主持重庆市委常委会深入学习贯彻习近平总书记重要讲话精神并讲话》，人民网，2020 年 3 月 14 日。

《中国共产党重庆市第五届委员会第八次全体会议决议》，人民网，2020 年 4 月 16 日。

《中国共产党重庆市第五届委员会第九次全体会议决议》，人民网，2020 年 11 月 28 日。

《对推动工业高质量发展政策的分析》，《中国国情国力》2020 年第 1 期。

《重庆全面融入“一带一路”建设和长江经济带发展的着力点及行动方案研究》，载《重庆高质量发展路径研究》，西南师范大学出版社，2019。

B.32
2020年黔江区绿色发展形势分析与2021年预测

黔江区政府研究中心

摘　要： 近年来，黔江区深入学习贯彻习近平新时代中国特色社会主义思想，全面贯彻落实习近平总书记对重庆提出的“两点”定位、“两地”“两高”目标、发挥“三个作用”和营造良好政治生态的重要指示要求，坚持稳中求进工作总基调，坚持新发展理念，坚持推动高质量发展，统筹做好疫情防控、经济社会发展、民生保障等各项工作，走出一条生态优先、绿色发展的高质量发展之路，生态资源体量不断壮大、生态资源价值有力转化、民生保障水平不断提升。但也面临着经济基础薄弱、转型升级步伐较慢等困难，特别在国内外疫情影响和中美贸易摩擦加剧引起的经济下行压力加大背景下，投资增速下滑、经济增长动力不足等问题较为明显。2021年，黔江区将重点通过抓好重大政策机遇转化、抓好乡村振兴、集聚发展新动能、稳内需扩外需、保市场主体稳增长、兜牢民生底线等六个方面促进经济社会平稳健康发展。

关键词： 黔江区　生态优先　绿色发展　高质量发展

黔江区地处武陵山区腹地和重庆市东南部中心，土地面积2402平方公里，下辖30个乡镇街道，户籍总人口56万，少数民族人口占74.6%，城镇化率52.17%，城市建成区面积26平方公里、人口25万，集老、少、边、山于一体，是国市定位的武陵山片区、成渝地区双城经济圈中心城市之一和渝东南中心城市。近年来，黔江区紧紧围绕国市定位，紧密结合全区生态资源丰富的实际，全面贯彻习近平生态文明思想，坚决扛起生态文明建设政治责任，积极践行“绿水青山就是金山银山”理念，走出了一条生态与经济协同发展、互促共进、良性循环的高质量发展之路。2020年1~9月，黔江区克服新冠肺炎疫情冲击、经济下行等多重压力，全区地区生产总值增长2.6%，规上工业增加值增速5.6%，全区一般公共预算收入增长15.4%，城乡常住居民人均可支配收入分别增长5%、8.2%。

一　2020年黔江区绿色发展总体情况

（一）抓好生态环境建设，壮大生态资源体量

黔江区牢固树立保护生态环境就是保护生产力、改善生态环境就是发展生产力的理念，坚持将生态环境建设、环境污染防治和经济发展统筹推进，做到生态抓共建、环境抓共保、污染抓共治，山清水秀美丽之地建设成效明显。

1. 强化生态环境建设

以生态文明建设为主线，创建了国家生态文明建设示范区，让生态环境密上加密、好上加好、美上加美。一是压实责任。强化工作统筹和组织保障，处理好统筹推进与分工负责的关系，按照“管发展必须管环保，管生产必须管环保”的要求，坚持生态环境部门统一监督管理，压实乡镇街道属地责任、企业主体责任，落实相关部门分工负责，形成齐抓共管的生态环境保护工作格局。二是补齐短板。坚持目标导向、问题导向、结果导向，聚焦国家生态文明建设示范区创建指标短板，积极争取国市政策、资金支持，按轻重缓急分步加快推动环保基础设施建设，补齐硬件短板，清单化推进示范区建设。三是完善机制。狠抓污染治理与生态保护修复，分级分类健全区

级环境应急预案体系，强化应急演练和监管执法，完善生态文明制度，提高环境应急能力。近年来，黔江区生态环境质量一直名列重庆市前茅，荣膺“国家生态文明建设示范区”“绿色中国 · 杰出绿色生态城市”“中国清新清凉峡谷城”“中国最具魅力宜居宜业宜游城市”等称号。

2. 强化环境污染防治

以保障环境安全为中心，以提高环境质量为目标，抓好环境污染防治。一是打好蓝天保卫战。深入实施“蓝天行动”，加强国控站点管理，常态化开展大气污染联防联控，2020 年 1 ~9 月，全城区空气质量优良天数达 269 天、优良率达 98.2%。二是打好碧水保卫战。深入实施“碧水行动”，全面推行河长制，建立三级河长体系。开展乡镇 34 个集中式饮用水水源地规范化建设，完成 14 个乡镇污水处理厂出水和 21 个河长断面监督性监测。建设完善城乡污水管网，开展污水专项整治行动，阿蓬江两河出境段面水质常年保持在Ⅱ类以上，黔江河水质稳定在Ⅳ类以上，其他流域水质满足水域功能要求，实现黔江河长治久清。三是打好净土保卫战。深入实施“田园行动”，落实土壤污染防治制度、措施，加快实施畜禽粪污资源化利用整区推进项目，持续开展农药化肥减量增效行动，从严管控除草剂销售，动态更新土壤环境重点监管企业名单，确保土壤环境质量总体稳定。进一步推进生活垃圾分类处理，加强危险废物全过程监管，有效管控固体废物和重金属环境风险，城乡医疗废物集中处置率达 100%，污泥无害化处置率达到 90% 以上。四是加强噪声污染防治。深入实施“宁静行动”，加强城区声环境管理，全区环境噪声达标区覆盖率达 93.1%。五是加强生态保护修复。深入实施“绿地行动”，开展国土绿化提升行动，完成国土绿化营造林任务，常年管护公益林 135 万亩，森林覆盖率达到 65%。

3. 强化自然资源资产管理

一是优化生态空间格局。划定生态保护红线、永久基本农田、城镇开发边界三条控制线，全域厘清自然保护区、水源保护地、林地、湿地等边界，整治市级自然保护区环境问题 37 个。认真落实“两个最严格的耕地保护制度”，实现耕地总量动态平衡和耕地占补平衡有余的目标，全面推进土地节约集约利用，依法收回闲置土地209.98亩、低效用地476亩。二是强化生态违法行为监管。限制合理利用自然资源的开发建设活动的强度，禁止破坏主导生态功能的开发建设活动。扎实推进自然资源执法监管，卫片执法检查判定违法图斑447个、立案查处114起，清理整治“大棚房”问题项目8个，4栋违建别墅全部拆除并完成复耕复绿。督促区内符合条件的23家矿山建立地质环境治理恢复基金并按季度核查，有序推进历史遗留和关闭矿山地质环境治理恢复。三是推动城乡环境整治。全面推进“城市靓区”建设，深入推进城市综合管理，实施“治乱拆违、街净巷洁、江清水畅、城美山青、路平桥安、灯明景亮、整墙修面”七大工程，实现山清水秀城美，城市综合管理考核连续位列渝东北渝东南同组17个区县前茅。

（二）抓好产业绿色发展，着力转化生态资源经济价值

推进生态资源价值化是惠及民生、绿色发展的关键。黔江区充分发挥山清水秀的生态优势，坚持打“山水牌”、吃“绿色饭”、走“生态路”，协调发展生态农业、绿色工业和现代服务业，绿色发展、循环发展、低碳发展成效明显。

1. 农业发展特色高效

一是大力发展山地特色立体农业。结合黔江区90%以上是山地的实际情况，大力发展山地特色效益农业，采取“公司+基地+农户+科技”的发展模式，推动农业“接二连三”、创新“十个一”模式，建成“桑+菌+鸡”“稻+鱼+泥鳅”等高标准立体农业基地15万亩。二是加力发展特色产业。建立完善“3+X”特色农业产业体系，农业产业规模进一步壮大。建设蚕桑、烤烟、脆红李、猕猴桃、羊肚菌等特色生态农业园20多万亩，蚕茧产量连续9年稳居重庆市第一，猕猴桃、脆红李等产业发展效益明显，获评“中国猕猴桃之乡”“中国脆红李之乡”。三是着力延长农业产业链。在已发展成型的辣椒烘干、青菜头腌制、食用菌分拣烘干等农产品初加工基础上，努力走好以农产品加工带动产业集群发展的路子，大力推动融合发展。积极推动正阳农产品加工园区申报创建重庆市农产品加工业示范园区，

引进更多实力强、带动力强、吸收本地农产品潜力大的加工企业入驻园区，通过大力发展现代农业产业园、农业科技园，以产业园为载体，融入技术研发、基地建设、产品加工、品牌打造等，2020 年1～9 月实现农产品加工产值近 60 亿元。四是聚力品牌创建和培育。统一谋划、整合资源、集中包装全区生猪、蚕桑、猕猴桃、脆红李等优势农产品，打造特色农产品优势区。打造黔江鸡杂、马喇湖贡米、蓬江牛肉脯等企业、产品品牌，鹅池辣椒小镇、中塘脆红李小镇、水田羊肚菌之乡等特色村镇品牌。加大标准化、品牌化补助力度，支持企业申报地方标准、“两品一标”、名特优新等，不断提高全区农业品牌竞争力和含金量，2020 年，新获农产品地理标志 2 个、农业品牌 29 个。

2. 工业发展稳步推进

以“工业强区”建设为目标，注重集群培育，推动产业转型升级，建设链条完整、带动能力强的产业园、产业集群，山地特色绿色工业体系建设逐步成形。一是“6 + 1”产业体系全面构建。初步形成卷烟及配套、农副产品加工、生物医药、节能环保、纺织服装、新材料等六大骨干产业体系和以一批战略性新兴产业为支撑的产业体系。以黔江卷烟分厂为龙头的卷烟及配套产业持续优化提升。以三磊玻纤、京宏源铝业为带动的材料产业持续壮大，成为渝东南首家大型高性能玻纤生产基地。以桐乡丝绸、花神丝绸、维美地毯为引领的纺织产业和以蓬江食品、尝必乐等企业为核心的食品产业不断壮大。以南海制药、衡生公司为重点的生物医药产业稳步发展。二是“1 +4”产业平台搭建完善。拥有渝东南首个百亿元级特色园区和全国首批产城融合示范区——重庆市正阳工业园区，建成区面积达到 10 平方公里，产业集中度提高到 72.5%，初步建成材料、纺织、环保、食品“四大产业园”。三是市级高新技术产业开发区积极创建。以 2 个院士专家工作站、3 个国家千人计划专家顾问团、黔江·北京智库引领创新驱动，不断深化与清华大学合作，全力创建市级高新技术产业开发区。

3. 现代服务业提档升级

紧紧围绕陈敏尔书记调研黔江时提出的“中国峡谷城·武陵会客厅”

目标定位，推动旅游业和商贸业蓬勃发展。一是加快建设武陵山区文旅融合发展示范区。以建设国家全域旅游示范区、武陵山区旅游集散中心、著名休闲旅游城市、国际知名生态文化旅游目的地为目标，突出山水民俗特色，大力发展生态康养文化旅游等产业，依托区内8个4A级景区，与武陵山区知名景区合作开发旅游精品线路。二是积极推进重点旅游项目建设。全力推动濯水古镇景区创5A工作，完成冯家寨子创4A目标任务，加快推进三塘盖国际旅游康养度假区项目建设和芭拉胡二期招商引资项目落地。三是持续办好优质旅游文化节会。办好武陵山国际民俗文化旅游节、中国山地马拉松系列赛国际赛、重庆黔江跑客节、黔江鸡杂美食文化节等品牌赛事活动。2020年1~9月，接待游客2011.4万人次、实现旅游综合收入107.8亿元。四是努力升级消费扩大内需。提升传统消费，培育壮大新兴服务业，组织商家开展促销活动，引导专业市场错位、向外发展，加快推进奥特莱斯项目、民族风情城、濯水特色美食街建设，引导企业举办区域性特色会展。

（三）抓好增值平台构筑，畅通生态资源经济价值交换体系

围绕交通、开放、电商等实现生态增值的重要桥梁和纽带，不断筑牢生态增值平台。一是加速完善交通基础设施。紧紧抓住成渝地区双城经济圈建设、全市“一区两群”协调发展等国市重大决策部署的政策机遇，拓展渝东南与其他两个片区及毗邻地区连接通道，加快推进基础设施互联互通，着力破解交通瓶颈制约，为提速发展经济奠定基础。重点加快黔石高速公路项目建设进度，力争2020年底建成通车，实现渝东南与渝东北快速连接。加快渝湘高铁、渝怀铁路复线建设，尽早形成渝东南高铁、高速公路、普通铁路共同发力的通道体系。加快启动黔江货运场站扩容工程，提升枢纽节点物流效率。二是加快建设渝东南对外开放高地。以武陵山机场、黔江海关为依托的开放平台、开放通道初步成形。大力发展现代物流业，加快冷链物流、电商物流、智能物流等特色物流业发展。加快450万吨铁路货场、航空物流基地、物流园区建设。完善空港型、生产服务型、商贸服务型等物流枢纽网络体系。三是加强电商平台建设运用。大力发展电商产业，培育壮大电商企

业和线上网商群体，联合重庆经贸职业学院，加快打造黔江版“淘宝大学”。培育“山韵黔江”等区域性电商品牌，引导支持特色水果种植、手工艺品编织和种养殖大户通过电商平台进行销售。

（四）抓好民生兜底和改善，坚持绿色发展共建共享

1. 抓好疫情防控

2020 年，新冠肺炎疫情的突然来袭，给全区经济社会发展带来了重大挑战，造成了深远影响。黔江区统筹做好疫情防控与经济社会发展，始终把人民群众生命安全和身体健康放在第一位，面对与湖北接壤 10 个乡镇、247 公里边界线的严峻复杂形势，坚决果断采取最严防控措施，以“六个不过夜”的工作作风外防输入、内防扩散，精心做好“四类人员”的集中救治和隔离观察，强化宣传引导，严防聚集性疫情发生，强化物资保障，千方百计增加医疗物资供给，筑起疫情防控“铜墙铁壁”，成为全市首批 6 个低风险区县之一，为加快恢复经济社会发展秩序奠定了基础、提供了有利条件。

2. 决战脱贫攻坚

近年来，黔江区坚持以脱贫攻坚为统揽，抓牢抓实抓好全面小康建设，成功摘掉戴了 30 年的国家贫困区县“帽子”，全区 65 个贫困村全部销号，成为全市及武陵山集中连片特困地区首批通过国家评估验收的摘帽区县之一，被国务院扶贫办列为全国首批、重庆唯一的“贫困县摘帽案例研究样本区县”。2020 年前三季度，扶持贫困人口就业 19486 人，支出各类补助资金 3127 万元，李家溪易地扶贫搬迁市级示范点已入住建卡贫困户 413 户 1531 人，配套建设后续产业项目食用菌产业园 300 亩，新开发公益性岗位安置建卡贫困户 2420 人。完成 183 个农村饮水安全巩固提升工程和 18 个乡镇水厂供水工程建设，惠及 26.31 万人，全区建档立卡贫困户饮水安全率达 100%。深化中信集团、山东日照、市卫生健康委扶贫集团、永川区对黔江的帮扶合作，海通茧丝绸全产业链等一批扶贫协作项目落地建设。

3. 强化公共服务

一是加快建设渝东南教育高地。紧紧围绕建成渝东南教育中心和办人民

满意教育的目标，全力推进全区教育改革工作再上新台阶。加大教育投入力度，推进学校标准化建设，强化编制、住建、教育、规划等部门联动，补齐义务教育基本办学条件短板。努力解决职教中心迁建项目问题，出台《黔江区深化职业教育改革方案》。优化教育资源布局，根据城镇化进程和学龄人口变化趋势，以义务教育为重点，以方便学生入学为原则，调整完善城乡普通中小学校布局。二是加快建设西部医学黔江副中心。在拥有渝东南唯一的三甲医院和武陵山区规模最大的民营医院的基础上，全力推动武陵山公共卫生应急医院建设，医疗设施短板加速补齐。三是做好社会保障工作。做好“六稳”工作，落实“六保”要求，切实保障和改善民生，统筹推进民生实事，把促进就业作为重大政治责任抓紧抓实抓好，牢牢守住就业基本盘，确保就业形势保持稳定，切实增强人民群众获得感、幸福感、安全感。

二 2021年黔江区发展形势分析

2021 年，黔江区经济社会发展机遇与挑战并存。一方面，发展的困难增多、压力增大。受国内外新冠肺炎疫情和中美贸易摩擦加剧影响，经济运行不确定不稳定因素明显增多。加之黔江区经济基础薄弱，经济规模偏小，传统产业转型升级步伐较慢，投资增速下滑，经济增长动力不足。另一方面，也拥有诸多新的发展机遇。成渝地区双城经济圈战略和重庆市“一区两群”战略的实施，蕴含着“补齐短板、打牢基础”的新机遇、“优化结构、加快升级”的新机遇、“深化创新、增添动力”的新机遇、“扩大开放、拓展空间”的新机遇、“绿色发展、倒逼转型”的新机遇。经过多年积累，黔江区高质量绿色发展已初步成形，有助于抢抓国家战略机遇，加快实现发展动力转换，调整优化经济结构，推动传统产业“绿色化”、绿色产业“规模化”，实现高质量发展。

（一）不失时机抓好重大机遇转化

一是积极融入成渝地区双城经济圈建设和“一区两群”协调发展大局。

力争将渝东南中心城市定位纳入《成渝地区双城经济圈建设规划纲要》，重要事项、重点产业、重大项目尽可能纳入《渝东南武陵山区城镇群文旅融合发展先行先试行动方案》和市级各专项方案。加强与成渝地区双城经济圈相关区县的沟通协作，推动一批合作事项落地落实。二是强化提升渝东南重要经济中心辐射作用。着力提升黔江在文旅、教育和医疗卫生方面的集散功能，增强产业人口集聚能力，打造武陵山区的区域性综合交通枢纽、特色产业集聚区和渝东南重要经济中心，尤其要打造“城在峡谷中、峡谷在城中”的城市景观，建设中国峡谷城、武陵会客厅。三是持续强化争资立项工作。全力争取中央新增财政资金、中央预算内投资、政府新增债券、市级补助资金支持。四是高质量编制“十四五”规划。坚持从全局谋划一域、以一域服务全局，认真谋划“十四五”时期高质量发展的目标、思路、举措，强化产业支撑，做实项目支撑。

（二）结合实际谋划好乡村振兴

2021年，要谋划好从脱贫攻坚到乡村振兴的有序衔接。着力推动区域协调发展、促进城乡深度融合，把城市和乡村作为有机整体，在规划设计、产业发展、基础设施建设、基本公共服务供给等领域统筹谋划、一体推进，做好城乡融合这篇大文章，走好城乡互动型高质量发展路子。充分发挥农业“压舱石”作用，继续大力发展现代山地特色高效农业，做强做优生猪、蚕桑等产业，推动50万头无抗生猪基地投产见效，加快新希望集团100万头生猪保供基地和海通茧丝绸项目建设，抓好秋粮田间管理，确保粮食安全。持续深化乡村振兴综合试验示范区创建，力争建成全市样板区。持续抓好农村人居环境整治，深化农业农村改革，加快推动“三变”改革、“三社”融合，发展壮大农村集体经济，加快补齐农民增收、农村基础设施、农村公共服务等短板。

（三）千方百计集聚发展新动能

一是抓招商引资补链强链。抓紧“走出去、请进来”，加快推进高铝硅电子玻璃等一批在谈项目签约落地。二是抓大数据智能化应用。加快推进互联网、大数据、人工智能与实体经济深度融合，加速5G通信规模组网，打造5G融合应用示范项目，推进三磊玻纤等21家企业智能化改造，加快智慧城市建设，推进“制造业+”行动。强化6家战略性新兴产业企业的示范作用，培育引进产业链企业，力争战略性新兴产业增加值占规上工业增加值比重达到10%。三是抓科技创新赋能。发挥好区域创新中心和市级技术转移中心的作用，建设高新区成果展示厅、科技创新中心，争取市级科研平台在黔江设立分支机构，支持企业建设研发平台，加快把正阳工业园区建成市级高新技术开发区。四是抓交通建设补短板。统筹推进高铁、普通铁路、高速公路、水运、机场等项目建设，拓展渝东南与其他两个片区及毗邻地区连接通道，拓展对外通道，织密内部路网。

（四）全力以赴稳内需扩外需

一是抓项目建设稳投资。加快推进在建重点项目投资放量，抓好项目储备，重点谋划好招商项目和“十四五”规划项目，做大行业储备库，积极助推储备项目向有效项目转化，全力争取更多项目列入中央、市级投资计划。二是抓消费提振促回暖。深挖传统消费潜力，探索“政府+企业”消费模式，大力发展夜间经济，培育新兴消费增长点，打好“政策+活动”组合拳，策划开展“中国黔江鸡杂美食文化节”等促销活动，千方百计促进大众消费、大宗消费。积极拓展线上业态线上消费，持续提升供给质量，加快释放新兴消费潜力。三是抓外经外贸求突破。大力发展猕猴桃、羊肚菌、高山蔬菜等特色农副产品出口，打造1～2个农副产品出口示范基地。鼓励企业积极参加第三届进博会等国际展会，拓展境外市场。加快推动黔江首个中新互联互通项目——毅鸣·绿雅现代农业产业项目建成投产。继续做好航空口岸建设前期工作，争取将黔江航空口岸开放纳入国家口岸发展“十四五”规划，尽早开通临时航空口岸。

（五）聚焦聚力保市场主体稳增长

一是落实好纾困惠企政策。把政策研究吃透，主动送到企业负责人手上，畅通兑现落实渠道，做到应知尽知、应享尽享。二是精准抓好企业培育服务。动态集成各级政策资源，分门别类形成一套稳定、易懂、好操作的产业扶持政策体系，突出“扶优扶强”导向，支持市场主体“个转企”“微升小”“小升规”“规改股”“股上市”。全力盘活小店经济，培育壮大一批限上个体。三是着力优化营商环境。落实好《民法典》《保障中小企业款项支付条例》等法律法规，扎实开展拖欠民营企业账款清欠工作，切实维护企业合法权益。纵深推进“放管服”改革，进一步减环节、缩时间、提效率、降成本。四是大力营造亲清新型政商关系。光明磊落同企业家交往，发挥好“亲”的作用，坚守住“清”的底线。

（六）兜住兜牢民生底线

一是着力保居民就业。落实好就业政策，突出抓好高校毕业生就业创业，统筹抓好返乡农民工、退役军人、贫困劳动力等重点群体就业。二是着力保基本民生。切实加强对贫困户、边缘户以及低收入群体的帮扶，严格落实好各项补助政策，最大限度做到“应保尽保、应救尽救、应补尽补”，全力保障困难群众正常生产生活。三是着力保粮食能源安全。严格落实“米袋子”“菜篮子”“肉盘子”责任制，切实加强粮油、猪肉、果蔬等农产品市场供应监测调度和宣传引导，确保货足价稳。加强电力、燃气、石油供应调度，督促企业强化设施设备维护，确保稳定供给。

参考文献

《习近平谈治国理政》（第三卷），外文出版社，2020。

习近平：《抓好黄河流域生态保护和高质量发展大力推动形成成渝地区双城经济圈建设》，《人民日报》2020 年 1 月 4 日。

B.33

2020～2021年涪陵区经济发展和社会治理形势分析及预测

彭任重　谭诗怡*

摘　要： 2020年以来，面对新冠肺炎疫情"黑天鹅"事件带来的不利影响，全区上下在以习近平同志为核心的党中央统一指挥、统一协调、统一调度下，在市委、市政府坚强领导下，统筹疫情防控和社会经济发展，加大"六稳"工作力度，全面落实"六保"任务，经济运行总体呈现"企稳回暖、稳中有进"的发展态势。疫情防控成效显著，产业发展质效提升，有效需求积极拓展，发展动能加速集聚，城乡融合统筹推进，社会民生持续改善，支撑经济增长的有利因素不断积累。2021年，涪陵区将继续深入贯彻习近平总书记对重庆的重要指示精神，紧紧围绕成渝地区双城经济圈建设和全市"一区两群"协调发展战略，聚焦"三个重要"定位和"依托便捷通道优势，发挥对两群辐射带动作用"要求，加快打造重庆重要战略支点城市和百万城市人口现代化城市，努力建设高质量发展高品质生活的美丽涪陵幸福涪陵。

关键词： 涪陵区　高质量发展　高品质生活

* 彭任重，重庆市涪陵区综合经济研究中心职员，研究方向为区域经济、产业经济、投融资理论与实务；谭诗怡，重庆市涪陵区发展和改革委员会干部，中山大学数量经济学硕士，研究方向为宏观经济、国际经济。

一 2020年涪陵区经济运行情况

2020年以来，新冠肺炎疫情对经济社会发展产生前所未有的冲击，内外经济失衡，世界经济下行风险加剧，经济发展不稳定、不确定因素增多。涪陵区经济也受到供需两端、内外两方面“双重挤压”，下行压力持续加大。面对复杂严峻的外部形势和艰巨繁重的发展改革任务，全区上下统筹推进疫情防控和经济社会发展，加大“六稳”工作力度，全面落实“六保”任务，努力抢时间、赶进度、补损失，密集召开各重点行业领域专题会、调度会、座谈会，逐项研究应对措施，迅速组织复工复产、复商复市，加速推进项目建设，推出一批财税金融支持、优化审批服务等政策措施，凝聚起强大的发展正能量，稳定了各方面预期。2020年前三季度，地区生产总值实现888.4亿元、增长3.5%；规上工业增加值增长5.5%；一般公共预算收入增长0.8%；固定资产投资增长8.3%；社会消费品零售总额增长-0.6%；进出口总额预计增长50%；全区居民人均可支配收入增长7.2%。

（一）疫情防控成效显著

始终坚持第一时间贯彻落实中央和市委决策部署，及时建立联防联控工作机制，迅速启动突发公共卫生事件应急预案，成立区委应对新冠肺炎疫情工作领导小组和区应对新冠肺炎疫情应急指挥部，抓紧抓实抓细疫情防控。按照“四集中”原则，设立预检分诊点70个、发热门诊12个、PCR核酸检测采样点6个，集中优势医疗资源，全力以赴救治患者。运用大数据和网格化管理切实做到“四早”，累计核酸检测1.9万人次，对重点人群实现应检尽检。实行严格的出入涪通道和重点场所管控措施，全面启用“渝康码”，发放量达38万，确保重点对象精准检测、追踪到人、随访到户。按照“外防输入、内防反弹”要求，对境外、重点地区入（返）涪人员实行集中隔离和严格闭环管理，健全完善常态化防控机制，坚决遏制疫情扩散。自2月底以来，全区无新增病例。

（二）产业发展质效双升

工业基础性地位进一步夯实。1～9月，规模以上工业企业总产值实现1205亿元、增长4.5%。支柱产业加速回暖，装备制造、信息技术产业增长势头强劲，产值连续两个季度保持两位数增长。华晨鑫源产值增长21.1%，带动汽车制造业税收增长1.5倍。己二酸、氨纶、聚氨酯等产品价格触底回升，铝产业链逐渐恢复，推动材料产业产值增速由负转正。卷烟、食用油、汽车、矿泉水等主要消费品工业产品快速增长，促进工业税收增长8.5%。战略性新兴产业产值增长11.3%，战略性新兴制造业占规上工业产值比重达到35%。重点工业项目加快推进，川东船舶万吨级化学品船开工建设，页岩气基地主体完工，万凯一期、华峰氨纶三期投产。提质发展现代服务业。出台《新形势下推动服务业高质量发展的意见》，超前谋划出台一批政策，提前部署一批重大项目，加快推动经济恢复提振。现代物流提速发展，龙头港综合物流园区、韵达西南物流基地等项目加快建设，铁公水多式联运体系持续完善，物流费用占GDP比重降至14%。金融业持续活跃，人民币存贷余额分别增长13.8%、21.89%，1～9月社会融资规模突破1700亿元。旅游市场加速回暖，武陵山大裂谷创5A级景区积极推进，美心红酒小镇成为“网红”打卡景点，接待旅客人数和旅游总收入7至9月单月增速均保持50%以上。数字经济赋能起势，华为云计算中心建成投用，互爱科技园、清华启迪加快发展，数字经济规模突破100亿元。

（三）有效需求积极拓展

消费市场有力提振。新城区百亿元级商圈加快打造，江南百亿元级商圈持续壮大，万达广场开业运营，百汇商业街等项目加快建设。开展“十个一”“醉美六月·乐购好货”等系列促销活动，直接拉动消费12.2亿元，1～9月批发零售额、餐饮住宿营业额增速分别较上半年回升1.4个、10.1个百分点。优惠政策助力房地产市场回暖，举办夏季房交会和限上房交会，

1～9月商品房销售面积增长0.8%。有效投资积极扩大。前三季度投资保持加快回升态势，增长8.3%，高于全市5.8个百分点。其中，工业投资增长7.2%、房地产投资增长0.4%。70个区级重点项目全面完成投资进度要求，交通、水利投资增长33.6%和2倍，带动基础设施投资降幅环比大幅收窄13.2个百分点。华通电脑二期、攀华三期厂房主体施工，中化涪陵环保搬迁场平施工，渝怀铁路二线、南两高速、梓白高速、鹅西路、马龙路加快建设。新基建提速发展，建成5G基站1348座，实现重点区域5G网络覆盖，重庆移动5G区域性大数据中心落户涪陵，华为工业互联网平台启动建设。外资外贸逆势上扬。涪陵综保区成为开放新引擎，1～9月预计实现进出口额55亿元，带动全区进出口总额增长50%以上。成功获批国家服务贸易创新发展试点和重庆市加工贸易示范区。

（四）发展动能加速释放

持续深化“放管服”改革，行政许可类事项承诺时限压减74%，政务服务事项网上可办率达到98.4%，工程建设项目审批、企业开办实现“全程网办”。推动国家减税降费、“支持企业40条”等政策落地，用电价格累计降低15%，用气价格降低0.26元/立方米，累计为企业减负13亿元。全方位推动开放发展。涪陵被纳入西部陆海新通道辅枢纽，成功开行涪陵至钦州铁海联运班列，稳定开行涪陵至上海、涪陵至泸州、宜宾水水班轮。成功获批临港经济发展示范区和国家服务贸易创新发展试点。深化成渝地区双城经济圈合作发展，与眉山市、泸州市、南充市、宜宾市等四川省地级市围绕产业、人才、科技、教育等领域签订各类协议52个。深入实施创新发展。国家级高新区创建稳步推进，成功获批国家火炬现代中成药特色产业基地。加大科技型企业和创新平台培育力度，科技型企业突破600家、高新技术企业突破100家，累计建成市级以上研发机构52个、院士专家工作站5个。科技进步贡献率提高到56%，R&D经费支出占GDP的比重达2.2%。智能制造水平不断提升，累计建成7个智能工厂、32个数字化车间，居全市首位。

（五）城乡融合统筹推进

着力提升城市品质。实施“两线三片一城”项目建设96个，年度计划投资109.68亿元，1~9月完成投资74.6亿元。新城区“两线三片”加速扩张，涪陵中心医院新城区医院、科教实训基地、绿地空间站、清华启迪未来科技城等重点项目加快建设，城市功能不断完善。江南“一城”有机更新，江南城区人民西路、八角井等旧城改造提速推进，江南滨江公园、江东滨江公园建成投用，“两江四岸”滨江环湖景观带彰显“山水之城、美丽之地”独特魅力。城市细管、智管、众管成效明显，城市治理能力显著增强。大力实施乡村振兴。“五个振兴”精准落实，农村“三变”改革、“三社”融合发展和农村人居环境整治稳步推进，新增授权使用全市农产品区域公用品牌“巴味渝珍”2个，江北街道二渡村获评全国乡村治理示范村，行政村生活垃圾有效治理率达100%。农产品加工产值，乡村旅游综合收入、农产品网络零售额保持快速增长。

（六）社会民生持续改善

深入实施十大扶贫行动，脱贫攻坚取得决定性成果，“两不愁三保障”突出问题实现动态清零，现行标准下农村贫困人口实现全部脱贫。扎实推进16件民生实事，1~9月实现投资6.4亿元。危房改造、农网改造等项目稳步推进，“四好农村路”提前完成三年计划目标。推动学前教育普及普惠，公办在园幼儿普惠率达86%。成功创建市级普通高中课程创新基地2个。突出抓好重点群体就业，开展线上线下招聘会30余场，1~9月城镇新增就业2.3万人，登记失业率控制在4%以内。养老保险待遇持续调增，低保标准和最低工资标准不断提高，常住居民人均可支配收入年均增长9%，人民群众获得感、幸福感、安全感持续提高。全国文明城区、国家卫生区积极创建，市民素质、市容市貌显著改善。

（七）绿色发展深入实施

筑牢长江上游生态绿色屏障，大力实施五大环保行动，河（湖）长制、林长制全面落实，长江乌江2个国控断面水质优良比例达100%，森林覆盖率达到53%，空气质量优良天数稳定在85%以上。加快推动形成绿色发展的生产生活方式，成功创建一批国家级、市级绿色工厂，总量位居全市前列，绿色园区、绿色矿山加快建设，循环化经济发展方式有力推进，单位地区生产总值能耗累计下降16%，工业固定废弃物综合利用处置率提高到96%以上，污染地块安全利用率达到95%。着力建设绿色家园，城周山体保护、消落带治理、水土流失治理取得阶段性成效，国家生态文明建设示范区、国家森林城市创建积极推进，建成区绿化覆盖率达到44%，人均公共绿地面积达到30平方米以上。

二　2021年涪陵区经济社会发展形势预测

2021年是“十四五”开局之年，是全面开启建设社会主义现代化国家新征程的起步之年，我国在取得全面建成小康社会历史性成就的同时，面临的国内外形势更加复杂严峻，需要在一个更加不确定不稳定的环境中谋求发展。

国际环境更加复杂严峻，当今世界正经历百年未有之大变局，新冠肺炎疫情对全球经济的深层次影响正在加深，百年未遇的超级大流行和百年未有的国际大变局相互叠加并互相激荡，对世界产生了巨大冲击和深刻影响。大国关系进入深度调整期，国际格局和政治力量对比加速演变，“东升西降”是变局的主要方向，中美贸易博弈成为常态，遏制与反遏制趋于激烈，正逐渐由隐形竞争向显性对抗转变，发达国家加紧实施工业化再造，高端制造业加速回流，低端加工贸易主要流向越南、马来西亚、印度等要素成本更低的国家和地区。单边主义、贸易保护主义抬头，经济全球化进入低潮，特别是发达国家受新冠肺炎疫情冲击，经济出现大幅萎缩，国际贸易前景堪忧，国际直接投资稳定性不足、全球债务水平持续攀高，发达国家经济政策负外溢性凸显，世界经济发展的不稳定性不确定性因素逐步加大，全球经济治理面临巨大挑战。同时也要看到，新一轮科技革命蓄势待发，各主要国家在新兴科技领域加大战略投入，全球科技创新进入空前活跃期，未来全球产业格局、商业模式等将受新兴科技深化创新的影响而不断呈现新面貌，以5G、物联网、人工智能、区块链等为代表的新兴产业将成为国与国竞争的焦点，新技术催生的行业标准之争将进一步成为国际经济与科技博弈的主要领域。

我国仍处于大有可为的发展阶段，新一轮科技革命既为我国创造了进入科技前沿的条件，也面临发达国家对我国的技术封锁和围堵，我国产业结构升级、创新发展、转换增长动力仍面临较大困难。同时也要看到，我国仍将处于发展黄金战略机遇期，转型发展和推进社会主义现代化建设仍是主体战略，全国总体处于工业化后期阶段，同时，按照世界银行划分的高收入国家分类标准，我国将于2024年前后进入高收入国家行列。经济增长动力机制转换将迎来新的阶段，由过去要素投入为主转向消费和创新双轮驱动为主，“十四五”期间有望取代美国成为全球最大消费国。以5G、人工智能、工业互联网、物联网等为代表的新基建将成为支撑产业及社会网络化、数字化、智能化升级发展的重大产业驱动力，科技创新能力和产出效率不断提高，制度性交易成本持续降低，全环节、全要素供给质量有望进一步提升，全国经济运行总体保持平稳合理增长。以“一带一路”为引领的全方位开放格局增长效应开始释放，以“成渝地区双城经济圈”“京津冀城市群”“长江经济带”“粤港澳大湾区”等为代表的大中小城市群非均衡区域协调发展战略纵深推进。总体来看，我国经济韧性强、潜力足、回旋空间大的本质特征没有改变，正逐步形成以国内大循环为主体、国际国内双循环相互促进的新发展格局，经济将继续保持平稳增长。

重庆将处于重要战略期，随着《关于新时代推进西部大开发形成新格局的指导意见》《西部陆海新通道总体规划》《成渝地区双城经济圈建设规划纲要》等政策的出台，标志着重庆在国家发展中的战略地位更加瞩目，特别是习近平总书记亲临重庆视察指导工作，从战略和全局的高度为新时代重庆发展导航定向，先后提出“两点”定位、“两地”“两高”目标，发挥“三个作用”，可以说在新时代赋予重庆发展新的历史使命和新的战略定位。重庆围绕国际化大都市、国家中心城市、内陆开放高地等战略，加快建设国际金融中心、国际消费中心、内陆国际物流枢纽、国际旅游目的地，服务经济主导趋势明显。通过实施“一区两群”区域协调发展战略，其交通集散、产业集聚、开放引领、区域辐射等功能将会带动整个重庆大都市区在更大范围内配置资本、技术、信息和人力资源，创造新的经济增长点和产业链，从而使产业发展环境、城镇体系更加完善，重庆大都市区将建成国内乃至亚太地区重要的经济中心。同时，受国际国内不稳定因素影响，经济增长制约条件增多，结构性矛盾和经济下行压力较为突出，重庆仍然在较长时间里面临经济结构调整和转型发展的“阵痛期”“调整期”。

涪陵位于长、乌两江交汇处，处于重庆“一区两群”经济发展活跃带，具有较强的工业基础和良好的地缘优势。在全球经济加速融合和区域经济一体化的过程中，涪陵发展面临着重大机遇，紧抓机遇，抢先发展，对于涪陵实现经济高质量发展至关重要。全球性科技革命和产业革命与经济结构调整有利于助推涪陵加快产业升级，在新一轮技术创新和扩散中，涪陵有望获得更多选择性技术资源和全球技术创新红利。国内体制机制改革逐步深化、依法治国全面推进、社会关系和结构加快重构、文化软实力不断增强、绿色发展道路更加坚定，为涪陵经济社会发展提供持久动力。同时，国家和重庆市出台的《中国制造2025》《关于积极推进“互联网+”行动的指导意见》《关于深化制造业与互联网融合发展的指导意见》《新一代人工智能发展规划》等一系列政策、规划，着力加快发展方式转变，推进经济结构战略性调整，强化自主创新，为涪陵发展提供了思路和方向。重庆加快实施“一区两群”区域协调发展战略，特别是陈敏尔书记调研涪陵提出了“三个重要”的战略定位，更加明确了涪陵发展的目标和方向，为涪陵发展指明了道路。涪陵正处于发展方式转变和产业结构调整的关键时期，要率先创新思路，冲破樊篱，加强国际国内形势分析研判，全力做好“六稳”“六保”工作，深入推进供给侧结构性改革，在发展质量和效益上做文章，加快建设生产、流通、分配、消费全环节现代化经济体系，大力发展实体经济，增加科技创新和人力资本在经济发展中的贡献度，加快构建现代产业体系，推动经济高质量发展。

三　促进涪陵区经济社会发展的政策建议

（一）促进产业转型升级，构建现代产业体系

一是提质发展先进制造业。立足资源禀赋和产业基础，顺应产业发展趋势，改造升级传统产业，培育壮大新兴产业，优化、稳定、补齐产业链和供应链，建设辐射成渝地区双城经济圈乃至西南地区重要的先进制造业基地。围绕打造国家页岩气示范区和世界级化工产业基地；加快形成千亿元级清洁能源和新材料产业集群；积极培育国内领先的高端装备制造产业集群；积极培育大健康产业链，打造全国知名的生物医药产业基地；超前谋划布局航空航天、卫星导航、光电芯片等前沿产业，推动产业结构反转，努力培育新的增长点。优化提升高新区、综保区、工业园区等产业平台，加快形成园区间各具优势、分工互补的发展格局。二是创新发展现代服务业。加快提升服务业标准化、品牌化、智能化、国际化水平，推动生产性服务业向专业化和价值链高端延伸、生活性服务业向高品质和多样化升级。抢抓获批国家服务贸易创新发展试点机遇，加快完善保税增值、转口贸易、中转业务等功能建设，加快打造成渝地区重要的开放口岸和服务贸易示范基地。创造良好的软硬件环境，完善多层次多功能金融市场体系，大力引育融资租赁、信托、风险投资等新型金融业态，推动金融产品多元化发展、金融科技深度融合。大力建设生产服务型国家物流枢纽，促进先进制造业与现代服务业深度融合发展。三是培育发展现代山地高效特色农业。突出品种、品质、品牌建设，围绕“2 + X”特色农业产业体系，协同打造酱腌菜、中药材两个百亿元级优势产业集群，加快融入成渝现代高效特色农业带建设。推进农产品精深加工和多元化发展，因地制宜发展乡村旅游，打造一批乡村旅游品牌。推进智慧农业·数字乡村建设，大力发展农村电商，积极引育农业产业化联合体。

（二）提升创新驱动能力，打造数字经济创新发展试验区

一是全面提升科技创新能力。深入实施创新驱动发展战略，构建技术创

新体系，完善协同创新体系，打造科技创新生态新格局。推动创新资源集聚，强化高新区支撑作用，建设高新区数字经济产业园和软件信息产业园，打造科技研发集聚示范区。围绕高层次人才“塔尖政策”和基础人才“塔基政策”，实现各类人才集聚。构建高等学校协同创新体系，打造具有全市影响力的“环长江师范学院创新创业生态圈”。二是加快布局新型基础设施。加快部署新一代信息基础设施，实现5G网络和千兆光纤宽带网络全覆盖，谋划国际互联网数据专用通道建设，推动中新（重庆）国际互联网数据专用通道接入授牌；加快建设智能计算基础设施建设，打造安全可信新型基础设施生态环境。推进“智慧涪陵”建设，实施“智慧+”应用示范工程，推动信息技术与交通、教育、医疗、环保等领域融合。加快城市智能中枢建设，构建新型智慧城市综合服务平台，建成成渝地区领先的智慧城市。三是培育壮大数字经济。加快数字产业化、产业数字化，推动数字经济和实体经济深度融合，打造国家数字经济创新发展试验区重要支撑。加速壮大新一代电子制造业规模；打造智能网联汽车产业生态；打造数字产业特色集聚区；培育新一代信息技术服务业；实施“云端计划”，推动构建地区大数据云平台；推动数字技术与服务业深度融合；深入推动线上线下融合发展，创新推广直播带货、社群电商、智慧零售、社区生活管家、虚拟现实服务和体验消费等新模式。

（三）深化改革开放，建设内陆开放新高地

一是全面深化重点领域改革。坚定不移深化市场化改革，构建更加系统完备、更加成熟定型的高水平社会主义市场经济体制。健全支持民营企业改革发展的市场、政策、法制和社会环境，切实保护民营企业产权和民营企业家人身财产合法权益，坚决破除制约民营企业参与市场竞争的障碍和隐形壁垒。深化财政金融体制改革，完善担保机制，健全保险机制。探索经济区与行政区适度分离管理，破解贸易壁垒，促进人才、土地、科技、资本等要素自由流动。二是全面推进区域协同协调发展。贯彻落实成渝地区双城经济圈经济发展协同机制和“一区两群”协调发展机制，全面推进区域间协同协

调发展、互动交流合作。加强与成渝地区城市的深度合作和交流往来，缔结友好城市，推动在规划统筹、政策协调、协同创新、互联互通、共建共享等方面取得实质性突破。统筹推进沿江片区、坪上片区、后山片区协调发展，根据资源禀赋、区位条件和发展水平，加快形成区域内部各板块错位发展、互补发展格局，推动涪陵全域整体协调并进。三是全方位扩大对外开放。全面融入共建“一带一路”、长江经济带、新时代西部大开发、西部陆海新通道等国家重大战略，主动参与重庆“一区两群”协调发展格局，全方位、多层级提升对外开放水平和能力。深度开展与共建“一带一路”和长江经济带省市以及京津冀、珠三角等区域的合作交流，推动产业发展、科技创新、人才交流联动协作。充分发挥涪陵国家产业转型升级示范区的优势和作用，主动加强与沿海和东部地区城市的对接，积极承接产业转移和开展产业合作。

（四）提升城市品质，建设百万人口大城市

一是优化城市空间布局。围绕“以江为轴、以山为脉、西进外拓、组团发展”思路，统筹新老城区规划布局，完善城区“两核多组团”格局，全面提升城市能级、品质和综合承载力，实现新老城区双城互动、相得益彰，组团之间协调并促、联动发展。加快建设现代化新城区，突出产城融合，着力提升产业集聚、对外开放、人文交流和交通集散功能。加快建设人文宜居江南城区，着力发挥人文底蕴和自然环境优势，加快城市更新改造，打造城市高品质生活服务中心。二是持续提升城市品质。着力突出城市特色，推动产城景融合发展，建设“大开大阖”“大收大藏”“大山大水”的独特城市，彰显山水之城美丽之地的自然魅力。将两江四岸滨江环湖景观带打造成为山清水秀生态带、立体城市景观带、人文荟萃风貌带、便捷共享休憩带。传承历史文化，延续历史文脉，丰富城市内涵，发扬三线精神、移民精神、涪陵精神，彰显巴国故里、理学之源、榨菜之乡的人文魅力。三是建设新型智慧城市。围绕城市治理高效有序、数据开放共享的目标，积极构建信息技术与城市发展深度融合、迭代演进的智慧城市。加快建设智慧城市运

行管理中心、新型智慧城市综合服务平台、涪陵区政务数据共享交换平台，建设互联协同、数字运营、智能决策运转高效的新型智慧城市。推进智慧城市与文明城市融合发展，坚持以人为本，突出为民、便民、惠民的城市建设主旨，全面提升城市文明。

（五）优化绿色发展，建设长江上游重要生态屏障区

一是加强生态修复和环境治理。坚持从生态系统整体性和长江流域系统性着眼，统筹山水林田湖草生态要素整体保护、综合治理和开发利用，构建以“两江四山”为骨架的“两廊一带”生态空间格局。把修复长江生态环境放在首要位置，以持续改善长江水质为中心，加大乌江、梨香溪等重要河流水环境综合治理力度，扎实推进水污染治理、水生态修复、水资源保护“三水共治”。强化大木山等自然保护区建设和管理，重点实施退耕还林还草、长江防护林建设、湖库与湿地生态修复、国土绿化、经济林扩容增量等重点工程，构筑国土绿化生态安全屏障。集中开展典型流域农业面源污染综合治理和农村人居环境改善行动，推进乡镇污水垃圾处理设施全覆盖。二是加快形成绿色发展方式。大力倡导和推进绿色生产方式和生活方式，全面推行“生态＋”发展新模式。加快推进产业体系绿色升级，大力发展绿色循环低碳产业，推动资源、能源全面节约和高效利用，着力在页岩气产输、新能源汽车、装配式建筑、节能环保材料等领域取得技术突破，形成产业竞争优势。开展白涛园区、龙桥园区等国家级循环示范园区创建，打造国家绿色产业示范基地。健全自然资源产权制度和环境产权交易体系，完善排污权、碳排放权，探索用水权、用能权交易。大力开展绿色社区示范创建，全面开展生活垃圾分类和处理，倡导公交优先等绿色出行方式，鼓励绿色消费，增加绿色产品和服务供给，推进“无废城市”建设。三是建立健全生态文明制度体系。深化生态文明体制改革，构建“源头严控、过程严管、后果严惩”的生态文明制度体系。严格执行规划环评制度，推进以生态保护红线、环境质量底线、资源利用上线、环境准入负面清单为基础的环境分区管控。落实资源有偿使用制度，完善资源集约节约循环利用政策体系，构建清洁低

碳、安全高效的能源体系。严格落实生态环境保护工作责任，强化生态环境损害责任追究，健全生态环境监测和评价制度，完善生态环境公益诉讼制度，落实生态补偿和生态环境损害赔偿制度。

（六）增进民生福祉，打造高品质生活幸福涪陵

一是全面提升就业质量。实施积极就业创业政策，稳总量、优结构、提质量，实现高质量充分就业，促进城乡居民收入持续增长。开展职业技能提升行动，加强技能型人才培养培训，拓展重点群体就业渠道，支持农村转移人口返乡就业创业。促进就业与现代产业体系相协调，支持多平台、多方式灵活就业。健全成渝地区创业就业协调发展体制机制，落实成渝地区人力资源服务许可备案、从业人员职业资格等事项互认。拓展城乡居民增收渠道，缩小收入分配差距，扩大中等收入群体规模。二是提升教育现代化水平。着力保障教育公平，提高教育质量，推进教育现代化进程，办好人民满意的教育。增加普惠性幼儿园供给，提质发展义务教育，全面普及高中阶段教育，促进城乡优质教育均衡发展。发挥产业优势，深化产教融合，加强与成渝地区高校联合办学，共同打造医药、化工等一批重点学科和“双一流”学科。推进学校治理现代化、教育信息化，打造重庆市智慧教育应用示范区。三是大力提升健康服务能力。坚持关注生命全周期、维护健康全过程，完善居民健康政策，提升居民健康素养，让人民群众享有公平可及、系统连续的健康服务。积极引进重庆医科大学、陆军军医大学等在涪陵设立分院，打造优质健康医疗示范区。大力推进乡镇卫生院和村卫生室全覆盖标准化建设，健全城乡公共卫生体系，提高诊疗能力和疫病防控水平。充分发挥“三甲”医院“规培”基地作用，加大人才引进力度，加强基层医疗卫生人才培养。推动医疗联合体建设，推进医疗卫生大数据开放共享和检验结果共享互认，建立疑难重症会诊和转诊绿色通道。加强公共卫生风险防控体系建设，建立完善重大疫情和突发公共卫生事件联防联控机制，提高防控救治能力。四是加强社会保障体系建设。按照“兜底线、织密网、建机制”基本要求，全面建立多层次、全覆盖的城乡统筹、权责清晰、保障适度的社会保障体系，

建设重庆高质量社会保障示范区。健全社会保险体系，全面落实基本养老保险全国统筹制度，实施全民参保计划。健全医疗保险体系，深化医保制度改革，合理确定基本医疗保险保障水平，完善医疗保险关系转移接续措施。健全社会救助、社会福利、优抚安置等制度，加快构建“梯度分层救助格局”。

参考文献

徐现祥、刘毓芸：《经济增长目标管理》，《经济研究》2017 年第 7 期。

徐现祥、李书娟、王贤彬、毕青苗：《中国经济增长目标的选择：以高质量发展终结“崩溃论”》，《世界经济》2018 年第 10 期。

《习近平谈治国理政》（第三卷），外文出版社，2020。

重庆市涪陵区统计局：《2020 年涪陵统计年鉴》，2020。

李东兴：《疫情冲击下中国宏观经济运行形势分析与对策》，《中国发展》2020 年第 4 期。

才国伟、鲁晓东、刘乐淋：《新发展理念与中国改革的制度探索——中国制度经济学论坛（2019）综述》，《经济研究》2020 年第 2 期。

郑正真：《创新驱动视角下的新经济发展战略——以成都市为例》，《决策与信息》2020 年第 10 期。

中国社科院工经所经济形势热点调查课题组、陈奥阳、李钢：《经济增速有望回升 经济总体运行趋于好转——基于中国经济学人调查问卷的分析》，《中国经贸导刊》2020 年第 13 期。

《中共中央政治局召开会议中共中央总书记习近平主持会议 分析国内外新冠肺炎疫情防控和经济运行形势 研究部署进一步统筹推进疫情防控和经济社会发展工作 审议〈关于 2019 年脱贫攻坚成效考核等情况的汇报〉和〈关于中央脱贫攻坚专项巡视“回头看”情况的综合报告〉》，《交通财会》2020 年第 4 期。

B.34

高新区发展形势分析及对策

冯 驰 王 润 万立志 吕亦楠 郭建谱*

摘 要： 本文旨在反映重庆高新区发展现状，围绕重庆市国家级高新区在经济发展、创新能力等方面的发展形势进行分析，重点分析创新资源集聚、创新创业环境、创新创业绩效、创新的国际化等情况，与相关省市进行对比分析，并对市级高新区进行纵向对比分析，剖析重庆市高新区存在的问题和不足，提出有针对性的对策建议。

关键词： 高新区 经济形势 创新创业

高新区是推动创新的重要载体，是我国高新技术产业发展主要的战略力量，在我国经济社会发展中起到了重要作用。当前，新一轮科技革命和产业变革正在孕育兴起，全球科技创新呈现新的发展态势和特征。中美贸易摩擦更为清楚地表明，自主创新和掌握各行各业关键技术对于我国的重要意义。2020 年 1 月 3 日，习近平总书记主持召开中央财经委员会第六次会议，强调“推动成渝地区双城经济圈建设，强化重庆和成都的中心城市带动作用，使成渝地区成为具有全国影响力的重要经济中心、科技创新中心、改革开放

* 冯驰，重庆生产力促进中心科技统计与创新发展研究部副部长，研究方向为区域科技和科技规划；王润，重庆生产力促进中心副主任，研究方向为区域科技发展战略，本文通信作者；万立志，重庆生产力促进中心科技统计与创新发展研究部部长，研究方向为区域科技和科技规划；吕亦楠，重庆生产力促进中心科技统计与创新发展研究部职员，研究方向为区域科技和科技规划；郭建谱，重庆生产力促进中心科技统计与创新发展研究部职员，研究方向为科技统计、区域科技和科技规划。

新高地、高品质生活宜居地，助推高质量发展”。打造科技创新中心，必须要有高新技术产业作为重要支撑。高新区是高新技术产业发展的主要载体，是高质量发展的关键。推进高新区建设，是提升重庆市自主创新能力的重要手段，是推动成渝地区建设具有全国影响力的科技创新中心的一项重要举措。因此，在新的时代背景下，深入分析和预测重庆市高新区发展形势，提出促进全市高新区发展的对策建议，具有十分重要的意义。

一　我国高新区发展基本情况

1988 年，国务院下发了对《北京市新技术产业开发试验区暂行条例》的批复，开启了我国首个国家高新区——中关村国家高新区的建设，迄今已有 30 多年。截至 2018 年底，全国共有国家级高新区 169 个，其中包含世界一流高科技园区 10 个，创新型科技园区 18 个，创新型特色园区 29 个。2018 年，我国国家高新区 GDP 达到 11 万亿元，占全国 GDP 的 12.3%；高新区企业研发投入约占全国企业研发投入的 50%；高新区高新技术企业共有 6.3 万家，占高新区企业总数的 52.3%，占全国统计高新技术企业数量的 36.5%；高新区的专利拥有量占全国专利拥有量的 1/4；高新区单位 GDP 能耗比全国平均水平低 1/3 左右。总之，在全国经济进入新常态的情况下，我国国家高新区各项指标依然保持了较快发展，成为我国科技创新的中坚力量，是推动我国经济发展的重要引擎。2020 年 7 月 17 日，国务院印发《关于促进国家高新技术产业开发区高质量发展的若干意见》（国发〔2020〕7 号），提出了促进高新区发展的 21 条对策措施，其必将进一步推动我国高新区快速发展。

二　重庆市国家级高新区发展形势分析

重庆市现有重庆高新区、璧山高新区、永川高新区、荣昌高新区 4 个国家级高新区。其中，重庆高新区为 1991 年国务院批准设立的 26 个国家高新区之一，璧山高新区于2015年批准设立，荣昌、永川高新区于2018年2月批准设立。2020年上半年，重庆市国家级高新区规模以上工业总产值为2024亿元，企业主营业务收入2096亿元，出口总额925.2亿元，实现净利润89.9亿元。截止到2020年6月底，重庆市国家级高新区拥有规上工业企业1038家、高新技术企业502家、科技型企业2240家；拥有研发机构555个，其中市级以上重点实验室96个、市级以上工程技术中心106个、市级以上新型研发机构18个；拥有科技服务机构213个，有效发明专利拥有量2057件。

（一）重庆市国家级高新区经济发展指标对比分析

2018年，重庆市国家级高新区工商企业注册数列全国第12位，工业总产值列全国第17位，净利润列全国第17位，出口总额列全国第18位，这些指标总体处于全国31个省区市（不含港澳台）中后位置（见表1）。

表1　重庆市与部分省市国家级高新区经济指标对比

地区	国家高新区个数（个）	工商企业注册数（家）	入统企业数（家）	年末从业人员（人）	营业收入（亿元）	工业总产值（亿元）	净利润（亿元）	上缴税费（亿元）	出口总额（亿元）
全国	169	2317764	120057	20915695	346214	222526	23918	18651	37264
重庆	4	48506	2056	394595	4908	4173	272	241	333
北京	1	482799	22110	2720575	58831	11129	3669	2842	2088
上海	2	42974	6190	1172466	22082	11703	2141	1300	2570
天津	1	25791	4251	266048	4172	1868	168	181	396
江苏	18	311599	13295	2289024	35077	29324	2482	1787	8477
浙江	8	152640	4990	1016570	15477	10921	1217	900	1762
广东	14	184243	14878	2840563	43423	33191	3309	2076	7992
四川	8	167849	3654	720867	10757	7987	773	437	2206
陕西	7	94946	5754	830481	15953	12129	1358	1235	1747

2018年，重庆市平均每个高新区工商企业注册数比全国平均值少1588家，比北京市少470672家，比上海少9360家，比四川少8854家，比陕西少1437家；重庆市平均每个高新区工业总产值比全国平均值低274亿元，比北京市低10186亿元，比上海低4809亿元，比陕西低690亿元。可见，重庆市虽然有4个国家级高新区，但每个高新区总体实力较弱，企业数量较少，工业总产值不高。从国家级高新区中每家企业的实力看，重庆市国家级高新区平均每家企业的工业总产值为2.03亿元，比全国平均值高0.18亿元，因此重庆市国家级高新区中企业规模较好。但是，从国家级高新区中每家企业的效益来看，重庆市国家级高新区平均每家企业的净利润为0.13亿元，比全国平均值低0.07亿元，可见重庆市国家级高新区中企业效益较差，可持续发展能力不足（见表2）。

表2　重庆市与部分省市国家级高新区主要经济指标相对数对比

地区	平均每个高新区工商企业注册数(家)	平均每个高新区工业总产值(亿元)	平均每家企业工业总产值(亿元)	平均每家企业净利润(亿元)
全国	13715	1317	1.85	0.20
重庆	12127	1043	2.03	0.13
北京	482799	11129	0.50	0.17
上海	21487	5852	1.89	0.35
天津	25791	1868	0.44	0.04
江苏	17311	1629	2.21	0.19
浙江	19080	1365	2.19	0.24
广东	13160	2371	2.23	0.22
四川	20981	998	2.19	0.21
陕西	13564	1733	2.11	0.24

（二）重庆市国家级高新区创新能力对比分析

本报告采用国家级高新区创新能力评价指标体系中的五个一级指标和部分二级指标进行分析。国家级高新区创新能力评价指标体系由科技部火炬中心和中国科学院科技战略咨询研究院联合制定，其五个一级指标分别是：创新资源集聚、创新创业环境、创新活动绩效、创新的国际化、创新驱动发展。

1. 创新资源集聚

（1）高新区企业 R&D 人员全时当量

2018 年，重庆市国家级高新区企业 R&D 人员全时当量仅占全国的 1.2%，同期北京为 9.4%，天津为 1.4%，上海为 5.5%，江苏为 12.1%，浙江为 6.4%，广东为 18.2%，四川为 3.4%，陕西为 6.8%（见图 1）。因此，重庆市国家级高新区企业 R&D 人员全时当量较低，这反映了重庆市国家级高新区科技人才集聚能力不强。

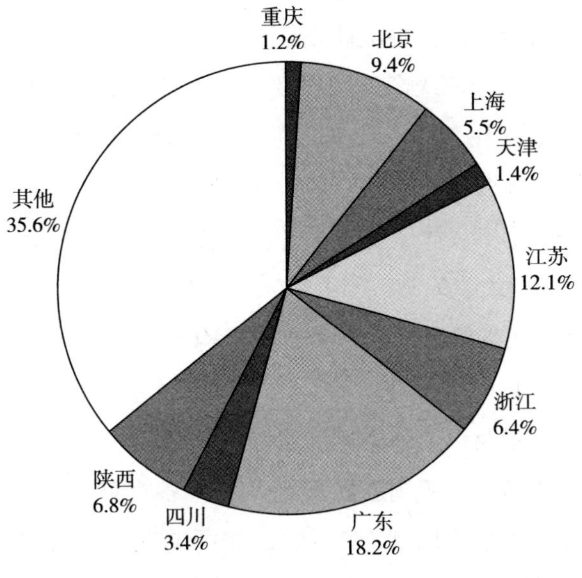

图 1　重庆市与部分省市国家级高新区企业 R&D 人员全时当量所占比重对比

（2）高新区企业 R&D 投入占增加值比例

2018 年，重庆市国家级高新区企业 R&D 投入占增加值比例为 9.8%，同期北京为 8.7%，天津为 11.9%，上海为 9.9%，江苏为 10%，浙江为 13.4%，广东为 17.7%，四川为 11.1%，陕西为 10.2%（见图 2）。可见，重庆市国家级高新区企业 R&D 投入占增加值比例偏低。

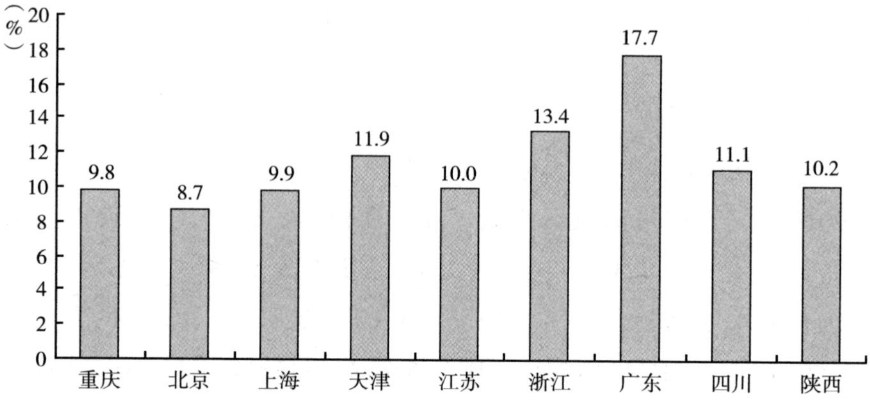

图2　重庆市与部分省市国家级高新区企业 R&D 投入占增加值比例对比

（3）高新区省级及以上各类研发机构数量

2018 年，重庆市国家级高新区省级及以上各类研发机构数量为 544 个，占国家级高新区整体比例为 2.1%，而同期北京、天津、上海、江苏、浙江、广东、四川和陕西等分别为 1477 个、354 个、961 个、4111 个、1529 个、3763 个、836 个和 848 个，分别占国家级高新区整体比例为 5.6%、1.4%、3.7%、15.7%、5.8%、14.4%、3.2%和 3.2%（见图 3）。可见，重庆市国家级高新区省级及以上各类研发机构数量较少。

2. 创新创业环境

（1）高新区省级及以上各类创新服务机构数量

2018 年，重庆市国家级高新区省级及以上各类创新服务机构数量为 54 个，占国家级高新区整体比例为 1.2%，而同期北京、天津、上海、江苏、浙江、广东、四川和陕西等分别为 902 个、59 个、191 个、532 个、263 个、233 个、219 个和 137 个，分别占国家级高新区整体比例为 20.6%、1.3%、4.4%、12.1%、6.0%、5.3%、5.0%和 3.1%（见图 4）。可见，重庆市国家级高新区省级及以上各类创新服务机构数量很少，因此重庆国家级高新区应加大力度培育各类创新服务机构。

（2）高新区创投机构当年对企业的风险投资额

2018 年，重庆市国家级高新区创投机构当年对企业的风险投资额为

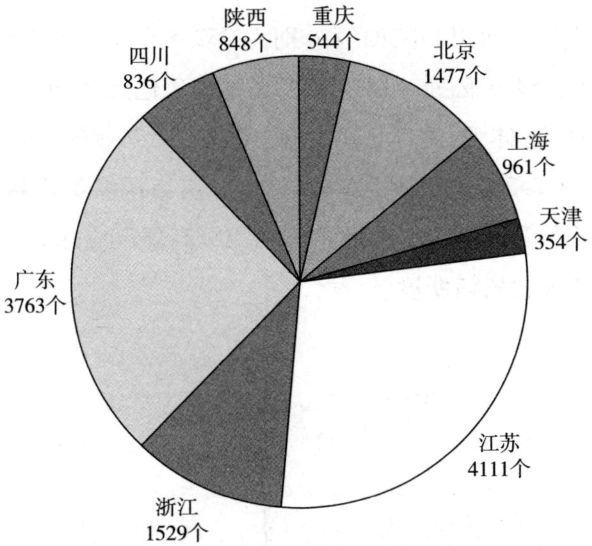

图 3　重庆市与部分省市国家级高新区省级及以上各类研发机构数量

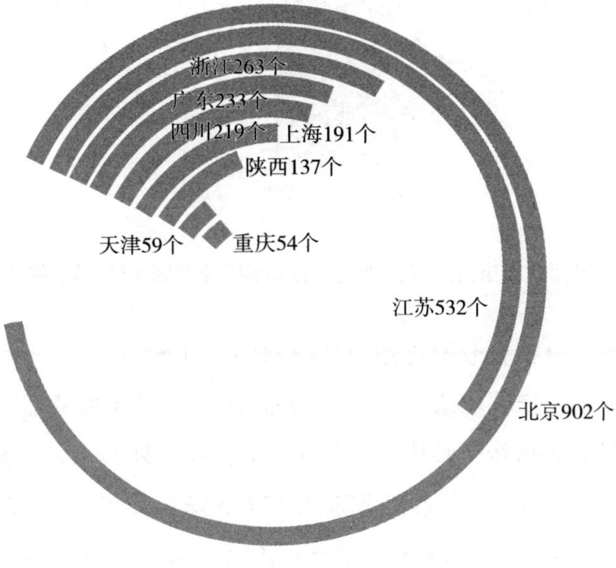

图 4　重庆市与部分省市国家级高新区省级及以上各类创新服务机构数量

12.4亿元，占国家级高新区整体比例为1.1%，而同期北京、天津、上海、江苏、浙江、广东、四川和陕西等分别为252.8亿元、1.2亿元、311.1亿元、120.0亿元、59.6亿元、141.3亿元、48.9亿元和26.7亿元，分别占国家级高新区整体比例为21.8%、0.1%、26.9%、10.4%、5.2%、12.2%、4.2%和2.3%（见图5）。可见，重庆市国家级高新区创投机构当年对企业的风险投资额较小，因此重庆国家级高新区应加大力度培育各类创投机构，提高创业投资活跃度。

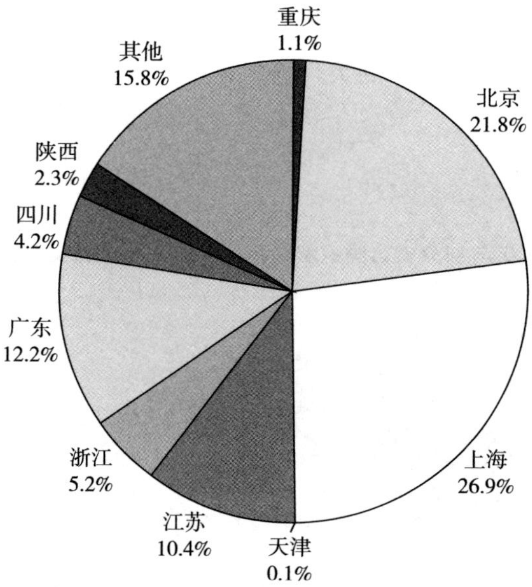

图5　重庆市与部分省市国家级高新区创投机构当年对企业的风险投资额所占比例

（3）高新区科技企业孵化器及加速器内企业数量

2018年，重庆市国家级高新区科技企业孵化器及加速器内企业数量为1550家，占国家级高新区整体比例为1.5%，而同期北京、天津、上海、江苏、浙江、广东、四川和陕西等分别为12733家、1550家、5704家、14459家、4934家、9924家、3673家和2930家，分别占国家级高新区整体比例为11.9%、1.5%、5.3%、13.5%、4.6%、9.3%、3.4%和2.7%（见图6）。可见，重庆市国家级高新区科技企业孵化器及加速器内企业数量较小。

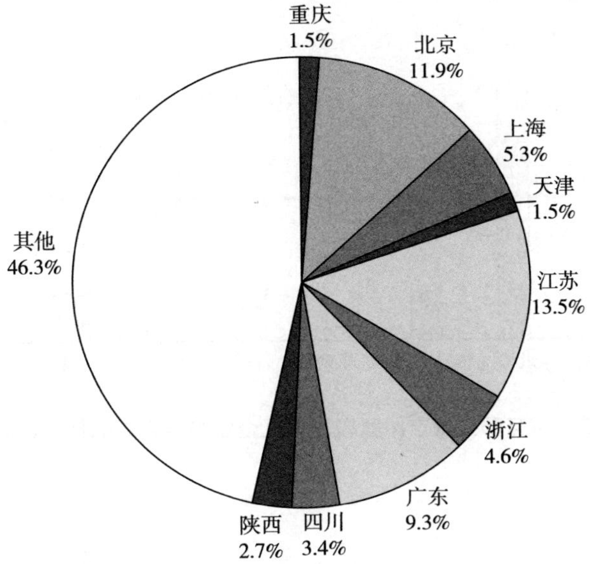

图6　重庆市与部分省市国家级高新区科技企业孵化器及加速器内企业数量所占比例

3. 创新活动绩效

（1）高新区企业当年完成的技术合同交易额

2018年，重庆市国家级高新区企业当年完成的技术合同交易额为42.4亿元，占国家级高新区整体比例为0.89%，而同期北京、天津、上海、江苏、浙江、广东、四川和陕西等分别为1761.9亿元、72.8亿元、325亿元、314.9亿元、100.5亿元、291.6亿元、208.8亿元和507.6亿元，分别占国家级高新区整体比例为36.9%、1.5%、6.8%、6.6%、2.1%、6.1%、4.4%和10.6%（见图7）。可见，重庆市国家级高新区企业当年完成的技术合同交易额少，市场不够活跃。

（2）高新区高技术产业营业收入占营业收入比例

2018年，重庆市国家级高新区高技术产业营业收入占营业收入比例为17.8%，同期北京为35.3%，上海为36.3%，天津为30.5%，江苏为34.9%，浙江为30.4%，广东为55.8%，四川为49.9%，陕西为33.3%（见图8）。可见，重庆市国家级高新区高技术产业营业收入占营业收入比例很低。

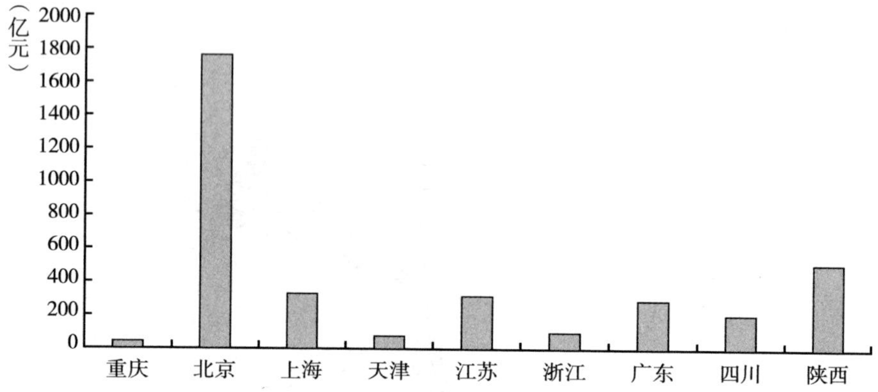

图7　重庆市与部分省市国家级高新区企业当年完成的技术合同交易额

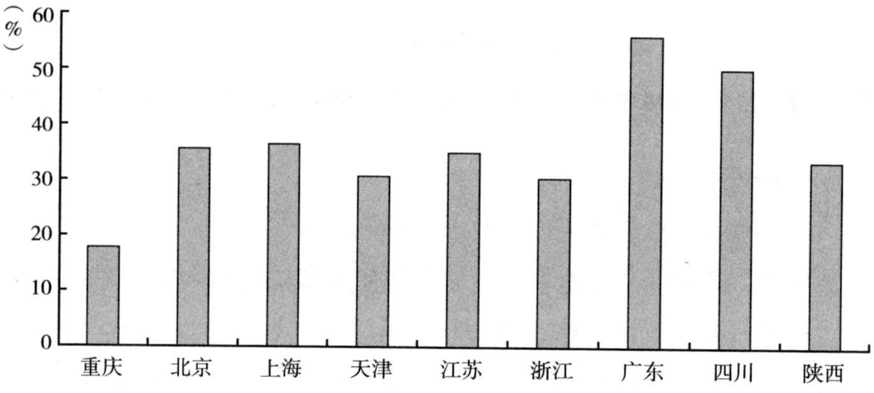

图8　重庆市与部分省市国家级高新区高技术产业营业收入占营业收入比例

4. 创新的国际化

（1）高新区内资控股企业设立的境外研发机构数量

2018年，重庆市国家级高新区内资控股企业设立的境外研发机构数量为9个，同期北京为28个，上海为43个，天津为6个，江苏为166个，浙江为27个，广东为117个，四川为15个，陕西为59个（见图9）。可见，重庆市国家级高新区内资控股企业设立的境外研发机构数量较少，表明重庆市国家级高新区创新国际化水平不高。

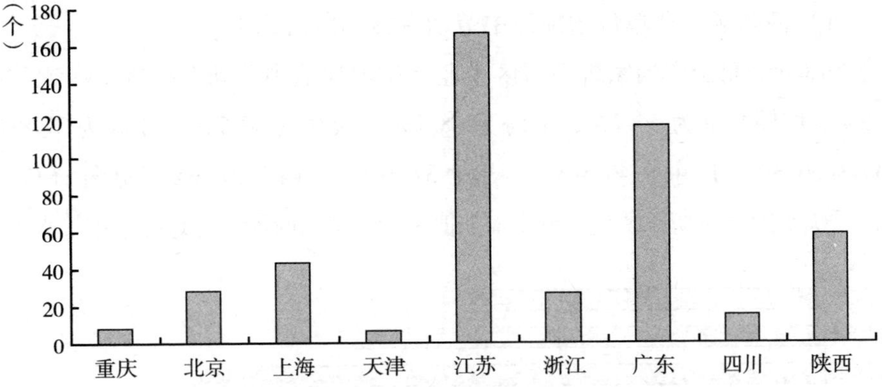

图 9　重庆市与部分省市国家级高新区内资控股企业设立的境外研发机构数量

（2）高新区技术服务出口占出口总额的比例

2018 年，重庆市国家级高新区技术服务出口占出口总额的比例为 0.5%，同期北京为 14.9%，上海为 8.7%，天津为 2.9%，江苏为 2.2%，浙江为 3.7%，广东为 2.3%，四川为 14.5%，陕西为 12.7%（见图 10）。可见，重庆市国家级高新区技术服务出口占出口总额的比例极低。

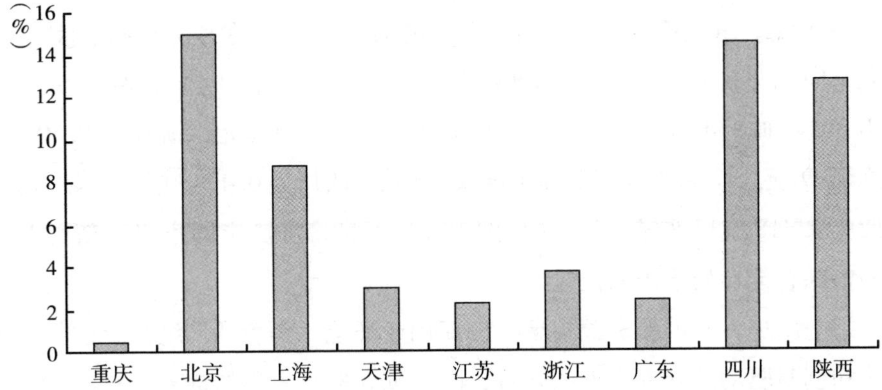

图 10　重庆市与部分省市国家级高新区技术服务出口占出口总额的比例

5. 创新驱动发展

（1）高新区企业单位增加值中劳动者报酬所占比重

2018 年，重庆市国家级高新区企业单位增加值中劳动者报酬所占比重为 37.5%，同期北京为 54.7%，上海为 48.1%，天津为 47.7%，江苏为 37.8%，浙江为 36.3%，广东为 46.5%，四川为 37.5%，陕西为 27.3%（见图 11）。可见，重庆市国家级高新区企业单位增加值中劳动者报酬所占比重处于中等水平。

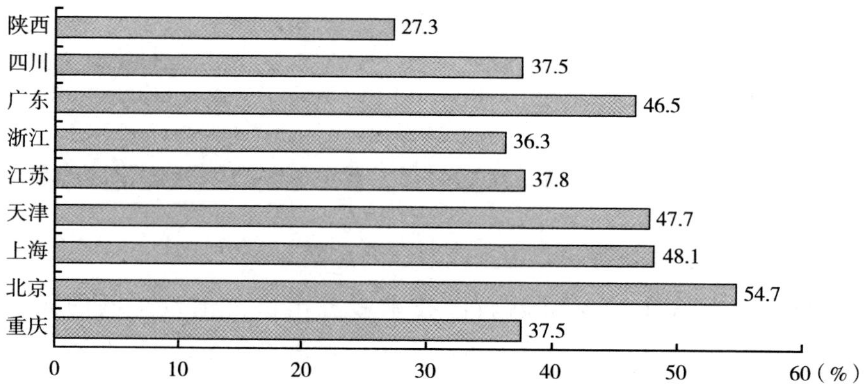

图 11　重庆市与部分省市国家级高新区企业单位增加值中劳动者报酬所占比重

（2）高新区万元增加值综合能耗

2018 年，重庆市国家级高新区万元增加值综合能耗为 0.341 吨标准煤/万元，同期北京为 0.121 吨标准煤/万元，上海为 0.138 吨标准煤/万元，天津为 0.243 吨标准煤/万元，江苏为 0.29 吨标准煤/万元，浙江为 0.507 吨标准煤/万元，广东为 0.322 吨标准煤/万元，四川为 0.498 吨标准煤/万元，陕西为 0.418 吨标准煤/万元（见图 12）。可见，重庆市国家级高新区万元增加值综合能耗处于中间位置。

综上所述，从创新资源集聚、创新创业环境、创新活动绩效、创新的国际化和创新驱动发展五个方面来看，除了创新驱动发展指标外，重庆市国家级高新区基本上处于较为落后的位置，因此重庆市国家级高新区还需更加努力，不断推动创新资源集聚，加快优化创新创业环境，大力提升创新国际化水平，切实增强创新活动绩效。

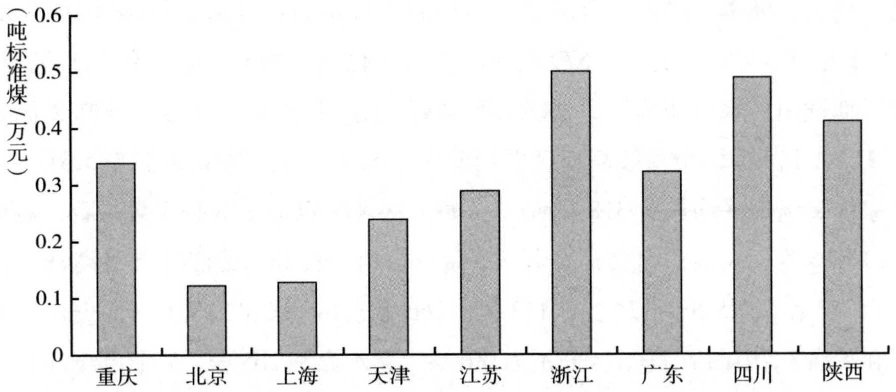

图 12　重庆市与部分省市国家级高新区万元增加值综合能耗水平比较

三　重庆市市级高新区发展情况分析

（一）基本情况

重庆市现有大足、铜梁、潼南、涪陵、合川、长寿、綦江 7 个市级高新区，均为近三年批准设立，其中铜梁、潼南和涪陵高新区正积极创建国家级高新区，已通过科技部专家现场考察，进入国家部委审批程序。大足、铜梁、潼南、涪陵、合川 5 个市级高新区总批复面积 38.36 平方公里，总管辖面积 145.75 平方公里。截至 2020 年 6 月，7 个市级高新区入驻企业 5127 家，规上企业 1380 家；企业主营业务收入 1702.1 亿元，高新技术企业主营业务收入 692.8 亿元；税收 28.8 亿元；拥有高新技术企业 516 家；拥有科技型企业 2669 家；拥有市级以上工程技术研究中心、重点实验室、新型研发机构等 398 个；科技服务机构 248 个；有效发明专利 2712 件。

（二）重庆市市级高新区对比分析

重庆市市级高新区整体而言，与除重庆高新区以外的其他重庆市国家级高新区相比，经济实力并不差。例如从工业总产值来看，2020 年上半年大足、铜梁、潼南、涪陵、合川、长寿和綦江等市级高新区分别为 400 亿元、328.3 亿元、171.9 亿元、579 亿元、224.9 亿元、343.7 亿元和 251 亿元，而同期璧山、永川和荣昌 3 个国家级高新区分别为 297.7 亿元、379.2 亿元和 277.1 亿元。7 个市级高新区平均值为 328.4 亿元，除重庆高新区外 3 个国家级高新区平均值为 318 亿元。又如，从规模以上工业企业数来看，截至 2020 年 6 月，大足、铜梁、潼南、涪陵、合川、长寿和綦江等市级高新区分别为 343 家、225 家、134 家、113 家、166 家、186 家和 213 家，而璧山、永川和荣昌 3 个国家级高新区分别为 301 家、224 家和 265 家。7 个市级高新区平均值为 197 家，除重庆高新区外 3 个国家级高新区平均值为 263 家。

但是，从科技创新的情况来看，与除重庆高新区以外的其他重庆市国家级高新区相比，重庆市市级高新区整体要差一些。例如，从高新技术企业数来看，截至 2020 年 6 月，大足、铜梁、潼南、涪陵、合川、长寿和綦江等市级高新区的高新技术企业数分别为 57 家、84 家、49 家、102 家、97 家、69 家和 58 家，而璧山、永川和荣昌 3 个国家级高新区的高新技术企业数分别为 171 家、116 家和 72 家。7 个市级高新区平均值为 74 家，除重庆高新区（143 家）外 3 个国家级高新区的高新技术企业数平均值为 120 家。又如，从研发机构数来看，截至 2020 年 6 月，大足、铜梁、潼南、涪陵、合川、长寿和綦江等市级高新区分别为 29 个、69 个、62 个、52 个、75 个、73 个和 38 个，而同期璧山、永川和荣昌 3 个国家级高新区分别为 146 个、87 个和 82 个。7 个市级高新区平均值为 57 个，除重庆高新区外 3 个国家级高新区平均值为 105 个（见表 3）。可见，重庆市市级高新区创建国家级高新区，其重点在于集聚创新资源和提升科技创新水平。

表 3　重庆市市级高新区发展主要指标

指标名称	大足高新区	铜梁高新区	潼南高新区	涪陵高新区	合川高新区	长寿高新区	綦江高新区
企业数(家)	2143	480	363	314	299	388	1137
#规上工业企业数	343	225	134	113	166	186	213
#高新技术企业数	57	84	49	102	97	69	58

续表

指标名称	大足高新区	铜梁高新区	潼南高新区	涪陵高新区	合川高新区	长寿高新区	綦江高新区
#科技型企业数	866	301	353	185	242	211	511
研发机构数(个)	29	69	62	52	75	73	38
#市级以上重点实验室	0	1	0	2	2	0	0
#市级以上工程技术研究中心	1	8	2	15	8	7	1
#市级以上新型研发机构	7	0	2	4	9	1	0
#规模以上工业企业建立研发机构数	29	69	58	43	56	58	38
工业总产值(亿元)	400	328. 3	171. 9	579. 0	224. 9	343. 7	251
#规模以上工业企业总产值	283. 2	213. 4	132. 2	577. 7	219. 5	326. 6	179
企业主营业务收入(亿元)	264	295. 5	124. 4	449. 7	144. 7	267. 8	156
#高新技术企业主营业务收入	116	118. 2	52. 1	206. 0	78. 5	75. 0	47
#高新技术产品销售收入	82	62. 6	40. 6	219. 1	64. 3	71. 2	35

四　重庆市高新区发展存在的主要问题

（一）高新区缺乏统筹管理和协同发展

一是缺乏有效的市级层面的统筹管理机构。目前，重庆市没有市级层面的高新区管理机构，只是由市科技局负责高新区管理，相对而言管理机构在层级、职能、管理效能等方面都有比较大的局限。二是川渝地区高新区协同发展能力不足。川渝两地高新区在产业发展、资源共享、信息互动、合作交流等方面较为欠缺，难以满足成渝地区双城经济圈和具有全国影响力的科技创新中心建设的需要。三是缺乏全市高新区发展规划的统筹协调机制，各高新区在目标定位、产业定位方面同质化严重。重庆市 11 个高新区中，产业发展定位中有电子信息或信息技术产业的有 6 个，有生物医药或健康产业的有 5 个，有智能制造或装备制造的有 7 个，如果加上现代制造或汽车制造，一共有 9 个高新区都包含制造类产业（见表 4）。重庆市高新区产业定位严重重复和高度同质化，这造成了高新区之间的过度竞争和资源浪费，也制约了高新区自身的发展。高新区无序化发展的根源是重庆市缺乏高新区发展规划的统筹协调机制，例如联席会议等。四是指导和支持高新区发展的政策措施欠缺。虽然重庆市已经出台《重庆市市级高新技术产业开发区认定和管理办法》等制度，但是对于高新区在创建、建设方面的扶持政策少。

表4　重庆市高新区产业发展定位一览

高新区	产业发展定位
重庆高新区	电子信息、生物医药、高端装备制造
璧山高新区	智能装备、信息技术
永川高新区	智能装备、汽车及零部件、信息技术、特色轻工、能源及新材料
荣昌高新区	智能装备制造、食品医药、轻工陶瓷、农牧高新产业
大足高新区	智能装备、环保装备、现代汽摩、电子信息
铜梁高新区	大健康、汽车零部件、新材料
潼南高新区	现代制造、循环经济、环保科技、现代农业科技
涪陵高新区	生物医药与大健康、先进制造与自动化、电子信息
合川高新区	装备制造、医药健康、信息安全
长寿高新区	新一代信息技术、智能家居、节能环保、健康科技
綦江高新区	智能制造、新材料、电子信息、大健康

（二）高新区体制机制有待理顺

一是多数高新区权限不足。许多区县的高新区，缺乏建设、规划、土地、环保等的一级行政审批权。不少高新区没有一级财政权，财政自主权不足。二是没有建立市场化的运营机制。许多高新区没有建立有效的员工激励机制，员工干多干少一个样，工作效率不高。三是行政审批制度改革仍然有待进一步深化。手续多、手续繁、事难办，以及部门推诿扯皮等现象仍然比较严重。四是服务企业的能力和效率有待进一步提升。大数据、人工智能等先进技术融入企业服务的深度不够，服务人员的水平和能力不足，这些都从某种程度上制约了高新区企业的快速发展。

（三）高新区统计评价体系有待完善

一是高新区统计人才队伍不健全，数据的收集、整理、上报工作效率不高，存在不及时、不全面、准确度不够高的现象。二是重庆市高新区评价指标体系尚未建立。目前，国家层面已经建立了比较完善的评价指标体系，但是仅仅针对国家级高新区进行评价。对于重庆市级高新区，是否采纳同一指标体系进行评价、相关数据如何统计等问题还没有解决，影响了市委、市政府对各地高新区发展情况的准确掌握。三是当前高新区数据的收集方式传统，还没有实现网上填报，数据收集的实效性和便捷性都受到影响。四是对高新区发展具体情况的分析不足。各地高新区发展的现状怎样，究竟存在什么具体问题，需要怎样去调整发展战略或具体举措等均研究不足。

（四）高新区规模和效益亟须提升

一是高新区经济规模总体偏小。2018 年，重庆高新区工业总产值 2507 亿元，仅占北京中关村高新区工业总产值的 22.5%，比合肥高新区工业总产值少 1135 亿元，比武汉东湖高新区工业总产值少 2936 亿元，比成都高新区工业总产值少 1753 亿元。2018 年，璧山高新区工业总产值 515 亿元，荣昌高新区工业总产值 287 亿元，永川高新区工业总产值 864 亿元，均比全国国家级高新区工业总产值平均值 1317 亿元低得多。二是高新区经济效益较差。前文数据显示，重庆市国家级高新区平均每家企业的净利润为 0.13 亿元，比全国平均值低 0.07 亿元。高新区企业中大多数为传统企业，高新技术企业较少，重庆市国家级高新区的高新技术企业仅仅占全国的 1.47%，处于全国靠后的位置，因此这可能是造成高新区企业经济效益较差的根本原因。

（五）高新区创新创业活力不足

一是全市高新区的优质创新主体、高端创新平台、高层次人才均较为匮乏，创新创业尚不十分活跃。二是重庆市高新区虽然在创新创业方面出台了不少政策，也搭建了不少孵化平台，但由于缺乏叫得响的创客品牌，对创业人员的吸引力不足。三是创新创业文化氛围尚未有效形成。企业更多追求短平快项目，对创新重视程度仍然不足。各地政府尤其是区县政府对创新仍然理解不足、重视不够，如一些地方区县甚至取消了科技部门，将之整合到其他部门。在此情况下，民众对创新创业的热情必然大受影响，缺乏创新创业氛围制约了高新区的创新创业发展。

（六）高新区服务体系不健全

一是缺乏高新区建设专业人才。高新区在创建和建设过程中，需要大量熟悉全国高新区发展现状、精通高新区运作模式的专业人才，多数高新区，尤其是区县的高新区则非常缺乏这方面的人才。二是缺乏专门针对高新区服务的专业机构。高新区非常需要在高新区申报、规划编制、体制机制建设、政策制定、招商引资、财务法律等多方面的专业服务，而目前重庆市尚没有这样的专业服务机构，这显然制约了重庆市高新区的发展。

五　重庆市高新区发展政策建议

（一）加强高新区协同发展与统筹管理

一是加强川渝两地高新区发展统筹协同。建立成渝地区高新区联盟，健全两地高新区统筹规划、发展协调、信息通报、资源共享和共同推广等机制，探索异地孵化、飞地经济、伙伴园区等多种合作机制；支持重庆高新区和成都高新区深度合作共建；支持川渝毗邻地区借鉴陕西杨凌模式，建立国家农业高新技术产业示范区。二是加强市级层面的统筹。成立重庆市高新技术产业开发区管理领导小组，由市政府主要领导担任组长，统筹管理重庆市辖区内的所有高新区，加强对全市高新区的统筹规划和认定评价等。三是加强对全市高新区建设的支持引导和服务指导。对于各地的高新区发展规划，高新区管理领导小组要组织专家进行精心论证，帮助其分析优势劣势，确定发展目标和产业定位，避免不必要的过度竞争和无序发展。四是成立全市高新区发展专家咨询机构。由市科技局牵头建立重庆市高新区发展咨询专家委员会，邀请国内外知名的高新区管理、建设、研究和服务的专家参与，定期召开会议，及时为全市高新区发展建言献策。

（二）加强高新区体制机制建设

一是赋予高新区管理委员会更多权限。建立授权事项清单制度，当地政府应基本将经济、行政和社会事务管理权限授予给高新区，其中核心是财政、土地、项目审批等经济管理权限的授权；探索建立高新区与市级部门直通车制度。二是高新区探索建立市场化运营机制。探索管委会和开发公司“两块牌子、一套班子”的公司制、全员聘用制等管理模式；探索市场运作模式，允许高新区建立与招商引资、工作绩效挂钩的薪酬管理制度，实行特岗特薪、特职特聘；鼓励高新区探索新型管理模式。三是改革行政审批制度。推进并联审批制度改革，实行“统一受理、联合审批、分头办理、限时办结、集中送达”；推进投资审批改革，探索实施园区内、外资投资负面清单制度，减少和取消投资准入限制。四是推进政务服务方式创新，建立园区政务服务创新改革试点清单，厘清与行政职权相对应的责任事项，健全问责机制，不断加强事中事后监管；进一步强化政务服务体系建设，建设现代化新政务服务中心；推广“互联网＋政务服务”，整合审批服务、呼叫服务、移动服务，加大微博、微信等新媒体投入，打造便捷、高效的政务服务信息化体系。

（三）完善高新区考核评价体系

一是制定市级高新区高质量发展评价指标体系。结合国家级高新区高质量发展评价指标体系以及重庆市高新区认定和管理办法，制定符合重庆市实际的市级高新区高质量发展评价指标体系。二是完善高新区统计监测体系。加强高新区各项发展数据尤其是科技创新数据的收集，每个高新区管委会应设专人负责相关高新区数据收集、整理、上报及分析工作；市统计局、市科技局应加强对高新区统计人员的培训以及高新区统计工作的监管，切实做到高新区各项发展数据的准确、及时汇集。三是加强高新区发展研究。依托相关智库及专业化的高新区服务机构，在统计数据的基础上，经常性地开展深入的高新区发展现状分析，发布高新区高质量发展报告，为全市高新区发展提供决策建议参考。四是建立市级高新区发展动态管理制度。对评价考核结果好的市级高新区予以通报表扬，统筹各类资金、政策等加大支持力度；对评价考核结果较差的通过约谈、通报等方式予以警告；对整改不力的予以撤销，退出市级高新区序列。

（四）推动现有高新区高质量发展

一是扩大高新区覆盖范围。推进现有市级高新区创建国家级高新区，重点推进渝西片区建设高新区，适度在渝东北、渝东南布局一些高新区。二是大力培育高新区科技型企业。推动高新区建立科技型企业和高新技术企业培育库，健全科技型企业成长监测体系；落实好研发费用加计扣除、高新技术企业所得税减免、小微企业普惠性税收减免等政策；定期遴选一批具有一定规模、增长速度快、创新能力强、发展前景好的企业，实施独角兽企业重点培育计划。三是大力集聚高新区科技人才。大力实施“筑巢引凤”工程，在人才引进过程中向高新区倾斜，积极扶持高新区培育自身科技人才，支持和引导高校、科研院所到高新区建立科研和实训基地，吸引更多优质人才到园区创新创业。

（五）强化高新区创新平台建设

一是在市级层面建立统一的科技招商机构。依托市科技局下属单位建立科技招商机构，高新区的招商机构负责挖掘本地需求，市级科技招商机构统一对外对接洽谈，高新区招商机构负责项目落地，然后市级科技招商机构监督项目落地并进行分析总结，更加有力地整合和配置科技资源。二是市级层面大力支持高新区加强创新平台建设。通过政策扶持和引导，鼓励高新区企业建设技术创新中心、重点实验室、院士专家工作站、博士后工作站等各类创新平台。积极引进市内外高校、科研院所到高新区设立分支机构。三是加强高端平台建设。争取国家重大科技基础设施布局在重庆高新区，重点推进重庆高新区集中布局高端研发平台，打造区域性国家科学中心，促进科技资源开放共享，建设支撑融通创新的科技服务平台，不断降低创新创业门槛。

（六）优化高新区创新创业生态

一是大力宣传高新区创新创业的先进事迹，在全社会形成鼓励创造、追求卓越的创新文化，倡导百家争鸣、尊重科学家个性的学术文化，营造自由宽松的科研氛围，增强敢为人先、勇于冒尖、大胆质疑的创新自信。二是加大科技奖励力度，加大高新区创新创业人才奖励力度，在市科技进步奖中专设高新区科技奖励，大力表彰做出突出贡献的创新创业人才。三是建立高新区科技服务体系，重点加强专业化技术转移机构和技术成果交易平台建设，加强科技咨询师、技术经纪人等专业人才培养。

参考文献

科学技术部火炬高技术产业开发中心：《国家高新区创新能力评价报告（2019）》，科学技术文献出版社，2019。

重庆市科学技术局：《重庆科技创新监测季报（2020 年第二季度）》。

科学技术部火炬高技术产业开发中心：《中国火炬统计年鉴（2019）》，中国统计出版社，2019。

皮 书

智库报告的主要形式
同一主题智库报告的聚合

皮书定义

皮书是对中国与世界发展状况和热点问题进行年度监测，以专业的角度、专家的视野和实证研究方法，针对某一领域或区域现状与发展态势展开分析和预测，具备前沿性、原创性、实证性、连续性、时效性等特点的公开出版物，由一系列权威研究报告组成。

皮书作者

皮书系列报告作者以国内外一流研究机构、知名高校等重点智库的研究人员为主，多为相关领域一流专家学者，他们的观点代表了当下学界对中国与世界的现实和未来最高水平的解读与分析。截至 2021 年，皮书研创机构有近千家，报告作者累计超过 7 万人。

皮书荣誉

皮书系列已成为社会科学文献出版社的著名图书品牌和中国社会科学院的知名学术品牌。2016 年皮书系列正式列入“十三五”国家重点出版规划项目；2013~2021 年，重点皮书列入中国社会科学院承担的国家哲学社会科学创新工程项目。

中国皮书网

（网址：www.pishu.cn）

发布皮书研创资讯，传播皮书精彩内容
引领皮书出版潮流，打造皮书服务平台

栏目设置

◆ **关于皮书**

何谓皮书、皮书分类、皮书大事记、
皮书荣誉、皮书出版第一人、皮书编辑部

◆ **最新资讯**

通知公告、新闻动态、媒体聚焦、
网站专题、视频直播、下载专区

◆ **皮书研创**

皮书规范、皮书选题、皮书出版、
皮书研究、研创团队

◆ **皮书评奖评价**

指标体系、皮书评价、皮书评奖

◆ **皮书研究院理事会**

理事会章程、理事单位、个人理事、高级
研究员、理事会秘书处、入会指南

◆ **互动专区**

皮书说、社科数托邦、皮书微博、留言板

所获荣誉

◆ 2008 年、2011 年、2014 年，中国皮书网均在全国新闻出版业网站荣誉评选中获得“最具商业价值网站”称号；

◆ 2012 年，获得“出版业网站百强”称号。

网库合一

2014年，中国皮书网与皮书数据库端口合一，实现资源共享。

中国皮书网

S 基本子库
UB DATABASE

中国社会发展数据库（下设 12 个子库）

整合国内外中国社会发展研究成果，汇聚独家统计数据、深度分析报告，涉及社会、人口、政治、教育、法律等 12 个领域，为了解中国社会发展动态、跟踪社会核心热点、分析社会发展趋势提供一站式资源搜索和数据服务。

中国经济发展数据库（下设 12 个子库）

围绕国内外中国经济发展主题研究报告、学术资讯、基础数据等资料构建，内容涵盖宏观经济、农业经济、工业经济、产业经济等 12 个重点经济领域，为实时掌控经济运行态势、把握经济发展规律、洞察经济形势、进行经济决策提供参考和依据。

中国行业发展数据库（下设 17 个子库）

以中国国民经济行业分类为依据，覆盖金融业、旅游、医疗卫生、交通运输、能源矿产等 100 多个行业，跟踪分析国民经济相关行业市场运行状况和政策导向，汇集行业发展前沿资讯，为投资、从业及各种经济决策提供理论基础和实践指导。

中国区域发展数据库（下设 6 个子库）

对中国特定区域内的经济、社会、文化等领域现状与发展情况进行深度分析和预测，研究层级至县及县以下行政区，涉及省份、区域经济体、城市、农村等不同维度，为地方经济社会宏观态势研究、发展经验研究、案例分析提供数据服务。

中国文化传媒数据库（下设 18 个子库）

汇聚文化传媒领域专家观点、热点资讯，梳理国内外中国文化发展相关学术研究成果、一手统计数据，涵盖文化产业、新闻传播、电影娱乐、文学艺术、群众文化等 18 个重点研究领域。为文化传媒研究提供相关数据、研究报告和综合分析服务。

世界经济与国际关系数据库（下设 6 个子库）

立足“皮书系列”世界经济、国际关系相关学术资源，整合世界经济、国际政治、世界文化与科技、全球性问题、国际组织与国际法、区域研究 6 大领域研究成果，为世界经济与国际关系研究提供全方位数据分析，为决策和形势研判提供参考。

法律声明